高等学校经济与管理类教材 · 基础课系列

西方经济学
简明教程

主　编◇汪运栋　王文平

副主编◇尹双明　周德发

　　　　郭　强　陈宗义

华东师范大学出版社

前言

社会科学诞生并演变的一个重要动力就是研究、分析和预测个人以及人类群体的行为。在各种社会科学中，经济学牢牢抓住理性分析的旗帜，透过纷繁复杂的社会经济现实，其丝丝入扣的逻辑分析往往令人耳目一新，直指问题核心的效果也常令人赞叹不已。

以 1776 年亚当·斯密《国富论》的出版为标志，西方经济学历经 200 多年的风雨沧桑。在这个不长不短的历史进程中，从斯密、李嘉图、萨伊、马尔萨斯、穆勒、马歇尔到凯恩斯、弗里德曼、萨谬尔森、卢卡斯和斯蒂格利茨，经济学大师辈出；从古典经济学、新古典经济学到凯恩斯主义经济学、新古典宏观经济学和新凯恩斯主义经济学，经济学流派林立。百花齐放、百家争鸣的经济学流派，带来西方经济学的不断创新和发展，以致文献上有"经济学帝国"之称。

西方经济学主要介绍流行于西方市场经济国家的现代经济理论与经济政策。它既研究古老而又现代的家政管理，又研究多姿多彩的企业经营，还大胆解说政府日益加码的经济调控。它既赞美价格机制这只"看不见的手"的效率优势，也无情剖析市场机制在不少领域资源配置上的诸多缺陷。

西方经济学包含的内容非常广泛，要很好地了解、理解和掌握相关的核心概念和知识体系并非易事，而大量的不同难度层次、不同知识点侧重的西方经济学教材也让本、专科层次的高校学生和任课教师应接不暇。为了让大家能够较为轻松地掌握西方经济学的核心和基本知识框架，达到事半功倍的效果，我们召集了一批具有丰富经济学教学经验和较强科研能力的高校教师编写了这本《西方经济学简明教程》。

相较于其他同类教材,本书具有以下特点:

1. 在保证全面呈现西方经济学整体知识框架的前提下,对各章节的结构体例尽量以清晰简明的方式来叙述。

2. 在突出核心知识概念的前提下,对外延性较强的知识点尽量化裁。

3. 在叙述某些与现实关联性较强的章节时,加入较为精当的例子或材料帮助学生加深理解。

一言概之,本书整体凸显了"简明"特色。

在本书的写作过程中,作为本书的主编,汪运栋和王文平两位教授精心搭建编写团队,认真指导和组织编写工作。四位副主编积极主动,扎实高效地配合主编分别进行了微观和宏观部分的编写工作。其中,尹双明和周德发主要参与了微观部分的策划和编写工作,郭强和陈宗义则主要参与了宏观部分的策划和编写工作。具体编写工作分工如下:

1. 微观部分。汪运栋编写第一章;尹双明编写第二、十章;周德发编写第三、四章;宋丽编写第五章;位华编写第六章;李艾婧编写第七章;冯海红编写第八章;张凡雷编写第九章;郭强编写第十一章。

2. 宏观部分。王文平编写第十二章;郭强编写第十三章;李丽编写第十四章;梁莉编写第十五章;卢晓梅编写第十六章;张丽编写第十七章;董意凤编写第十八章;陈宗义编写第十九章。

编者

2013 年 10 月

目录

微观部分

微观部分

第一章

导　言

我国古代就有"经济"这个名词,是指"经国济民",包括政治、经济、文化、军事、外交等一切治国方针,范围很广。在现代日常生活中,也使用"经济"这个名词,仅指节约,含义较窄。

西方经济学中的"经济(economy)"一词,是由希腊文 $o'\iota\kappa o\sigma$(家产)和 $\nu'\epsilon\mu\epsilon\iota\nu$(管理)合成的 $o\iota\kappa o\nu o\mu\iota\alpha$ 演变来的,自日本用汉字译成日文"经济"以后,该译法也被我国普遍采用。它的原意是指家产管理,现在泛指人类一般谋生活动,可见经济学来源于实践。因为经济学所要解决的问题如此重要,所以它被称为"社会科学的皇后",是真正的显学。

资源是有限的,而人的欲望是无限的,这种矛盾使得资源具有了稀缺性,而稀缺性正是经济学的出发点。经济学的主要目的就是研究如何利用有限的资源尽量满足人的无限欲望。

经济学(economics)的定义有许多种。具有代表性的有两种:

定义1:经济学是研究如何有效地利用可供各种选择的有限资源,以求人类现在和将来无限欲望的最大满足。

定义2:经济学是研究人和社会如何进行选择,来使用可以有其他用途的稀缺的资源以便生产各种商品,并在现在或将来把商品分配给社会的各个成员或集团以供消费之用。

西方经济学是一个内容相当广泛而松散的名词,迄今在世界上尚不存在一个统一的定义。它可以泛指大量与经济问题有关的各种不同的文献、资料和统计报告,其中包括教科书、官方文件、私营经济记录、专业或非专业著作、报纸杂志的文章和报道等等。这些不同的文献、资料和统计报告一般说来至少应含有下列三种类别的内容。

第一,企事业单位的经营管理方法和经验。如行情研究、存货管理、产品质量控制、车间生产流程布局等。

第二,对一个经济部门或经济领域或经济问题的集中研究成果,如资源经济学、商业经济学、农业经济学、石油经济学,对税收、财政、通货膨胀问题的论述等。

第三,经济理论的研究和考察。如微观经济学、宏观经济学、数理经济学、动态经济学、福利经济学、经济思想史等。

一、经济学的研究对象

经济学研究围绕着三个基本问题:

1. 生产什么物品以及生产多少。经济社会要进行抉择:生产大炮还是黄油;或者生产多少大炮、多少黄油,即在大炮与黄油的各种可能组合中选择哪一种。

2. 如何生产。经济社会要进行抉择:用什么方法来生产上述选定的物品组合。生产方法实际上就是如何对各种生产要素进行组合,是多用资本、少用劳动,即用资本密集型方法来生产;还是少用资本、多用劳动,即用劳动密集型方法来生产。

3. 为谁生产。生产出来的产品如何分配。

如果对这三个问题进行归纳,经济学研究对象其实就是既定约束下的选择问题。这就不得不涉及两个概念:机会成本和生产可能性边界。

机会成本是指生产者所放弃的使用相同生产要素在其他生产用途中所能得到的最高收入。机会成本是经济学原理中一个重要的概念。在制定国家经济计划中,在新投资项目的可行性研究中,在新产品开发中,乃至个人选择工作中,都存在机会成本问题。它为正确合理的选择提供了逻辑严谨、论据有力的答案。在进行选择时,力求机会成本小一些,是经济活动行为方式的最重要的准则之一。在生活中,有些机会成本可用货币来衡量。例如,农民在获得更多土地时,如果选择种豆就不能选择种瓜,种豆的机会成本就是放弃种瓜的收益。但有些机会成本往往无法用货币衡量。例如,在图书馆看书学习还是享受电视剧带来的快乐之间进行选择。

生产可能性边界,也称生产可能性曲线,用来表示经济社会在既定资源和技术条件下所能生产的各种产品最大数量的组合,反映了资源稀缺性与选择性的经济学特征。生产可能性边界是用来说明和描述在一定的资源与技术条件下经济社会可能达到的最大的产量组合曲线,它可以用来进行各种生产组合的选择。若生产可能性边界存在,则需做以下假设:(1)固定资源。在一定时间上,可供使用的各种生产要素的数量是固定不变的;(2)充分就业。在现有生产过程中,所有的生产要素均得到了充分使用,不存在资源闲置;(3)生产技术不变。在考虑问题的时间范围之内,生产技术,即由投入转化为产出的能力,是固定不变的;(4)两种产品。为了简化问题起见,通常假定某一经济社会仅生产两种产品。

社会生产处在生产可能性边界上表示社会经济处于充分就业状态;社会生产处在生产可能性边界以内的点,表示社会未能充分利用资源,即存在闲置资源,其原因是存在失业或经济缺少效率;社会生产处在生产可能性边界以外的点,必然以今后的生产萎缩为代价。

生产可能性边界凹向原点说明随着一种产品的增加,机会成本是递增的。也可以说,是机会成本的递增决定了生产可能性边界凹向原点。机会成本的递增是由于某些资源适于生产某种产品,当把它用于生产其他产品时其效率下降(即单位资源的产出量减少)。这种现象在现实经济中也是普遍存在的。

生产可能性边界还可以用来说明潜力与过度的问题。生产可能性曲线以内的任何一点,说明生产还有潜力,即还有资源未得到充分利用,存在资源闲置;而生产可能性曲线之外的任何一点,则是现有资源和技术条件所达不到的;只有生产可能性曲线之上的点,才是资源配置最有效率的点。

二、经济学的研究方法

1. 规范经济学研究的三阶段

规范经济学研究通常都由下面三个阶段组成:(1)提出问题,给出重要性,确定研究目标;(2)建立经济模型,严格表达并验证论断;(3)通俗表达论断并给出政策含义。这就是说,一个经济结论的产生一般需要经过三个阶段:非数学语言阶段——数学语言阶段——非数学语言阶段。

第一阶段提出经济观念、想法或猜想,这些观念、想法或猜想可能由经济直觉产生或根据历史经验或外在经验而来。由于还没有经过理论论证,人们可将它们类比为一般生产中的初等品。这一阶段是非常重要的,它是理论研究和创新的来源。

第二阶段需要验证所提出来的经济想法或论断是否成立。这种验证需要经济学家通过经济模型和分析工具给出严格的证明,只要可能,还需要得到实际经验数据的检验。所得出的结论和论断往往都是由数学语言或专业术语来表达的,非专业的人士不见得能理解,从而不能为社会大众、政府官员、政策制定者所采用。所以将这些由技术性较强的语言所表达的结论和论断类比为一般生产中的中间产品。

第三阶段就是将由技术语言所表达的结论和论断用通俗的语言来表达,使得非专业人士也能够理解。用通俗语言的形式叙述这些结论的政策含义、深远意义及具有洞察力的论断才是经济学的最终产品。虽然第一和第三阶段都是用通俗、非技术、非数学的语言来给出经济想法和结论,但第三阶段是第一阶段的一种飞跃和升华。这种三阶段式,由通俗语言阶段到技术语言阶段,然后再回到通俗语言阶段其实也是大多数学科所采用的研究方式。

2. 实证分析与规范分析

实证分析是指超越一切价值判断,从某个可以证实的前提出发,来分析人的经济活动,其分析问题具有客观性,得出的结论可以通过经验事实进行验证。规范分析是指根据一定的价值判断为基础,提出某些分析处理经济问题的标准,树立经济理论的前提,作为制定经济政策的依据,并研究如何才能符合这些标准。

实证分析方法主要有:

(1) 均衡分析与非均衡分析

均衡分析偏重于数量分析。非均衡分析则认为经济现象及其变化的原因是多方面的、复杂的,不能单纯用有关变量之间的均衡与不均衡来加以解释,而主张以历史的、制度的、社会的因素作为分析的基本方法,即使是数量的分析,非均衡分析也不是强调各种力量相等时的均衡状态,而是强调各种力量不相等时的非均衡状态。

(2) 静态分析与动态分析

静态分析与动态分析的区别在于:前者不考虑时间因素,而后者考虑时间因素。

(3) 静态均衡分析、比较静态均衡分析、动态均衡分析

静态均衡分析是要说明各种经济变量达到均衡的条件;比较静态均衡分析是要说明从一种均衡状态变动到另一种均衡状态的过程,即原有的条件变动时均衡状态发生了什么相应的变化,并把新旧均衡状态进行比较;动态均衡分析则是要在引进时间因素的基础上说明均衡的实际变化过程,说明在某一时点上经济变量的变动如何影响下一时点上该经济变量的变动,以及这种变动对整个均衡状态变动的影响。

(4) 定性分析与定量分析

定性分析是说明经济现象的性质及其内在规定性与规律性。定量分析则是分析经济现象之间量的关系。

简言之,实证分析就是分析经济问题"是什么"的研究方法,侧重研究经济体系如何运行,分析经济活动的过程、后果及向什么方向发展,而不考虑运行的结果是否可取。而规范分析则是研究经济运行"应该是什么"的研究方法,这种方法主要依据一定的价值判断和社会目标,来探讨达到这种价值判断和社会目标的步骤。

三、经济学的两大理论体系

经济学可以大致分为微观经济学(micro-economics)与宏观经济学(macro-economics)两

大理论体系。微观经济学采用个量分析法,以市场价格为中心,主要研究特定经济单位的经济活动及其经济变量(如单个消费者、生产者、要素所有者的经济行为,单个物品或产业的需求、供给、价格等)。微观经济学"只看树木,不看森林"。宏观经济学采用总量分析法,以国民收入为中心,主要研究整个国民经济的经济活动及其经济变量(如总需求、总供给、总就业、物价水平等)。宏观经济学"只看森林,不看树木"。微观经济学是在资源总量利用程度既定的前提下,研究各种资源的最优配置,宏观经济学则是在各种资源配置既定的前提下,研究资源总量的充分利用。

1. 微观经济学

(1) 微观经济学的研究对象

微观经济学以单个经济单位为研究对象,通过研究单个经济单位的经济行为和相应的经济变量单项数值的决定来说明价格机制如何解决社会的资源配置问题。有几点值得注意:

① 研究的对象是单个经济单位的经济行为

单个经济单位指组成经济的最基本的单位:居民户和厂商。居民户又称家庭,是经济中的消费者。厂商又称企业,是经济中的生产者。在微观经济学的研究中,假设居民户与厂商经济行为的目标是实现最大化,即居民户要实现效用(满足程度)最大化;生产者要实现利润最大化。微观经济学研究居民户如何把有限的收入分配于各种物品的消费,以实现效用最大化;厂商如何把有限的资源用于各种物品的生产,以实现利润最大化。

单个经济单位还包括单个市场(只有一种商品的市场)。

② 中心理论是价格理论

在市场经济中,居民户和厂商的行为要受价格的支配,生产什么、如何生产和为谁生产都由价格决定。价格像一只看不见的手,调节着整个社会的经济活动,使社会资源的配置实现了最优化。

(2) 微观经济学的基本内容

微观经济学包括的内容相当广泛,主要有:均衡价格理论、消费者行为理论、生产理论、分配理论、一般均衡理论与福利经济学、市场失灵与微观经济政策。

2. 宏观经济学

宏观经济学是以整个国民经济活动为考察对象,研究国民产出决定与变动,国民产出与就业、通货膨胀、经济波动和周期、经济政策、经济增长之间关系的学说,事实上也就是着重研究资源的利用问题,而资源的利用包括以下三个方面的问题:首先,为什么经济资源不能得到充分利用,也就是说社会生产商品组合为什么不能达到生产可能性边界?事实上,这也就是"充分就业"的问题。其次,在经济资源既定的情况下,为什么产量有时高有时低?这就是经济波动的问题,与此相关的问题是,如何在既定的经济资源情况下,得到更多的产出,这就是"经济增长"的问题。最后,现代社会是货币的社会,货币购买力的变化对经济资源配置的各个问题影响十分大,关于货币购买力的变动,其实质就是"通货膨胀"的问题。

宏观经济学包括宏观经济理论、宏观经济政策和宏观经济计量模型三大部分。

宏观经济理论包括国民收入决定理论、消费函数理论、投资理论、货币理论、失业与通货膨胀理论、经济周期理论、经济增长理论、开放经济理论。

宏观经济政策包括经济政策目标、经济政策工具、经济政策机制(即经济政策工具如何达到既定的目标)、经济政策效应与运用。

宏观经济计量模型包括根据各派理论所建立的不同模型,这些模型可用于理论验证、经济预测、政策制定以及政策效应检验。

以上三个部分共同构成了现代宏观经济学。现代宏观经济学是为国家干预经济的政策服务的。

3. 微观经济学与宏观经济学的区别

(1) 研究对象不同

微观经济学的研究对象是单个经济单位,如居民户、厂商等。正如美国经济学家亨德逊所说,居民户和厂商这种单个单位的最优化行为奠定了微观经济学的基础。而宏观经济学的研究对象则是整个经济,研究整个经济的运行方式与规律,从总量上分析经济问题。正如萨缪尔森所说,宏观经济学是根据产量、收入、价格水平和失业来分析整个经济行为。美国经济学家夏皮罗则强调了宏观经济学考察国民经济作为一个整体的功能。

(2) 解决的问题不同

微观经济学要解决的是资源配置问题,即生产什么、如何生产和为谁生产的问题,以实现个体效益的最大化。宏观经济学则把资源配置作为既定的前提,研究社会范围内的资源利用问题,以实现社会福利的最大化。

(3) 研究方法不同

微观经济学的研究方法是个量分析,即研究经济变量的单项数值如何决定。宏观经济学的研究方法则是总量分析,即对能够反映整个经济运行情况的经济变量的决定、变动及其相互关系进行分析。这些总量包括两类,一类是个量的总和,另一类是平均量。因此,宏观经济学又称为总量经济学。

(4) 基本假设不同

微观经济学的基本假设是市场出清、完全理性、充分信息,认为“看不见的手”能自由调节实现资源配置的最优化。宏观经济学则假设市场机制是不完善的,政府有能力调节经济,通过“看得见的手”纠正市场机制的缺陷。

(5) 中心理论和基本内容不同

微观经济学的中心理论是价格理论,还包括消费者行为理论、生产理论、分配理论、一般均衡理论、市场理论、产权理论、福利经济学、管理理论等。宏观经济学的中心理论则是国民收入决定理论,还包括失业与通货膨胀理论、经济周期与经济增长理论、开放经济理论等。

虽然微观经济学和宏观经济学存在如上的区别,但两者绝对不是完全独立的研究领域,相反两者联系非常密切,比如两者的研究方法与核心概念可以说是通用的,尤其是当代最好的宏观经济学家都在致力于为自己的宏观经济模型构建扎实的微观经济基础。

四、为什么学习西方经济学

第一,无论是马列主义的经典作家,还是西方经济学者,对经济理论都非常重视。例如,列宁说过,没有革命的理论,就不会有革命的运动。这里所指的理论当然包括经济理论在内。西方著名经济学者凯恩斯有一段被广为引用的话:“经济学家和政治哲学家们的思想,不论他们是在对的时候还是在错的时候,都比一般所设想的要更有力量。的确,世界就是由他们统治着。"凯恩斯的看法固然并不完全正确,但从中至少可以看出他对经济理论的重视。

第二,即使以西方经济学中的有用部分而论,它是否真正有用还要看它是否适合我国的国情。由于国情的差异,对西方有用的东西在我国未必能产生同样的效果。例如,发展经济学在第三世界国家的经济发展中,曾经得出一条众所周知的经验教训,即"只要开启门锁就能使用的建设项目"十之八九是要失败的。这就是说,如果把西方的整个工厂丝毫不变地移植到发展中国家,从而只要开启门锁便能正常运行的项目几乎全部要遭受失败的后果。其原因在于:有用的东西是否能产生应有的效果,除了本身的原因以外,还要取决于它所在的环境条件。由于发达国家和发展中国家的环境条件存在着很大的差异,所以一成不变地照搬往往不能取得成功。因此,即使对被判别为有用的东西,也要结合我国国情进行考察,以便决定它适用的程度与范围;要想做到这一点,必须学习西方经济学。

第三,随着改革开放的进展,我国与西方的交往日益频繁。在我国加入世界贸易组织(WTO)之后,情况更是如此。为了交往的需要,我们必须了解西方的国情,特别是经济方面的情况。西方论述经济情况的专门著作含有大量的西方经济学的术语和理论,即使在一般新闻传媒对西方经济情况的报道中,西方经济学的术语和理论也会经常出现。例如,新闻传媒有时会报道某个西方国家提高或降低贴现率的消息,其中的贴现率便是西方金融界普遍使用的名词,也是西方经济学的一个术语。在这里,出于了解西方经济情况的需要,我们不但要理解贴现率的意义,而且还必须洞悉改变贴现率与该国以及其他国家的经济运行之间的关系。因为只有洞悉这种关系,才能对改变贴现率的前因和后果作出全面的理解,才能据此而形成我国对贴现率改变的对策。凡此种种,都需要西方经济学的知识,从而需要对它加以学习。

第四,西方经济学在不同的程度上构成许多西方经济学科和课程的理论基础。其中与基础理论关系较大的学科和课程有市场学、财政学、国际贸易、国际金融、公司财政、货币与银行、有价证券分析等等。即使以技术性比较独特的学科和课程而论,它们也不能完全脱离基础理论。例如,在西方会计学中,初等的会计学可以与西方经济学无关,但是,在较高深的会计著作中,技术分析还需要建立在西方经济学的基础理论之上。因此,为了给其他有关西方经济学科和课程的学习和研究铺设道路以及了解它们在整个西方经济学学科中所占有的位置,我们也必须学习西方经济学。

第二章
需求、供给与均衡价格

本章导学

1. 掌握需求和供给的基本概念、定理,需求函数和供给函数。

2. 掌握弹性的概念、弧弹性与点弹性、需求弹性和供给弹性,以及弹性理论在经济决策中的应用。

3. 掌握均衡价格的形成、供求变化对均衡的影响、均衡价格理论的应用。

第一节 需求原理

一、需求、需求表和需求曲线

1. 需求(demand)

需求是决定价格的关键因素之一。需求是指居民户在某一特定时期内,对某种商品,在每一价格水平时,愿意而且能够购买的商品数量。对于给定的价格,需求也称需求量。

在理解需求这个概念时,应该注意的是,需求是购买欲望和支付能力的统一,缺少任何一个条件都不能称为需求。也可以说,需求是居民户根据其欲望和购买能力所决定的计划的购买量。如果只有购买的欲望而没有购买的能力,或者虽有购买的能力而没有购买的欲望,都不能产生有效的需求,也不能在市场上形成实际的购买力。

需求预测也要同时考虑到需求的这两个条件,否则会作出错误的预测。

例如,1840 年鸦片战争后,英国企业界为开辟了中国这样一个大市场而高兴。他们把大批的棉布、棉纱,以至于吃饭的刀叉、娱乐的钢琴运往中国。按购买能力来看,当时中国的一些富人是有购买这些产品的能力的。但由于当时中国人还没有消费这些洋货的欲望,故而市场上并不存在对这些产品的需求。这次需求预测的错误,在于没有考虑到购买欲望。

再例如,热门话题"私人飞机进入家庭问题"。无疑,想拥有一架飞机是绝大多数人的愿望,对飞机的欲望是普遍而强烈的。但是,飞机昂贵的购买价格和使用费用使绝大多数人不具备拥有对飞机的支付能力。在相当长的一个时期内,私人飞机只是极少数富人的奢侈品。对绝大多数人来说,"私人飞机进入家庭"仍然是一个梦想,除非制造飞机的成本迅速降低到普通工薪阶层所能接受的程度。

2. 需求表和需求曲线

商品的需求表是表示某种商品的各种价格水平以及与该价格水平相对应的该商品的需求数量之间关系的数字序列表。表 2-1 是某商品的需求表。

表 2-1 某商品的需求表

价格—数量组合	A	B	C	D	E	F	G
价格(元)	1	2	3	4	5	6	7
需求量(单位数)	700	600	500	400	300	200	100

从表 2-1 可以清楚地看到商品价格与需求量之间的函数关系。譬如,当商品价格为 1 元时,商品的需求量为 700 单位;当价格上升为 2 元时,需求量下降为 600 单位;当价格进一步上升为 3 元时,需求量下降为更少的 500 单位;如此等等。

商品的需求曲线是根据需求表中商品不同的价格—需求量的组合在平面坐标图上所绘制的一条曲线。图 2-1 是根据表 2-1 绘制的一条需求曲线。

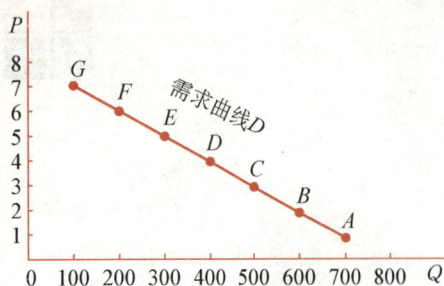

图 2-1　某商品的需求曲线

在图 2-1 中，横轴表示商品的数量，纵轴表示商品的价格。应该指出的是这种表示方法与数学上的习惯相反，在微观经济学分析需求曲线和供给曲线时，通常以纵轴表示自变量 P，以横轴表示因变量 Q。图中的需求曲线是这样得到的：根据表 2-1 中每一个商品的价格及需求量的组合，在平面坐标图中描绘某商品的需求曲线点 A、B、C、D、E、F、G，然后顺次连接这些点，便得到需求曲线 D。它表示在不同价格水平下消费者愿意而且能够购买的商品数量。

从表 2-1 可见，商品的需求量随着商品价格的上升而减少。相应地，在图 2-1 中的需求曲线具有一个明显的特征，它是向右下方倾斜的，即它的斜率为负值。它们都表示商品的需求量和价格之间成反方向变动的关系。

至于需求曲线为什么一般是向右下方倾斜的，或者说商品的价格和需求量之间成反方向变动的具体原因是什么，这将在第三章消费者行为理论中得到深入的分析和说明。本节只是描述了关于商品的价格和需求量这两个变量相互关系的现象，而并没有解释关于这种现象的原因。

二、影响需求的因素与需求函数

1. 影响需求的因素

影响需求的因素很多，有经济因素，也有非经济因素，概括起来主要有以下几种：

（1）商品本身的价格

一般情况下，商品本身价格高，需求量就少；价格低，需求量就多。

（2）其他相关商品的价格

商品之间的关系主要有两种：一种是互补关系，另一种是替代关系。

互补关系是指两种商品共同满足一种欲望，它们之间是相互补充的。例如，眼镜框和眼镜片，墨水和钢笔等。假设商品 A 与商品 B 是互补的。则当商品 A 价格升高时，商品 A 的需求量就下降，商品 B 的需求量也会下降；当商品 A 价格下降时，商品 A 的需求量就升高，商品 B 的需求量也会升高。

替代关系是指两种商品可以互相替代来满足同一种欲望，它们之间是互相替代的关系。例如，羊肉与牛肉通常就具有这种替代关系。假设商品 A 与商品 B 是互相替代的，则当商品 A 价格升高时，商品 A 的需求量就下降，而商品 B 的需求量则升高；当商品 A 价格下降时，商品 A 的需求量就升高，而商品 B 的需求量则下降。

（3）消费者的收入水平

一般情况下，收入水平增加会使需求增加；反之，收入水平下降会使需求减少。

（4）消费者嗜好

消费者嗜好，即社会消费风尚的变化对需求的影响很大，这就是厂商不惜血本大做广告的原因。比如加多宝的成功广告宣传就在很大程度上引领了社会消费风尚。

（5）人口数量与结构的变动

例如，人口的老龄化会减少对时髦服装、儿童用品等的需求，但会增加对保健用品的需求。

（6）政府的消费政策

例如，政府提高消费税率的政策会减少消费，而实行消费信贷制度则会鼓励消费。

（7）消费者对未来的预期

如果消费者预期未来收入水平上升（下降）或商品价格上升（下降），则会增加（减少）现在的需求。

2. 需求函数

所谓需求函数是表示一种商品的需求数量与影响该需求数量的各种因素之间的相互关系的函数。

在各种需求函数中，最重要的是需求价格函数。它假定在其他条件不变的情况下，专门研究一种产品的价格变动对其需求量的影响。需求函数可记作：$Q_d = f(P)$。

微观经济学在论述需求函数时，一般都假定商品的价格和相应的需求量的变化具有无限分割性，即具有连续性。正是由于这一假定，在图 2-1 中才可以将商品的各个价格—需求量的组合点 A、B、C……连接起来，从而构成一条光滑而连续的需求曲线。

图 2-1 中的需求曲线是一条直线，实际上，需求曲线可以是直线型的，也可以是曲线型的。当需求函数为线性函数时，相应的需求曲线是一条直线，直线上各点的斜率是相等的。当需求函数为非线性函数时，相应的需求曲线是一条曲线，曲线上各点的斜率是不相等的。在微观经济分析中，为了简化分析过程，在不影响结论的前提下，大多使用线性需求函数。

线性需求函数的通常形式为：

$$Q_d = \alpha - \beta P$$

式中，α、β 为常数，且 α、$\beta > 0$。该函数所对应的需求曲线为一条直线。

三、需求量的变动与需求的变动

需求曲线的移动包括两种情况：需求量的变动和需求的变动。

需求量是在某一时期内，在某一价格水平上，居民户（消费者）购买的商品数量。商品价格的变动引起购买量的变动，我们称之为需求量的变动。它表现为需求曲线上的点的变动。如图 2-2(a)所示，假设其他条件不变，在需求曲线 D 上，随着商品价格的变动，点 a、b、c 之间的位置移动，即为需求量的变动。

需求是在一系列价格水平上的一组购买量。在商品价格不变的条件下，非价格因素的变动所引起的购买量变动（如收入变动等）称之为需求的变动。它表现为需求曲线的移动。如图 2-2(b)所示，假设商品本身的价格保持为 P_0，由于某种因素（如偏好增加或收入增加等）使原来的需求曲线 D_0 右移至 D_1，这表示需求增加；需求曲线从 D_0 左移至 D_2，则表示需求减少。

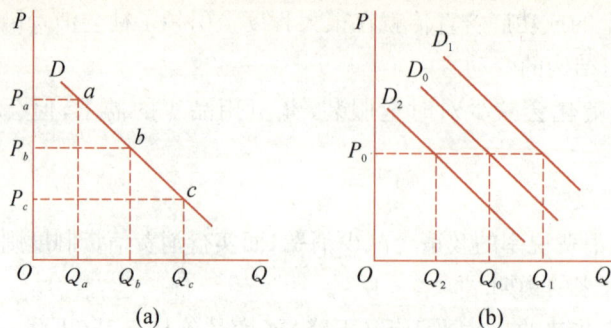

图 2-2　需求量的变动和需求的变动

四、需求定理

1. 什么是需求定理

在其他条件不变的情况下,某商品的需求量与价格之间成反方向变动,即需求量随商品本身价格的上升而减少,随商品本身价格的下降而增加。

2. 替代效应与收入效应

由商品的价格变动所引起的商品相对价格变动,进而由商品的相对价格变动所引起的商品需求量的变动,称为替代效应。由商品的价格变动所引起的实际收入水平变动,进而由实际收入水平变动所引起的商品需求量的变动,称为收入效应。

以两种商品购买为例进行分析。某消费者以固定数额的货币去购买 A、B 两种商品。

Ⅰ　商品 A 价格上涨→商品 A 相对于商品 B 昂贵→消费者倾向于多购买商品 B,而少购买商品 A→产生商品 B 对商品 A 的替代。这就是替代效应。

同样,商品 A 价格上涨→实际收入下降(货币购买力下降)→消费者将会同时减少商品 A 和商品 B 的购买数量。这就是收入效应。

Ⅱ　商品 A 价格下降→商品 A 相对于商品 B 便宜→消费者倾向于多购买商品 A,而少购买商品 B→产生商品 A 对商品 B 的替代。这就是替代效应。

同样,商品 A 价格下降→实际收入上升(货币购买力增加)→消费者将会同时增加商品 A 和商品 B 的购买数量。这就是收入效应。

总之,对商品 A 而言,两种效应的方向一致。当商品 A 价格上涨时,都是要减少商品 A 的购买数量;当商品 A 价格下降时,都是要增加商品 A 的购买数量。

$$总效应 = 替代效应 + 收入效应$$

由此可见,需求量的变化与价格的变化呈反方向。

对商品 B 而言,两种效应的方向相反。

当商品 A 价格上涨时:

(a) 如果替代效应强于收入效应,将增加商品 B 的购买数量。

(b) 如果替代效应弱于收入效应,将减少商品 B 的购买数量。

当商品 A 价格下降时:

（a）如果替代效应强于收入效应，将减少商品 B 的购买数量。

（b）如果替代效应弱于收入效应，将增加商品 B 的购买数量。

3. 需求定理的例外

需求定理指的是一般商品的规律，但这一定理也有例外。比较重要的例外是炫耀性商品与吉芬商品。

炫耀性商品是用来显示人的社会身份的商品，例如首饰、豪华型轿车就是这种商品。这种商品只有在高价时才有显示人的社会身份的作用，因此价格下降时需求可能反而减少。

吉芬商品是指低档的生活必需品。在某些特定条件下，这种商品价格上升时，需求反而可能增加。英国经济学家吉芬发现，在 19 世纪 40 年代中期爱尔兰大灾荒时，马铃薯的价格上升，需求量反而增加。这种价格上升、需求增加的情况被称为"吉芬之谜"。具有这种特点的商品被称为吉芬商品。

第二节　供给原理

一、供给、供给表和供给曲线

1. 供给（supply）

供给是决定价格的另一个关键因素。供给是指厂商在某一特定时期内，对某一种商品，在每一价格水平时愿意而且能够供应的商品量。

供给也是供给欲望与供给能力的统一。供给能力中包括新生产的产品与过去的存货。根据上述定义，如果生产者对某种商品只有提供出售的愿望，而没有提供出售的能力，则不能形成有效供给，也不能算作供给。

2. 供给表和供给曲线

商品的供给表是表示某种商品的各种价格和与各种价格相对应的该商品的供给数量之间关系的数字序列表。表 2-2 是某商品的供给表。

表 2-2　某商品的供给表

价格—数量组合	A	B	C	D	E
价格（元）	2	3	4	5	6
供给量（单位数）	0	200	400	600	800

表 2-2 清楚地表示了商品的价格和供给量之间的关系。例如，当价格为 6 元时，商品的供给量为 800 单位；当价格下降为 4 元时，商品的供给量减少为 400 单位；当价格进一步下降为 2 元时，商品的供给量减少为零。

商品的供给曲线是根据供给表中的商品的价格—供给量组合在平面坐标图上所绘制的

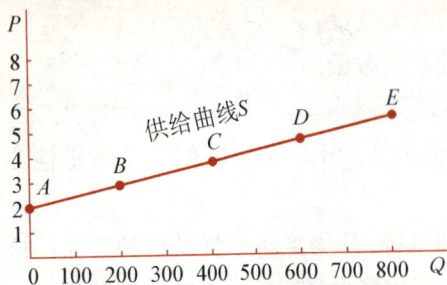

图 2-3 某商品的供给曲线

一条曲线。

图中的横轴 OQ 表示商品数量,纵轴 OP 表示商品价格。在平面坐标图上,把根据供给表中商品的价格—供给量组合所得到的相应的坐标点 A、B、C、D、E 连接起来的线,就是该商品的供给曲线 S。它表示在不同的价格水平下生产者愿意而且能够提供出售的商品数量。供给曲线是以几何图形表示商品的价格和供给量之间的关系。和需求曲线一样,供给曲线也是一条光滑的和连续的曲线,它是建立在商品的价格和相应的供给量的变化且具有无限分割性即连续性的假设上的。

二、影响供给的因素与供给函数

1. 影响供给的因素

影响供给的因素很多,概括起来主要有以下几种:

(1) 商品本身的价格

一般来说,价格上升供给量增加,价格下降供给量减少。

(2) 其他相关商品的价格

假设商品 A 与商品 B 互补,当商品 A 的价格上涨(下降)时,对商品 B 的需求减少(增加),从而商品 B 的价格下降(上升),商品 B 的供给减少(增加)。

假设商品 A 与商品 B 互替,当商品 A 的价格上涨(下降)时,对商品 B 的需求增加(减少),从而商品 B 的价格上升(下降),商品 B 的供给增加(减少)。

(3) 生产技术的变动

在资源为既定的条件下,生产技术的提高会使资源得到更充分的利用(成本降低),从而供给增加。

(4) 生产要素的价格

生产要素的价格下降,会使产品的成本减少,从而在产品价格不变的情况下,供给增加。生产要素的价格上升,会使产品的成本增加,从而在产品价格不变的情况下,供给减少。

(5) 政府的政策

政府采用鼓励投资与生产的政策(例如减税),可以刺激生产,增加供给。政府采用限制投资与生产的政策(例如增税),则会抑制生产,减少供给。

(6) 生产者对未来商品价格的预期

如果生产者对未来的预期看好,如价格上升,则制订生产计划时就会增加供给;反之如果生产者对未来的预期是悲观的,在制订生产计划时,就会减少供给。

2. 供给函数

所谓供给函数是表示一种商品的供给数量与影响该供给数量的各种因素之间的相互关系的函数。

在经济学中,价格是影响供给量的主要因素。假定影响供给的其他因素不变,只研究某

商品的供给与价格之间的关系,则供给函数可记作:

$$Q_s = f(P)$$

如同需求曲线一样,供给曲线可以是直线型,也可以是曲线型。如果供给函数是线性函数,则相应的供给曲线为直线型,如图 2-3 中的供给曲线。如果供给函数是非线性函数,则相应的供给曲线就是曲线型的。直线型的供给曲线上的每点的斜率是相等的,曲线型的供给曲线上的每点的斜率则不相等。在微观经济分析中,使用较多的是线性供给函数。它的通常形式为:

$$Q_s = -\delta + \gamma P$$

式中,δ、γ 为常数,且 γ、$\delta > 0$。该函数所对应的供给曲线为一条直线。

三、供给量的变动与供给的变动

供给曲线的移动包括两种情况:供给量的变动和供给的变动。

供给量是指某时期内在某一价格水平上,厂商提供的商品数量。商品价格变动引起生产能力的扩大或缩小,称之为供给量的变动,它表现为供给曲线上的点的变动。如图 2-4(a)所示,假设其他条件不变,在供给曲线 S 上,随着商品价格的变动,点 a、b、c 之间的位置移动,即为供给量的变动。

供给是在一系列价格水平上的一组产量,在商品价格不变的条件下,非价格因素的变动(如技术进步、生产要素价格变动等)所引起的产量变动,称之为供给的变动,它表现为供给曲线的移动。如图 2-4(b)所示,假设商品本身的价格保持为 P_0,由于某种原因使原来的供给曲线 S_0 右移到 S_1,表示供给增加;供给曲线从 S_0 左移到 S_2,表示供给减少。

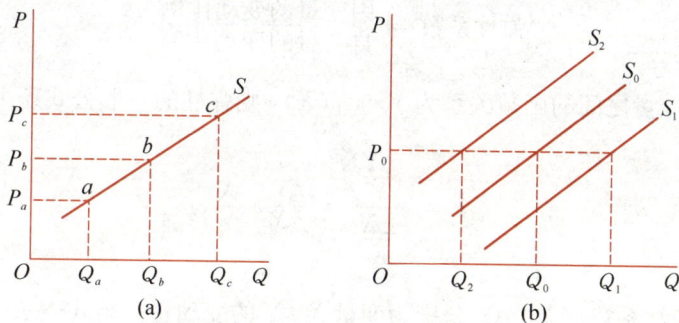

图 2-4 供给量的变动和供给的变动

在供给曲线上,供给量增加是沿着同一条供给曲线向右上方移动,供给量减少是向左下方移动;供给的增加是整个供给曲线向右下方移动,供给减少是整个供给曲线向左上方移动。

四、供给定理

当影响商品供给的其他因素不变时,某商品的供给量与价格之间成同方向变动,即供给量随商品本身价格的上升而增加,随商品本身价格的下降而减少。

第三节　需求和供给的弹性理论

一、弹性的一般含义

我们已经知道,当一种商品的价格发生变化时,这种商品的需求量会发生变化。除此之外,当消费者的收入水平或者相关商品的价格等其他因素发生变化时,这种商品的需求也会发生变化。同样地,当一种商品的价格发生变化,或者这种商品的生产成本等其他因素发生变化时,这种商品的供给量会发生变化。由此,我们会很自然地想知道,譬如,当一种商品的价格下降 1％时,这种商品的需求量和供给量究竟分别会上升和下降多少呢?当消费者的收入水平上升 1％时,商品的需求量究竟增加了多少等等。弹性概念就是专门为解决这一类问题而设立的。

弹性概念在经济学中得到广泛的应用。一般说来,只要两个经济变量之间存在着函数关系,我们就可用弹性来表示因变量对自变量变化的反应敏感程度。具体地说,它是这样一个数字,它告诉我们,当一个经济变量发生 1％的变动时,由它引起的另一个经济变量变动的百分比。例如,弹性可以表示当一种商品的价格上升 1％时,相应的需求量和供给量的变化的百分比具体是多少。

在经济学中,弹性的一般公式为:

$$弹性系数 = \frac{因变量的变动比例}{自变量的变动比例}$$

设两个经济变量之间的函数关系为 $Y = f(X)$,则弹性的一般公式还可以表示为:

$$E = \frac{\frac{\Delta Y}{Y}}{\frac{\Delta X}{X}} = \frac{\Delta Y}{\Delta X} \cdot \frac{X}{Y} \tag{2.1}$$

式中,E 为弹性系数;ΔX、ΔY 分别为变量 X、Y 的变动量。该式表示:当自变量 X 变化百分之一时,因变量 Y 变化百分之几。

若经济变量的变化量趋于无穷小,即:当 $\Delta X \to 0$,且 $\Delta Y \to 0$ 时,则弹性公式为:

$$E = \lim_{\Delta X \to 0} \frac{\frac{\Delta Y}{Y}}{\frac{\Delta X}{X}} = \frac{\frac{dY}{Y}}{\frac{dX}{X}} = \frac{dY}{dX} \cdot \frac{X}{Y} \tag{2.2}$$

通常将(2.1)式称为弧弹性公式,将(2.2)式称为点弹性公式。

需要指出的是,由弹性的定义公式可以清楚地看到,弹性是两个变量变化比例的一个比值,所以,弹性是一个具体的数字,它与自变量和因变量的单位无关。

本节将以需求的价格弹性为重点,考察与需求和供给有关的几个弹性概念。

二、需求的价格弹性的含义

需求方面的弹性主要包括需求的价格弹性、需求的交叉价格弹性和需求收入弹性。其中,需求的价格弹性又被简称为需求弹性。下面将详细考察需求价格弹性。

需求的价格弹性表示在一定时期内一种商品的需求量变动对于该商品的价格变动的反应程度。或者说,表示在一定时期内当一种商品的价格变化百分之一时所引起的该商品的需求量变化的百分比。其公式为:

$$需求的价格弹性系数 = -\frac{需求量变动率}{价格变动率}$$

需求的价格弹性可以分为弧弹性和点弹性。

需求的价格弧弹性表示某商品需求曲线上两点之间的需求量的变动对于价格的变动的反应程度。简单地说,它表示需求曲线上两点之间的弹性。假定需求函数为 $Q_d = f(P)$,ΔQ 和 ΔP 分别表示需求量的变动量和价格的变动量,以 E_d 表示需求的价格弹性系数,则需求的价格弧弹性的公式为:

$$E_d = -\frac{\dfrac{\Delta Q}{Q}}{\dfrac{\Delta P}{P}} = -\frac{\Delta Q}{\Delta P} \cdot \frac{P}{Q} \tag{2.3}$$

这里需要指出的是,在通常情况下,由于商品的需求量和价格是成反方向变动的,$\dfrac{\Delta Q}{\Delta P}$ 为负值,所以,为了便于比较,就在上面公式中加了一个负号,以使需求的价格弹性系数 E_d 取正值。

当需求曲线上两点之间的变化量趋于无穷小时,需求的价格弹性要用点弹性来表示。也就是说,它表示需求曲线上某一点上的需求量变动对于价格变动的反应程度。需求的价格点弹性的公式为:

$$E_d = \lim_{\Delta P \to 0} -\frac{\dfrac{\Delta Q}{Q}}{\dfrac{\Delta P}{P}} = -\frac{\dfrac{dQ}{Q}}{\dfrac{dP}{P}} = -\frac{dQ}{dP} \cdot \frac{P}{Q} \tag{2.4}$$

比较(2.3)式和(2.4)式可见,需求的价格弧弹性和点弹性的本质是相同的。它们的区别仅在于:前者表示价格变动量较大时的需求曲线上两点之间的弹性,而后者表示价格变动量无穷小时的需求曲线上某一点的弹性。

三、需求的价格弹性:弧弹性

需求的价格弧弹性有五种类型。我们已经知道,需求的价格弹性是告诉我们,当商品的价格变动 1% 时,需求量的变动究竟有多大的百分比。于是,我们完全可以设想:在商品的价格变化 1% 的前提下,需求量的变化率可能大于 1%,这时有 $E_d > 1$;需求量的变化率也可能小于 1%,这时有 $E_d < 1$;需求量的变化率也可能恰好等于 1%,这时有 $E_d = 1$。进一步讲,由于 $E_d > 1$ 表示需求量的变动率大于价格的变动率,即需求量对于价格变动的反应是比较敏感的,所以,$E_d > 1$ 被称为富有弹性。由于 $E_d < 1$ 表示需求量的变动率小于价格的变动率,即需求量对于价格变动的反应欠敏感,所以,$E_d < 1$ 被称为缺乏弹性。$E_d = 1$ 是一种巧合的情况,它表示需求量的变动率和价格的变动率刚好相等,所以,$E_d = 1$ 被称为单一弹性或单位弹性。以上这三种类型的需求的价格弧弹性分别如图 2-5 中的(a)、(b)和(c)所示。

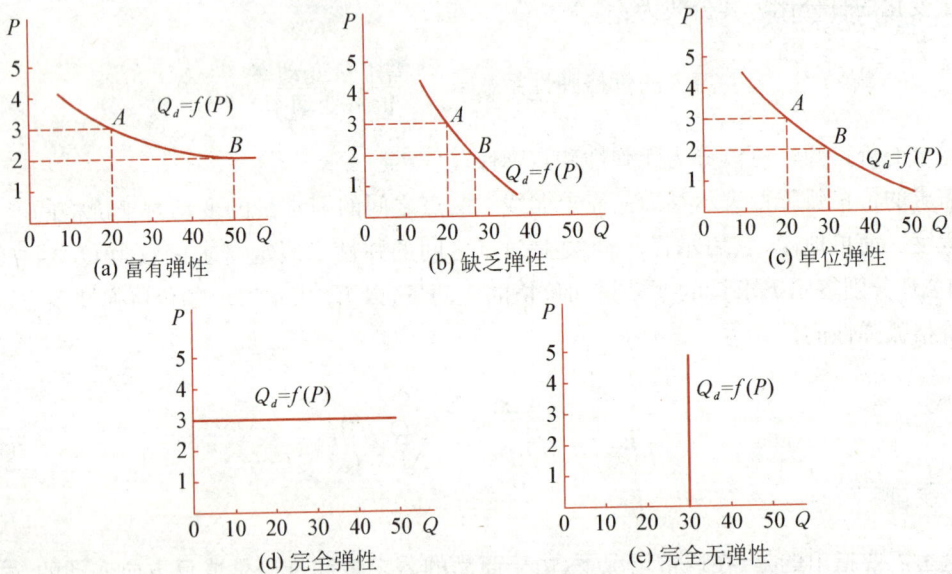

图 2-5   需求的价格弧弹性的五种类型

比较图(a)和图(b)可以看出,就需求的价格弧弹性而言,富有弹性的需求曲线相对比较平坦,缺乏弹性的需求曲线相对比较陡峭。特别需要引起注意的是,尽管在经济学中,把富有弹性的需求曲线绘制成一条相对平坦的曲线和把缺乏弹性的需求曲线绘制成一条相对陡峭的曲线,已成为一种习惯,这种绘制方法通常也是可行的。但是,在有些场合,这种绘制方法便会成为一种不好的甚至是错误的方法。譬如,当图(a)中横轴上每 0.5 cm 的刻度由 10、20、30、40、50 改为 11、12、13、14、15 以后,那么,平坦的需求曲线就是缺乏弹性的了。所以在使用这种绘制方法时必须十分小心。关于这一点,在以后分析需求曲线的斜率和需求的价格点弹性的关系时,会得到进一步的说明。

再看图(d)和图(e)。图(d)中需求曲线为一条水平线。水平的需求曲线表示在既定的价格水平(如图中的 $P = 3$)需求量是无限的。从需求的价格弹性的角度看,对于水平的需求曲线来说,只要价格有一个微小的上升,就会使无穷大的需求量一下子减少为零。也就是说,相对于无穷小的价格变化率,需求量的变化率是无穷大的,即有 $E_d = \infty$,这种情况被称为完全弹性。图(e)中的需求曲线是一条垂直线。垂直的需求曲线表示相对于任何价格水平,需求量都是固定不变的(如图中总是有 $Q = 30$)。从需求的价格弹性的角度看,对于垂直的需求曲线来说,无论价格如何变化,需求量的变化量总是为零,即有 $E_d = 0$,这种情况被称为完全无弹性。

四、需求的价格弹性:点弹性

需求的价格点弹性的几何意义。先考虑线性需求曲线的点弹性,用图 2-6 来说明。

在图中,线性需求曲线分别与纵坐标和横坐标相交于 A、B 两点,令 C 点为该需求曲线上的任意一点。从几何意义看,根据点弹性的定义,C 点的需求的价格弹性可以表示为:

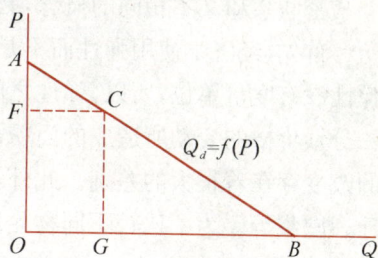

图 2-6 需求的价格点弹性

$$E_d = -\frac{dQ}{dP} \cdot \frac{P}{Q} = \frac{GB}{CG} \cdot \frac{CG}{OG} = \frac{GB}{OG} = \frac{CB}{AC} = \frac{FO}{AF}$$

由此可得出这样一个结论:线性需求曲线上的任何一点的弹性,都可以通过由该点出发向价格轴或数量轴引垂线的方法来求得。

显然,线性需求曲线上的点弹性有一个明显的特征:在线性需求曲线上的点的位置越高,相应的点弹性系数值就越大;相反,位置越低,相应的点弹性系数值就越小。这一特征在图 2-7(a)中得到了充分的体现。在图(a)中,随着需求曲线上的点的位置由最低的 A 点逐步上升到最高的 E 点的过程,相应的点弹性由 $E_d = 0$ 逐步增加到 $E_d = \infty$。具体地分析,在该线性需求曲线的中点 C,有 $E_d = 1$,因为 $CA = EC$。在中点以下部分的任意一点如 B 点,有 $E_d < 1$,因为 $BA < EB$。在中点以上部分的任意一点如 D 点,有 $E_d > 1$,又因为 $DA > ED$。在线性需求曲线的两个端点,即需求曲线与数量轴和价格轴的交点 A 点和 E 点,分别有 $E_d = 0$ 和 $E_d = \infty$。可见,向右下方倾斜的线性需求曲线上每一点的弹性都是不相等的。这一结论对于除了将要说明的两种特殊形状的线性需求曲线以外的所有线性需求曲线都是适用的。

在图(b)和图(c)中各有一条特殊形状的线性需求曲线。图(b)中一条水平的需求曲线上的每一点的点弹性均为无穷大,即 $E_d = \infty$。图(c)中的一条垂直的需求曲线上每一点的点

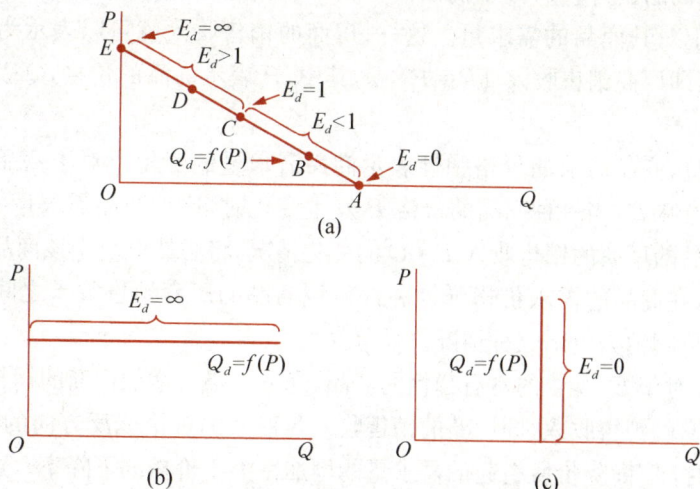

图 2-7 线性需求曲线上的点弹性

弹性均为零,即 $E_d = 0$。可见,对于线性需求曲线上每一点的点弹性都不相等的结论来说,水平的和垂直的需求曲线是两种例外。

需要注意的是,在考察需求的价格弹性问题时,需求曲线的斜率和需求的价格弹性是两个紧密联系却又不相同的概念,必须严格加以区分。

首先,经济学使用弹性而不是曲线的斜率来衡量因变量对自变量反应的敏感程度,由于弹性没有度量单位,所以,弹性之间的比较很方便。不同的是,斜率是具有度量单位的,如每一分钱价格的变动所造成的面粉需求量的改变和每一元钱价格的变动所造成的面粉需求量的改变存在着很大的差别。此外,物品的衡量往往必须使用不同的度量单位。例如,面粉用斤、吨、袋等。为了比较不同物品反应的敏感程度,度量单位的消除是必要的。其次,由前面对需求的价格点弹性的分析可以清楚地看到,需求曲线在某一点的斜率为 $\dfrac{\mathrm{d}P}{\mathrm{d}Q}$。而根据需求的价格点弹性的计算公式,需求的价格点弹性不仅取决于需求曲线在该点的斜率的倒数值 $\dfrac{\mathrm{d}Q}{\mathrm{d}P}$,还取决于相应的价格—需求量的比值 $\dfrac{P}{Q}$。所以,这两个概念虽有联系,但区别也是很明显的。这种区别在图 2-7(a)中得到了充分体现:图中线性需求曲线上每点的斜率都是相等的,但每点的点弹性值却都是不相等的。

由此可见,直接把需求曲线的斜率和需求的价格弹性等同起来是错误的。严格区分这两个概念,不仅对于线性需求曲线的点弹性,而且对于任何形状的需求曲线的弧弹性和点弹性来说,都是有必要的。

五、需求的价格弹性和厂商的销售收入

在实际的经济生活中会发生这样一些现象:有的厂商降低自己的产品价格,能使自己的销售收入得到提高,而有的厂商降低自己的产品价格,却反而使自己的销售收入减少了。这意味着,以降价促销来增加销售收入的做法,对有的产品适用,对有的产品却不适用。如何解释这些现象呢?这便涉及商品的需求的价格弹性的大小和厂商的销售收入两者之间的相互关系。

我们知道,厂商的销售收入等于商品的价格乘以商品的销售量。在此假定厂商的商品销售量等于市场上对其商品的需求量。这样,厂商的销售收入就可以表示为商品的价格乘以商品的需求量,即厂商销售收入 $TR = P \times Q$,其中,P 表示商品的价格,Q 表示商品的销售量即需求量。

前面已经讲过,商品需求的价格弹性表示商品需求量的变化率对于商品价格的变化率的反应程度。这意味着,当一种商品的价格 P 发生变化时,这种商品需求量 Q 的变化情况,进而提供这种商品的厂商的销售收入 $P \cdot Q$ 的变化情况,将必然取决于该商品的需求的价格弹性大小。所以,在商品的需求价格弹性和提供该商品的厂商销售收入之间存在着密切的关系。这种关系可归纳为以下三种情况。

第一种情况:对于 $E_d > 1$ 的富有弹性的商品,降低价格会增加厂商的销售收入,相反,提高价格会减少厂商的销售收入,即厂商的销售收入与商品的价格成反方向的变动关系。这是因为,当 $E_d > 1$ 时,厂商降价所引起的需求量的增加率大于价格的下降率。这意味着价格下降所造成的销售收入的减少量必定小于需求量增加所带来的销售收入的增加量。所以,降

价最终带来的销售收入 $P \cdot Q$ 值是增加的。相反,在厂商提价时,最终带来的销售收入 $P \cdot Q$ 值是减少的。这种情况如图 2-8(a)所示。

第二种情况:对于 $E_d < 1$ 的缺乏弹性的商品,降低价格会使厂商的销售收入减少,相反,提高价格会使厂商的销售收入增加,即销售收入与商品的价格成同方向的变动关系。这是因为,当 $E_d < 1$ 时,厂商降价所引起的需求量的增加率小于价格的下降率。这意味着需求量增加所带来的销售收入的增加量并不能全部抵消价格下降所造成的销售收入的减少量。所以,降价最终使销售收入 $P \cdot Q$ 值减少。相反,在厂商提价时,最终带来的销售收入 $P \cdot Q$ 值是增加的。用图 2-8(b)说明这种情况。

第三种情况:对于 $E_d = 1$ 的单位弹性的商品,降低价格或提高价格对厂商的销售收入都没有影响。这是因为,当 $E_d = 1$ 时,厂商变动价格所引起的需求量的变动率和价格的变动率是相等的。这样一来,由价格变动所造成的销售收入的增加量或减少量刚好等于由需求量变动所带来的销售收入的减少量或增加量,所以,无论厂商是降价还是提价,销售收入 $P \cdot Q$ 值是固定不变的。如图 2-8(c)所示。

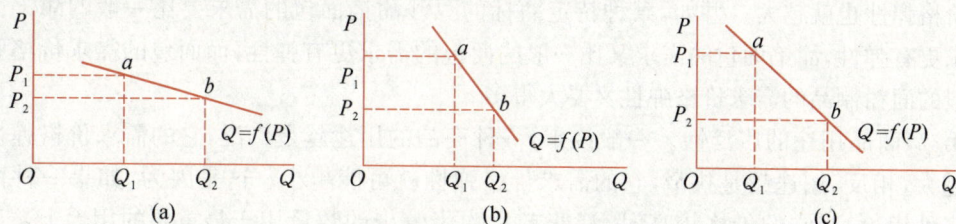

图 2-8 不同的需求价格弹性对厂商销售收入的影响

以上三种情况都是以需求的弧弹性为例进行分析的。事实上,经数学证明,对这三种情况分析所得到的结论,对需求的点弹性也是适用的。

与以上三种情况相对应,在西方经济学中,也可以根据商品的价格变化所引起的厂商的销售收入的变化,来判断商品的需求的价格弹性的大小。如果某商品价格变化引起厂商销售收入反方向的变化,则该商品是富有弹性的。如果某商品价格变化引起厂商销售收入同方向的变化,则该商品是缺乏弹性的。如果厂商的销售收入不随商品价格的变化而变化,则该商品是单位弹性的。

将 $E_d = \infty$ 和 $E_d = 0$ 的两种特殊情况考虑在内,商品的需求价格弹性和厂商的销售收入之间的综合关系如表 2-3 表示。

表 2-3 需求价格弹性和销售收入

E_d 价格变化	$E_d > 1$	$E_d = 1$	$E_d < 1$	$E_d = 0$	$E_d = \infty$
降价	增加	不变	减少	同比例于价格的下降而减少	既定价格下,收益可以无限增加,因此,厂商不会降价
涨价	减少	不变	增加	同比例于价格的上升而增加	收益会减少为零

最后,再指出一点,因为厂商的销售收入就等于消费者的购买支出,所以,以上关于需求的价格弹性和厂商的销售收入之间关系的分析和结论,对于需求的价格弹性和消费者的购买支出之间的关系同样也是适用的。

六、影响需求价格弹性的因素

影响需求价格弹性的因素是很多的,其中主要有以下几个。

第一,商品的可替代性。一般说来,一种商品的可替代品越多,相近程度越高,则该商品的需求价格弹性往往就越大;相反,该商品的需求价格弹性往往就越小。例如,在苹果市场,当国光苹果的价格上升时,消费者就会减少对国光苹果的需求量,增加对相近的替代品如香蕉苹果的购买。这样,国光苹果的需求弹性就比较大。又如,对于食盐来说,没有很好的可替代品,所以,食盐价格的变化所引起的需求量的变化几乎等于零,它的需求价格弹性是极其小的。

另外,对一种商品所下的定义越明确越狭窄,这种商品的相近的替代品往往就越多,需求的价格弹性也就越大。譬如,某种特定商标的豆沙甜馅面包的需求要比一般的甜馅面包的需求更有弹性,甜馅面包的需求又比一般的面包的需求更有弹性,而面包的需求价格弹性比一般的面粉制品的需求价格弹性又要大得多。

第二,商品用途的广泛性。一般说来,一种商品的用途越是广泛,它的需求价格弹性就可能越大;相反,用途越是狭窄,它的需求价格弹性就可能越小。这是因为,如果一种商品具有多种用途,当它的价格较高时,消费者只购买较少的数量用于最重要的用途上。当它的价格逐步下降时,消费者的购买量就会逐渐增加,将商品越来越多地用于其他的各种用途上。

第三,商品对消费者生活的重要程度。一般说来,生活必需品的需求价格弹性较小,非必需品的需求价格弹性较大。例如,馒头的需求价格弹性是较小的,电影票的需求价格弹性是较大的。

第四,商品的消费支出在消费者预算总支出中所占的比重。消费者在某商品上的消费支出在预算总支出中所占的比重越大,该商品的需求价格弹性可能越大;反之,则越小。例如,火柴、盐、铅笔、肥皂等商品的需求价格弹性就是比较小的。因为,消费者在这些商品上的支出是很小的,消费者往往不太重视这类商品价格的变化。

第五,所考察的消费者调节需求量的时间。一般说来,所考察的调节时间越长,则需求价格弹性就可能越大。因为,当消费者决定减少或停止对价格上升的某种商品的购买之前,他一般需要花费时间去寻找和了解该商品的可替代品。例如,当石油价格上升时,消费者在短期内不会较大幅度地减少需求量。但设想在长期内,消费者可能找到替代品,于是,石油价格上升就会导致石油的需求量较大幅度地下降。

需要指出,一种商品需求价格弹性的大小是各种影响因素综合作用的结果。所以,在分析一种商品的需求价格弹性的大小时,要根据具体情况进行全面的综合分析。

七、弹性概念的扩大

根据本节一开始给出的弹性概念的一般公式可知,在任何两个具有函数关系的经济变量之间都可以建立弹性,以研究这两个经济变量变动的相互影响。在西方经济学中有许多弹性,这些弹性的建立方法和需求弹性是相似的。下面主要考察供给方面和需求方面的另外两个弹性:供给的价格弹性和需求的交叉弹性。

1. 供给的价格弹性

在西方经济学中,供给弹性包括供给的价格弹性、供给的交叉价格弹性和供给的预期价格弹性等。在此考察的是供给的价格弹性,它通常被简称为供给弹性。

供给的价格弹性表示在一定时期内一种商品的供给量的变动对于该商品的价格的变动的反应程度。或者说,表示在一定时期内当一种商品的价格变化百分之一时所引起的该商品的供给量变化的百分比。它是商品的供给量变动率与价格变动率之比。

与需求的价格弹性一样,供给的价格弹性也分为弧弹性和点弹性。

供给的价格弧弹性表示某商品供给曲线上两点之间的弹性。供给的价格点弹性表示某商品供给曲线上某一点的弹性。假定供给函数为 $Q_s = f(P)$,以 E_s 表示供给的价格弹性系数,则供给的价格弧弹性的公式为:

$$E_s = \frac{\dfrac{\Delta Q}{Q}}{\dfrac{\Delta P}{P}} = \frac{\Delta Q}{\Delta P} \cdot \frac{P}{Q}$$

供给的价格点弹性的公式为:

$$E_s = \lim_{\Delta P \to 0} \frac{\dfrac{\Delta Q}{Q}}{\dfrac{\Delta P}{P}} = \frac{\mathrm{d}Q}{\mathrm{d}P} \cdot \frac{P}{Q}$$

在通常情况下,商品的供给量和商品的价格是成同方向变动的,供给量的变化量和价格的变化量的符号是相同的。

供给的价格弹性根据 E_s 值的大小也分为五个类型。$E_s > 1$ 表示富有弹性;$E_s < 1$ 表示缺乏弹性;$E_s = 1$ 表示单一弹性或单位弹性;$E_s = \infty$ 表示完全弹性;$E_s = 0$ 表示完全无弹性。

影响供给价格弹性的因素通常有:

(1)生产技术类型。一般而言,生产技术越复杂、越先进,固定资本占用越大,生产周期越长,供给弹性越小,在价格下降时,这类生产要素不能方便地转移。

(2)生产能力的利用程度。对拥有相同技术的生产者而言,拥有多余生产能力的生产者的供给会更富有弹性,因为它在价格变动时,特别是价格升高时,更容易调整产量。

(3)生产成本的因素。当产量增加时,成本迅速增大,供给弹性越小;反之,生产扩大成本增长慢,供给弹性就大。

(4)生产者调整供给量的时间(生产时间)。当商品的价格发生变化时,生产者对供给量进行调整需要一定时间,时间越短,生产者越来不及调整供给量。如在一个月内,考察西瓜的供给,它可能缺乏弹性,但如果跨年度考察西瓜供给量的变化,则其供给弹性可能很大。因此对像农产品这样生产周期较长的产品,今年的价格由今年的产品决定,今年的产量由去年的价格决定。

2. 需求的交叉价格弹性

如前所述,一种商品的需求量受多种因素的影响,相关商品的价格就是其中的一个因素。假定其他的因素都不发生变化,仅仅研究一种商品的价格变化和它的相关商品的需求量变化之间的关系,则需要运用需求的交叉价格弹性的概念。需求的交叉价格弹性也简称为需求的交叉弹性。

需求的交叉价格弹性表示在一定时期内一种商品的需求量的变动对于它的相关商品的价格的变动的反应程度。或者说,表示在一定时期内当一种商品的价格变化百分之一时所引起的另一种商品的需求量变化的百分比。它是该商品的需求量的变动率和它的相关商品的价格的变动率的比值。

假定商品 X 的需求量 Q_X 是它的相关商品 Y 的价格 P_Y 的函数,即 $Q_X = f(P_Y)$,则商品 X 的需求的交叉价格弧弹性公式为:

$$E_{XY} = \frac{\dfrac{\Delta Q_X}{Q_X}}{\dfrac{\Delta P_Y}{P_Y}} = \frac{\Delta Q_X}{\Delta P_Y} \cdot \frac{P_Y}{Q_X}$$

式中,ΔQ_X 为商品 X 的需求量的变化量;ΔP_Y 为相关商品 Y 的价格的变化量;E_{XY} 为当 Y 商品的价格发生变化时的 X 商品的需求的交叉价格弹性系数。

当 X 商品的需求量的变化量 ΔQ_X 和相关商品价格的变化量 ΔP_Y 均为无穷小时,则商品 X 的需求的交叉价格点弹性公式为:

$$E_{XY} = \lim_{\Delta P_Y \to 0} \frac{\dfrac{\Delta Q_X}{Q_X}}{\dfrac{\Delta P_Y}{P_Y}} = \frac{\mathrm{d}Q_X}{\mathrm{d}P_Y} \cdot \frac{P_Y}{Q_X}$$

需求的交叉价格弹性系数的符号取决于所考察的两种商品的相关关系。

若两种商品之间存在着替代关系,则一种商品的价格与它的替代品的需求量之间成同方向的变动,相应的需求的交叉价格弹性系数为正值。例如,当苹果的价格上升时,人们自然会在减少苹果的购买量的同时,增加对苹果的替代品如梨的购买量。若两种商品之间存在着互补关系,则一种商品的价格与它的互补品的需求量之间成反方向的变动,相应的需求的交叉价格弹性系数为负值。例如,当录音机的价格上升时,人们会减少对录音机的需求量,这样,作为录音机互补品的磁带的需求量也会因此而下降。若两种商品之间不存在相关关系,则意味着其中任何一种商品的需求量都不会对另一种商品的价格变动作出反应,相应的需求的交叉价格弹性系数为零。

同样的道理,反过来,可以根据两种商品之间的需求的交叉价格弹性系数的符号,来判断两种商品之间的相关关系。若两种商品的需求的交叉价格弹性系数为正值,则这两种商品之间为替代关系。若为负值,则这两种商品之间为互补关系。若为零,则这两种商品之间无相关关系。

3. 其他弹性

前面所考察的需求的价格弹性、供给的价格弹性和需求的交叉价格弹性都是就商品的供求数量与商品的价格相互之间的关系进行研究。实际上,弹性关系并不仅限于商品的供求数量和价格之间,弹性概念被广泛地运用于各种相关的经济变量之间。

例如,需求的收入弹性就是建立在消费者的收入量和商品的需求量之间关系上的一个弹性概念,它也是一个在西方经济学中被广泛运用的弹性概念。需求的收入弹性表示在一定时期内消费者对某种商品的需求量的变动对于消费者收入量变动的反应程度。或者说,表示在一定时期内当消费者的收入变化百分之一时所引起的商品需求量变化的百分比。它是商品的需求量的变动率和消费者的收入量的变动率的比值。

假定某商品的需求量 Q 是消费者收入水平 M 的函数,即 $Q=f(M)$,则该商品的需求的收入弹性公式为:

$$E_M = \frac{\frac{\Delta Q}{Q}}{\frac{\Delta M}{M}} = \frac{\Delta Q}{\Delta M} \cdot \frac{M}{Q}$$

或:

$$E_M = \lim_{\Delta M \to 0} \frac{\frac{\Delta Q}{Q}}{\frac{\Delta M}{M}} = \frac{dQ}{dM} \cdot \frac{M}{Q}$$

以上两式分别为需求的收入弧弹性和点弹性公式。

根据商品的需求的收入弹性系数值,可以给商品分类。首先,商品可以分为两类,分别是正常品和劣等品。其中,正常品是指需求量与收入成同方向变化的商品;劣等品是指需求量与收入成反方向变化的商品。然后,还可以将正常品再进一步区分为必需品和奢侈品两类。以上的这种商品分类方法,可以用需求的收入弹性来表示。具体地说,$E_M > 0$ 的商品为正常品,因为,$E_M > 0$ 意味着该商品的需求量与收入水平成同方向变化。$E_M < 0$ 的商品为劣等品,因为,$E_M < 0$ 意味着该商品需求量与收入水平成反方向变化。在正常品中,$E_M < 1$ 的商品为必需品,$E_M > 1$ 的商品为奢侈品。当消费者的收入水平上升时,尽管消费者对必需品和奢侈品的需求量都会有所增加,但对必需品的需求量的增加是有限的,或者说,是缺乏弹性的;而对奢侈品的需求量的增加是较多的,或者说,是富有弹性的。

在需求的收入弹性的基础上,如果具体地研究消费者用于购买食物的支出量对于消费者收入量变动的反应程度,就可以得到食物支出的收入弹性。西方经济学中的恩格尔定律指出:在一个家庭或在一个国家中,食物支出在收入中所占的比例随着收入的增加而减少。用弹性概念来表述恩格尔定律可以是:对于一个家庭或一个国家来说,富裕程度越高,则食物支出的收入弹性就越小;反之,则越大。许多国家经济发展过程的资料表明恩格尔定律是成立的。

除了上述在西方经济学文献中经常出现的弹性概念外,根据所研究的具体经济问题的不同需要,经济学家也经常建立一些新的弹性关系。例如,一些经济学家研究一个国家的电力消耗量和国民生产总值 GNP 之间的弹性关系,这对于如何根据对一国经济增长的预测来合理安排本国的电力工业的发展具有实际意义。

第四节 均衡价格及其应用

一、均衡的含义

经济均衡的含义：在经济体系中，一个经济事物处在各种经济力量的相互作用之中，如果有关该经济事务各方面的各种力量能够相互制约或者相互抵消，那么该经济事物就处于相对静止状态，并将保持该状态不变，此时我们称该经济事物处于均衡状态。

市场均衡的概念：在市场上，市场供求达到平衡时的状态称之为市场均衡。

二、均衡价格和均衡数量的决定

一种商品的均衡价格是该种商品的市场需求量和市场供给量相等时的价格。在均衡价格水平下的相等的供求数量被称为均衡数量。

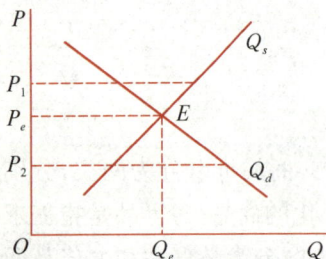

图 2 - 9　市场价格变动对均衡数量的决定

消费者和生产者根据市场价格决定愿意并且能够购买或者能够提供的商品数量，带着各自的盘算，消费者与生产者一起进入市场，最终决定市场的均衡。

需求和供给相互作用决定均衡价格和均衡数量，如图 2 - 9 所示。

当市场价格 $P_1 > P_e$ 时，$Q_s > Q_d$，其间的距离为供大于求的产品数量即过剩的产品的数量，如果市场是充分竞争的，过剩产品的存在必然导致价格下降，随着价格下降需求量扩大，供给量减少，最后达到 E 点，所以，价格的下降可以减少市场的产品积压，使供求保持平衡。

当市场价格 $P_2 < P_e$ 时，此时 $Q_d > Q_s$，其间的距离即为供小于求的产品数量即短缺的产品的数量。此时，价格的上升可以扩大生产的产量，同时抑制消费，最后达到 E 点。所以价格的上升可以清除市场上的短缺现象，从而使供求保持一致。

三、供求变动对市场均衡的影响

1. 需求变动对市场均衡的影响

需求增加引起均衡价格上升，需求减少引起均衡价格下降；需求增加引起均衡产量增加，需求减少引起均衡产量减少；需求的变动引起均衡价格与均衡产量同方向变动。

2. 供给变动对市场均衡的影响

供给增加引起均衡价格下降，供给减少引起均衡价格上升；供给增加引起均衡产量增加，供给减少引起均衡产量减少；供给的变动引起均衡价格反方向变动，供给的变动引起均衡产量同方向变动。

3. 供求定理

在其他条件不变的情况下,需求变动分别引起均衡价格和均衡数量的同方向变动;供给变动引起均衡价格的反方向变动和均衡数量的同方向变动。

四、政府与市场的较量

不仅在当今世界,在历史上也经常会上演政府和市场的较量。比如当某种物品较为稀缺时,政府为了控制其价格常常会出台所谓的"最高限价"或"价格冻结"(有时政府为了保证某种物品的产出规模,也可能会出台"保护价"政策),但类似的政策从来不会在长期中取得较好的效果。这是因为在市场上,均衡价格是由供给双方共同决定的,如果政府指导价格使得交易的某一方感到难以接受,则此交易方就会退出交易,由此导致政府指导价格不能继续维持。

实行了限制价格的结果是造成供不应求,必然造成商品的短缺。政府要想在该商品的许多买者之间分配这一有限的供给量,就要控制需求量,一般可采取的措施有三种:

(1)采用配给制,发放购物券。新中国成立之初,因生产力水平低,5.7亿人口只有3200亿斤粮食,只能实行统购统销,搞票证制,只能是卖方市场。

(2)排队购买。由于商品短缺,定量配给数量必然不足,因此,很多消费者不得不采取等待和排队的办法来取得消费品。排队是以到达指定地点的次序(或以提出要求的次序)作为唯一的标准,因为先来的人比后来的人有利,从表面上来看是很公平的,但也正因为如此,它又是不公平的,毕竟,对于不同的人来说,时间的边际效用是不一样的。

(3)黑市交易。这是在价格超过法律规定的价格上限的非法市场。在价格受控制时出现了黑市,而且,票贩子活跃在某些炙手可热的票证交易活动中。

限制价格会挫伤厂商的生产积极性,使短缺变得更加严重,一旦放弃价格控制,价格上涨就会变得更加厉害。所以,经济学者一般反对长期采用限制价格政策,否则不利于经济的发展。比如,房屋租金控制,在这一政策下,房租被压得很低,以至于人们忘记了房屋是被修建起来并要加以维修的。人们都渴望租到大面积的房子,而如此低的房租又使得可以提供的房屋十分有限,新房屋的修建受到影响,住房紧张的状况长久得不到缓解。欧洲一个批评家曾说了句挖苦的话:"在破坏城市方面没有什么能比租金控制更有效了——除了轰炸之外。"

价格调节经济活动是市场经济的核心,所以,市场经济的基本原则是能够交给价格调节的尽量要放开价格,让价格自发调节。当然,我们也不能把价格的这种作用绝对化。市场经济仍然离不开政府,在有些情况下,也需要有政府对价格的干预。

我们在分析价格的作用时,仅仅是从经济的角度来说明价格调节的,但在决定政策时还要考虑到社会、政治等各种因素。经济理论是决定政策的重要依据,但并不是唯一依据。从这个角度来理解价格机制才更全面,也才能实现经济学改善世界、增进社会福利的目的。

那政府是否永远不应该干预市场的"正常运转"呢?不一定。因为市场并非万能,在某些情况下也会出现"市场失灵"。具体解释见后面的章节。

★★★★★ **本章要点回顾** ★★★★★

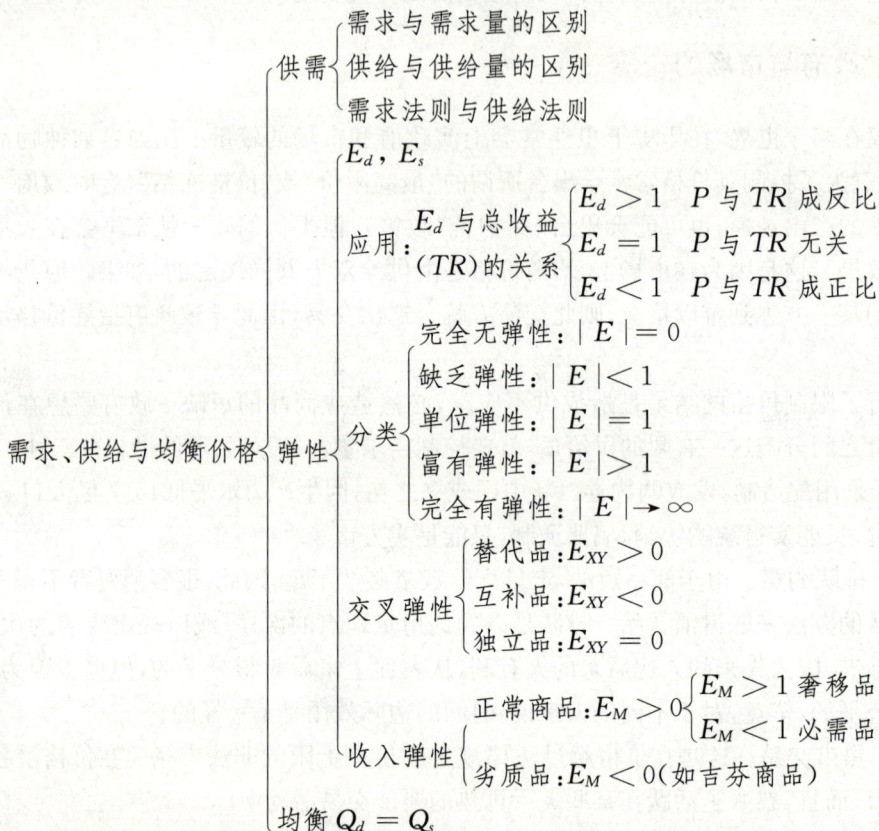

需求、供给与均衡价格

供需
- 需求与需求量的区别
- 供给与供给量的区别
- 需求法则与供给法则

弹性
- E_d, E_s
- 应用：E_d 与总收益 (TR) 的关系
  - $E_d > 1$ P 与 TR 成反比
  - $E_d = 1$ P 与 TR 无关
  - $E_d < 1$ P 与 TR 成正比
- 分类
  - 完全无弹性：$|E| = 0$
  - 缺乏弹性：$|E| < 1$
  - 单位弹性：$|E| = 1$
  - 富有弹性：$|E| > 1$
  - 完全有弹性：$|E| \to \infty$
- 交叉弹性
  - 替代品：$E_{XY} > 0$
  - 互补品：$E_{XY} < 0$
  - 独立品：$E_{XY} = 0$
- 收入弹性
  - 正常商品：$E_M > 0$
    - $E_M > 1$ 奢侈品
    - $E_M < 1$ 必需品
  - 劣质品：$E_M < 0$（如吉芬商品）

均衡 $Q_d = Q_s$

第三章
消费理论

本章导学

1. 理解效用的概念、基数效用和序数效用。

2. 掌握总效用、平均效用和边际效用的计算、边际效用递减规律。

3. 掌握偏好、无差异曲线、边际替代率和预算线的概念以及基数效用与序数效用下消费者均衡的结论等。

4. 了解消费者的需求曲线和恩格尔曲线的推导。

第一节　基数效用分析

一、欲望和偏好

在学习效用的概念之前,我们有必要了解一下其他两个重要的概念:欲望和偏好。

1. 欲望

现实生活中,我们常说"人有七情六欲"。这"六欲"就是欲望或者需要。其实,自然界并非只有人才有欲望,除了人以外,任何有机个体或群体对客观事物(或存在与发展条件)都有欲求。就人类而言,欲望是人们为了延续和发展生命,以一定的方式适应生存环境而对客观事物的要求。因此,人的欲望,实质上是一种缺乏的感觉和求得满足的愿望。它是一种心理感觉,即人们内心的不足之感与求足之愿的统一。

欲望尽管是无限的,但又有轻重缓急之分,有不同的欲望层次。在欲望的层次理论体系中,美国人本主义心理学家马斯洛提出的金字塔需求理论被人们广泛认同。他将人的需求欲望分为五个层次,也就是:

(1)基本生理需要,包括食物、住房、交通、衣服等人的基本欲望。

(2)安全的需要,包括生命安全、财产安全、职业安全等。

(3)社交、归属感和友情的需要,包括社会人的需求,与人建立情感等。

(4)尊重的需要,包括自尊和受人尊重、威望、名誉等。

(5)自我实现的需要,包括自我发展、自我理想的实现等,是人类最高层次的欲望。

马斯洛认为,人的需要这五个层次是按从低到高的层次组织起来的,只有当较低层次的需要得到某种程度的满足时,较高层次的需要才会出现并要求得到满足。一个人生理上的迫切需要得到满足后,才能去寻求保障其安全,也只有在基本的安全需要获得满足之后,爱与归属的需要才会出现,并要求得到满足,依此类推。马斯洛还认为,需要随着层次的上升,其迫切满足需要的追求强度会减弱。

2. 偏好

偏好就是指人们通常在产生某种欲望的紧迫后,通过购买某一种或多种商品或服务而表现出来的一种内在的心理倾向,具有一定的趋向性和规律性,它存在于个体自身内部,是难以直接观察到的,受社会、心理状况、文化、职业、民族、收入等其他条件的影响。购买食品能满足充饥的欲望,多穿衣服能满足御寒的欲望,看电影能够满足精神享受的欲望。那到底最后是购买红薯还是汉堡、棉衣还是羊绒衫,这就要取决于不同的消费者的偏好。现实的观察也告诉我们:有些人爱喝啤酒,有些人只喝可乐;有些人总是西装革履,有些人则常穿 T 恤球鞋。正如俗话讲"萝卜青菜,各有所爱",也如一句英语谚语所说:"甲之砒霜,乙之佳肴。"

二、效用

效用是指消费者在消费商品时所感受到的满足程度。一种商品对消费者是否具有效用,取决于消费者是否有消费这种商品的欲望,以及这种商品是否具有满足消费者欲望的能力。效用这一概念与人的欲望是联系在一起的,它是消费者对商品满足自己欲望的能力的一种主观心理评价。

效用具有两个特征:

(1) 主观性。徐悲鸿的《奔马图》可以给艺术鉴赏家提供很大的主观效用;但对不懂画的人来说,除了可以用来遮挡墙上的裂纹外没有什么用处。而且一种特定产品的效用在不同的人之间可能变化很大。一辆越野车可能对于崎岖路上驾驶的人来说有很大的效用,但对于一个老得连车都爬不上去的人来说则没有什么效用。一支香烟对吸烟者来说,有很大的效用,而对不吸烟者来说则毫无效用,尽管同一支烟的使用价值是客观存在的。那么对吸烟者来说,抽一支烟有多大效用呢?几乎没有人能够回答。由此看来,效用的大小取决于每个人的主观评价,而且效用很难量化。

(2) 相对性。相对性是指产生满足感是因人、因时、因地而异的。1900 年,八国联军打到北京,慈禧携光绪逃往西安。慈禧在京用膳时,105 道菜肴,而在逃难途中,别说菜肴,饭都吃不饱。快到西安时,慈禧饿得不行,命李莲英寻找食物,好不容易找来一个玉米面窝窝头,吃一口,觉得从未吃到过这么好吃的东西。第二年,《辛丑条约》签订,回京城,又是 105 道菜,却没有一道有玉米面窝窝头那么好吃,命李莲英再去弄。李莲英用栗子粉做了几个小窝窝头呈上,慈禧曰:"还是西安的玉米面窝窝头好吃。"栗子粉小窝窝头至今仍是北京北海仿膳的一道点心。

三、基数效用和序数效用

既然效用是用来表示消费者在消费商品时所感受到的满足程度,于是,就产生了对这种"满足程度"即效用大小的度量问题。在这一问题上,西方经济学家先后提出了基数效用和序数效用的概念,并在此基础上,形成了分析消费者行为的两种方法,它们分别是基数效用论者的边际效用分析方法和序数效用论者的无差异曲线分析方法。

基数和序数这两个术语来自数学。基数是指 1、2、3…,基数是可以加总求和的。例如,基数 3 加 9 等于 12,且 12 是 3 的 4 倍等。序数是指第一、第二、第三……,序数只表示序或等级,序数是不能加总求和的。例如,序数第一、第二和第三,它所要表明的仅仅是第二大于第一,第三大于第二,至于第一、第二和第三本身各自的数量具体是多少,是没有意义的。

在 19 世纪和 20 世纪初期,西方经济学家普遍使用基数效用的概念。基数效用论者认为,效用如同长度、重量等概念一样,可以具体衡量并加总求和,具体的效用量之间的比较是有意义的。效用的大小可以用基数(1、2、3…)来表示,计量效用大小的单位被称作效用单位。例如,对某一个人来说,吃一盘土豆和一份牛排的效用分别为 5 效用单位和 10 效用单位,则可以说这两种消费的效用之和为 15 效用单位,且后者的效用是前者的效用的 2 倍。根据这种理论,可以用具体的数字来研究消费者效用最大化问题。

到了 20 世纪 30 年代,序数效用的概念为大多数西方经济学家所使用。序数效用论者认为,效用是一个有点类似于香、臭、美、丑那样的概念,效用的大小是无法具体衡量的,效用之间的比较只能通过顺序或等级来表示。仍就上面的例子来说，消费者要回答的是偏好哪一种消费，即哪一种消费的效用是第一，哪一种是第二。或者是说，要回答的是宁愿吃一盘土豆，还是吃一份牛排。进一步地，序数效用论者还认为，就分析消费者行为来说，以序数来度量效用的假定比以基数效用的假定所受到的限制要少，它可以减少一些被认为是值得怀疑的心理假设。

在现代微观经济学里，通常使用的是序数效用的概念。本章的重点是介绍序数效用论者如何运用无差异曲线的分析方法来研究消费者行为。

四、边际效用

基数效用论者除了提出效用可以用基数衡量的假定以外，还提出了边际效用递减规律的假定。边际效用递减规律贯穿于基数效用理论，是基数效用论者分析消费者行为，并进一步推导消费者需求曲线的基础。

1. 边际效用递减规律

基数效用论者将效用区分为总效用（total utility）和边际效用（marginal utility），它们的英文简写分别为 TU 和 MU。总效用是指消费者在一定时间内从一定数量的商品的消费中所得到的效用量的总和。边际效用是指消费者在一定时间内增加一单位商品的消费所得到的效用量的增量。假定消费者对一种商品的消费数量为 Q，则总效用函数为：

$$TU = f(Q)$$

相应的边际效用函数为：$MU = \dfrac{\Delta TU}{\Delta Q}$

当商品的增加量趋于无穷小，即 $\Delta Q \to 0$ 时有：$MU = \lim\limits_{\Delta Q \to 0} \dfrac{\Delta TU}{\Delta Q} = \dfrac{dTU}{dQ}$

这里要指出的是，在西方经济学中，边际分析方法是最基本的分析方法之一，"边际"概念则是很重要的一个基本概念。边际效用是本书出现的第一个边际概念。在此，我们有必要强调一下，边际量的一般含义是表示一单位的自变量的变化量所引起的因变量的变化量。抽象的边际量的定义公式为：

$$边际量 = \dfrac{因变量的变化量}{自变量的变化量}$$

当然，我们也可以利用表 3-1，换一个角度来进一步说明边际效用递减规律和理解总效用和边际效用之间的关系，由表中可见，当商品的消费量由 0 增加为 1 时，总效用由 0 增加为 10 效用单位，总效用的增量即边际效用为 10 效用单位（因为 10-0=10）。当商品的消费量由 1 增加为 2 时，总效用由 10 效用单位上升为 18 效用单位，总效用的增量即边际效用下降为 8 效用单位（因为 18-10=8）。依此类推，当商品的消费量增加为 6 时，总效用达最大值为 30 效用单位，而边际效用已递减为 0（因为 30-30=0）。此时，消费者对该商品的消费已达到饱和点。当商品的消费量再增加为 7 时，边际效用会进一步递减为负值即-2 效用单位（因为 28-30=-2），总效用便下降为 28 效用单位了。

表 3-1　某商品的效用表

消费商品数量	总效用	边际效用	价格
0	0		
1	10	10	5
2	18	8	4
3	24	6	3
4	28	4	2
5	30	2	1
6	30	0	0
7	28	-2	

　　为什么在消费过程中会呈现出边际效用递减规律呢？据基数效用论者解释,边际效用递减规律成立的原因,可以是由于随着相同消费品的连续增加,从人的生理和心理的角度讲,从每一单位消费品中所感受到的满足程度和对重复刺激的反应程度是递减的。还可以是由于在一种商品具有几种用途时,消费者总是将第一单位的消费品用在最重要的用途上,第二单位的消费品用在次重要的用途上,如此等等。这样,消费品的边际效用便随着消费品的用途重要性的下降而递减。

　　边际效用递减规律:在一定时间内,在其他商品的消费数量保持不变的条件下,随着消费者对某种商品消费量的增加,消费者从该商品连续增加的每一消费单位中所得到的效用增量即边际效用是递减的。例如苹果和梨,这两种商品都是好东西,适量地食用它们可以美容解渴,但吃多了会坏肚子。同样,当一个消费者还没有汽车的时候,他想要一辆汽车的欲望可能是非常强的,但要第二辆车的欲望就要弱一些,而要第三辆车或者第四辆车的欲望则越来越弱,除非他是汽车收藏家。

　　边际效用递减规律可以用以下两个理由来解释:

　　(1) 生理或心理的原因。消费一种物品的数量越多,即某种刺激的反复,使人生理上的满足或心理上的反应减少,从而满足程度减少。

　　(2) 物品本身用途的多样性。每一种物品都有多种用途,这些用途的重要性不同。消费者总是先把物品用于最重要的用途,而后用于次要的用途。当他有若干这种物品时,把第一单位用于最重要的用途,其边际效用就大,把第二单位用于次重要的用途,其边际效用就小了。以此顺序用下去,用途越来越不重要,边际效用就递减了。需要说明的是,在这儿时间也是很重要的,如果第一块面包是去年吃的,而第二块面包是现在吃的,那么它们的味道可能一样棒。故边际效用递减的规律适用于较短的时间周期。

　　2. 关于货币的边际效用

　　基数效用论者认为,货币如同商品一样,也具有效用。消费者用货币购买商品,就是用货币的效用去交换商品的效用。商品的边际效用递减规律对于货币也同样适用。对于一个消费者来说,随着货币收入量的不断增加,货币的边际效用是递减的。这就是说,随着某消费者货币收入的逐步增加,每增加一元钱给该消费者所带来的边际效用是越来越小的。

但是,在分析消费者行为时,基数效用论者又通常假定货币的边际效用是不变的。据基数效用论者的解释,在一般情况下,消费者的收入是给定的,而且,单位商品的价格只占消费者总货币收入量中的很小部分,所以,当消费者对某种商品的购买量发生很小的变化时,所支出的货币的边际效用的变化是非常小的。对于这种微小的货币的边际效用的变化,可以略去不计。这样,货币的边际效用便是一个不变的常数。

3. 消费者均衡

消费者均衡是研究单个消费者如何把有限的货币收入分配在各种商品的购买中以获得最大的效用。也可以说,它是研究单个消费者在既定收入下实现效用最大化的均衡条件。这里的均衡是指消费者实现最大效用时既不想再增加、也不想再减少任何商品购买数量的这么一种相对静止的状态。

在基数效用论者看来,消费者实现效用最大化的均衡条件是:如果消费者的货币收入水平是固定的,市场上各种商品的价格是已知的,那么,消费者应该使自己所购买的各种商品的边际效用与价格之比相等。或者说,消费者应使自己花费在各种商品购买上的最后一元钱所带来的边际效用相等。

假定:消费者用既定的收入 I 购买 n 种商品。P_1,P_2,…,P_n 分别为 n 种商品的既定价格,λ 为不变的货币的边际效用,X_1,X_2,…,X_n 分别表示 n 种商品的数量,MU_1,MU_2,…,MU_n 分别表示 n 种商品的边际效用,则上述的消费者效用最大化的均衡条件可以用公式表示为:

$$P_1 X_1 + P_2 X_2 + \cdots + P_n X_n = I \tag{3.1}$$

$$\frac{MU_1}{P_1} = \frac{MU_2}{P_2} = \cdots = \frac{MU_n}{P_n} = \lambda \tag{3.2}$$

式中,(3.1)式是限制条件,(3.2)式是在限制条件下消费者实现效用最大化的均衡条件。(3.2)式表示消费者应选择最优的商品组合,使得自己花费在各种商品上的最后一元钱所带来的边际效用相等,且等于货币的边际效用。

4. 需求曲线的推导

基数效用论者以边际效用递减规律和建立在该规律上的消费者效用最大化的均衡条件为基础推导消费者的需求曲线。商品的需求价格是指消费者在一定时期内对一定量的某种商品所愿意支付的最高价格。基数效用论者认为,商品的需求价格取决于商品的边际效用。具体地说,如果某一单位的某种商品的边际效用越大,则消费者为购买这一单位的该种商品所愿意支付的最高价格就越高;反之,如果某一单位的某种商品的边际效用越小,则消费者为购买这一单位的该种商品所愿意支付的最高价格就越低。由于边际效用递减规律的作用,随着消费者对某一种商品消费量的连续增加,该商品的边际效用是递减的,相应地,消费者为购买这种商品所愿意支付的最高价格即需求价格也是越来越低的,这意味着,建立在边际效用递减规律上的需求曲线是向右下方倾斜的。

进一步地,联系消费者效用最大化的均衡条件进行分析。考虑消费者购买一种商品的

情况,那么上述的消费者均衡条件可以写为:

$$\frac{MU}{P} = \lambda \qquad (3.3)$$

它表示:消费者对任何一种商品的最优购买量应该是使最后一元钱购买该商品所带来的边际效用和所付出的这一元钱的货币的边际效用相等。该式还意味着:由于对于任何一种商品来说,随着需求量的不断增加,边际效用 MU 是递减的,于是,为了保证(3.3)式均衡条件的实现,在货币的边际效用 λ 不变的前提下,商品的需求价格 P 必然同比例于 MU 的递减而递减。仍以前面的表 3-1 为例来说明。假定表中的 $\lambda=2$,为了实现 $\frac{MU}{P}=\lambda$ 的均衡条件,当商品的消费量为 1 时,边际效用为 10,则消费者为购买第 1 单位的商品所愿意支付的最高价格为 5(即 10÷2=5)。当商品的消费量增加为 2 时,边际效用递减为 8,则消费者为购买第 2 单位的商品所愿意支付的最高价格也同比例地降为 4(即 8÷2=4)……,直至商品的消费量增加为 5 时,边际效用进一步递减为 2,消费者为购买第 5 单位的商品所愿意支付的最高价格降为 1(即 2÷2=1)。显然,商品的需求价格同比例于 MU 的递减而递减。

图中的横轴表示商品的数量,纵轴表示商品的价格,需求曲线 $Q_d = f(P)$ 是向右下方倾斜的。它表示:商品的需求量随商品的价格的上升而减少,随商品的价格的下降而增加,即商品的需求量与商品的价格成反方向的变动。

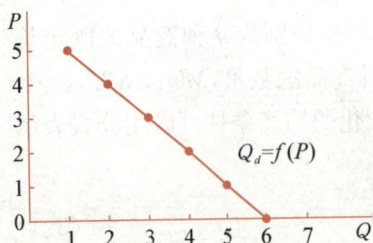

图 3-1 边际效用递减规律

就这样,基数效用论者在对消费者行为的分析中,运用边际效用递减规律的假定和消费者效用最大化的均衡条件,推导出了单个消费者的需求曲线,同时,解释了需求曲线向右下方倾斜的原因,而且说明了需求曲线上的每一点都是满足消费者效用最大化均衡条件的商品的价格——需求量组合点。

5. 消费者剩余

在消费者购买商品时,一方面,我们已经知道,消费者对每一单位商品所愿意支付的最高价格取决于这一单位商品的边际效用。由于商品的边际效用是递减的,所以消费者对某种商品所愿意支付的最高价格是逐步下降的。但是另一方面,需要区分的是,消费者对每一单位商品所愿意支付的最高价格并不等于该商品在市场上的实际价格。事实上,消费者在购买商品时是按实际的市场价格支付的。于是,在消费者愿意支付的最高价格和实际的市场价格之间就产生了一个差额,这个差额便构成了消费者剩余的基础。例如:某种汉堡包的市场价格为 3 元,某消费者在购买第一个汉堡包时,根据这个汉堡包的边际效用,他认为值得付 5 元去购买这个汉堡包,即他愿意支付的最高价格为 5 元。于是当这个消费者以市场价格 3 元购买这个汉堡包时,就创造了额外的 2 元的剩余。在以后的购买过程中,随着汉堡包的边际效用递减,他为购买第二个、第三个、第四个汉堡包所愿意支付的最高价格分别递减为 4.50 元、4.00 元和 3.50 元。这样,他为购买四个汉堡包所愿意支付的最高总金额为

5.00元＋4.50元＋4.00元＋3.50元＝17元。但他实际按市场价格支付的总金额为3.00元×4＝12元。两者的差额为17元－12元＝5元,这个差额就是消费者剩余。也正是从这种感觉上,他认为购买4个汉堡包是值得的,是能使自己的状况得到改善的。由此可见,消费者剩余是消费者在购买一定数量的某种商品时愿意支付的最高总价格和实际支付的总价格之间的差额。

消费者剩余可以用几何图形来表示。简单地说,消费者剩余可以用消费者需求曲线以下、市场价格线之上的面积来表示,如图3-2中的阴影部分面积所示。具体地看,在图3-2中,需求曲线以反需求函数的形式 $P_d = f(Q)$ 给出,它表示消费者对每一单位商品所愿意支付的最高价格。假定该商品的市场价格为 P_0,消费者的购买量为 Q_0。那么,根据消费者剩余的定义,我们可以推断,在产量 0 到 Q_0 区间,需求曲线以下的面积表示消费者为购买 Q_0 数量的商品所愿意支付的最高总金额(即总价格),即相当于图中的面积 $OABQ_0$。而实际支付的总金额(即总价格)等于市场价格 P_0 乘以购买量 Q_0,即相当于图中的矩形面积 OP_0BQ_0。这两块面积的差额即图中的阴影部分面积 P_0AB,就是消费者剩余。

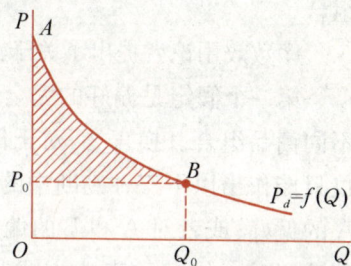

图 3-2 消费者剩余

消费者剩余也可以用数学公式来表示。令反需求函数为 $P_d = f(Q)$,价格为 P_0 时的消费者的需求量为 Q_0,则消费者剩余为:

$$CS = \int_0^{Q_0} f(Q)\,dQ - P_0 Q_0 \tag{3.4}$$

式中,CS 为消费者剩余的英文简写,式子右边的第一项即积分项表示消费者愿意支付的最高总金额,第二项表示消费者实际支付的总金额。

以上,我们利用单个消费者的需求曲线得到了单个消费者剩余,这一分析可以扩展到整个市场:相类似地,我们可以由市场的需求曲线得到整个市场的消费者剩余,市场的消费者剩余可以用市场需求曲线以下、市场价格线以上的面积来表示。

最后需要指出,消费者剩余是消费者的主观心理评价,它反映消费者通过购买和消费商品所感受到的状态的改善。因此,消费者剩余通常被用来度量和分析社会福利问题。

第二节 序数效用分析

序数效用论者用无差异曲线分析方法来考察消费者行为,并在此基础上推导出消费者的需求曲线,深入地阐述需求曲线的经济含义。

一、关于偏好的假定

序数效用论者认为,商品给消费者带来的效用大小应用顺序或等级来表示。为此,序数效用论者提出了消费者偏好的概念。所谓偏好，就是爱好或喜欢的意思。序数效用论者认为，对于各种不同的商品组合，消费者的偏好程度是有差别的，正是这种偏好程度的差别，反映了消费者对这些不同的商品组合的效用水平的评价。具体地讲，给定 A、B 两个商品组合，如果某消费者对 A 商品组合的偏好程度大于 B 商品组合，那也就是说，这个消费者认为 A 组合的效用水平大于 B 组合，或者说，A 组合给该消费者带来的满足程度大于 B 组合。

序数效用论者提出了关于消费者偏好的三个基本假定：

第一个假定是偏好的完全性。偏好的完全性指消费者总是可以比较和排列所给出的不同商品组合。换言之，对于任何两个商品组合 A 和 B，消费者总是可以作出，而且也仅仅只能作出以下三种判断中的一种：对 A 的偏好大于对 B 的偏好；或者对 B 的偏好大于对 A 的偏好；或者对 A 和 B 的偏好相同（即 A 和 B 是无差异的）。偏好的完全性的假定保证消费者对于偏好的表达方式是完备的，消费者总是可以把自己的偏好评价准确地表达出来。

第二个假定是偏好的可传递性。可传递性指对于任何三个商品组合 A、B 和 C，如果消费者对 A 的偏好大于对 B 的偏好，对 B 的偏好大于对 C 的偏好，那么，在 A、C 这两个组合中，消费者必定有对 A 的偏好大于对 C 的偏好。偏好的可传递性假定保证了消费者偏好的一致性，因而也是理性的。

第三个假定是偏好的非饱和性。该假定指如果两个商品组合的区别仅在于其中一种商品的数量不相同，那么，消费者总是偏好于含有这种商品数量较多的那个商品组合。这就是说消费者对每一种商品的消费都没有达到饱和点，或者说，对于任何一种商品，消费者总是认为数量多比数量少好。此外，这个假定还意味着，消费者认为值得拥有的商品都是“好的东西”（goods），而不是“坏的东西”（bads）。在这里，“坏的东西”指诸如空气污染、噪音等只能给消费者带来负效用的东西。在我们以后的分析中，不涉及“坏的东西”。

二、无差异曲线

为了简化分析，假定消费者只消费两种商品。这样，我们就可以直接在两维平面图上讨论无差异曲线。

无差异曲线是用来表示消费者偏好相同的两种商品的所有组合。或者说，它是表示能够给消费者带来相同的效用水平或满足程度的两种商品的所有组合。下面用表 3-2 和图 3-3 具体说明无差异曲线的构建。

表 3-2 是某消费者关于商品 1 和商品 2 的无差异表列，表中列出了关于这两种商品各种不同的组合。该表由三个子表即表 a、表 b 和表 c 组成，每一个子表中都包含六个商品组合，且假定每一个子表中六个商品组合的效用水平是相等的。以表 a 为例：表 a 中有 A、B、C、D、E 和 F 六个商品组合。在 A 组合中，商品 1 和商品 2 的数量各为 20 和 130；在 B 组合中，商品 1 和商品 2 的数量各为 30 和 60，如此等等。而且，消费者对这六个组合的偏好程度是无差异的。同样地，消费者对表 b 中的所有六个商品组合的偏好程度也都是相同的，表 c 中六个商品组合给消费者带来的满足程度也都是相同的。

表 3-2　某消费者的无差异表

商品组合	表 a		表 b		表 c	
	X_1	X_2	X_1	X_2	X_1	X_2
A	20	130	30	120	50	120
B	30	60	40	80	55	90
C	40	45	50	63	60	83
D	50	35	60	50	70	70
E	60	30	70	44	80	60
F	70	27	80	40	90	54

但需要注意的是,表 a、表 b 和表 c 三者各自所代表的效用水平的大小是不一样的。只要对表中的商品组合进行仔细观察和分析就可以发现,根据偏好的非饱和性假设,或者说,根据商品数量"多比少好"的原则,可以得出结论:表 a 所代表的效用水平低于表 b,表 b 又低于表 c。

根据表 3-2 绘制的无差异曲线如图 3-3 所示。图中的横轴和纵轴分别表示商品 1 的数量 X_1 和商品 2 的数量 X_2,曲线 U_1、U_2、U_3 顺次代表与表 a、表 b 和表 c 相对应的三条无差异曲线。这三条无差异曲线是这样得到的:以无差异曲线 U_1 例,先根据表 a 描绘出相应的六个商品组合点 A、B、C、D、E 和 F,然后用曲线把这六个点连接起来(在假定商品数量可以无限细分的假定下),便形成了光滑的无差异曲线 U_1。用相同的方法,可以根据表 b 和表 c,分别绘制出无差异曲线 U_2 和 U_3。

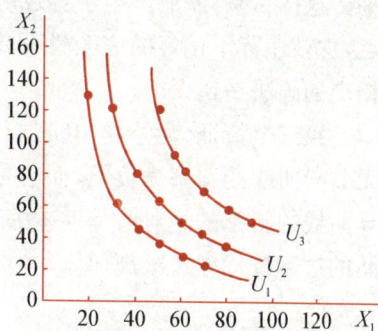

图 3-3　无差异曲线组

需要指出,在表 3-2 中我们只列出了三个子表,相应地,在图 3-3 中我们只得到了三条无差异曲线。实际上,我们可以假定消费者的偏好程度可以无限多,也就是说,我们可以有无穷个无差异子表,从而得到无数条无差异曲线。表 3-2 和图 3-3 只不过是一种分析的简化而已。

在此,我们再进一步引入效用函数的概念。效用函数表示某一商品组合给消费者所带来的效用水平。假定消费者只消费两种商品,则效用函数为:

$$U = f(X_1,\ X_2)$$

式中,X_1 和 X_2 分别为两种商品的数量,U 为效用水平。在此基础上,与无差异曲线相对应的效用函数为:

$$U = f(X_1,\ X_2) = U_0$$

式中,U_0 为一个常数,表示一个不变的效用水平。该效用函数有时也被称为等效用函数。

无差异曲线具有以下三个基本特征：

第一个特征，由于通常假定效用函数是连续的，所以，在同一坐标平面上的任何两条无差异曲线之间，可以有无数条无差异曲线。可以这样想象：我们可以画出无数条无差异曲线，以至覆盖整个平面坐标图。所有这些无差异曲线之间的相互关系是：离原点越远的无差异曲线代表的效用水平越高，离原点越近的无差异曲线代表的效用水平越低。

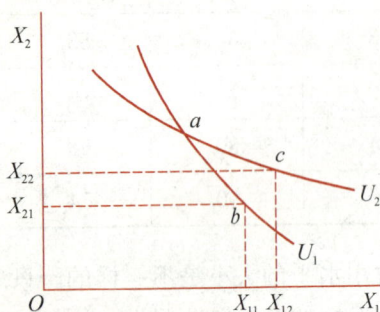

第二个特征，在同一坐标平面图上的任何两条无差异曲线不会相交。这可以用图3-4来说明。图中，两条无差异曲线相交于 a 点，这种画法是错误的。其理由在于：根据无差异曲线的定义，由无差异曲线 U_1 可得 a、b 两点的效用水平是相等的，由无差异曲线 U_2 可得 a、c 两点的效用水平是相等的。于是，根据偏好可传递性的假定，必定有 b 和 c 这两点的效用水平是相等的。但是，观察和比较图中 b 和 c 这两点的商品组合，可以发现 c 组合中的每一种商品的数量都多于 b 组合，于是，根据偏好的非饱和性假定，必定有 c 点的效用水平大于 b 点的效用水平。这样一来，矛盾产生了：该消费者在认为 b 点和 c 点无差异的同时，又认为 c 点要优于 b 点，这就违背了偏好的完全性假定。由此证明：对于任何一个消费者来说，两条无差异曲线相交的画法是错误的。

图3-4 无差异曲线不会相交

第三个特征，无差异曲线是凸向原点的。这就是说，无差异曲线不仅向右下方倾斜，即无差异曲线的斜率为负值，而且，无差异曲线是以凸向原点的形状向右下方倾斜的，即无差异曲线的斜率的绝对值是递减的。为什么无差异曲线具有凸向原点的特征呢？这取决于商品的边际替代率递减规律。

三、商品的边际替代率

1. 边际替代率

当一个消费者沿着一条既定的无差异曲线向下滑动消费的时候，两种商品的数量组合会不断地发生变化，而效用水平却保持不变。这就说明，在维持效用水平不变的前提条件下，消费者在增加一种商品的消费数量的同时，必然会放弃一部分另一种商品的消费数量，即两种商品的消费数量之间存在着替代关系。由此，经济学家建立了商品的边际替代率（英文缩写为 MRS）的概念。在维持效用水平不变的前提下，消费者增加一单位某种商品的消费数量时所需要放弃的另一种商品的消费数量，被称为商品的边际替代率。商品1对商品2的边际替代率的定义公式为：

$$MRS_{12} = -\frac{\Delta X_2}{\Delta X_1}$$

式中，ΔX_1 和 ΔX_2 分别为商品1和商品2的变化量。由于 ΔX_1 是增加量，ΔX_2 是减少量，两者的符号肯定是相反的，所以，为了使 MRS_{12} 的计算结果是正值，以便于比较，就在公式中加了一个负号。

当商品数量的变化趋于无穷小时,则商品的边际替代率公式为:

$$MRS_{12} = \lim_{\Delta X_1 \to 0} -\frac{\Delta X_2}{\Delta X_1} = -\frac{dX_2}{dX_1}$$

显然,无差异曲线上某一点的边际替代率就是无差异曲线在该点的斜率的绝对值。

2. 边际替代率递减规律

经济学家指出,在两商品的替代过程中,普遍存在这么一种现象,这种现象被称为商品的边际替代率递减规律。具体地说,边际替代率递减规律是指:在维持效用水平不变的前提下,随着一种商品的消费数量的连续增加,消费者为得到每一单位的这种商品所需要放弃的另一种商品的消费数量是递减的。之所以会普遍发生商品的边际替代率递减的现象,其原因在于:随着一种商品的消费数量的逐步增加,消费者想要获得更多的这种商品的愿望就会递减,从而,他为了多获得一单位的这种商品而愿意放弃的另一种商品的数量就会越来越少。

从几何意义上讲,由于商品的边际替代率就是无差异曲线的斜率的绝对值,所以边际替代率递减规律决定了无差异曲线的斜率的绝对值是递减的,即无差异曲线是凸向原点的。

四、无差异曲线的特殊形状

无差异曲线的形状表明在维持效用水平不变的前提下一种商品对另一种商品的替代程度。由边际替代率递减规律决定的无差异曲线的形状是凸向原点的,这是无差异曲线的一般形状。下面,考虑两种极端的情况,相应的无差异曲线有着特殊的形状。

完全替代品的情况。完全替代品指两种商品之间的替代比例是固定不变的情况。因此,在完全替代的情况下,两种商品之间的边际替代率 MRS_{12} 就是一个常数,相应的无差异曲线是一条斜率不变的直线。例如,假设在某消费者看来,一杯牛奶和一杯咖啡之间是无差异的,两者总是可以以 1:1 的比例相互替代,相应的无差异曲线如图3-5(a)所示。

假定某消费者只消费两种商品,而且这两种商品之间是完全替代的关系,则相应的效用函数的通常形式为:

$$U(X_1, X_2) = aX_1 + bX_2$$

其中,X_1、X_2 分别表示两种商品的数量,常数 a、$b > 0$。该效用函数也被称为线性效用函数,与其相对应的无差异曲线是一条直线。而且,在任何一条无差异曲线上,两商品的边际替代率保持不变,即均有 $MRS_{12} = a/b$。

完全互补品的情况。完全互补品指两种商品必须按固定不变的比例同时被使用的情况。因此,在完全互补的情况下,相应的无差异曲线为直角形状。例如,一副眼镜架必须和两片眼镜片同时配合,才能构成一副可供使用的眼镜,相应的无差异曲线如图3-5(b)所示。图(b)中水平部分的无差异曲线部分表示,对于一副眼镜架而言,只需要两片眼镜片即可,任何超量的眼镜片都是多余的。换言之,消费者不会放弃任何一副眼镜架去换取额外的眼镜片,所以,相应的 $MRS_{12} = 0$。图(b)中垂直部分的无差异曲线表示,对于两片眼镜片而言,只需要一副眼镜架即可,任何超量的眼镜架都是多余的。换言之,消费者会放弃所有超量的眼镜架,只保留一副眼镜架与两片眼镜片相匹配,所以,相应的 $MRS_{12} = \infty$。

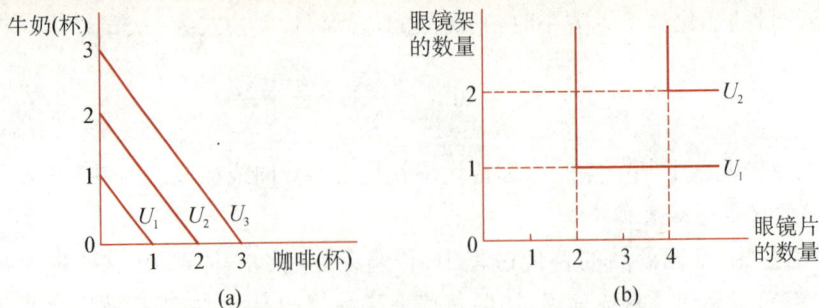

图 3-5　完全替代品和完全互补品的无差异曲线

假定某消费者只消费两种商品,而且这两种商品之间是完全互补的关系,则相应的效用函数的通常形式为:

$$U(X_1, X_2) = \min\{aX_1 + bX_2\}$$

其中,X_1、X_2 分别表示两种商品的数量,常数 a、$b > 0$,符号 min 表示效用水平由括号中最小的一项决定。只有在无差异曲线的直角点上,两种互补商品刚好按固定比例被消费,所以,在任何一条关于完全互补品的无差异曲线的直角点上,都有 $U = aX_1 = bX_2$,且直角点上两商品的边际替代率为常数,即均有 $MRS_{12} = a/b$。

五、预算线

无差异曲线描述了消费者对不同的商品组合的偏好,它仅仅表示了消费者的消费愿望。这种愿望构成分析消费者行为的一个方面。另一方面,消费者在购买商品时,必然会受到自己的收入水平和市场上商品价格的限制,这就是预算约束。

现实社会的资源稀缺是客观存在的,因此,由各种途径分配到每个人手中的可支配资源也是有限的。这就使得我们经常要面临必须作出各种决定(或决策)的状况,即如何合理配置所拥有的有限资源实现最大的效用(消费均衡)。由于收入、财富和时间等资源的有限,使你不可随心所欲地购物,不能尽情享受。每一个决策有得必有失(机会成本),也就是选择了一种可能而放弃了其他选择可能带来的收益。假如,今晚你选择去观看一场精彩的足球比赛,去体会团队拼搏的酣畅激情,那么你肯定不可能在知识海洋中一夜遨游;反之,得到学习的快乐,也会失去观赏的幸福。

1. 预算约束

预算约束是指在既定的收入和商品价格条件下,消费者所能购买到的有限商品和服务的组合。预算约束的概念并不局限于货币,也包括劳动、时间等各种资源。其数学表达式为:$XP_1 + YP_2 = M$(其中:1、2 为两种假设的商品,M 为拥有的资源)。

我们通过下面的例子来说明预算约束线的含义:假定你每月平均有 100 元零用钱(总预算),假如你有两大爱好:吃零食和看书,你每月的预算全部用于食品和书本两大项目。食品每一个单位为 5 元,书本每一个单位为 10 元。如果全部预算花费在书本上,最多可以买 10本书;如果全部买食品可以买 20 个单位。但是,我们往往选择将部分花费在书本上部分花费在食品上。

2. 预算线的含义

预算约束可以用预算线来说明。预算线又称为预算约束线、消费可能线和价格线。预算线表示在消费者的收入和商品的价格给定的条件下,消费者的全部收入所能购买到的两种商品的各种组合。假定某消费者的一笔收入为 120 元,全部用来购买商品 1 和商品 2,其中,商品 1 的价格 $P_1 = 4$ 元,商品 2 的价格 $P_2 = 3$ 元。那么,全部收入都用来购买商品 1 可得 30 单位,全部收入用来购买商品 2 可得 40 单位。由此作出的预算线为图 3-6 中的线段 AB。

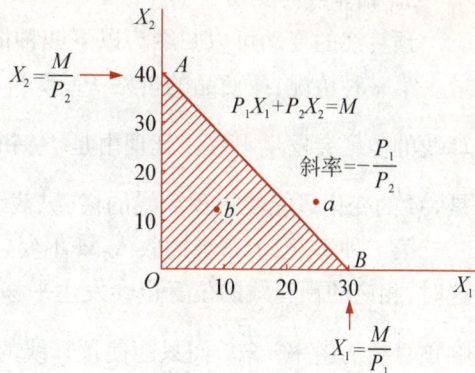

图 3-6　某消费者的预算线

图中预算线的横截距 OB 和纵截距 OA 分别表示全部收入用来购买商品 1 和商品 2 的数量。预算线的斜率是两商品的价格之比的相反数即 $-\dfrac{P_1}{P_2}$,因为,预算线的斜率可以写为:

$$-\frac{OA}{OB} = -\frac{\dfrac{M}{P_2}}{\dfrac{M}{P_1}} = -\frac{P_1}{P_2}$$

下面,我们由以上的具体例子转向对预算线的一般分析。

假定以 M 表示消费者的既定收入,以 P_1 和 P_2 分别表示商品 1 和商品 2 的价格,以 X_1 和 X_2 分别表示商品 1 和商品 2 的数量,那么,相应的预算等式为:

$$P_1 X_1 + P_2 X_2 = M \tag{3.5}$$

该式表示:消费者的全部收入等于他购买商品 1 和商品 2 的总支出。而且,可以用 $\dfrac{M}{P_1}$ 和 $\dfrac{M}{P_2}$ 来分别表示全部收入仅购买商品 1 或商品 2 的数量,它们分别表示预算线的横截距和纵截距。此外,(3.5)式可以改写成如下形式:

$$X_2 = -\frac{P_1}{P_2} X_1 + \frac{M}{P_2} \tag{3.6}$$

(3.6)式的预算线方程告诉我们,预算线的斜率为 $-\dfrac{P_1}{P_2}$,纵截距为 $\dfrac{M}{P_2}$。

除此之外,从图 3-6 中还可以看到,预算线 AB 把平面坐标图划分为三个区域:预算线 AB 以外的区域中的任何一点,如 a 点,是消费者利用全部收入都不可能实现的商品购买的组合点。预算线 AB 以内的区域中的任何一点,如 b 点,表示消费者的全部收入在购买该点的商品组合以后还有剩余。唯有预算线 AB 上的任何一点,才是消费者的全部收入刚好花完所能购买到的商品组合点。图中的阴影部分的区域(包括直角三角形的三条边),被称为消费者的预算可行集或预算空间。

3. 预算线的变动

预算线的变动可以归纳为以下四种情况。

第一种情况：两商品的价格 P_1 和 P_2 不变，消费者的收入 M 发生变化。这时，相应的预算线的位置会发生平移。其理由是 P_1 和 P_2 不变，意味着预算线的斜率 $-\dfrac{P_1}{P_2}$ 保持不变。于是，M 的变化只能使得预算线的横、纵截距发生变化。如图 3-7(a)所示。

第二种情况：消费者的收入 M 不变，两种商品的价格 P_1 和 P_2 同比例同方向发生变化。这时，相应的预算线的位置也会发生平移。其理由是，P_1 和 P_2 同比例同方向的变化，并不影响预算线的斜率 $-\dfrac{P_1}{P_2}$，而只能使预算线的横、纵截距发生变化。如图 3-7(a)所示。

第三种情况：消费者的收入 M 不变，商品 1 的价格 P_1 发生变化而商品 2 的价格 P_2 保持不变。这时，预算线的斜率 $-\dfrac{P_1}{P_2}$ 会发生变化，预算线的横截距 $\dfrac{M}{P_1}$ 也会发生变化，但是，预算线的纵截距 $\dfrac{M}{P_2}$ 保持不变。如图 3-7(b)所示。

第四种情况：消费者的收入 M 不变，商品 2 的价格 P_2 发生变化而商品 1 的价格 P_1 保持不变。这时，预算线的斜率 $-\dfrac{P_1}{P_2}$ 会发生变化，预算线的纵截距 $\dfrac{M}{P_2}$ 也会发生变化，但是，预算线的横截距 $\dfrac{M}{P_1}$ 保持不变。如图 3-7(c)所示。

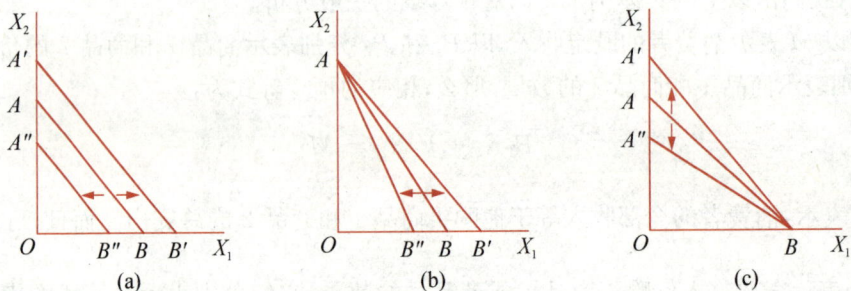

图 3-7 预算线的变动

第三节 消费者行为理论

一、消费者均衡

在已知消费者的偏好和预算约束线的前提下，就可以分析消费者对最优商品组合的选择。具体的做法是，把前面考察过的消费者的无差异曲线和预算线结合在一起，来分析消费者追求效用最大化的购买选择行为。

消费者的最优购买行为必须满足两个条件:第一,最优的商品购买组合必须是消费者最偏好的商品组合。也就是说,最优的商品购买组合必须是能够给消费者带来最大效用的商品组合。第二,最优的商品购买组合必须位于给定的预算线上。

关于第二点,只要再看一下图3-6中被预算线划分的三个区域,马上就可以明白。这就是:预算线左边的区域中的任何一个商品组合都是不可取的,因为,消费者的收入未花完,消费者应该将其全部收入都用于实现效用最大化的目标上。而预算线右边的区域中的任何一个商品组合对于消费者来说都是不现实的,或者说,都是无力购买的。所以,最优的购买组合只能出现在预算线上。

下面,利用图3-8来具体说明消费者的最优购买行为。

首先,把要分析的问题准确表述如下:假定消费者的偏好给定,再假定消费者的收入和两种商品的价格给定,那么,消费者应该如何选择最优的商品组合,以获得最大的效用呢? 认真考虑一下这个问题,可以得到以下两点:第一,消费者偏好给定的假定,意味着给定了一个由该消费者的无数条无差异曲线所构成的无差异曲线簇。为了简化分析,我们从中取出三条,这便是图3-8中三条无差异曲线 U_1、U_2 和 U_3 的由来。第二,消费者的收入和两种商品的价格给定的假定,意味着给定了该消费者的一条预算线,这便是图3-8中唯一的一条预算线 AB 的由来。

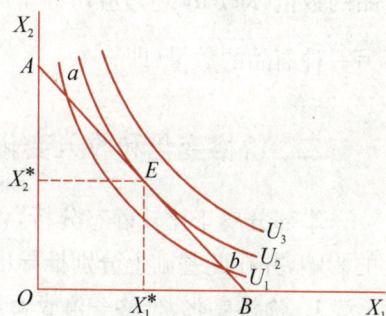

图3-8　消费者均衡的实现

然后,在图3-8中找出该消费者实现效用最大化的最优商品组合。面对图3-8中的一条预算线和三条无差异曲线,我们说,只有预算线 AB 和无差异曲线 U_2 的相切点 E 才是消费者在给定的预算约束下能够获得最大效用的均衡点。在均衡点 E 处,相应的最优购买组合为(X_1^*,X_2^*)。

为什么唯有 E 点才是消费者效用最大化的均衡点呢? 这是因为,就无差异曲线 U_3 来说,虽然它代表的效用水平高于无差异曲线 U_2,但它与既定的预算线 AB 既无交点又无切点。这说明消费者在既定的收入水平下无法实现无差异曲线 U_3 上的任何一点的商品组合的购买。就无差异曲线 U_1 来说,虽然它与既定的预算线 AB 相交于 a、b 两点,这表明消费者利用现有的收入可以购买 a、b 两点的商品组合。但是,这两点的效用水平低于无差异曲线 U_2,因此,理性的消费者不会用全部收入去购买无差异曲线 U_1 上 a、b 两点的商品组合。事实上,就 a 点和 b 点来说,若消费者能改变购买组合,选择 AB 线段上位于 a 点右边或 b 点左边的任何一点的商品组合,则都可以达到比 U_1 更高的无差异曲线,以获得比 a 点和 b 点更大的效用水平。这种沿着 AB 线段由 a 点往右和由 b 点往左的运动,最后必定在 E 点达到均衡。显然,只有当既定的预算线 AB 和无差异曲线 U_2 相切于 E 点时,消费者才在既定的预算约束条件下获得最大的满足。故 E 点就是消费者实现效用最大化的均衡点。

最后,找出消费者效用最大化的均衡条件。在切点 E,无差异曲线和预算线两者的斜率是相等的。我们已经知道,无差异曲线的斜率的绝对值就是商品的边际替代率 MRS_{12},预算线的斜率的绝对值可以用两商品的价格之比 $\dfrac{P_1}{P_2}$ 来表示。

由此,在均衡点 E 有

$$MRS_{12} = \frac{P_1}{P_2}$$

这就是消费者效用最大化的均衡条件。它表示:在一定的预算约束下,为了实现最大的效用,消费者应该选择最优的商品组合,使得两商品的边际替代率等于两商品的价格之比。也可以这样理解:在消费者的均衡点上,消费者愿意用一单位的某种商品去交换的另一种商品的数量(即 MRS_{12}),应该等于该消费者能够在市场上用一单位的这种商品去交换得到的另一种商品的数量(即 $\dfrac{P_1}{P_2}$)。

二、价格变化和收入变化对消费者均衡的影响

本部分属于比较静态分析,将先后考察商品价格变化和消费者收入变化对消费者均衡的影响,并在此基础上分别推导出消费者的需求曲线和恩格尔曲线。

1. 价格变化:价格—消费曲线

在其他条件均保持不变时,一种商品价格的变化会使消费者效用最大化的均衡点的位置发生移动,并由此可以得到价格—消费曲线。价格—消费曲线是在消费者的偏好、收入以及其他商品价格不变的条件下,与某一种商品的不同价格水平相联系的消费者效用最大化的均衡点的轨迹。具体以图 3-9(a)来说明价格—消费曲线的形成。

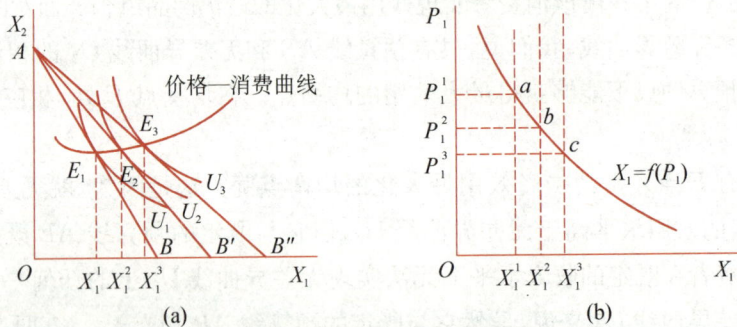

图 3-9　消费者的需求曲线的推导

在图中,假定商品 1 的始初价格为 P_1^1,相应的预算线为 AB,它与无差异曲线 U_1 相切于效用最大化的均衡点 E_1。如果商品 1 的价格由 P_1^1 下降为 P_1^2,相应的预算线由 AB 移至 AB',于是,AB' 与另一条较高的无差异曲线 U_2 相切于均衡点 E_2。如果商品 1 的价格再由 P_1^2 继续下降为 P_1^3,相应的预算线由 AB' 移至 AB'',于是,AB'' 与另一条更高的无差异曲线 U_3 相切于均衡点 E_3……,不难发现,随着商品 1 的价格的不断变化,可以找到无数个诸如 E_1、E_2 和 E_3 那样的均衡点,它们的轨迹就是价格—消费曲线。

2. 消费者的需求曲线

由消费者的价格—消费曲线可以推导出消费者的需求曲线。

分析图 3-9(a)中价格—消费曲线上的三个均衡点 E_1、E_2 和 E_3，可以看出，在每一个均衡点上，都存在着商品 1 的价格与商品 1 的需求量之间一一对应的关系。根据商品 1 的价格和需求量之间的这种对应关系，把每一个 P_1 数值和相应的均衡点上的 X_1 数值绘制在商品的价格—数量坐标图上，便可以得到单个消费者的需求曲线。这便是图 3-9(b)中的需求曲线 $X_1 = f(P_1)$。在图(b)中，横轴表示商品 1 的数量 X_1，纵轴表示商品 1 的价格 P_1。图(b)中需求曲线 $X_1 = f(P_1)$ 上的 a、b、c 点分别和图(a)中的价格—消费曲线上的均衡点 E_1、E_2、E_3 相对应。

至此，我们介绍了序数效用论者如何从对消费者经济行为的分析中推导出了消费者的需求曲线。由图 3-9 可见，序数效用论者所推导的需求曲线一般是向右下方倾斜的，它表示商品的价格和需求量成反方向变化。尤其是，需求曲线上与每一价格水平相对应的商品需求量都是可以给消费者带来最大效用的均衡数量。

3. 从单个消费者需求曲线到市场需求曲线

一种商品的市场需求是指在一定时期内在不同的价格下市场中所有消费者对某种商品的需求数量。因而，一种商品的市场需求不仅依赖于每一个消费者的需求函数，还依赖于该市场中所有消费者的数目。假定在某一商品市场上有 n 个消费者，他们都具有不同的个人需求函数 $D_i(P)$，$i = 1, 2, \cdots, n$，则该商品市场的需求函数为：

$$D(P) = \sum D_i(P), \ i = 1, 2, \cdots, n$$

可见，一种商品的市场需求量是每一个价格水平上的该商品的所有个人需求量的水平加总。由此可以推知，只要有了某商品的每个消费者的需求表或需求曲线，就可以通过加总的方法，得到该商品市场的需求表或需求曲线。

由于市场需求曲线是单个消费者的需求曲线的水平加总，所以，如同单个消费者的需求曲线一样，市场需求曲线一般也是向右下方倾斜的。市场需求曲线表示某商品市场在一定时期内在各种不同的价格水平上所有消费者愿意而且能够购买的该商品的数量。更重要的是，根据上述推导过程可知，市场需求曲线上的每个点都表示在相应的价格水平下可以给全体消费者带来最大的效用水平或满足程度的市场需求量。

4. 收入—消费曲线

在其他条件不变而仅有消费者的收入水平发生变化时，也会改变消费者效用最大化的均衡点的位置，并由此可以得到收入—消费曲线。收入—消费曲线是在消费者的偏好和商品的价格不变的条件下，与消费者的不同收入水平相联系的消费者效用最大化的均衡点的轨迹。以图 3-10 来具体说明收入—消费曲线的形成。

在图 3-10(a)中，随着收入水平的不断增加，预算线由 AB 移至 $A'B'$，再移至 $A''B''$，于是，形成了三个不同收入水平下的消费者效用最大化的均衡点 E_1、E_2 和 E_3。如果收入水平的变化是连续的，则可以得到无数个这样的均衡点的轨迹，这便是图(a)中的收入—消费曲线。图(a)中的收入—消费曲线是向右上方倾斜的，它表示：随着收入水平的增加，消费者对商品 1 和商品 2 的需求量都是上升的，所以，图(a)中的两种商品都是正常品。

在图 3-10(b)中，采用与图(a)中相类似的方法，随着收入水平的连续增加，描绘出了另一条收入—消费曲线。但是图(b)中的收入—消费曲线是向后弯曲的，它表示：随着收入水

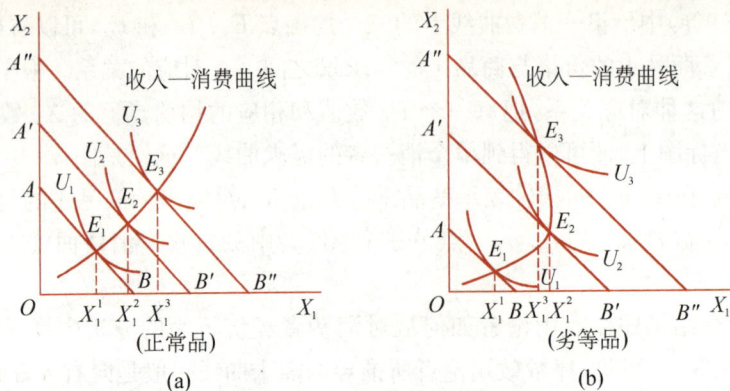

图 3 - 10 收入—消费曲线

平的增加,消费者对商品 1 的需求量开始是增加的,但当收入上升到一定水平之后,消费者对商品 1 的需求量反而减少了。这说明,在一定的收入水平上,商品 1 由正常品变成了劣等品。我们可以在日常经济生活中找到这样的例子。譬如,对某些消费者来说,在收入水平较低时,土豆是正常品;而在收入水平较高时,土豆就有可能成为劣等品。因为,在他们变得较富裕的时候,他们可能会减少对土豆的消费量,而增加对肉类与其他食物的消费量。

5. 恩格尔曲线

由消费者的收入—消费曲线可以推导出消费者的恩格尔曲线。

恩格尔曲线表示消费者在每一收入水平对某商品的需求量。与恩格尔曲线相对应的函数关系为 $X = f(M)$,其中,M 为收入水平,X 为某种商品的需求量。图 3 - 10 中的收入—消费曲线反映了消费者的收入水平和商品的需求量之间存在着一一对应的关系:以商品 1 为例,当收入水平为 M_1 时,商品 1 的需求量为 X_1^1;当收入水平增加为 M_2 时,商品 1 的需求量增加为 X_1^2;当收入水平再增加为 M_3 时,商品 1 的需求量变动为 X_1^3,……,把这种一一对应的收入和需求量的组合描绘在相应的平面坐标图中,便可以得到相应的恩格尔曲线,如图 3 - 11 所示。

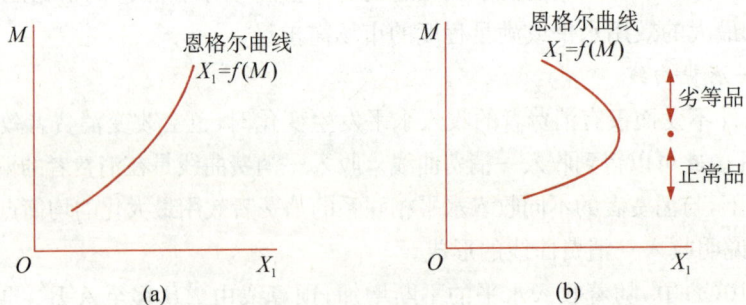

图 3 - 11 恩格尔曲线

图 3 - 11(a)和图 3 - 10(a)是相对应的,图中的商品 1 是正常品,商品 1 的需求量 X_1 随着收入水平 M 的上升而增加。图 3 - 11(b)和图 3 - 10(b)是相对应的,在一定的收入水平上,图中的商品 1 由正常品转变为劣等品。或者说,在较低的收入水平范围,商品 1 的需求量与收入水平成同方向的变动;在较高的收入水平范围,商品 1 的需求量与收入水平成反方向

的变动。

三、消费者行为理论的应用举例

1. 消费与储蓄决策

家庭在获得收入之后,要把收入分为消费和储蓄两部分。把多少收入用于消费,多少用于储蓄,取决于效用最大化的目标。如果家庭把收入用于现在购买物品以获得效用,则是现期消费。如果家庭把收入用于储蓄,以便将来再消费,这就是未来消费,这种未来的消费就是储蓄。未来消费是为了将来获得效用。所以,消费与储蓄决策取决于消费者一生的效用最大化。

决定消费者储蓄决策的是利率。消费者面对消费1元钱还是储蓄1元钱时,他要考虑的一个问题是,现在消费1元钱带来的效用与现在储蓄1元钱加上利息在未来所带来的效用孰大? 后者大,即会放弃消费,进行储蓄,因此,其最终决定于利率的大小。

2. 投资决策

如果消费者把收入中消费之后剩下的钱存入银行,我们称为储蓄,如果用于购买股票或债券则称为投资。家庭的投资可以采取多种形式,包括购买股票与债券的金融资产投资,购买房地产、艺术品等的实物资产投资,以及用于教育等支出的人力资本投资。消费者如何决定以什么形式进行投资也是消费者的重要决策之一。

决定人们采取什么投资形式的是每种形式的未来收益率。在现实中,由于风险的不确定性,人们不会只投资于某一种形式,即不把所有的鸡蛋放在一个篮子里。这就是说要对风险与收益不同的资产进行组合,以使投资的预期未来收益率最大。

3. 劳动供给决策

劳动供给决策就是把其中的多少时间用于劳动。一个人把多少时间用于工作,多少时间用于闲暇取决于工资,工资的变动通过替代效应和收入效应来影响劳动供给。替代效应指工资增加引起的工作对闲暇的替代。因此,随着工资的增加,替代效应使劳动供给增加。另一方面,随着工资增加,人们的收入增加,收入增加引起人们对闲暇的需求增加。增加闲暇必定减少劳动时间,这就是工资增加引起的收入效应,收入效应使劳动供给随工资增加而减少。

工资增加引起的替代效应和收入效应对劳动供给起着相反的作用。如果替代效应大于收入效应,则随着工资增加,劳动供给增加。如果收入效应大于替代效应,则随着工资增加,劳动供给减少。工资作为劳动的价格决定了劳动供给决策。

4. 犯罪行为

虽然经济分析并不特别关注对某些暴力和谋杀等恶性犯罪进行解释,但理性消费者行为理论经过扩展,确实对诸如抢劫、盗窃财产犯罪提供了有趣的视角。

对于潜在罪犯的这一价格或者边际成本有几个方面。首先,存在着"内疚成本",这对于许多人来说都是实质性的,这样的人即使在偷盗不会遭到惩罚的情况下也不愿意偷窃别人,相对于从偷窃商品中获得的收益而言,他们关于对与错的道德感会给他们施加太高的内疚成本。其他类型的成本包括犯罪行动的直接成本(补给品和工具),以及放弃合法行动的收人(犯罪的机会成本)。不幸的是,内疚成本、直接成本和放弃的收入都不足以阻止某些人从事偷窃。因此,社会对违法者施加了其他的成本,其中主要是罚款和监禁。被罚款的潜在可能性增加了罪犯的边际成本,被监禁的潜在性更是大大提高了边际成本。绝大多数人都对自己的人身自由估价很高,而且被关进监狱的时候会损失相当多的合法收入。在给定这些类型成本的条件下,潜在的罪犯会估计从事犯罪的边际成本和收益。举一个简单的例子,假定偷窃一本80元的教科书的直接成本和机会成本是零,被抓住的机会是10%,而且一旦被抓住,将被罚款500元。潜在的罪犯将会估计偷窃这本书的边际成本为50元(为500元罚款×被抓住的可能性10%)。内疚成本为零的那些人会选择偷窃这本书,因为其边际收益80元超过了边际成本50元。相反,那些内疚成本(比如说)是40元的人就不会去偷这本书。因为边际收益80元比不上边际成本90元(为50元的惩罚成本+40元的内疚成本)。这种解释非法行为的视角包含了一些有趣的含义。如在其他条件相同的情况下,当犯罪的价格下降的时候,犯罪将会增加。这解释了为什么某些在正常情况下不会去商店偷窃的人会在发生骚乱的时候参与对商店的抢劫,因为在这个时候可能被逮捕的边际成本显著下降了。因此,社会可以通过增加"犯罪的价格"来减少非法行为。

5. 现金与非现金的礼物

为什么人们普遍偏好现金的礼物,而不是花费同样金额的非现金礼物?理由很简单,非现金的礼物可能并不符合接受者的偏好,因此它增加的总效用可能没有现金那么多。考虑到这些不同,接受者要比送礼者更清楚他们自己的偏好,而500元的现金礼物可以提供更多的选择。生活中送非现金礼物的情形很普遍,但礼物其实并不完全符合接受者的偏好,所以这些礼物的相当一部分价值潜在地损失了。假如小明的妈妈花200元购买个MP3给小明作为生日礼物,但小明也许只愿意花150元来买它。这样就产生了50元或者说25%的价值损失。把每年花在礼物上的数亿元加在一起,潜在的价值损失就是巨大的。

★★★★★ 本章要点回顾 ★★★★★

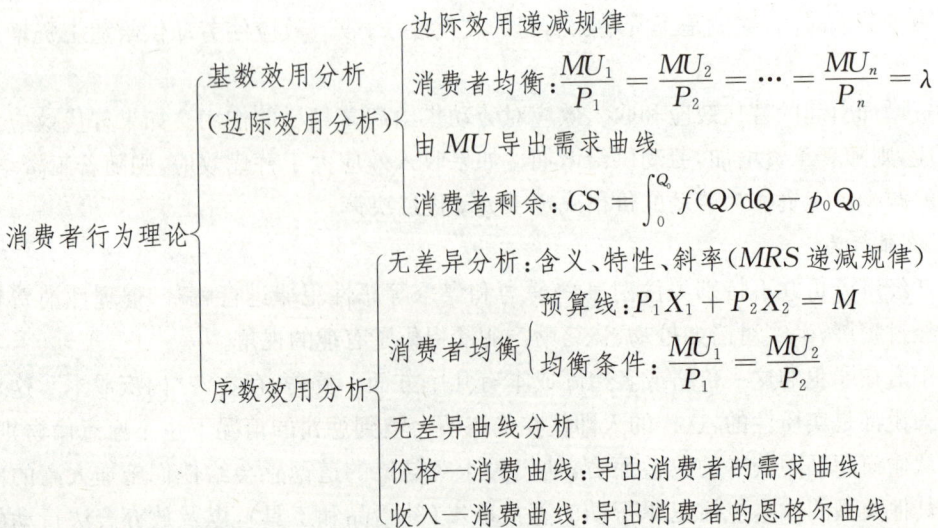

消费者行为理论

基数效用分析(边际效用分析)
- 边际效用递减规律
- 消费者均衡:$\dfrac{MU_1}{P_1} = \dfrac{MU_2}{P_2} = \cdots = \dfrac{MU_n}{P_n} = \lambda$
- 由 MU 导出需求曲线
- 消费者剩余:$CS = \displaystyle\int_0^Q f(Q)\,\mathrm{d}Q - p_0 Q_0$

序数效用分析
- 无差异分析:含义、特性、斜率(MRS 递减规律)
- 消费者均衡
  - 预算线:$P_1 X_1 + P_2 X_2 = M$
  - 均衡条件:$\dfrac{MU_1}{P_1} = \dfrac{MU_2}{P_2}$
- 无差异曲线分析
- 价格—消费曲线:导出消费者的需求曲线
- 收入—消费曲线:导出消费者的恩格尔曲线

第四章
生 产 理 论

本章导学

1. 了解厂商的类型、企业的性质及厂商的目标。
2. 掌握生产函数、短期生产函数和长期生产函数、柯布—道格拉斯生产函数等概念。
3. 重点掌握短期生产函数分析:总产量、平均产量和边际产量之间的关系,生产要素边际递减规律。长期生产函数分析:等产量曲线的概念和特点、边际技术替代率和等成本线,最优生产要素组合,规模报酬和范围经济等。

第一节　厂商与生产函数

生产理论研究的是生产者的行为。生产者也称为厂商,是指能作出统一生产决策的单位。

一、厂商的类型

厂商分三类:个人企业、合伙企业和公司。

1. 个人企业

个人企业是单个人独资经营的厂商组织。在独资企业中,无论是业主自己经营还是雇用他人经营,业主都需要支付全部费用,并获得全部收益。同时,独资企业所有人对企业的负债承担无限责任。

2. 合伙企业

合伙企业是由两个或两个以上的人共同分担经营责任的企业。大多数合资企业都以协议的形式规定合资人的责任和利益,同独资企业一样,合资企业的合伙人对企业的负债承担无限责任。

3. 公司

公司是指按公司法建立和经营的具有法人资格的厂商组织。其特点是企业与创办者和所有人相分离,一般以发生股票的形式筹建,股票持有人为股东,股东推举一些人作为董事,股东对企业承担有限责任,与前两种企业相比,公司有利于筹集大量资金,且风险相对分散。在经济分析中,通常以公司作为厂商分析的例子。

尽管它们的组织形式不同,规模差别也很大,但在法律上都是独立的法人,在经济中都能够作出统一的决策。

二、企业的性质

传统的微观经济学理论把厂商的生产过程看成是一个"黑匣子",即企业被抽象成一个由投入到产出的追求利润最大化的"黑匣子"。至于企业本身的性质是什么,则是一个被忽略的问题。美国经济学家科斯1937年发表的《企业的本质》一文,被认为是对这一问题进行探讨的开端。

一部分西方经济学家主要从科斯所强调的交易成本的角度来分析企业的性质。我们在此介绍这一观点。

什么是交易成本呢? 任何交易都可以看成是交易双方所达成的一项契约。所谓交易成本可以看成是围绕交易契约所产生的成本。根据科斯等人的观点,一类交易成本产生于签约时交易双方面临的偶然因素所带来的损失。这些偶然因素或者是由于事先不可能被预见到而未写进契约,或者虽然能被预见到,但由于因素太多而无法写进契约。另一类交易成本是签订契约,以及监督和执行契约所花费的成本。

　　企业的本质是什么？或者说,企业为什么会存在呢？一些西方经济学家认为,企业作为生产的一种组织形式,在一定程度上是对市场的一种替代。可以设想两种极端的情况:在一种极端的情况下,每一种生产都由一个单独的个人来完成,如一个人制造一辆汽车。这样,这个人就要和很多的中间产品的供应商进行交易,而且,还要和自己的产品的需求者进行交易。在这种情况下,所有的交易都通过市场在很多的个人之间进行。在另一种极端的情况下,经济中所有的生产都在一个庞大的企业内部进行,如完整的汽车在这个企业内部被生产出来,不需要通过市场进行任何的中间产品的交易。由此可见,同一笔交易,既可以通过市场的组织形式来进行,也可以通过企业的组织形式来进行。企业之所以存在,或者说,企业和市场之所以同时并存,是因为有的交易在企业内部进行成本更小,而有的交易在市场进行成本更小。

　　具体地说,市场主要有哪些优势呢？就在市场上购买中间产品而言,由于大量的厂商一般都从少数几个供应商那里买货,这就有利于这几个供应商实现生产上的规模经济和降低成本。而且,中间产品供应者之间的市场竞争压力,也迫使供应商努力降低生产成本。此外,当少数几个供应商面对众多的中间产品的需求者时,这几个供应商可以避免由于销路有限而造成的需求不稳定所可能带来的损失,从而在总体上保持一个稳定的销售额。

　　企业又主要有哪些优势呢？首先,厂商在市场上购买中间产品是需要花费交易成本的,它包括企业在寻找合适的供应商、签订合同及监督合同执行等方面的费用。如果厂商能够在企业内部自己生产一部分中间产品,就可以消除或降低一部分交易成本,而且,还可以更好地保证产品的质量。其次,如果某厂商所需要的是某一特殊类型的专门化设备,而供应商一般不会愿意在只有一个买主的产品上进行专门化的投资和生产,因为,这种专门化投资的风险比较大。因此,需要该专门化设备的厂商就需要在企业内部解决专门化设备的问题。最后,厂商雇用一些具有专门技能的雇员,如专门的产品设计、成本管理和质量控制等人员,并与他们建立长期的契约关系。这种办法要比从其他厂商那里购买相应的服务更为有利,从而也消除或降低了相应的交易成本。

　　西方经济学家进一步指出,导致交易成本在市场和企业这两个组织之间不相同的主要因素在于信息的不完全性。由于信息的不完全性,契约的任何一方都会努力去设法收集和获取自己所没掌握的信息,去监督对方的行为,并设法在事先约束和在事后惩罚对方的违约行为等等。所有这些做法,都会产生交易成本。由于这些做法在市场和企业中会各自采取不同的形式,所以,相应的交易成本也就不相同了,特别是,在信息不对称的条件下,在市场交易过程中,以上这些做法所导致的交易成本往往是很高的。因此,通过企业这一组织形式,可以使一部分市场交易内部化,从而消除或降低一部分市场交易所产生的高的交易成本。

　　尽管企业的内部交易会消除或降低一部分市场交易成本,但是,与此同时也带来了企业所特有的交易成本。导致企业这一缺陷的主要原因也同样在于信息的不完全性。具体地说,首先,企业内部存在着各种契约关系,其中包括企业与劳动者的契约关系、企业与管理者的契约关系等。企业要对其所雇用的工人、产品推销员,直至经理等各类人员的工作进行监督,同时还要诱导他们为企业努力工作。所以,企业在签订契约,以及在监督和激励方面要花费成本。其次,一方面,企业决策者往往要从下级获取信息,另一方面,企业上层的决策信息又要通过向下级传递而得到实现。这两个不同方向的信息传递,都会因企业规模扩大所带来的隶属层次的增多而被扭曲,从而导致企业效率的损失。再次,企业的下级往往出于利己的动机向上级隐瞒或传递错误的信息,以使上级作出有利于下级的决策。或者,下级对上级的决策仅传递或执行对自己有利的部分。这些都将导致企业效率的损失。由此可见,企业的扩张是有限制的。根据科斯的理论,企业的规模应该扩张到这样一点,即在这一点上再多增加一次内部交易所花费的成本与通过市场进行交易所花费的成本相等。

三、厂商的目标

在微观经济学中,一般总是假定厂商的目标是追求最大的利润。这一基本假定是理性经济人的假定在生产理论中的具体化。但是,在现实经济生活中,厂商有时并不一定选择实现最大利润的决策。

在信息不完全的条件下,厂商所面临的市场需求可能是不确定的,而且,厂商也有可能对产量变化所引起的生产成本的变化情况缺乏准确的了解,于是,厂商长期生存的经验做法也许就是实现销售收入最大化或市场销售份额最大化,以此取代利润最大化的决策。

更为一般的情况是,在现代公司制企业组织中,企业的所有者往往并不是企业的真正经营者,企业的日常决策是由企业所有者的代理人经理作出的。企业所有者和企业经理之间是委托人和代理人之间的契约关系。由于信息的不完全性,尤其是信息的不对称性,所有者并不能完全监督和控制公司经理的行为,经理会在一定的程度上偏离企业的利润最大化的目标,而追求其他一些有利于自身利益的目标。譬如,经理会追求自身效用最大化,他们并不一定很努力工作,而追求豪华舒适的办公环境,讲究排场。他们也可能追求销售收入最大化和销售收入持续增长,一味扩大企业规模,以此来扩张自己的特权和增加自己的收入,并提高自己的社会知名度。他们也可能只顾及企业的短期利益,而牺牲企业的长期利润目标,等等。

但是,经理对利润最大化目标的偏离会受到制约。例如,如果经理经营不善,企业效率下降,公司的股票价值就会下降,投资者就会抛售公司股票。在这种情况下,企业就有可能被其他投资者低价收购,或者,董事会也有可能直接解雇经营不善的经理。总之,经理的职位将难以保住,而且被解雇的经理再寻找合适的工作,往往是很困难的。

更重要的是,西方经济学家指出,不管在信息不完全条件下制定恰当的实现利润最大化的策略有多么困难,也不管经理的偏离利润最大化目标的动机有多么强烈,有一点是很清楚的:在长期,一个不以利润最大化为目标的企业终将被市场竞争所淘汰。所以,实现利润最大化是一个企业竞争生存的基本准则。

四、生产函数

厂商进行生产的过程就是从投入生产要素到生产出产品的过程。在西方经济学中,生产要素一般被划分为劳动、土地、资本和企业家才能这四种类型。劳动指人类在生产过程中提供的体力和智力的总和。土地不仅指土地本身,还包括地上和地下的一切自然资源,如森林、江河湖泊、海洋和矿藏等。资本可以表现为实物形态或货币形态。资本的实物形态又称为资本品或投资品,如厂房、机器设备、动力燃料、原材料等。资本的货币形态通常称为货币资本。企业家才能指企业家组织建立和经营管理企业的才能。通过对生产要素的运用,厂商可以提供各种实物产品,如房屋、食品、机器、日用品等,也可以提供各种无形产品即劳务,如理发、医疗、金融服务、旅游服务等。

生产过程中生产要素的投入量和产品的产出量之间的关系,可以用生产函数来表示。生产函数表示在一定时期内,在技术水平不变的情况下,生产中所使用的各种生产要素的数量与所能生产的最大产量之间的关系。任何生产函数都以一定时期内的生产技术水平作为前提条件,一旦生产技术水平发生变化,原有的生产函数就会发生变化,从而形成新的生产函数。新的生产函数可能是以相同的生产要素投入量生产出更多或更少的产量,也可能是以变化了的生产要素的投入量进行生产。

假定 X_1, X_2, $\cdots$, X_n 顺次表示某产品生产过程中所使用的 n 种生产要素的投入数量,Q 表示所能生产的最大产量,则生产函数可以写成以下形式:

$$Q = f(X_1, X_2, \cdots, X_n) \tag{4.1}$$

该生产函数表示在一定时期内在既定的生产技术水平下的生产要素组合(X_1, X_2, $\cdots$, X_n)所能生产的最大产量为 Q。

在经济学的分析中,为了简化分析,通常假定生产中只使用劳动和资本这两种生产要素。若以 L 表示劳动投入数量,以 K 表示资本投入数量,则生产函数写为:

$$Q = f(L, K) \tag{4.2}$$

生产函数表示生产中的投入量和产出量之间的依存关系,这种关系普遍存在于各种生产过程之中。一家工厂必然具有一个生产函数,一家饭店也是如此,甚至一所学校或医院同样会存在着各自的生产函数。估算和研究生产函数,对于经济理论研究和生产实践都具有一定意义。这也是很多经济学家和统计学家对生产函数感兴趣的原因。

生产函数的具体形式可以是多种多样的,下面介绍西方经济学文献之中较为常见的生产函数的三种具体形式。

1. 固定替代比例的生产函数(也被称为线性生产函数)

固定替代比例的生产函数表示在每一产量水平上任何两种生产要素之间的替代比例都是固定的。假定生产过程中只使用劳动和资本两种要素,则固定替代比例的生产函数的通常形式为:

$$Q = aL + bK \tag{4.3}$$

其中,Q 为产量,L 和 K 分别表示劳动和资本的投入量,常数 a、$b > 0$。

2. 固定投入比例的生产函数(也被称为里昂惕夫生产函数)

固定投入比例的生产函数表示在每一个产量水平上任何一对要素投入量之间的比例都是固定的。假定生产过程中只使用劳动和资本两种要素,则固定投入比例生产函数的通常形式为:

$$Q = \min\left\{\frac{L}{u}, \frac{K}{v}\right\} \tag{4.4}$$

　　式中，Q 为产量，L 和 K 分别为劳动和资本的投入量，常数 u、$v > 0$，分别为固定的劳动和资本的生产技术系数，它们分别表示生产一单位产品所需要的固定的劳动投入量和固定的资本投入量。(4.4)式的生产函数表示：产量 Q 取决于 $\dfrac{L}{u}$ 和 $\dfrac{K}{v}$ 这两个比值中较小的那一个，即使其中的一个比例数值较大，那也不会提高产量 Q。因为，在这里，常数 u 和 v 作为劳动和资本的生产技术系数是给定的，即生产必须按照 L 和 K 之间的固定比例进行，当一种生产要素的数量不能变动时，另一种生产要素的数量再多，也不能增加产量，(4.4)式中的 min 即系指此而言。需要指出的是，在该生产函数中，一般又通常假定生产要素投入量 L、K 都满足最小的要素投入组合的要求，所以有：

$$Q = \frac{L}{u} = \frac{K}{v} \tag{4.5}$$

进一步地，可以有

$$\frac{K}{L} = \frac{v}{u} \tag{4.6}$$

　　(4.6)式清楚地体现了该生产函数的固定投入比例的性质，在这里，它等于两种要素的固定的生产技术系数之比。对一个固定投入比例的生产函数来说，当产量发生变化时，各要素的投入量将以相同的比例发生变化，所以，各要素的投入量之间的比例维持不变。

　　3. 柯布—道格拉斯生产函数

　　柯布—道格拉斯(Cobb—Dauglas)生产函数是由数学家柯布和经济学家道格拉斯于 20 世纪 30 年代初一起提出来的。柯布—道格拉斯生产函数被认为是一种很有用的生产函数，因为该函数以其简单的形式描述了经济学家所关心的一些性质，它在经济理论的分析和实证研究中都具有一定意义。该生产函数的一般形式为：

$$Q = AL^{\alpha}K^{\beta} \tag{4.7}$$

　　式中，Q 为产量，L 和 K 分别为劳动和资本投入量，A、α 和 β 为三个参数。A 表示综合技术水平，α 和 β 分别表示劳动和资本在生产过程中的相对重要性，α 为劳动所得在总产量中所占的份额，β 为资本所得在总产量中所占的份额。根据柯布和道格拉斯两人对美国 1899—1922 年期间有关经济资料的分析和估算，α 值约为 0.75，β 值约为 0.25。它说明，在这一期间的总产量中，劳动所得的相对份额为 75%，资本所得的相对份额为 25%。

五、短期和长期的划分

　　微观经济学的生产理论可以分为短期生产理论和长期生产理论。如何区分短期生产和长期生产呢？短期指生产者来不及调整全部生产要素的数量，至少有一种生产要素的数量是固定不变的时间周期。长期指生产者可以调整全部生产要素的数量的时间周期。相应地，在短期内，生产要素投入可以区分为不变投入和可变投入。生产者在短期内无法进行数量调整的那部分要素投入是不变要素投入。例如，机器设备、厂房等。生产者在短期内可以进行数量调整的那部分要素投入是可变要素投入。例如，劳动、原材料、燃料等。在长期，生产者可以调整全部的要素投入。例如,生产者根据企业的经营状况,可以缩小或扩大生产规模,甚至还可以加入或退出一个行业的生产。由于在长期所有的要素投入量都是可变的,因而也就不存在可变要素投入和不变要素投入的区分。在这里,短期和长期的划分是以生产者能否变动全部要素投入的数量作为标准的。对于不同的产品生产,短期和长期的界限规定是不相同的。譬如,变动一个大型炼油厂的规模可能需要三年的时间,而变动一个豆腐作坊的规模可能仅需要一个月的时间。即前者的短期和长期的划分界线为三年,而后者仅为一个月。

第二节　短期生产函数

微观经济学通常以一种可变生产要素的生产函数考察短期生产函数,以两种可变生产要素的生产函数考察长期生产函数。

一、一种可变生产要素的生产函数

由生产函数 $Q = f(L, \overline{K})$ 出发,假定资本投入量是固定的,用 $\overline{K}$ 表示,劳动投入量是可变的,用 L 表示,则生产函数可以写成:

$$Q = f(L, \overline{K}) \qquad (4.8)$$

这就是通常采用的一种可变生产要素的生产函数的形式,它也被称为短期生产函数。

二、总产量、平均产量和边际产量

短期生产函数 $Q = f(L, \overline{K})$ 表示:在资本投入量固定时,由劳动投入量变化所带来的最大产量的变化。由此,我们可以得到劳动的总产量(total product)、劳动的平均产量(average product)和劳动的边际产量(marginal product)这三个概念。总产量、平均产量和边际产量的英文简写顺次是 TP、AP 和 MP。

劳动的总产量 TP_L 指与一定的可变要素劳动的投入量相对应的最大产量。它的定义公式为:

$$TP_L = f(L, \overline{K}) \qquad (4.9)$$

劳动的平均产量 AP_L 指平均每一单位可变要素劳动的投入量所生产的产量。它的定义公式为:

$$AP_L = \frac{TP_L(L, \overline{K})}{L} \qquad (4.10)$$

劳动的边际产量 MP_L 指增加一单位可变要素劳动投入量所增加的产量。它的定义公式为:

$$MP_L = \frac{\Delta TP_L(L, \overline{K})}{\Delta L} \tag{4.11}$$

类似地,对于生产函数 $Q = f(\overline{L}, K)$ 来说,它表示:在劳动投入量固定时,由资本投入量变化所带来的最大产量的变化。由该生产函数可以得到相应的资本的总产量、资本的平均产量和资本的边际产量,它们的定义公式分别是:

$$TP_K = f(\overline{L}, K) \tag{4.12}$$

$$AP_K = \frac{TP_K(\overline{L}, K)}{K} \tag{4.13}$$

$$MP_K = \frac{\Delta TP_K(\overline{L}, K)}{\Delta K} \tag{4.14}$$

三、边际报酬递减规律

对一种可变生产要素的生产函数来说,边际产量表现出先上升而最终下降的特征,这一特征被称为边际报酬递减规律,有时也被称为边际产量递减规律或边际收益递减规律。

西方经济学家指出,在生产中普遍存在这么一种现象:在技术水平不变的条件下,在连续等量地把某一种可变生产要素增加到其他一种或几种数量不变的生产要素上去的过程中,当这种可变生产要素的投入量小于某一特定值时,增加该要素投入所带来的边际产量是递增的;当这种可变要素的投入量连续增加并超过这个特定值时,增加该要素投入所带来的边际产量是递减的。这就是边际报酬递减规律。边际报酬递减规律是短期生产的一条基本规律。例如,对于给定的 10 公顷麦田来说,在技术水平和其他投入不变的前提下,考虑使用化肥的效果。如果只使用一公斤化肥,那可想而知,这一公斤化肥所带来的总产量的增加量即边际产量是很小的,可以说是微不足道的。但随着化肥使用量的增加,其边际产量会逐步提高,直至达到最佳的效果即最大的边际产量。但必须看到,若超过化肥的最佳使用量后,还继续增加化肥使用量,就会对小麦生长带来不利影响,化肥的边际产量就会下降。过多的化肥甚至会烧坏庄稼,导致负的边际产量。

从理论上讲,边际报酬递减规律成立的原因在于:对于任何产品的短期生产来说,可变要素投入和固定要素投入之间都存在着一个最佳的数量组合比例。在开始时,由于不变要素投入量给定,而可变要素投入量为零,因此,生产要素的投入量远远没有达到最佳的组合比例。随着可变要素投入量的逐渐增加,生产要素的投入量逐步接近最佳的组合比例,相应的可变要素的边际产量呈现出递增的趋势。一旦生产要素的投入量达到最佳的组合比例时,可变要素的边际产量达到最大值。在这一点之后,随着可变要素投入量的继续增加,生产要素的投入量越来越偏离最佳的组合比例,相应的可变要素的边际产量便呈现出递减的趋势了。边际报酬递减规律强调的是:在任何一种产品的短期生产中,随着一种可变要素投入量的增加,边际产量最终必然会呈现出递减的特征。或者说,该规律提醒人们要看到在边际产量递增阶段后必然会出现的边际产量递减阶段。

四、总产量、平均产量和边际产量之间的关系

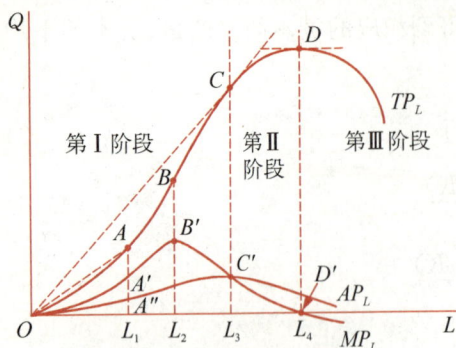

图 4-1 总产量曲线、平均产量
曲线和边际产量曲线

西方经济学家通常将总产量曲线、平均产量曲线和边际产量曲线置于同一张坐标图中,来分析这三个产量概念之间的相互关系。图 4-1 就是这样一张标准的一种可变生产要素的生产函数的产量曲线图,它反映了短期生产的有关产量曲线相互之间的关系。

在图 4-1 中可以清楚地看到,由边际报酬递减规律决定的劳动的边际产量 MP_L 曲线先是上升的,并在 B' 点达到最高点,然后再下降。由短期生产的这一基本特征出发,我们利用图 4-1 从以下三个方面来分析总产量、平均产量和边际产量相互之间的关系。

第一,关于边际产量和总产量之间的关系。根据边际产量的定义公式 $MP_L = \dfrac{dTP_L(L, \overline{K})}{dL}$ 可以推知,过 TP_L 曲线任何一点的切线的斜率就是相应的 MP_L 值。

正是由于每一个劳动投入量上的边际产量 MP_L 值就是相应的总产量 TP_L 曲线的斜率,所以,在图中 MP_L 曲线和 TP_L 曲线之间存在着这样的对应关系:在劳动投入量小于 L_4 的区域,MP_L 均为正值,则相应的 TP_L 曲线的斜率为正,即 TP_L 曲线是上升的;在劳动投入量大于 L_4 的区域,MP_L 均为负值,则相应的 TP_L 曲线的斜率为负,即 TP_L 曲线是下降的。当劳动投入量恰好为 L_4 时,MP_L 为零值,则相应的 TP_L 曲线的斜率为零,即 TP_L 曲线达极大值点。也就是说,MP_L 曲线的零值点 D' 和 TP_L 曲线的最大值点 D 是相互对应的。以上这种关系可以简单地表述为:只要边际产量是正的,总产量总是增加的;只要边际产量是负的,总产量总是减少的;当边际产量为零时,总产量达最大值点。

进一步地,由于在边际报酬递减规律作用下的边际产量 MP_L 曲线先上升,在 B' 点达到最大值,然后再下降,所以,相应的总产量 TP_L 曲线的斜率先是递增的,在 B 点为拐点,然后再是递减的。也就是说,MP_L 曲线的最大值点 B' 和 TP_L 曲线的拐点 B 是相互对应的。

第二,关于平均产量和总产量之间的关系。根据平均产量的定义公式 $AP_L = \dfrac{TP_L(L, \overline{K})}{L}$ 可以推知,连接 TP_L 曲线上任何一点和坐标原点的线段的斜率,就是相应的 AP_L 值。

正是由于这种关系,所以,在图中当 AP_L 曲线在 C' 点达最大值时,TP_L 曲线必然有一条从原点出发的最陡的切线,其切点为 C 点。

第三,关于边际产量和平均产量之间的关系。在图中,我们可以看到 MP_L 曲线和 AP_L 曲线之间存在着这样的关系:两条曲线相交于 AP_L 曲线的最高点 C'。在 C' 点以前,MP_L 曲线高于 AP_L 曲线,MP_L 曲线将 AP_L 曲线拉上;在 C' 点以后,MP_L 曲线低于 AP_L 曲线,MP_L

曲线将 AP_L 曲线拉下。不管是上升还是下降，MP_L 曲线的变动都快于 AP_L 曲线的变动。

为什么 MP_L 曲线和 AP_L 曲线之间会存在这样的关系？这是因为，就任何一对边际量和平均量而言，只要边际量大于平均量，边际量就把平均量拉上；只要边际量小于平均量，边际量就把平均量拉下。举一个简单的实际例子：假定一个篮球队队员的平均身高为 1.90 米。如果新加入的一名队员的身高为 1.95 米（相当于边际量），那么整个队的平均身高就会增加。相反，如果新加入的一名队员的身高为 1.85 米（相当于边际量），那么整个队的平均身高就会下降。因此，就平均产量 AP_L 和边际产量 MP_L 来说，当 $MP_L > AP_L$ 时，AP_L 曲线是上升的；当 $MP_L < AP_L$ 时，AP_L 曲线是下降的；当 $MP_L = AP_L$ 时，AP_L 曲线达极大值。又由于边际报酬递减规律作用下的 MP_L 曲线是先升后降的，所以，当 MP_L 曲线和 AP_L 曲线相交时，AP_L 曲线必达最大值。

此外，由于在可变要素劳动投入量的变化过程中，边际产量的变动相对平均产量的变动而言要更敏感一些，所以，不管是增加还是减少，边际产量的变动均快于平均产量的变动。

五、短期生产的三个阶段

根据短期生产的总产量曲线、平均产量曲线和边际产量曲线之间的关系将短期生产划分为三个阶段，如图 4-1 所示。

在第 Ⅰ 阶段，产量曲线的特征为：劳动的平均产量始终是上升的，且达到最大值；劳动的边际产量上升达最大值，然后开始下降，且劳动的边际产量始终大于劳动的平均产量；劳动的总产量始终是增加的。这说明：在这一阶段，不变要素资本的投入量相对过多，生产者增加可变要素劳动的投入量是有利的。或者说，生产者只要增加可变要素劳动的投入量，就可以较大幅度地增加总产量。因此，任何理性的生产者都不会在这一阶段停止生产，而是连续增加可变要素劳动的投入量，以增加总产量，并将生产扩大到第 Ⅱ 阶段。

在第 Ⅲ 阶段，产量曲线的特征为：劳动的平均产量继续下降，劳动的边际产量降为负值，劳动的总产量也呈现下降趋势。这说明：在这一阶段，可变要素劳动的投入量相对过多，生产者减少可变要素劳动的投入量是有利的。因此，这时即使劳动要素是免费供给的，理性的生产者也不会增加劳动投入量，而是通过减少劳动投入量来增加总产量，以摆脱劳动的边际产量为负值和总产量下降的局面，并退回到第 Ⅱ 阶段。

由此可见，任何理性的生产者既不会将生产停留在第 Ⅰ 阶段，也不会将生产扩张到第 Ⅲ 阶段，所以，生产只能在第 Ⅱ 阶段进行。在生产的第 Ⅱ 阶段，生产者可以得到由第 Ⅰ 阶段增加可变要素投入所带来的全部好处，又可以避免将可变要素投入增加到第 Ⅲ 阶段而带来的不利影响。因此，第 Ⅱ 阶段是生产者进行短期生产的决策区间。在第 Ⅱ 阶段的起点处，劳动的平均产量曲线和劳动的边际产量曲线相交，即劳动的平均产量达最高点。在第 Ⅱ 阶段的终点处，劳动的边际产量曲线与水平轴相交，即劳动的边际产量等于零。至于在生产的第 Ⅱ 阶段，生产者所应选择的利润最大化的最佳投入数量究竟在哪一点，这一问题还有待于以后结合成本、收益和利润进行深入的分析。

第三节 长期生产函数

本节介绍长期生产函数。我们以两种可变生产要素的生产函数,来讨论长期生产中可变生产要素的投入组合和产量之间的关系。

一、两种可变生产要素的生产函数

在长期内,所有的生产要素的投入量都是可变的,多种可变生产要素的长期生产函数可以写为:

$$Q = f(X_1, X_2, \cdots, X_n) \tag{4.15}$$

式中,Q 为产量,$X_i(i = 1, 2, \cdots, n)$ 为第 n 种可变生产要素的投入数量。该生产函数表示:长期内在技术水平不变的条件下由 n 种可变生产要素投入量的一定组合所能生产的最大产量。

在生产理论中,为了简化分析,通常以两种可变生产要素的生产函数来考察长期生产问题。假定生产者使用劳动和资本两种可变生产要素来生产一种产品,则两种可变生产要素的长期生产函数可以写为:

$$Q = f(L, K) \tag{4.16}$$

式中,L 为可变要素劳动的投入量,K 为可变要素资本的投入数量,Q 为产量。

二、等产量曲线

生产理论中的等产量曲线和效用理论中的无差异曲线是很相似的。等产量曲线是在技术水平不变的条件下生产同一产量的两种生产要素投入量的所有不同组合的轨迹。以常数 Q_0 表示既定的产量水平,则与等产量曲线相对应的生产函数为:

$$Q = f(L, K) = Q_0 \tag{4.17}$$

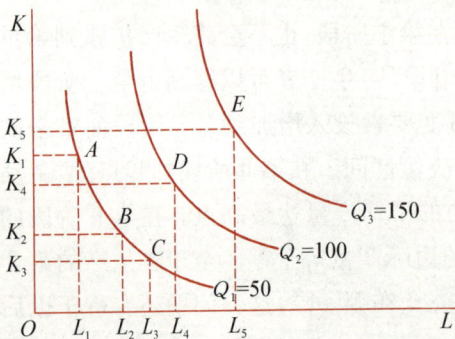

图 4-2 等产量曲线

显然,这是一个两种可变生产要素的生产函数。长期生产函数通常所用的等产量曲线如图 4-2 所示。

图中有三条等产量曲线,它们分别表示可以生产出 50 单位、100 单位和 150 单位产量的各种生产要素的组合。以代表产量为 50 单位的等产量曲线为例进行分析,50 单位的产量既可以使用 A 点的要素组合(OL_1 单位的劳动和 OK_1 单位的资本)生产出来,也可以使用 B 点的要素组合(OL_2 单位的劳动和 OK_2 单位的资本),或 C 点的要素组合(OL_3单位的劳动和OK_3单位的资本)生产出来。

与无差异曲线相似,等产量曲线与坐标原点的距离的大小表示产量水平的高低:离原点越近的等产量曲线代表的产量水平越低;离原点越远的等产量曲线代表的产量水平越高。同一平面坐标上的任意两条等产量曲线不会相交。等产量曲线是凸向原点的。

三、边际技术替代率

1. 边际技术替代率的定义

与等产量曲线相联系的一个概念是边际技术替代率(marginal rate of technical substitution),其英文缩写为 MRTS。一条等产量曲线表示一个既定的产量水平可以由两种可变要素的各种不同数量的组合生产出来。这意味着,生产者可以通过对两要素之间的相互替代,来维持一个既定的产量水平。例如:为了生产 50 单位的某种产品,生产者可以使用较多的劳动和较少的资本,也可以使用较少的劳动和较多的资本。前者可以看成是劳动对资本的替代,后者可以看成是资本对劳动的替代。想象一下,在图 4-2 中,为了维持固定的 50 单位产量,在厂商的产量沿着既定的等产量曲线由 A 点滑动到 C 点的过程中,劳动投入量必然会随着资本投入量的不断减少而增加;相反,由 C 点运动到 A 点的过程中,劳动投入量必然会随着资本投入量的不断增加而减少。由两要素之间这种相互替代的关系,可以得到边际技术替代率的概念。在维持产量水平不变的条件下,增加一单位某种生产要素投入量时所减少的另一种要素的投入数量,被称为边际技术替代率。劳动对资本的边际技术替代率的定义公式为:

$$MRTS_{LK} = -\frac{\Delta K}{\Delta L} \tag{4.18}$$

式中,ΔK 和 ΔL 分别为资本投入量的变化量和劳动投入量的变化量。公式中加一负号是为了使 MRTS 值在一般情况下为正值,以便于比较。

在图 4-2 中,当生产 50 单位产量的要素组合由 A 点变为 B 点时,劳动对资本的边际技术替代率等于资本投入的减少量与劳动投入的增加量之比,即 $MRTS_{LK} = -\frac{\Delta K}{\Delta L}$。当图中的 A 点沿着既定的等产量曲线的变动为无穷小时,即 $\Delta L \to 0$ 时,则相应的边际技术替代率的定义公式为:

$$MRTS_{LK} = \lim_{\Delta L \to 0} -\frac{\Delta K}{\Delta L} = -\frac{dK}{dL} \tag{4.19}$$

显然,等产量曲线上某一点的边际技术替代率就是等产量曲线在该点斜率的绝对值。

边际技术替代率还可以表示为两要素的边际产量之比。这是因为,边际技术替代率的概念是建立在等产量曲线的基础上的,所以,对于任意一条给定的等产量曲线来说,当用劳动投入去替代资本投入时,在维持产量水平不变的前提下,由增加劳动投入量所带来的总产量的增加量和由减少资本投入量所带来的总产量的减少量必定是相等的,即必有:

$$|\Delta L \cdot MP_L| = |\Delta K \cdot MP_K| \tag{4.20}$$

整理得:

$$-\frac{\Delta K}{\Delta L}=\frac{MP_L}{MP_K} \tag{4.21}$$

由边际技术替代率的定义公式得:

$$MRTS_{LK}=-\frac{\Delta K}{\Delta L}=\frac{MP_L}{MP_K} \tag{4.22}$$

可见,边际技术替代率可以表示为两要素的边际产量之比。

2. 边际技术替代率递减规律

在两种生产要素相互替代的过程中,普遍地存在这么一种现象:在维持产量不变的前提下,当一种生产要素的投入量不断增加时,每一单位的这种生产要素所能替代的另一种生产要素的数量是递减的。这一现象被称为边际技术替代率递减规律。以图 4-3 为例,在两要素的投入组合沿着既定的等产量曲线 Q_0 由 a 点顺次运动到 b、c 和 d 点的过程中,劳动投入量等量地由 L_1 增加到 L_2 再增加到 L_3 和 L_4,即有 $OL_2-OL_1=OL_3-OL_2=OL_4-OL_3$,而相应的资本投入量的减少量为 $OK_1-OK_2>OK_2-OK_3>OK_3-OK_4$。这表示:在产量不变的条件下,在劳动投入量不断增加和资本投入量不断减少的替代过程中,边际技术替代率是递减的。

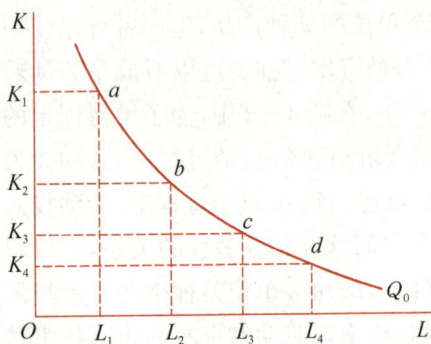

图 4-3 边际技术替代率递减规律

边际技术替代率递减的主要原因在于:任何一种产品的生产技术都要求各要素投入之间有适当的比例,这意味着要素之间的替代是有限制的。简单地说,以劳动和资本两种要素投入为例,在劳动投入量很少和资本投入量很多的情况下,减少一些资本投入量可以很容易地通过增加劳动投入量来弥补,以维持原有的产量水平,即劳动对资本的替代是很容易的。但是,在劳动投入增加到相当多的数量和资本投入量减少到相当少的数量的情况下,再用劳动去替代资本就将是很困难的了。

前面提到,等产量曲线一般具有凸向原点的特征,这一特征是由边际技术替代率递减规律所决定的。因为,由边际技术替代率的定义公式(4.19)式可知,等产量曲线上某一点的边际技术替代率就是等产量曲线在该点的斜率的绝对值,又由于边际技术替代率是递减的,所以,等产量曲线的斜率的绝对值是递减的,即等产量曲线是凸向原点的。

四、等成本线

在生产要素市场上,厂商对生产要素的购买支付,构成了厂商的生产成本。成本问题是追求利润最大化的厂商必须要考虑的一个经济问题。

生产论中的等成本线是一个和效用论中的预算线非常相似的分析工具。等成本线是在既定的成本和既定的生产要素价格条件下生产者可以购买到的两种生产要素的各种不同数量组合的轨迹。假定要素市场上既定的劳动的价格即工资率为 w,既定的资本的价格即利息率为 r,厂商既定的成本支出为 C,则成本方程为:

$$C = wL + rK \tag{4.23}$$

由成本方程可得:

$$K = -\frac{w}{r}L + \frac{C}{r} \tag{4.24}$$

根据(4.24)式可以得到等成本线,如图 4-4 所示。由于(4.24)式的成本方程式是线性的,所以,等成本线必定是一条直线。图中横轴上的点 $\frac{C}{w}$ 表示既定的全部成本都购买劳动时的数量,纵轴上的点 $\frac{C}{r}$ 表示既定的全部成本都购买资本时的数量,连接这两点的线段就是等成本线。它表示既定的全部成本所能购买到的劳动和资本的各种组合。根据(4.24)式,等成本线的纵截距为 $\frac{C}{r}$,等成本线的斜率为 $-\frac{w}{r}$,即为两种生产要素价格之比的负值。

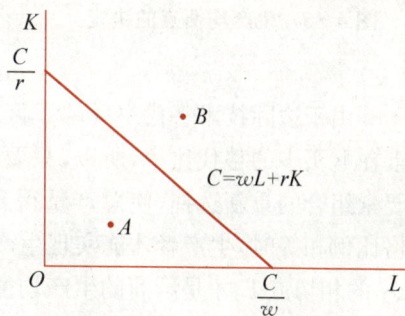

图 4-4 某厂商的等成本线

在图 4-4 中,等成本线以内区域中的任何一点,如 A 点,表示既定的全部成本都用来购买该点的劳动和资本的组合以后还有剩余。等成本线以外的区域中的任何一点,如 B 点,表示用既定的全部成本购买该点的劳动和资本的组合是不够的。唯有等成本线上的任何一点,才表示用既定的全部成本能刚好购买到的劳动和资本的组合。

在成本固定和要素价格已知的条件下,便可以得到一条等成本线。所以,任何关于成本和要素价格的变动,都会使等成本线发生变化。关于这种变动的具体情况,与第三章第二节对预算线的分析是类似的,读者可以自己参照进行分析。

五、最优的生产要素组合

在长期,所有的生产要素的投入数量都是可变动的,任何一个理性的生产者都会选择最优的生产要素组合进行生产。本节将把等产量曲线和等成本线结合在一起,研究生产者是如何选择最优的生产要素组合,从而实现既定成本条件下的最大产量,或者实现既定产量条件下的最小成本。

1. 关于既定成本条件下的产量最大化

假定在一定的技术条件下,厂商用两种可变生产要素劳动和资本生产一种产品,且劳动的价格 w 和资本的价格 r 是已知的,厂商用于购买这两种要素的全部成本 C 是既定的。如果企业要以既定的成本获得最大的产量,那么,它应该如何选择最优的劳动投入量和资本投入量的组合呢?

把厂商的等产量曲线和相应的等成本线画在同一个平面坐标系中,就可以确定厂商在

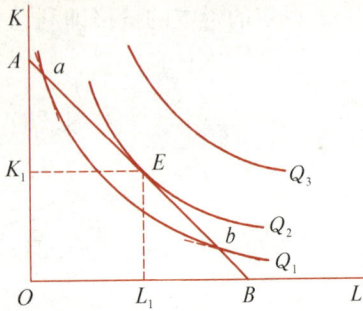

图 4-5　生产均衡点的决定

既定成本下实现最大产量的最优要素组合点,即生产的均衡点。在图 4-5 中,有一条等成本线 AB 和三条等产量曲线 Q_1、Q_2 和 Q_3。等成本线 AB 的位置和斜率决定于既定的成本量 C 和既定的已知的两要素的价格比例的相反数 $-\frac{w}{r}$。由图中可见,唯一的等成本线 AB 与其中一条等产量曲线 Q_2 相切于 E 点,该点就是生产的均衡点。它表示:在既定成本条件下,厂商应该按照 E 点的生产要素组合进行生产,即劳动投入量和资本投入量分别为 OL_1 和 OK_1,这样,厂商就会获得最大的产量。

由于边际技术替代率反映了两要素在生产中的替代比率,要素的价格比例反映了两要素在购买中的替代比率,所以,只要两者不相等,厂商总可以在总成本不变的条件下通过对要素组合的重新选择,使总产量得到增加。只有在两要素的边际技术替代率和两要素的价格比例相等时,生产者才能实现生产的均衡。在图中则是唯一的等成本线 AB 和等产量曲线 Q_2 的相切点 E 才是厂商的生产均衡点。于是,在生产均衡点 E 有:

$$MRTS_{LK} = \frac{w}{r} \tag{4.25}$$

它表示:为了实现既定成本条件下的最大产量,厂商必须选择最优的生产要素组合,使得两要素的边际技术替代率等于两要素的价格比例,这就是两种要素的最优组合原则。进一步,可以有:

$$\frac{MP_L}{w} = \frac{MP_K}{r} \tag{4.26}$$

它表示:厂商可以通过对两要素投入量的不断调整,使得最后一单位的成本支出无论用来购买哪一种生产要素所获得的边际产量都相等,从而实现既定成本条件下的最大产量。

2. 利润最大化可以得到最优的生产要素组合

厂商生产的目的是为了追求最大的利润。在完全竞争条件下,对厂商来说,商品的价格和生产要素的价格都是既定的,厂商可以通过对生产要素投入量的不断调整来实现最大的利润。厂商在追求最大利润的过程中,可以得到最优的生产要素组合。这一点可以用数学方法证明如下。

假定:在完全竞争条件下,企业的生产函数为 $Q = f(L, K)$,既定的商品的价格为 P,既定的劳动的价格和资本的价格分别为 w 和 r,π 表示利润。由于厂商的利润等于总收益减去总成本,于是,厂商的利润函数为:

$$\pi(L, K) = P \cdot f(L, K) - (wL + rK) \tag{4.27}$$

式中,$P \cdot f(L, K)$ 表示总收益,$wL + rK$ 表示总成本。
利润最大化的一阶条件为:

$$\frac{\partial \pi}{\partial L} = P \frac{\partial f}{\partial L} - w = 0$$

$$\frac{\partial \pi}{\partial K} = P \frac{\partial f}{\partial K} - r = 0$$

根据以上两式,可以整理得到:

$$\frac{\frac{\partial f}{\partial L}}{\frac{\partial f}{\partial K}} = \frac{MP_L}{MP_K} = \frac{w}{r} \tag{4.28}$$

上式与前面的最优生产要素组合的条件是相同的。这说明,追求利润最大化的厂商是可以得到最优的生产要素的组合的。

六、规模报酬与范围经济

1. 规模报酬的概念

规模报酬分析涉及的是企业的生产规模变化与所引起的产量变化之间的关系。企业只有在长期内才可能变动全部生产要素,进而变动生产规模,因此,企业的规模报酬分析属于长期生产理论问题。

在生产理论中,通常是以全部的生产要素都以相同的比例发生变化来定义企业的生产规模的变化。相应地,规模报酬变化是指在其他条件不变的情况下,企业内部各种生产要素按相同比例变化时所带来的产量变化。企业的规模报酬变化可以分为规模报酬递增、规模报酬不变和规模报酬递减三种情况。

关于规模报酬递增。产量增加的比例大于各种生产要素增加的比例,称之为规模报酬递增。例如,当全部的生产要素劳动和资本都增加100%时,产量的增加大于100%。产生规模报酬递增的主要原因是由于企业生产规模扩大所带来的生产效率的提高。它可以表现为:生产规模扩大以后,企业能够利用更先进的技术和机器设备等生产要素,而较小规模的企业可能无法利用这样的技术和生产要素。随着对较多的人力和机器的使用,企业内部的生产分工能够更合理和专业化。此外,人数较多的技术培训和具有一定规模的生产经营管理,也都可以节省成本。

关于规模报酬不变。产量增加的比例等于各种生产要素增加的比例,称之为规模报酬不变。例如,当全部生产要素劳动和资本都增加100%时,产量也增加100%。一般可以预计两个相同的工人使用两台相同的机器所生产的产量,是一个这样的工人使用一台这样的机器所生产的产量的两倍。这就是规模报酬不变的情况。

关于规模报酬递减。产量增加的比例小于各种生产要素增加的比例,称之为规模报酬递减。例如,当全部生产要素劳动和资本都增加100%时,产量的增加小于100%。产生规模报酬递减的主要原因是由于企业生产规模过大,使得生产的各个方面难以得到协调,从而降低了生产效率。它可以表现为企业内部合理分工的破坏,生产有效运行的障碍,获取生产决策所需的各种信息的不易等等。

我们也可以用以下的数学公式来定义规模报酬的三种情况:

令生产函数 $Q = f(L, K)$。

如果 $f(\lambda L, \lambda K) > \lambda f(L, K)$，其中，常数 $\lambda > 0$，则生产函数 $Q = f(L, K)$ 具有规模报酬递增的性质。

如果 $f(\lambda L, \lambda K) = \lambda f(L, K)$，其中，常数 $\lambda > 0$，则生产函数 $Q = f(L, K)$ 具有规模报酬不变的性质。

如果 $f(\lambda L, \lambda K) < \lambda f(L, K)$，其中，常数 $\lambda > 0$，则生产函数 $Q = f(L, K)$ 具有规模报酬递减的性质。

根据柯布—道格拉斯生产函数中的参数 α 与 β 之和，还可以判断规模报酬的情况。若 $\alpha + \beta > 1$，则为规模报酬递增；若 $\alpha + \beta = 1$，则为规模报酬不变；若 $\alpha + \beta < 1$，则为规模报酬递减。

一般说来，在长期生产过程中，企业的规模报酬的变化呈现出如下的规律：当企业从最初的很小的生产规模开始逐步扩大的时候，企业面临的是规模报酬递增的阶段。在企业得到了由生产规模扩大所带来的产量递增的全部好处以后，一般会继续扩大生产规模，将生产保持在规模报酬不变的阶段。这个阶段有可能比较长。在这以后，企业若继续扩大生产规模，就会进入一个规模报酬递减的阶段。

2. 规模报酬产生的原因

规模报酬产生的原因可以归结为以下几点：

(1) 专业化程度的提高。当生产要素同时增加时，可以提高生产要素的专业化程度。生产规模扩大，使用劳动较多，劳动者可以进行专业分工，从而提高劳动效率。亚当·斯密列举的工场手工业制针业劳动分工的情形即为较明显的例子。资本设备随生产规模的扩大也可以用效率更高的专门化设备来替代非专门化设备。然而，专业化差不多总是意味着比例的某种改变。比例的改变与严格的字面意义所说的规模——即投入量的等比例变动，并不一致。

(2) 生产要素的不可分性。有些要素必须达到一定水平才能有效率地使用。当经营规模很小时，把这些要素分割为更小的单位，不是完全丧失它们在生产程序中的有用性，就是丧失一部分效率。所以，规模报酬递增要以生产要素不可无限细分为必要前提。不可分性意味着对于最低使用规模的要求，当达到最低使用规模之后，产出增加的边际成本很低甚至于可以忽略不计，这时便产生规模经济性。例如城市供水系统，管道系统是一项不可分的生产要素，投入是一次性的。但达到供水能力的极限以前，多增加一个用户多一份收益，但并不增加固定成本。一般说来，资本密集型行业不同程度地具有规模经济效应，如汽车、钢铁业等；而劳动密集型行业则不明显。

(3) 管理更合理。规模扩大，更有利于采用现代化的管理方式，从而形成一种新的生产力，进一步发挥生产要素的组合功能，带来更高的效率和更大的收益。

(4) 学习效应。经济学家在解释规模经济出现的原因时，还经常引入学习效应的概念。学习效应（learning effects）是指在长期的生产过程中，企业的工人、技术人员和经理可以积累起有关商品的生产、技术设计和管理方面的有益经验，从而导致长期平均成本的下降。由于管理者和工人在生产过程中掌握了经验，企业生产出既定产出的边际成本和平均成本下降，其原因表现在：

① 工人们在起初几次完成一定的任务时，需要较多的时间。当他们越来越熟练时，他们的速度会加快，生产力就会提高。

② 经营者在生产实践中学会了如何使生产过程安排得更合理、更有效。

③ 产品设计师在设计中逐渐掌握了不降低产品质量而节约成本的方法。

④ 更为专业化的工具的使用。

⑤ 可能获得更为低廉的材料成本。

正是因为上述原因，使得企业随产出的积累增加而不断"学习"，经营者以这种学习过程来帮助制订生产计划和预测未来成本。

3. 范围经济

大多数企业生产的产品不止一种，决定生产哪些产品、生产多少以及如何生产，是厂商和经营者面临的中心问题。厂商生产的这些产品有时候会紧密相关。例如，养鸡场生产鸡和鸡蛋、汽车厂生产小汽车和卡车等。在这种情况下，企业往往拥有生产和成本的优势，这些优势的产生可能是缘于投入要素的共同分享、生产设备的联合使用、联合的市场计划和统一的管理，因而能在安排日程、组织生产和处理财务计划等方面比各自单独管理更为有效。在有些情况下，几种产品很自然地被一起生产出来，我们称它们为关联产品（joint products），它们对企业是有用的。例如养羊的农场生产的羊毛、羔羊肉和羊肉是十分自然的事，金属片生产厂商生产它们所能销售的剃须刀片。

范围经济（economies of scope）是指在相同的投入下，单个企业的联合产出超过两个各自生产一种产品的企业所能达到的产量，也就是单位产出的平均成本下降。如果企业的联合产出低于独立企业所能达到的产量，那么就是范围不经济（diseconomies of scope）。在这种情况下，一种产品的生产与另一种产品的生产有冲突。

规模经济和范围经济之间并无直接的联系，一家产出为两种产品的企业可以在其生产过程中涉及规模不经济时获得范围经济。例如联合生产长笛和短笛要比各自生产相对便宜，然而，该生产过程涉及高熟练的劳动，并非以小规模生产时更富有效率。同样地，一家联合产品企业在各个单独产品方面具有规模经济，但不拥有范围经济。例如，一个拥有多家企业的联合企业以大规模有效地生产，但它并不拥有范围经济的优势，因为这些企业是各自单独管理的。

★★★★★ **本章要点回顾** ★★★★★

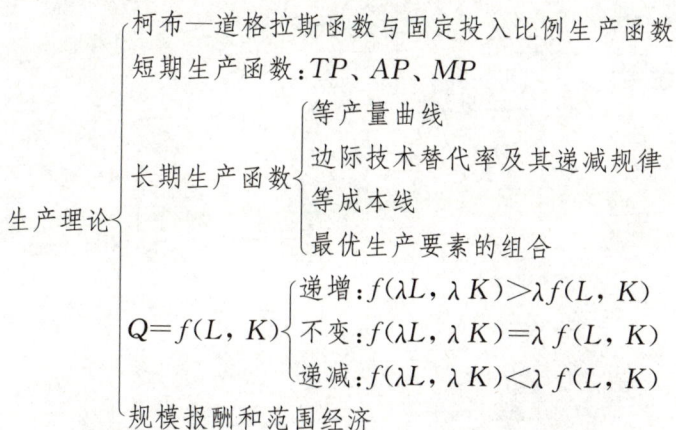

生产理论
- 柯布—道格拉斯函数与固定投入比例生产函数
- 短期生产函数：TP、AP、MP
- 长期生产函数
  - 等产量曲线
  - 边际技术替代率及其递减规律
  - 等成本线
  - 最优生产要素的组合
- $Q=f(L, K)$
  - 递增：$f(\lambda L, \lambda K)>\lambda f(L, K)$
  - 不变：$f(\lambda L, \lambda K)=\lambda f(L, K)$
  - 递减：$f(\lambda L, \lambda K)<\lambda f(L, K)$
- 规模报酬和范围经济

第五章
成 本 理 论

本章导学

1. 掌握成本、短期成本和长期成本的概念。

2. 重点掌握短期中总成本、平均成本、边际成本、成本最低点的确定以及平均固定成本、平均可变成本、边际成本之间的关系。

3. 了解长期总成本、平均成本和边际成本的形成和规律。

第一节　成本和利润

一、成本的概念

成本理论是建立在生产理论的基础之上的。我们已经知道,生产理论分为短期生产理论和长期生产理论,则相应地,成本理论也分为短期成本理论和长期成本理论。由于在短期内企业根据其所要达到的产量,只能调整部分生产要素的数量而不能调整全部生产要素的数量,所以,短期成本有不变成本和可变成本之分。由于在长期内企业根据其所要达到的产量,可以调整全部生产要素的数量,所以,长期内所有的要素成本都是可变的,长期成本没有不变成本和可变成本之分。

研究生产厂商的生产行为必然要涉及成本,因为这是关乎厂商获利与否、获利多少的重要因素。企业的生产成本通常被看成是企业对所购买的生产要素的货币支出。然而,西方经济学家指出,在经济学的分析中,仅从这样的角度来理解成本概念是不够的。因此我们有必要从多个角度来审视一下成本的概念。

1. **会计成本与经济成本**

会计成本(accounting cost)是指购买或生产某种物品的过程中过去和现在发生的财务费用或历史成本,指的是购买所有权归他人的生产要素而形成的成本,包括工资、利息、租金、原材料购买费用等。会计人员需要回顾企业财务状况,记录资产和负债,对以往经济活动作出评价。经济学家对成本的看法与会计人员的看法有所不同。经济学家所关心的是将来成本预计是多少,企业如何通过重组资源来降低生产成本以提高企业利润率。经济成本(economic cost)是企业生产经营中应该支付的代价,包括了企业生产经营过程中利用自有要素和他人要素的费用总和。它不仅包括了会计成本,还包括购买所有权归企业主自己所有的生产要素所形成的成本。经济学对成本概念界定的第一个特点,是把它看作机会成本。

2. **机会成本与沉没成本**

经济分析的目的在于考察稀缺的生产资源有效率地使用在各种途径上。对于要素的所有者来说,如果一种生产要素被用于某一特定用途,它便放弃了在其他替代用途上可获取的种种收益,所放弃的收益中最大的收益就是这一特定用途的机会成本(opportunity cost)。产生机会成本的原因是生产要素是稀缺的而用途却具竞争性(或称用途的多样性)。这一概念虽然抽象,但在经济学中非常重要,又被称为经济成本。机会成本的存在,提醒了要素的所有者要尽可能有效地使用有限的经济资源。

由于考虑到了机会成本,经济学家和会计人员在处理工资、房租和折旧方面存在着区别。如果一个女店主自己管理其零售店,她并不给自己支付工资,尽管并未发生任何现金交易(从而这不会反映在会计成本中),然而她的生产经营产生了机会成本,因为店主可以通过在别处工作获得一份收入。如果企业拥有自己的大楼,因而不需交付办公室房租,会计人员认为办公室成本为零,而经济学家不这么认为。他们知道,如果将办公室租给其他公司会带来租金。这项放弃了的租金便是使用办公室的机会成本,应该包含在经营活动的成本之中。

经济学还把成本区分为可回收成本与沉没成本两种类型。已经发生的成本中,有的可以通过出售或出租方式在很大程度上加以回收,属于可回收成本;有的则不可能回收,属于沉没成本(sunk cost),又称沉淀成本。沉没成本是指已经支出且无法收回的成本。在经济生活中,沉没成本的例子俯拾皆是,如企业因为广告支出发生的成本,企业购置的专用设备因转产而闲置,银行的呆账、坏账等。在经济学家看来,真实成本可能会因忽视机会成本而被低估,也可能会因对沉没成本揪住不放而高估。

经济学在决策时对于成本的考虑,与日常思维方式可能有一点不同:重视普通人可能会忽略的"机会成本",忽略普通人可能不愿忽略的"沉没成本"。向前看——对机会成本"斤斤计较";既往不咎——对沉没成本则"随它去",不让沉没成本影响关于未来的决策,避免一错再错。

3. 外显成本与内隐成本

根据机会成本的定义,生产中的经济成本由两种类型的成本构成:一是外显成本(explicit cost),二是内隐成本(implicit cost)。

外显成本也叫显性成本,是企业从市场上购买生产要素而支付货币所构成的成本。如支付给雇员的工资,购买原料、购置机器设备的费用,支付的利息、租金、燃料、动力和运输等费用,还包括保险费、广告费及税金等。这些都在企业的会计核算中作为成本项目记入账册,故也就是会计成本。

内隐成本又称隐含成本,是使用自有生产要素而必须支付的费用(又叫做自有要素的影子价格),如自有机器设备的折旧费,自有原料、燃料的费用(按市价计),使用自有资金的利息(按市场利率计),企业主自身的报酬(如同聘用他人也要支付酬金)。对于内隐成本,企业并没有发生货币支付,似乎使用自有要素不用花钱,但这些要素如果不是自己使用,用在他处照样可以得到报酬。如企业主可以到别处工作从而得到报酬;厂房、设备可以租给他人能够得到租金;资金借予别人可以得到利息。这些都是企业使用自有要素的机会成本,都应计入企业的生产成本中。经济学中,又把内隐成本称为正常利润。正常利润之所以作为产品的一项成本,是因为从长期看,这笔报酬是企业主继续留在该行业(从而该产品得以生产出来)的必要条件。否则,假如产品的售价仅能补偿工资、原料和固定资产的折旧费,企业主将把他的资金转移到别的行业,该生产将不能进行,产品也生产不出来。而且自有要素的报酬应该跟其他行业的正常的利润水平相当,否则企业主会全身而退,利用自有要素进入其他行业。

4. 短期成本和长期成本

前面的知识已经告诉我们,短期和长期的划分不以时间的长短为依据,而以要素是否可变为标准。需要注意的是,虽然在短期和长期之间没有确切的时间概念,但短期成本和长期成本有明显的区别。短期内厂商从事生产所发生的成本称为短期成本。在短期内,厂商的固定资产如厂房、设备等要素的投入量是固定的,厂商只能改变其他要素投入量(如增减工人和原材料)来改变产量。所以厂商的短期成本有固定成本和可变成本两类。长期成本是厂商长期从事生产所发生的成本。长期内,厂商有足够的时间增购在短期里固定不变的生产要素,因此任何生产要素的投入量都是可变的。故而在长期中没有所谓的固定成本和变动成本之分。

二、利润的概念

企业的所有显成本和隐成本之和构成总成本。企业的经济利润指企业的总收益和总成本之间的差额,简称企业的利润。企业所追求的最大利润,指的就是最大的经济利润。经济利润也被称为超额利润。

在西方经济学中,还需区别经济利润和正常利润。正常利润通常指厂商对自己所提供的企业家才能的报酬支付。需要强调的是,正常利润是厂商生产成本的一部分,它是以隐成本计入成本的。为了理解正常利润是成本的一部分这一说法,我们需要运用前面讲到的机会成本的概念。从机会成本的角度看,当一个企业所有者同时又拥有管理企业的才能时,他可以面临两种选择机会,一种选择是在自己的企业当经理,另一种选择是到别人所拥有的企业当经理。如果他到别人所拥有的企业当经理,他可以获得收入报酬。如果他在自己的企业当经理,他就失去了到别的企业当经理所能得到的收入报酬,而他所失去的这份报酬就是他在自己所拥有的企业当经理的机会成本。或者说,如果他在自己的企业当经理的话,他应当自己向自己支付报酬,而且这份报酬数额应该等于他在别的企业当经理时所可以得到的最高报酬。所以,从机会成本的角度看,正常利润属于成本,并且属于隐成本。

由于正常利润属于成本,因此,经济利润中不包含正常利润。又由于厂商的经济利润等于总收益减去总成本,所以,当厂商的经济利润为零时,厂商仍然得到了全部的正常利润。

第二节 短期成本

在上章生产论的有关内容和分析工具的基础上,本节将推导和阐述短期总成本的概念。其目的在于说明短期成本理论是以短期生产理论为基础的。

一、短期总产量曲线和短期总成本曲线的关系

由厂商短期生产函数出发,可以得到相应的短期成本函数,而且,由厂商的短期总产量曲线出发,也可以得到相应的短期总成本曲线。下面,我们来进行具体的分析与推导。

假定厂商在短期内使用劳动和资本这两种要素生产一种产品,其中,劳动投入量是可变的,资本投入量是固定的,则短期生产函数为:

$$Q = f(L, \overline{K}) \tag{5.1}$$

(5.1)式表示:在资本投入量固定的前提下,可变要素劳动投入量 L 和产量 Q 之间存在

着相互依存的对应关系。这种关系可以理解为:厂商可以通过对劳动投入量的调整来实现不同的产量水平。也可以反过来理解为:厂商根据不同的产量水平的要求,来确定相应的劳动的投入量。根据后一种理解,且假定要素市场上劳动的价格 w 和资本的价格 r 是给定的,则可以用下式来表示厂商在每一产量水平上的短期总成本:

$$STC(Q) = w \cdot L(Q) + r \cdot \overline{K} \tag{5.2}$$

式中,$w \cdot L(Q)$ 为可变成本部分,$r \cdot \overline{K}$ 为固定成本部分,两部分之和构成厂商的短期总成本,STC 是短期总成本的英文缩写。如果以 $\Phi(Q)$ 表示可变成本 $w \cdot L(Q)$,以 b 表示固定成本 $r \cdot \overline{K}$,则短期总成本函数可以写成以下形式:

$$STC(Q) = \Phi(Q) + b \tag{5.3}$$

至此,我们由(5.1)式的短期生产函数出发,写出了相应的短期总成本函数。显然,短期总成本是产量的函数。

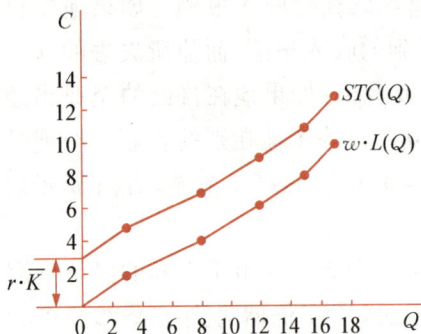

图 5-1 短期总成本与
可变成本曲线

进一步地,利用(5.2)式可以很方便地由厂商的短期总产量曲线求得相应的短期总成本曲线。其具体做法如下:以第四章生产论的图 4-1 的短期总产量曲线图为例,在图中的总产量 TP_L 曲线上,找到与每一个总产量相对应的可变要素劳动投入量 L,再用所得到的 L 去乘已知的劳动价格 w(在此假定 $w = 2$),便可得到每一总产量水平的可变成本 $w \cdot L(Q)$。将这种总产量与可变成本之间的对应关系描绘在平面坐标图中,即可得到短期可变成本曲线,如图 5-1 所示。图中的横轴 Q 代表产量,纵轴 C 代表成本,由原点出发的曲线 $w \cdot L(Q)$ 就是短期可变成本曲线。

由于短期固定成本为 $r \cdot \overline{K}$,所以,将短期可变成本曲线向上垂直平移 $r \cdot \overline{K}$ 单位,便得到短期总成本曲线 STC,在此有 $STC(Q) = w \cdot L(Q) + r \cdot \overline{K}$。显然图 4-1 的短期总产量曲线和图 5-1 的短期总成本曲线之间存在着相互对应的关系。

二、短期成本曲线

1. 短期成本的分类

在短期,厂商的成本有不变成本部分和可变成本部分之分。具体地讲,厂商的短期成本有以下七种:总不变成本、总可变成本、总成本、平均不变成本、平均可变成本、平均总成本和边际成本。它们的英文缩写顺次为:TFC、TVC、TC、AFC、AVC、AC 和 MC。

总不变成本(也叫总固定成本)TFC 是厂商在短期内为生产一定数量的产品对不变生产要素所支付的总成本。例如,建筑物和机器设备的折旧费等。由于在短期内不管企业的产量为多少,这部分不变要素的投入量都是不变的,所以,总不变成本是一个常数,它不随产量的变化而变化。即使产量为零时,总不变成本也仍然存在。如图 5-2(a)所示,图中的横轴 Q 表示产量,纵轴 C 表示成本,总不变成本 TFC 曲线是一条水平线。它表示在短期内,无论产量如何变化，总不变成本 TFC 是固定不变的。

　　总可变成本 TVC 是厂商在短期内生产一定数量的产品对可变生产要素支付的总成本。例如，厂商对原材料、燃料动力和工人工资的支付等。总可变成本 TVC 曲线如图 5-2(b) 所示，它是一条由原点出发向右上方倾斜的曲线。TVC 曲线表示：由于在短期内厂商是根据产量的变化不断地调整可变要素的投入量，所以，总可变成本随产量的变动而变动。当产量为零时，总可变成本也为零。在这以后，总可变成本随着产量的增加而增加。总可变成本的函数形式为：

$$TVC = TVC(Q) \tag{5.4}$$

　　总成本 TC 是厂商在短期内为生产一定数量的产品对全部生产要素所支出的总成本。它是总固定成本和总可变成本之和。总成本 TC 曲线如图 5-2(c) 所示，它是从纵轴上相当于总固定成本 TFC 高度的点出发的一条向右上方倾斜的曲线。TC 曲线表示：在每一个产量上的总成本由总固定成本和总可变成本共同构成。总成本用公式表示为：

$$TC(Q) = TFC + TVC(Q) \tag{5.5}$$

　　平均不变成本 AFC 是厂商在短期内平均每生产一单位产品所消耗的不变成本。平均不变成本 AFC 曲线如图 5-2(d) 所示，它是一条向两轴渐近的双曲线。AFC 曲线表示：在总不变成本固定的前提下，随着产量的增加，平均不变成本是越来越小的。平均不变成本用公式表示为：

$$AFC(Q) = \frac{TFC}{Q} \tag{5.6}$$

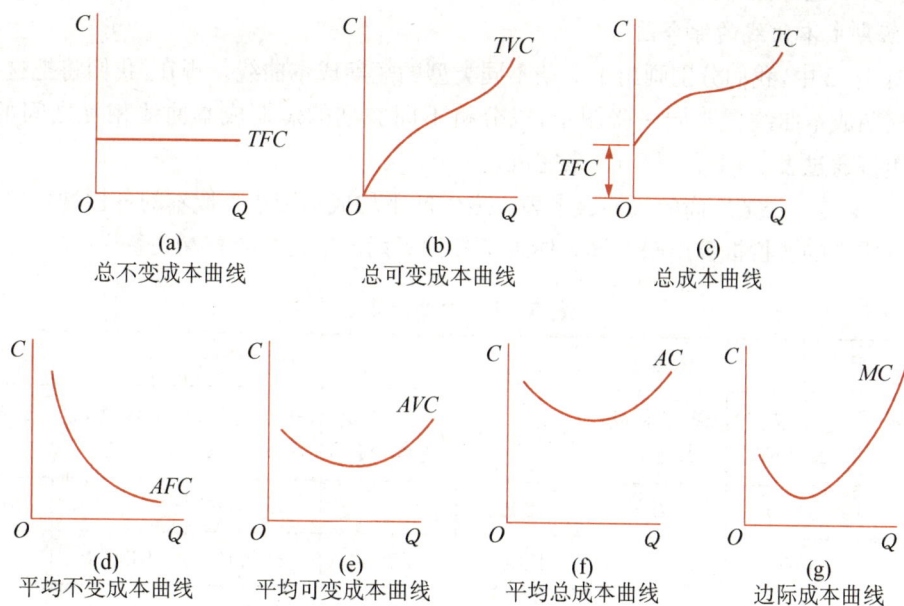

　　　(a)　　　　　　　　　(b)　　　　　　　　　(c)
　总不变成本曲线　　　总可变成本曲线　　　总成本曲线

　　(d)　　　　　　　(e)　　　　　　　(f)　　　　　　　(g)
平均不变成本曲线　平均可变成本曲线　平均总成本曲线　边际成本曲线

图 5-2　各种短期成本曲线

平均可变成本 AVC 是厂商在短期内平均每生产一单位产品所消耗的可变成本。用公式表示为：

$$AVC(Q) = \frac{TVC(Q)}{Q} \qquad (5.7)$$

平均总成本 AC 是厂商在短期内平均每生产一单位产品所消耗的全部成本，它等于平均不变成本和平均可变成本之和。用公式表示为：

$$AC(Q) = \frac{TC(Q)}{Q} = AFC(Q) + AVC(Q) \qquad (5.8)$$

边际成本 MC 是厂商在短期内增加一单位产量时所增加的成本。用公式表示为：

$$MC(Q) = \frac{\Delta TC(Q)}{\Delta Q} \qquad (5.9)$$

或者

$$MC(Q) = \lim_{\Delta Q \to 0} \frac{\Delta TC(Q)}{\Delta Q} = \frac{\mathrm{d}TC}{\mathrm{d}Q} \qquad (5.10)$$

由(5.10)式可知，在每一个产量水平上的边际成本 MC 值就是相应的总成本 TC 曲线的斜率。

平均可变成本 AVC 曲线、平均总成本 AC 曲线和边际成本 MC 曲线顺次由图 5-2(e)、(f)和(g)所示。这三条曲线都呈现出 U 型的特征。它们表示：随着产量的增加，平均可变成本、平均总成本和边际成本都是先递减，各自达到本身的最低点之后再递增。最后，需要指出的是，从以上各种短期成本的定义公式中可知，由一定产量水平上的总成本(包括 TFC、TVC 和 TC)出发，是可以得到相应的平均成本(包括 AFC、AVC 和 AC)和边际成本(即 MC)的。关于这一点，将在本节最后部分的内容中得到进一步的体现。

2. 短期成本曲线的综合图

在图 5-2 中，我们分别画出了 7 条不同类型的短期成本曲线。现在，我们将把这些不同类型的短期成本曲线置于同一张图中，以分析不同类型的短期成本曲线相互之间的关系。这项工作将通过表 5-1 和图 5-3 来完成。

表 5-1 是一张某厂商的短期成本表。表中的平均成本和边际成本的各栏均可以分别由相应的总成本的各栏推算出来。该表体现了各种短期成本之间的相互关系。

表 5-1　短期成本表

产量 Q	总成本			平均成本			边际成本
	总不变成本 TFC	总可变成本 TVC	总成本 TC	平均不变成本 AFC	平均可变成本 AVC	平均总成本 AC	边际成本 MC
0	1200	0	1200				
1	1200	600	1800	1200.0	600.0	1800.0	600
2	1200	800	2000	600.0	400.0	1000.0	200

续 表

产量Q	总成本			平均成本			边际成本
	总不变成本 TFC	总可变成本 TVC	总成本 TC	平均不变成本 AFC	平均可变成本 AVC	平均总成本 AC	边际成本 MC
3	1200	900	2100	400.0	300.0	700.0	100
4	1200	1050	2250	300.0	262.5	562.5	150
5	1200	1400	2600	240.0	280.0	520.0	350
6	1200	2100	3300	200.0	350.0	550.0	700

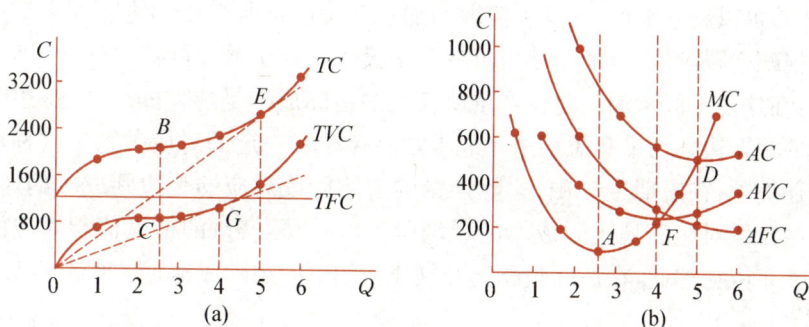

图 5-3 短期成本曲线综合图

图 5-3 是根据表 5-1 绘制的短期成本曲线图,它是一张典型的短期成本曲线的综合图。

仔细观察图 5-3,除了发现那些在图 5-2 中已经得到体现的短期成本曲线的特征以外,还可以发现以下特征。

先分析图 5-3(a)。由图中可见,TC 曲线是一条由水平的 TFC 曲线与纵轴的交点出发的向右上方倾斜的曲线。在每一个产量上,TC 曲线和 TVC 曲线两者的斜率都是相同的,并且,TC 曲线和 TVC 曲线之间的垂直距离都等于固定的不变成本 TFC。这显然是由于 TC 曲线是通过把 TVC 曲线向上垂直平移 TFC 的距离而得到的。

此外,在图 5-3(a)中,TC 曲线和曲线 TVC 在同一个产量水平(2.5 单位)各自存在一个拐点 B 和 C。在拐点以前,TV 线和 TVC 曲线的斜率是递减的;在拐点以后,TC 曲线和 TVC 曲线的斜率是递增的。

再分析图 5-3(b)。由图中可见,不仅 AVC 曲线、AC 曲线和 MC 曲线均呈 U 形特征,而且,MC 曲线与 AVC 曲线相交于 AVC 曲线的最低点 F,MC 曲线与 AC 曲线相交于 AC 曲线的最低点 D。最后,将图 5-3(a)和图 5-3(b)结合在一起分析。我们可以发现,图 5-3(b)中 MC 曲线的最低点 A 恰好对应图 5-3(a)中的 TC 曲线的拐点 B 和 TVC 曲线的拐点 C,或者说,A、B、C 三点同时出现在同一个产量水平(2.5 单位)。在图 5-3(b)中的 AVC 曲线达到最低点 F 时,图 5-3(a)中的 TVC 曲线恰好有一条从原点出发的切线,与 TVC 曲线相切于 G 点。或者说,G、F 两点同时出现在同一个产量水平(4 单位)。相类似地,在图

5-3(b)中的 AC 曲线达到最低点 D 时,图 5-3(a)中的 TC 曲线恰好有一条从原点出发的切线,与 TC 曲线相切于 E 点。或者说,E、D 两点同时出现在同一个产量水平(5 单位)。

至于短期成本曲线所体现的这些特征的原因,我们将在下面运用边际报酬递减规律进行深入地解释。

3. 短期成本变动的决定因素:边际报酬递减规律

边际报酬递减规律是短期生产的一条基本规律,因此,它也决定了短期成本曲线的特征。

边际报酬递减规律是指在短期生产过程中,在其他条件不变的前提下,随着一种可变要素投入量的连续增加,它所带来的边际产量先是递增的,达到最大的值以后再递减。关于这一规律,我们也可以从产量变化所引起的边际成本变化的角度来理解:假定生产要素的价格是固定不变的,在开始时的边际报酬递增阶段,增加一单位可变要素投入所产生的边际产量递增,则意味着可以反过来说:在这一阶段增加一单位产量所需要的边际成本是递减的。在以后的边际报酬递减阶段,增加一单位可变要素投入所产生的边际产量递减,则意味着也可以反过来说:在这一阶段增加一单位产量所需要的边际成本是递增的。显然,边际报酬递减规律作用下的短期边际产量和短期边际成本之间存在着一定的对应关系。这种对应关系可以简单地表述如下:在短期生产中,边际产量的递增阶段对应的是边际成本的递减阶段,边际产量的递减阶段对应的是边际成本的递增阶段,与边际产量的最大值相对应的是边际成本的最小值。正因为如此,在边际报酬递减规律作用下的边际成本 MC 曲线表现出先降后升的 U 形特征。

从边际报酬递减规律所决定的 U 形的 MC 曲线出发,可以解释其他的短期成本曲线的特征以及短期成本曲线相互之间的关系。

第一,关于 TC 曲线、TVC 曲线和 MC 曲线之间的相互关系。由于在每一个产量水平上的 MC 值就是相应的 TC 曲线和 TVC 曲线的斜率。于是,在图 5-3 中的 TC 曲线、TVC 曲线和 MC 曲线之间表现出这样的相互关系:与边际报酬递减规律作用的 MC 曲线的先降后升的特征相对应,TC 曲线和 TVC 曲线的斜率也由递减变为递增。而且,MC 曲线的最低点 A 与 TC 曲线的拐点 B 和 TVC 曲线的拐点 C 相对应。

第二,关于 AC 曲线、AVC 曲线和 MC 曲线之间的相互关系。我们已经知道,对于任何一对边际量和平均量而言,只要边际量小于平均量,边际量就把平均量拉下;只要边际量大于平均量,边际量就把平均量拉上;当边际量等于平均量时,平均量必达本身的极值点。将这种关系具体到 AC 曲线、AVC 曲线和 MC 曲线的相互关系上,可以推知,由于在边际报酬递减规律作用下的 MC 曲线有先降后升的 U 形特征,所以,AC 曲线和 AVC 曲线也必定是先降后升的 U 形特征。而且,MC 曲线必定会分别与 AC 曲线相交于 AC 曲线的最低点,与 AVC 曲线相交于 AVC 曲线的最低点。正如图 5-3(b)所示:U 形的 MC 曲线分别与 U 形的 AC 曲线相交于 AC 曲线的最低点 D,与 U 形的 AVC 曲线相交于 AVC 曲线的最低点 F。在 AC 曲线的下降段,MC 曲线低于 AC 曲线;在 AC 曲线的上升段,MC 曲线高于 AC 曲线。相类似地,在 AVC 曲线的下降段,MC 曲线低于 AVC 曲线;在 AVC 曲线的上升段,MC 曲线高于 AVC 曲线。

此外,对于产量变化的反应,边际成本 MC 要比平均成本 AC 和平均可变成本 AVC 敏感得多。反映在图 5-3(b)中,不管是下降还是上升,MC 曲线的变动都快于 AC 曲线和 AVC 曲线。

最后,比较图中 AC 曲线和 MC 曲线的交点 D 与 AVC 曲线和 MC 曲线的交点 F,可以发现,前者的出现慢于后者,并且前者的位置高于后者。也就是说。AVC 曲线降到最低点 F 时,AC 曲线还没有降到最低点 D,而且 AC 曲线的最小值大于 AVC 曲线的最小值。这是因为:在平均总成本中不仅包括平均可变成本,还包括平均不变成本。正是由于平均不变成本的作用,才使得 AC 曲线的最低点 D 的出现既慢于、又高于 AVC 曲线的最低点 F。

三、短期产量曲线与短期成本曲线之间的关系

前面,我们已经指出,短期生产的边际报酬递减规律决定了短期成本曲线的特征。在此,我们将进一步分析短期生产条件下的生产函数和成本函数之间的对应关系,或者说,分析短期产量曲线和短期成本曲线之间的关系。

假定短期生产函数为:

$$Q = f(L, \overline{K}) \tag{5.11}$$

短期成本函数为:

$$TC(Q) = TVC(Q) + TFC \tag{5.12}$$

$$TVC(Q) = w \cdot L(Q) \tag{5.13}$$

且假定生产要素劳动的价格 w 是给定的。

1. 边际产量和边际成本之间的关系

根据(5.12)式和(5.13)式,有:

$$TC(Q) = TVC(Q) + TFC = w \cdot L(Q) + TFC$$

式中,TFC 为常数。

由上式可得:

$$MC = \frac{\mathrm{d}TC}{\mathrm{d}Q} = w \frac{\mathrm{d}L}{\mathrm{d}Q} + 0$$

即:

$$MC = w \cdot \frac{1}{MP_L} \tag{5.14}$$

由此可得以下两点结论:

第一,(5.14)式表明边际成本 MC 和边际产量 MP_L 两者的变动方向是相反的。具体地讲,由于边际报酬递减规律的作用,可变要素的边际产量 MP_L 是先上升,达到一个最高点以后再下降,所以,边际成本 MC 是先下降,达到一个最低点以后再上升。这种对应关系表现为:MP_L 曲线的上升段对应 MC 曲线的下降段;MP_L 曲线的下降段对应 MC 曲线的上升段;MP_L 曲线的最高点对应 MC 曲线的最低点。

第二,由以上的边际产量和边际成本的对应关系可以推知,总产量和总成本之间也存在着对应关系。当总产量 TP_L 曲线下凸时,总成本 TC 曲线和总可变成本 TVC 曲线是下凹的;当总产量 TP_L 曲线下凹时,总成本 TC 曲线和总可变成本 TVC 曲线是下凸的;当总产量 TP_L 曲线存在一个拐点时,总成本 TC 曲线和总可变成本 TVC 曲线也各存在一个拐点。

2. 平均产量和平均可变成本之间的关系

根据(5.13)式有:

$$AVC = \frac{TVC}{Q} = w \frac{L}{Q} = w \cdot \frac{1}{AP_L} \tag{5.15}$$

由此可得以下两点结论：

第一，(5.15)式表明平均可变成本 AVC 和平均产量 AP_L 两者的变动方向是相反的。前者呈递增时，后者呈递减；前者呈递减时，后者呈递增；前者的最高点对应后者的最低点。

第二，由于 MC 曲线与 AVC 曲线交于 AVC 曲线的最低点，MP_L 曲线与 AP_L 曲线交于 AP_L 曲线的最高点，所以，MC 曲线和 AVC 曲线的交点与 MP_L 曲线和 AP_L 曲线的交点是对应的。

第三节 长期成本

本节将对厂商的长期成本进行分析。我们将顺次对长期总成本、长期平均成本和长期边际成本进行分析，并进一步考察这三条长期成本曲线之间的相互关系。

在长期内，厂商可以根据产量的要求调整全部的生产要素投入量，甚至进入或退出一个行业，因此，厂商所有的成本都是可变的。厂商的长期成本可以分为长期总成本、长期平均成本和长期边际成本。它们的英文缩写顺次为 LTC、LAC 和 LMC。

为了区分短期成本和长期成本，从本节开始，在短期总成本、短期平均成本和短期边际成本前都冠之于"S"，如短期总成本写为 STC 等，在长期成本前都冠之于"L"，如长期总成本写为 LTC 等。

一、长期总成本函数和长期总成本曲线

厂商在长期对全部要素投入量的调整意味着对企业的生产规模的调整。也就是说，从长期看，厂商总是可以在每一个产量水平上选择最优的生产规模进行生产。长期总成本 LTC 是指厂商在长期中在每一个产量水平上通过选择最优的生产规模所能达到的最低总成本。相应地，长期总成本函数写成以下形式：

$$LTC = LTC(Q) \tag{5.16}$$

根据对长期总成本函数的规定，可以由短期总成本曲线出发，推导长期总成本曲线。

在图 5-4 中，有三条短期总成本曲线 STC_1、STC_2 和 STC_3，它们分别代表三个不同的生产规模。由于短期总成本曲线的纵截距表示相应的总不变成本 TFC 的数量，因此，从图中三条短期总成本曲线的纵截距可知，STC_1 曲线所表示的总不变成本小于 STC_2 曲线，STC_2 曲线所表示的总不变成本又小于 STC_3 曲线，而总不变成本的多少（如厂房、机器设备等）往往表示生产规模的大小。因此，从三条短期总成本曲线所代表的生产规模看，STC_1

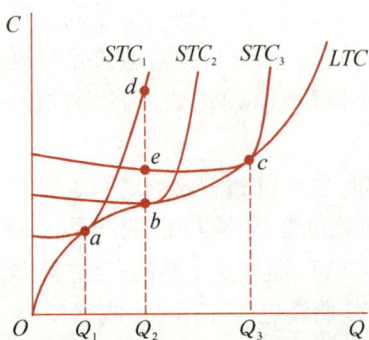
图 5-4 长期总成本曲线和短期总成本曲线

曲线最小,STC_2 曲线居中,STC_3 曲线最大。

假定厂商生产的产量为 Q_2,那么厂商应该如何调整生产要素的投入量以降低总成本呢?在短期内,厂商可能面临 STC_1 曲线所代表的过小的生产规模或 STC_3 曲线所代表的过大的生产规模,于是,厂商只能按较高的总成本来生产产量 Q_2,即在 STC_1 曲线上的 d 点或 STC_3 曲线上的 e 点进行生产。但在长期,情况就会发生变化。

厂商在长期可以变动全部的要素投入量,选择最优的生产规模,于是,厂商必然会选择 STC_2 曲线所代表的生产规模进行生产,从而将总成本降低到所能达到的最低水平,即厂商是在 STC_2 曲线上的 b 点进行生产。类似地,在长期内,厂商会选择 STC_1 曲线所代表的生产规模,在 a 点上生产 Q_1 的产量;选择 STC_3 曲线所代表的生产规模,在 c 点上生产 Q_3 的产量。这样厂商就在每一个既定的产量水平实现了最低的总成本。

虽然在图中只有三条短期总成本线,但在理论分析上可以假定有无数条短期总成本曲线。这样一来,厂商可以在任何一个产量水平上,都找到相应的一个最优的生产规模,都可以把总成本降到最低水平。也就是说,可以找到无数个类似于 a、b 和 c 的点,这些点的轨迹就形成了图中的长期总成本 LTC 曲线。显然,长期总成本曲线是无数条短期总成本曲线的包络线。在这条包络线上,在连续变化的每一个产量水平上,都存在着 LTC 曲线和一条 STC 曲线的相切点,该 STC 曲线所代表的生产规模就是生产该产量的最优生产规模,该切点所对应的总成本就是生产该产量的最低总成本。所以,LTC 曲线表示长期内厂商在每一产量水平上由最优生产规模所带来的最小生产总成本。

长期总成本 LTC 曲线是从原点出发向右上方倾斜的。它表示:当产量为零时,长期总成本为零,以后随着产量的增加,长期总成本是增加的。而且,长期总成本 LTC 曲线的斜率先递减,经拐点之后,又变为递增。关于这一特征,会在以下内容中得到说明。

二、长期平均成本函数和长期平均成本曲线

长期平均成本 LAC 表示厂商在长期内按产量平均计算的最低总成本。长期平均成本函数可以写为:

$$LAC(Q) = \frac{LTC(Q)}{Q} \tag{5.17}$$

1. 长期平均成本曲线的推导

在分析长期总成本曲线时强调指出,厂商在长期是可以实现每一个产量水平上的最小总成本的。因此,根据(5.17)式便可以推知:厂商在长期实现每一产量水平的最小总成本的同时,必然也就实现了相应的最小平均成本。所以,长期平均成本曲线可以根据(5.17)式由长期总成本曲线画出。具体的做法是:把长期总成本 LTC 曲线上每一点的长期总成本值除以相应的产量,便得到这一产量上的长期平均成本值。再把每一个产量和相应的长期平均成本值描绘在产量和成本的平面坐标图中,便可得到长期平均成本 LAC 曲线。此外,长期平均成本曲线也可以根据短期平均成本曲线求得。为了更好地理解长期平均成本曲线和短期平均成本曲线之间的关系,在此着重介绍后一种方法。

在图 5 - 5 中有三条短期平均成本曲线 SAC_1、SAC_2 和 SAC_3,它们各自代表了三个不同

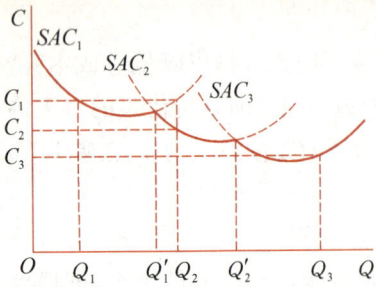

图 5-5　不同生产规模下的
短期平均成本曲线

的生产规模。在长期,厂商可以根据产量要求,选择最优的生产规模进行生产。假定厂商生产 Q_1 的产量,则厂商会选择 SAC_1 曲线所代表的生产规模,以 OC_1 的平均成本进行生产。而对于产量 Q_1 而言,平均成本 OC_1 是低于其他任何生产规模下的平均成本的。假定厂商生产的产量为 Q_2,则厂商会选择 SAC_2 曲线所代表的生产规模进行生产,相应的最小平均成本为 OC_2;假定厂商生产的产量为 Q_3,则厂商会选择 SAC_3 曲线所代表的生产规模进行生产,相应的最小平均成本为 OC_3。

如果厂商生产的产量为 Q_1',则厂商既可选择 SAC_1 曲线所代表的生产规模,也可选择 SAC_2 曲线所代表的生产规模。因为,这两个生产规模都以相同的最低平均成本生产同一个产量。这时,厂商有可能选择 SAC_1 曲线所代表的生产规模,因为,该生产规模相对较小,厂商的投资可以少一些。厂商也有可能考虑到今后扩大产量的需要,而选择 SAC_2 曲线所代表的生产规模。厂商的这种考虑和选择,对于其他的类似的两条 SAC 曲线的交点,如 Q_2' 的产量,也是同样适用的。

在长期生产中,厂商总是可以在每一产量水平上找到相应的最优的生产规模进行生产。而在短期内,厂商做不到这一点。假定厂商现有的生产规模由 SAC_1 曲线所代表,而他需要生产的产量为 Q_2,那么,厂商在短期内就只能以 SAC_1 曲线上的 OC_1 的平均成本来生产,而不可能是 SAC_2 曲线上的更低的平均成本 OC_2。

由以上分析可见,沿着图中所有的 SAC 曲线的实线部分,厂商总是可以找到长期内生产某一产量的最低平均成本的。由于在长期内可供厂商选择的生产规模是很多的,在理论分析中,可以假定生产规模可以无限细分,从而可以有无数条 SAC 曲线,于是,便得到图 5-6 中的长期平均成本 LAC 曲线。显然,长期平均成本曲线是无数条短期平均成本曲线的包络线。在这条包络线上,在连续变化的每一个产量水平,都存在 LAC 曲线和一条 SAC 曲线的相切点,该 SAC 曲线所代表的生产规模就是生产该产量的最优生产规模,该切点所对应的平均成本就是相应的最低平均成本。LAC 曲线表示厂商在长期内在每一产量水平上,通过选择最优生产规模所实现的最小的平均成本。

此外,从图 5-6 还可以看到,LAC 曲线呈现出 U 形的特征。而且,在 LAC 曲线的下降

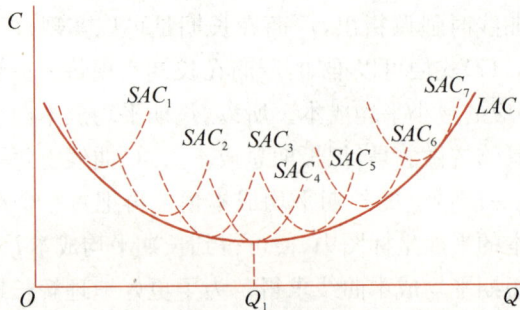

图 5-6　长期平均成本曲线的推导

段，LAC 曲线相切于所有相应的 SAC 曲线最低点的左边；在 LAC 曲线的上升段，LAC 曲线相切于所有相应的 SAC 曲线最低点的右边。只有在 LAC 曲线的最低点上，LAC 曲线才相切于相应的 SAC 曲线（图中为 SAC_4 曲线）的最低点。

2. 长期平均成本曲线的形状

图 5-6 中的长期平均成本曲线呈先降后升的 U 形，长期平均成本曲线的 U 形特征是由长期生产中的规模经济和规模不经济决定的。

在企业生产扩张的开始阶段，厂商由于扩大生产规模而使经济效益得到提高，这叫规模经济。当生产扩张到一定的规模以后，厂商继续扩大生产规模，就会使经济效益下降，这叫规模不经济。或者说，厂商产量增加的倍数大于成本增加的倍数，为规模经济；相反，厂商产量增加的倍数小于成本增加的倍数，为规模不经济。显然，规模经济和规模不经济都是由厂商变动自己的企业生产规模所引起的，所以，也被称作内在经济和内在不经济。一般来说，在企业的生产规模由小到大的扩张过程中，会先后出现规模经济和规模不经济。正是由于规模经济和规模不经济的作用，决定了长期平均成本 LAC 曲线表现出先下降后上升的 U 形特征。

在上章生产论中分析长期生产问题时，我们已经指出，企业长期生产技术表现出规模报酬先是递增的，然后是递减的。规模报酬的这种变化规律，也是造成长期平均成本 LAC 曲线表现出先降后升的特征的一种原因。但是，规模报酬分析是以厂商以相同的比例变动全部要素投入量为前提条件的，即各生产要素投入量之间的比例保持不变。而事实上，厂商改变生产规模时，通常会改变各生产要素投入量之间的比例。所以，在一般的情况下，厂商的长期生产技术表现出由规模经济到规模不经济的过程。更确切地说，规模经济和规模不经济的分析包括了规模报酬变化的特殊情况。因此，从更普遍的意义上，我们说长期生产技术的规模经济和规模不经济是长期平均成本 LAC 曲线呈 U 形特征的决定因素。

3. 长期平均成本曲线的位置移动

上面提到的企业的规模经济和规模不经济（即企业的内在经济和内在不经济）是就一条给定的长期平均成本 LAC 曲线而言的。至于长期平均成本 LAC 曲线的位置的变化原因，则需要用企业的外在经济和外在不经济的概念来解释。企业外在经济是由于厂商的生产活动所依赖的外界环境得到改善而产生的。例如，整个行业的发展，可以使行业内的单个厂商从中受益。相反，如果厂商的生产活动所依赖的外界环境恶化了，则是企业的外在不经济。例如，整个行业的发展，使得生产要素的价格上升，交通运输紧张，从而给行业内的单个厂商的生产带来困难。外在经济和外在不经济是由企业以外的因素所引起的，它影响厂商的长期平均成本曲线的位置。

通过由内在经济和内在不经济所决定的长期平均成本曲线的 U 形特征，不仅可以解释下面将要分析的长期边际成本曲线的形状特征，而且还可以进一步解释前面所分析的长期总成本曲线的形状特征。这些都将在下面的有关内容中得到说明。

三、长期边际成本函数和长期边际成本曲线

长期边际成本 LMC 表示厂商在长期内增加一单位产量所引起的总成本的增量。长期

边际成本函数可以写为:

$$LMC(Q) = \frac{\Delta LTC(Q)}{\Delta Q} \qquad\qquad (5.18)$$

或

$$LMC(Q) = \lim_{\Delta Q \to 0} \frac{\Delta LTC(Q)}{\Delta Q} = \frac{\mathrm{d}LTC(Q)}{\mathrm{d}Q} \qquad\qquad (5.19)$$

显然,每一产量水平上的 LMC 值都是相应的 LTC 曲线的斜率。

长期边际成本 LMC 曲线可以由长期总成本 LTC 曲线得到。因为 $LMC(Q) = \frac{\mathrm{d}LTC(Q)}{\mathrm{d}Q}$,所以,只要把每一个产量水平上的 LTC 曲线的斜率值描绘在产量和成本的平面坐标图中,便可得到长期边际成本 LMC 曲线。长期边际成本 LMC 曲线也可以由短期边际成本 SMC 曲线得到。下面对这种方法予以说明。

长期总成本曲线是无数条短期成本曲线的包络线。在长期的每一个产量水平,LTC 曲线都与一条代表最优生产规模的 STC 曲线相切,这说明这两条曲线的斜率是相等的。由于 LTC 曲线斜率是相应的 LMC 值(因为 $LMC(Q) = \frac{\mathrm{d}LTC(Q)}{\mathrm{d}Q}$),$STC$ 曲线的斜率是相应的 SMC 值(因为 $SMC = \frac{\mathrm{d}STC(Q)}{\mathrm{d}Q}$),因此可以推知,在长期内的每一个产量水平上,$LMC$ 值都与代表最优生产规模的 SMC 值相等。根据这种关系,便可以由 SMC 曲线推导 LMC 曲线。但是,与长期总成本曲线和长期平均成本曲线的推导不同,长期边际成本曲线不是短期边际成本曲线的包络线。它的推导如图 5-7 所示。

图中,在每一个产量水平,代表最优生产规模的 SAC 曲线都有一条相应的 SMC 曲线,每一条 SMC 曲线都过相应的 SAC 曲线最低点。在 Q_1 的产量上,生产该产量的最优生产规模由 SAC_1 曲线和 SMC_1 曲线所代表,相应的短期边际成本由 P 点给出,PQ_1 既是最优的短期边际成本,又是长期边际成本,即有 $LMC = SMC_1 = PQ_1$。或者说,在 Q_1 的产量上,长期边际成本 LMC 等于最优生产规模的短期边际成本 SMC_1,它们都等于 PQ_1 的高度。同理,在 Q_2 的产量上,有 $LMC = SMC_2 = RQ_2$。在 Q_3 的产量上,有 $LMC = SMC_3 = SQ_3$。在生产规模可以无限细分的条件下,可以得到无数个类似于 P、R 和 S 的点,将这些点连接起来便得到一条光滑的长期成本 LMC 曲线。

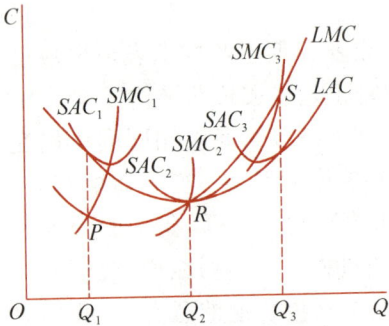

图 5-7 长期边际成本曲线

如图 5-7 所示,长期边际成本曲线呈 U 形,它与长期平均成本曲线相交于长期平均成本曲线的最低点。其原因在于:根据边际量和平均量之间的关系,当 LAC 曲线处于下降段时,LMC 曲线一定处于 LAC 曲线的下方,也就是说,此时 $LMC < LAC$,LMC 将 LAC 拉下;相反,当 LAC 曲线处于上升段时,LMC 曲线一定位于 LAC 曲线的上方,也就是说,此时 $LMC > LAC$,LMC 将 LAC 拉上。因为 LAC 曲线在规模经济和规模不经济的作用下呈现先降后升的 U 形,LMC 曲线也必然呈先降后升的 U 形,并且,两条曲线相交于 LAC 曲线的最低点。进一步地,根据 LMC 曲线的形状特征,可以解释 LTC 曲线的形状特征。因为 LMC

曲线呈现先降后升的 U 形,且 LMC 值又是 LTC 曲线上相应的点的斜率,所以,LTC 曲线的斜率必定要随着产量的增加表现出先递减达到拐点以后再递增的特征。

★★★★★ **本章要点回顾** ★★★★★

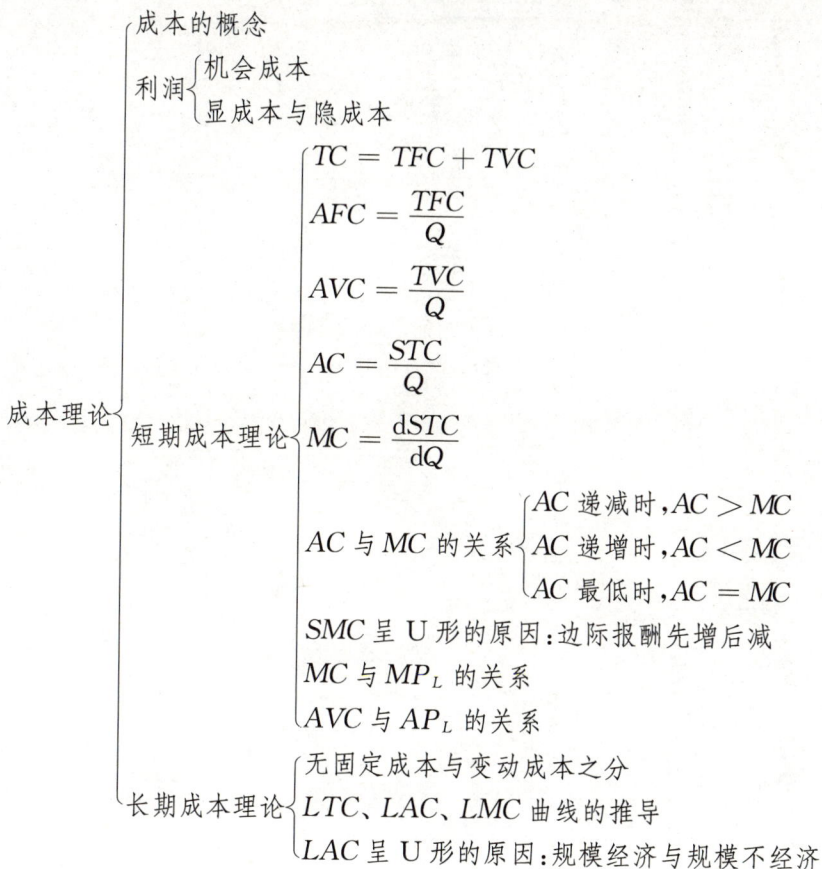

成本理论
- 利润
  - 成本的概念
  - 机会成本
  - 显成本与隐成本
- 短期成本理论
  - $TC = TFC + TVC$
  - $AFC = \dfrac{TFC}{Q}$
  - $AVC = \dfrac{TVC}{Q}$
  - $AC = \dfrac{STC}{Q}$
  - $MC = \dfrac{\mathrm{d}STC}{\mathrm{d}Q}$
  - AC 与 MC 的关系
    - AC 递减时,$AC > MC$
    - AC 递增时,$AC < MC$
    - AC 最低时,$AC = MC$
  - SMC 呈 U 形的原因:边际报酬先增后减
  - MC 与 MP_L 的关系
  - AVC 与 AP_L 的关系
- 长期成本理论
  - 无固定成本与变动成本之分
  - LTC、LAC、LMC 曲线的推导
  - LAC 呈 U 形的原因:规模经济与规模不经济

第六章
完全竞争市场

本章导学

1. 理解市场概念和市场类型的划分。
2. 掌握完全竞争市场的特点、市场的需求和收益曲线，短期均衡和长期均衡的结论；厂商短期供给曲线、生产者剩余、完全竞争市场条件下行业的短期和长期供给曲线。

第一节　市场的概念和类型

一、市场的概念

什么是市场？市场指从事物品买卖的交易场所或接洽点。一个市场可以是一个有形的买卖物品的交易场所，也可以是利用现代化通讯工具进行物品交易的接洽点。从本质上讲，市场是物品买卖双方相互作用并得以决定其交易价格和交易数量的一种组织形式或制度安排。

任何一种交易物品都有一个市场。经济中有多少种交易物品，就相应地有多少个市场。例如，可以有石油市场、土地市场、大米市场、自行车市场、铅笔市场等等。我们可以把经济中所有的可交易的物品分为生产要素和商品这两类，相应地，经济中所有的市场也可以分为生产要素市场和商品市场这两类。我们先在本章和下一章研究商品市场，至于生产要素市场将在第九章进行研究。

如果你们当地的加油站把它收取的汽油价格提高 20%，它就会发现它的销量大幅下降。它的顾客会很快转而去购买其他加油站的汽油。与此同时，如果你们当地的自来水公司提高水价 20%，它就会发现水的销量只有微不足道的减少。人们也许会买一个节水的龙头，但他们很难将用水量大幅度减少。汽油市场和自来水市场的差别是显而易见的：有很多企业卖汽油，但只有一家市政自来水公司在供水。正如你想到的那样，这种市场结构的差别影响了这些市场经营的企业的生产与定价决策。

所谓市场结构(market structure)指的是某一个行业中垄断与竞争的程度。主要包括：市场中互相竞争厂商的数量、厂商的相对规模（集中程度）、技术和成本条件以及厂商进入和退出行业的难易程度等因素。不同的行业具有不同的结构，这些结构影响着管理者制定何种经营决策。

二、市场的类型

在经济分析中，根据不同的市场结构的特征，将市场划分为完全竞争市场、垄断竞争市场、寡头市场和垄断市场四种类型。决定市场类型划分的主要因素有以下四个：第一，市场上厂商的数目；第二，厂商所生产的产品的差别程度；第三，单个厂商对市场价格的控制程度；第四，厂商进入或退出一个行业的难易程度。其中，可以认为，第一个因素和第二个因素是最基本的决定因素。在以后的分析中，我们可以体会到，第三个因素是第一个因素和第二个因素的必然结果，第四个因素是第一个因素的延伸。关于完全竞争市场、垄断竞争市场、寡头市场和垄断市场的划分及其相应的特征可以用表 6-1 来概括。

表 6-1 只是一个简单的说明，读者从表中获得一个初步的印象就可以了。在以后对每一类市场进行考察时，我们会对每一类市场的特征作出详细的分析。

表 6-1　市场类型的划分和特征

市场类型	厂商数目	产品差别程度	对价格控制的程度	进出一个行业的难易程度	接近哪种商品市场
完全竞争	很多	完全无差别	没有	很容易	一些农产品
垄断竞争	很多	有差别	有一些	比较容易	一些轻工产品、零售业
寡头	几个	有差别或无差别	相当程度	比较困难	钢铁、汽车、石油工业
垄断	唯一	唯一的产品，且无相近的替代品	很大程度，但经常受到管制	很困难，几乎不可能	公用事业，如水、电

与市场这一概念相对应的另一个概念是行业。行业指为同一个商品市场生产和提供商品的所有的厂商的总体。市场和行业的类型是一致的。譬如，完全竞争市场对应的是完全竞争行业，垄断竞争市场对应的是垄断竞争行业，如此等等。

为什么在经济理论研究中要区分不同的市场结构呢？我们知道，市场的均衡价格和均衡数量取决于市场的需求曲线和供给曲线。消费者追求效用最大化的行为决定了市场的需求曲线，厂商追求利润最大化的行为决定了市场的供给曲线，厂商的利润取决于收益和成本。其中，厂商成本主要取决于厂商的生产技术方面的因素（见第四章生产理论和第五章成本理论），而厂商的收益则取决于市场对其产品的需求状况。在不同类型的市场条件下，厂商所面临的对其产品的需求状况是不相同的，所以，在分析厂商的利润最大化的决策时，必须要区分不同的市场类型。

为了更准确地区分这四种市场类型，我们需要引入市场集中度和绩效理论。

如果一个市场当中有无数家企业在竞争，会造成竞争过度和浪费过大；而完全垄断也不好。市场集中度（也叫市场集中率）是指某一行业的生产和销售是集中在少数企业，还是分散在众多企业中，或者说少数企业对该行业的控制程度。最常用的是四家集中率（CR4）和赫芬达尔—赫希曼指数（HHI）。

四家集中率，即某一行业中最大的四家企业在整个市场销售额中所占的比例。假设某一市场中的总销售额为 2000 亿元，这个市场上最大的四家企业的销售额分别为 500 亿元、400 亿元、350 亿元和 300 亿元，则这个行业的四家集中率就是：

$$CR4 = (500+400+350+300) \div 2000 \times 100\% = 77.5\%$$

赫芬达尔—赫希曼指数是计算某一市场上 50 家最大企业（如果小于 50 家就是所有企业）每家企业市场占有份额（取百分数的分子）的平方之和。假设某个市场上最大的 50 家企业的市场占有率分别为 10%，9%，8%，…，0.1%，则有：

$$HHI = 10^2 + 9^2 + 8^2 + \cdots + 0.1^2$$

四家集中率和赫芬达尔—赫希曼指数都是反映市场垄断程度的指标。

以美国贝恩等为代表的产业经济学家还提出了结构—行为—绩效理论（SCP 模型）。

S——市场结构(structure)是指一个市场的组织结构特征,主要衡量标准有市场集中度,可以通过市场上的买者或卖者的数量和大企业所占比重表达出来。

C——企业行为或市场行为(conduct)是指企业在根据市场供求条件并考虑与其他企业关系的基础上,为取得竞争优势所采取的各种决策行为,它包括价格策略、产品策略、排挤对手等。

P——市场绩效(performance)则是指企业在市场竞争中所获得的最终成果的总和,反映了市场运行的效率,包括利润率水平、技术进步、充分就业等。

贝恩认为市场的基本条件(成本、需求、技术等)决定了市场结构;市场结构(市场集中度、产品差异化、进入壁垒、垂直一体化和联合一体化)又决定了企业行为(产品价格、生产能力、广告和研发能力、商业目标、投资行为等);企业行为决定了整个行业的市场绩效(生产和分配效率、效益、就业等)。因此,经济学家看到了如下的因果关系:市场结构直接影响企业行为,并间接影响行业的绩效。

第二节　完全竞争厂商的需求曲线和收益曲线

一、完全竞争市场的条件

完全竞争市场必须具备以下四个条件:

第一,市场上有大量的买者和卖者。由于市场上有无数的买者和卖者,所以,相对于整个市场的总需求量和总供给量而言,每一个买者的需求量和每一个卖者的供给量都是微不足道的,都好比是一桶水中的一滴水。任何一个买者买与不买,或买多与买少,以及任何一个卖者卖与不卖,或卖多与卖少,都不会对市场的价格水平产生任何的影响。于是,在这样的市场中,每一个消费者或每一个厂商对市场价格没有任何的控制力量,他们每一个人都只能被动地接受既定的市场价格,他们被称为价格接受者。

第二,市场上每一个厂商提供的商品都是完全同质的。这里的商品同质指厂商之间提供的商品是完全无差别的,它不仅指商品的质量、规格、商标等完全相同,还包括购物环境、售后服务等方面也完全相同。这样一来,对于消费者来说,无法区分产品是由哪一家厂商生产的,或者说,购买任何一家厂商的产品都是一样的。在这种情况下,如果有一个厂商单独提价,那么,他的产品就会完全卖不出去。当然,单个厂商也没有必要单独降价。因为,在一般情况下,单个厂商总是可以按照既定的市场价格实现属于自己的那一份相对来说很小的销售份额。所以,厂商既不会单独提价,也不会单独降价。可见,完全竞争市场的第二个条件,进一步强化了在完全竞争市场上每一个买者和卖者都是被动的既定市场价格的接受者的说法。

第三,所有的资源具有完全的流动性。这意味着厂商进入或退出一个行业是完全自由和毫无困难的。所有资源可以在各厂商之间和各行业之间完全自由地流动,不存在任何障碍。这样,任何一种资源都可以及时地投向能获得最大利润的生产,并及时地从亏损的生产中退出。在这样的过程中,缺乏效率的企业将被市场淘汰,取而代之的是具有效率的企业。

第四,信息是完全的。即市场上的每一个买者和卖者都掌握与自己的经济决策有关的一切信息。这样,每一个消费者和每一个厂商可以根据自己所掌握的完全信息,作出自己的最优经济决策,从而获得最大的经济利益。而且,由于每一个买者和卖者都知道既定的市场价格,都按照这一既定的市场价格进行交易,这也就排除了由于信息不通畅而可能导致的一个市场同时按照不同的价格进行交易的情况。

符合以上四个假定条件的市场被称为完全竞争市场。经济学家指出,完全竞争市场是一个非个性化的市场。因为,市场中的每一个买者和卖者都是市场价格的被动接受者,而且,他们中的任何一个成员都既不会也没有必要去改变市场价格;每个厂商生产的产品都是完全相同的,毫无自身的特点;所有的资源都可以完全自由地流动,不存在同种资源之间的报酬差距;市场上的信息是完全的,任何一个交易者都不具备信息优势。因此,完全竞争市场中不存在交易者的个性。所有的消费者都是相同的,都是无足轻重的,相互之间意识不到竞争;所有的生产者也都是相同的,也都是无足轻重的,相互之间也意识不到竞争。因此,我们说,完全竞争市场中不存在现实经济生活中的那种真正意义上的竞争。

由以上分析可见:理论分析中所假设的完全竞争市场的条件是非常苛刻的。在现实经济生活中,真正符合以上四个条件的市场是不存在的。通常只是将一些农产品市场,如大米市场、小麦市场等,看成是比较接近完全竞争市场的。既然在现实经济生活中并不存在完全竞争市场,为什么还要建立和研究完全竞争市场模型呢?西方经济学家认为,这是因为,从对完全竞争市场模型的分析中,可以得到关于市场机制及其配置资源的一些基本原理,而且,该模型也可以为其他类型市场的经济效率分析和评价提供一个参照对比。换句话说,现实中是否存在着真正意义上的完全竞争市场并不重要,重要的是说明在假设的完全竞争条件之下,市场机制如何调节经济,有了完全竞争的市场,我们就有了一把尺子,一面镜子,一个目标。

二、完全竞争厂商的需求曲线

市场上对某一个厂商的产品的需求状况,可以用该厂商所面临的需求曲线来表示,该曲线也被简称为厂商的需求曲线。在完全竞争市场条件下,厂商的需求曲线是什么形状的呢?在完全竞争市场上,由于厂商是既定市场价格的接受者,所以,完全竞争厂商的需求曲线是一条由既定市场价格水平出发的水平线,如图 6-1 所示。在图(a)中,市场的需求曲线 D 和供给曲线 S 相交的均衡点 E 所决定的市场的均衡价格为 P_e,相应地,在图(b)中,由给定的价格水平 P_e 出发的水平线 d 就是厂商的需求曲线。水平的需求曲线意味着:厂商只能被动地接受给定的市场价格,且厂商既不会也没有必要去改变这一价格水平。

需要注意的是,在完全竞争市场中,单个消费者和单个厂商无力影响市场价格,他们中的每一个人都是被动地接受既定的市场价格,但这些并不意味着完全竞争市场的价格是固定不变的。在其他一些因素的影响下,如经济中消费者收入水平的普遍提高,经济中先进技

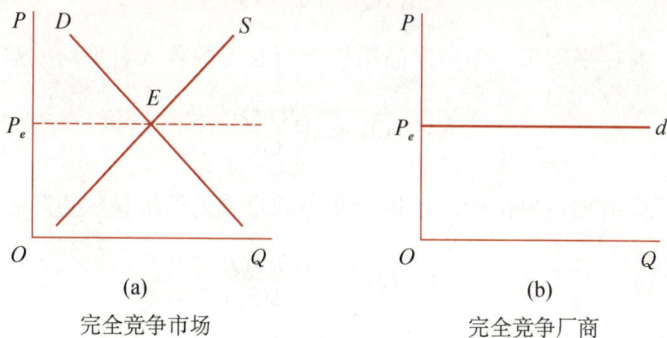

图 6-1 完全竞争厂商面对的需求曲线

术的推广,或者政府有关政策的作用,等等,使得众多消费者的需求量和众多生产者的供给量发生变化时,供求曲线的位置就有可能发生移动,从而形成市场的新的均衡价格。在这种情况下,我们就会得到由新的均衡价格水平出发的一条水平线,如图 6-2 所示。在图中,开始时的需求曲线为 D_1,供给曲线为 S_1,市场的均衡价格为 P_1,相应的厂商的需求曲线是由价格水平 P_1 出发的一条水平线 d_1。以后,当需求曲线的位置由 D_1 移至 D_2,同时供给曲线的位置由 S_1 移至 S_2 时,市场均衡价格上升为 P_2,于是相应的厂商需求曲线是由新的价格水平 P_2 出发的另一条水平线 d_2。不难看出,厂商的需求曲线可以出自各个不同的给定的市场的均衡价格水平,但它们总是呈水平线的形状。

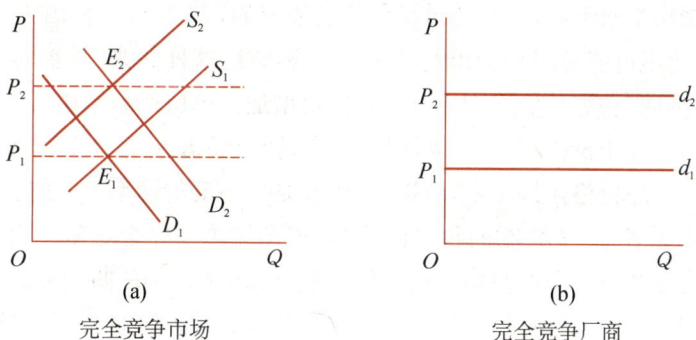

图 6-2 完全竞争厂商需求曲线的变动

三、完全竞争厂商的收益曲线

在此,我们先介绍厂商的收益这一概念,然后,将具体分析完全竞争厂商收益曲线的一些特征及其相互之间的关系。

厂商的收益就是厂商的销售收入。厂商的收益可以分为总收益、平均收益和边际收益,它们的英文简写分别为 TR、AR 和 MR。

总收益指厂商按一定价格出售一定量产品时所获得的全部收入。以 P 表示既定的市场价格,以 Q 表示销售总量,总收益的定义公式为:

$$TR(Q) = P \cdot Q \qquad (6.1)$$

平均收益指厂商在平均每一单位产品销售上所获得的收入。平均收益的定义公式为：

$$AR(Q) = \frac{TR(Q)}{Q} \qquad (6.2)$$

边际收益指厂商增加一单位产品销售所获得的总收入的增量。边际收益的定义公式为：

$$MR(Q) = \frac{\Delta TR(Q)}{\Delta Q} \qquad (6.3)$$

或者

$$MR(Q) = \lim_{\Delta Q \to 0} \frac{\Delta TR(Q)}{\Delta Q} = \frac{dTR(Q)}{dQ} \qquad (6.4)$$

由(6.4)式可知,每一销售水平上的边际收益值就是相应的总收益曲线的斜率。

厂商的收益取决于市场上对其产品的需求状况,或者说,厂商的收益取决于厂商的需求曲线的特征。在不同的市场类型中,厂商的需求曲线具有不同的特征。

在以后的分析中,我们均假定厂商的销售量等于厂商所面临的需求量。这样,完全竞争厂商的需求曲线又可以表示:在每一个销售量上,厂商的销售价格是固定不变的。于是,我们必然会由厂商的平均收益等于边际收益,且等于既定的市场价格的结论,即必有 $AR = MR = P$,这一点可以利用表6-2予以具体说明。表6-2是一张某厂商的收益表。由表中可见,在所有的销售量水平上,产品的市场价格是固定的,均为 $P=1$(因为,单个完全竞争厂商的销售量的变化不可能对产品的市场价格产生影响)。这样一来,厂商每销售一单位产品的平均收益是不变的,它等于价格 $P=1$,而且,每增加一单位产品销售所增加的收益即边际收益也是不变的,也等于价格 $P=1$。也就是说,有 $AR = MR = P = 1$。此外,在表中,随着销售量的增加,由于产品价格保持不变,所以,总收益是以不变的速率上升的。

图6-3是根据表6-2绘制的收益曲线图,该图体现了完全竞争厂商的收益曲线的特征。由图可见,完全竞争厂商的平均收益 AR 曲线、边际收益 MR 曲线和需求曲线 d 三条线重叠,它们都用同一条由既定价格水平出发的水平线来表示。其理由是显然的:在厂商的每一个销售量水平都有 $AR=MR=P$,且厂商的需求曲线本身就是一条由既定价格水平出发的

表6-2　某完全竞争厂商的收益

销售量 Q	价格 P	总收益 $TR = P \cdot Q$	平均收益 $AR = \frac{TR}{Q}$	边际收益 $MR = \frac{\Delta TR}{\Delta Q}$
100	1	100	1	1
200	1	200	1	1
300	1	300	1	1
400	1	400	1	1
500	1	500	1	1

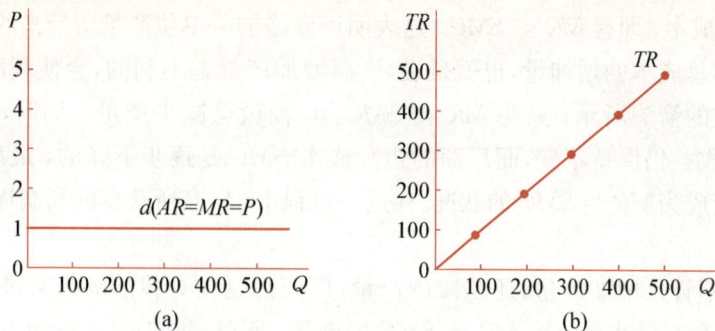

图 6 - 3 某完全竞争厂商的收益

水平线。此外,完全竞争厂商的总收益 TR 曲线是一条由原点出发的斜率不变的上升的直线。其理由在于,在每一个销售量水平,MR 值是 TR 曲线的斜率,且 MR 值等于固定不变的价格水平。关于这一点,也可以用公式说明如下:

$$MR = \frac{\mathrm{d}TR}{\mathrm{d}Q} = \frac{\mathrm{d}(P \cdot Q)}{\mathrm{d}Q} = P \tag{6.5}$$

第三节 厂商实现利润最大化的均衡条件

厂商进行生产的目的是为了追求最大化的利润,那么,厂商实现利润最大化的原则是什么呢? 或者说,什么是厂商实现利润最大化的均衡条件呢? 这是本节要说明的中心。我们在本节将以完全竞争厂商的短期生产为例推导利润最大化的均衡条件。

我们先利用图 6 - 4 来寻找厂商实现最大利润的生产均衡点。图中,有某完全竞争厂商的一条短期生产的边际成本 SMC 曲线和一条由既定价格水平 P_e 出发的水平的需求曲线 d,这两条线相交于 E 点。我们说,E 点就是厂商实现最大利润的生产均衡点,相应的产量 Q^* 就是厂商实现最大利润时的均衡产量。这是因为,具体地看,当产量小于均衡产量 Q^*,例如为 Q_1 时,厂商的边际收益大于边际成本,即有 $MR >$ SMC。这表明厂商增加一单位产量所带来总收益的增加量大于所付出的总成本的增加量,也就是说,厂商增加产量是有利的,可以使利润得到增加。所以,

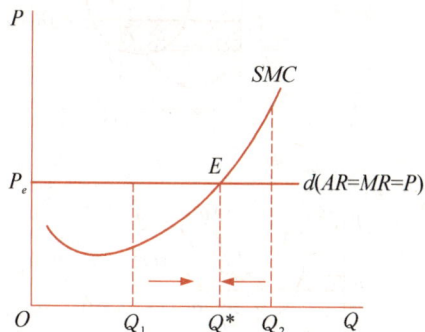

图 6 - 4 完全竞争厂商短期利润最大化的实现

如图中指向右方的箭头所示,只要 $MR > SMC$,厂商就会增加产量。同时,随着产量的增加,厂商的边际收益 MR 保持不变而厂商的边际成本 SMC 是逐步增加的,最后,$MR > SMC$ 的状况会逐步变化成 $MR = SMC$ 的状况。在这一过程中,厂商得到了扩大产量所带来的全部好处,获得了他所能得到的最大利润。相反,当产量大于均衡产量 Q^*,例如为 Q_2 时,厂商的边

际收益小于边际成本，即有 $MR < SMC$。这表明厂商增加一单位产量所带来的总收益的增加量小于所付出的总成本的增加量，也就是说，厂商增加产量是不利的，会使利润减少。所以，如图中指向左方的箭头所示，只要 $MR < SMC$，厂商就会减少产量。同时，随着产量的减少，厂商的边际收益仍保持不变，而厂商的边际成本 SMC 是逐步下降的，最后 $MR < SMC$ 的状况会逐步变成为 $MR = SMC$ 的状况。在这一过程中，厂商所获得的利润逐步达到最高的水平。

由此可见，不管是增加产量，还是减少产量，厂商都是在寻找能够带来最大利润的均衡产量，而这个均衡产量就是使得 $MR = SMC$ 的产量。所以，我们说，边际收益 MR 等于边际成本 MC 是厂商实现利润最大化的均衡条件。

第四节　完全竞争厂商的短期均衡和短期供给曲线

一、完全竞争厂商的短期均衡

在完全竞争厂商的短期生产中，市场的价格是给定的，而且，生产中的不变要素的投入量是无法变动的，即生产规模也是给定的。因此，在短期，厂商是在给定的生产规模下，通过对产量的调整来实现 $MR = SMC$ 的利润最大化的均衡条件。

我们知道，当厂商实现 $MR = SMC$ 时，有可能获得利润，也可能亏损，把各种可能的情况都考虑在内，完全竞争厂商的短期均衡可以具体表现为图 6-5 中的五种情况。

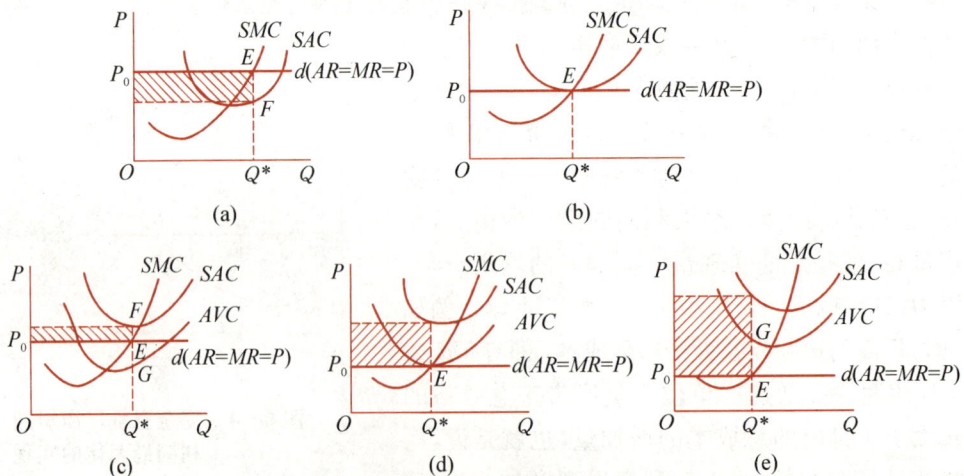

图 6-5　完全竞争厂商短期均衡的五种情况

在图(a)中，根据 $MR = SMC$ 的利润最大化的均衡条件，厂商利润最大化的均衡点为 MR 曲线和 SMC 曲线的交点 E，相应的均衡产量为 Q^*。在 Q^* 的产量上，平均收益为 EQ^*，平均成本为 FQ^*。由于平均收益大于平均成本，厂商获得利润。在图中，厂商的单位产品

的利润为 EF，产量为 OQ^*，两者的乘积 $EF \cdot OQ^*$ 等于总利润量，它相当于图中的阴影部分的面积。

在图（b）中，厂商的需求曲线 d 相切于 SAC 曲线的最低点，这一点是 SAC 曲线和 SMC 曲线的交点。这一点恰好也是 $MR = SMC$ 的利润最大化的均衡点 E。在均衡产量 Q^* 上，平均收益等于平均成本，都为 EQ^*，厂商的利润为零，但厂商的正常利润实现了。由于在这一均衡点 E 上，厂商既无利润，也无亏损，所以，该均衡点也被称为厂商的收支相抵点。

在图（c）中，由均衡点 E 和均衡产量 Q^* 可知，厂商的平均收益小于平均成本，厂商是亏损的，其亏损量相当于图中的阴影部分的面积。但由于在 Q^* 的产量上，厂商的平均收益 AR 大于平均可变成本 AVC，所以，厂商虽然亏损，但仍继续生产。这是因为，只有这样，厂商才能在用全部收益弥补全部可变成本以后还有剩余，以弥补在短期内总是存在的不变成本的一部分。所以，在这种亏损情况下，生产要比不生产强。

在图（d）中，厂商的需求曲线 d 相切于 AVC 曲线的最低点，这一点是 AVC 曲线和 SMC 曲线的交点。这一点恰好也是 $MR = SMC$ 的利润最大化的均衡点。在均衡产量 Q^* 上，厂商是亏损的，其亏损相当于图中的阴影部分的面积。此时，厂商的平均收益 AR 等于平均可变成本 AVC，厂商可以继续生产，也可以不生产，也就是说，厂商生产或不生产的结果都是一样的。这是因为，如果厂商生产的话，则全部收益只能弥补全部的可变成本，不变成本得不到任何弥补。如果厂商不生产的话，厂商虽然不必支付可变成本，但是全部不变成本仍然存在。由于在这一均衡点上，厂商处于关闭企业的临界点，所以，该均衡点也被称作停止营业点或关闭点。

在图（e）中，在均衡产量 Q^* 上，厂商的亏损量相当于阴影部分的面积。此时，厂商的平均收益 AR 小于平均可变成本 AVC，厂商将停止生产。因为，在这种亏损情况下，如果厂商还继续生产，则全部收益连可变成本都无法全部弥补，就更谈不上对不变成本的弥补了。而事实上只要厂商停止生产，可变成本就可以降为零。显然，此时不生产要比生产强。

综上所述，完全竞争厂商短期均衡的条件是：

$$MR = SMC \tag{6.6}$$

式中，$MR = AR = P$。在短期均衡时，厂商的利润可以大于零，也可以等于零，或者小于零。

二、完全竞争厂商的短期供给曲线

回忆一下，所谓供给曲线是用来表示在每一个价格水平上厂商愿意而且能够提供的产品的数量的。在完全竞争市场上，厂商的短期供给曲线可以用短期边际成本 SMC 曲线来表示，关于这一点的具体说明如下。

对完全竞争厂商来说，有 $P = MR$，所以，完全竞争厂商的短期均衡条件又可以写成 $P = SMC(Q)$。此式可以这样理解：在每一个给定的价格水平 P，完全竞争厂商应该选择最优的产量 Q，使得 $P = SMC(Q)$ 成立，从而实现最大的利润。这意味着在价格 P 和厂商的最优产量 Q（即厂商愿意而且能够提供的产量）之间存在着一一对应的关系，而厂商的 SMC 曲线恰好准确地表明了这种商品的价格和厂商的短期供给量之间的关系。我们将图 6-5 关于厂商短期均衡的五种可能的情况置于一张图中进行分析,见图 6-6(a)。

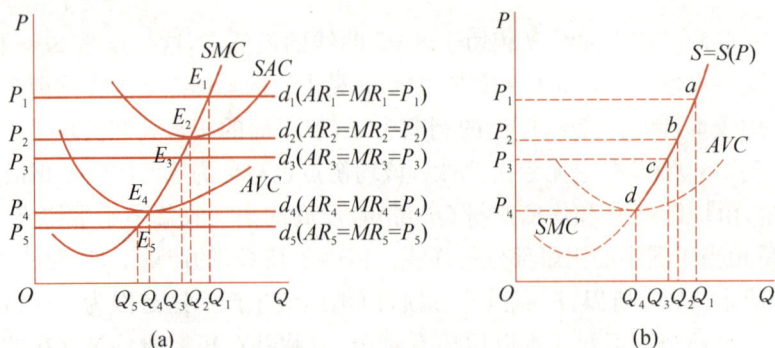

图 6-6 完全竞争厂商的短期供给曲线推导

仔细地分析一下,可以看到,当市场价格分别为 P_1、P_2、P_3 和 P_4 时,厂商根据 $MR = SMC$(即 $P = SMC$)的原则,选择的最优产量顺次为 Q_1、Q_2、Q_3 和 Q_4。很清楚,SMC 曲线上的 E_1、E_2、E_3 和 E_4 点明确地表示了这些不同的价格水平与相应的不同的最优产量之间的对应关系。但必须注意到,厂商只有在 $P \geqslant AVC$ 时,才会进行生产,而在 $P < AVC$ 时,厂商会停止生产。所以,厂商的短期供给曲线应该用 SMC 曲线上大于和等于 AVC 曲线最低点的部分来表示,即用 SMC 曲线上大于和等于停止营业点的部分来表示。如图 6-6(b)所示,图中 SMC 曲线上的实线部分就是完全竞争厂商的短期供给曲线 $S = S(P)$,该线上的 a、b、c 和 d 点分别与图(a)中 SMC 曲线上的 E_1、E_2、E_3 和 E_4 点相对应。

由图 6-6(b)可见,完全竞争厂商的短期供给曲线是向右上方倾斜的,它表示了商品的价格和供给量之间同方向变化的关系。更重要的是,完全竞争厂商的短期供给曲线表示厂商在每一个价格水平的供给量都是能够给他带来最大利润或最小亏损的最优产量。

至此,我们便完成了自生产论开始的从厂商追求利润最大化的行为的考察中推导完全竞争厂商的短期供给曲线的全部分析内容。

三、生产者剩余

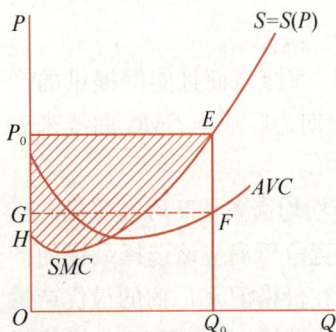

图 6-7 生产者剩余

根据厂商的短期供给曲线,可以引申出生产者剩余的概念。生产者剩余指厂商在提供一定数量的某种产品时实际接受的总支付和愿意接受的最小总支付之间的差额。它通常用市场价格线以下、厂商的供给曲线(即 SMC 曲线的相应部分)以上的面积来表示,如图 6-7 中的阴影部分面积所示。其原因在于:我们知道,在生产中,只要每一单位产品的价格大于边际成本,厂商进行生产总是有利的。这时,厂商就可以得到生产者剩余。因此,在图中,在生产零到最大产量 Q_0 之间的价格线以下和供给曲线构成生产者剩余。

由此,生产者剩余也可以用数学公式定义。令反供给函数 $P_s = f(Q)$,且价格为 P_0 时的厂商的供给量为 Q_0,则生产者剩余为：

$$PS = P_0 Q_0 - \int_0^Q f(Q) \mathrm{d}Q \tag{6.7}$$

式中，PS 为生产者剩余的英文简写，式子右边的第一项表示总收益，即厂商实际接受的总支付，第二项表示厂商愿意接受的最小总支付。

此外，还应该看到，在短期内，由于固定成本是无法改变的，所以，所有产量的边际成本之和必然等于总可变成本。这样一来，生产者剩余也可以用厂商的收益和总可变成本的差额来定义。在图 6-7 中，生产者剩余也可以由矩形 GP_0EF 给出，它等于总收益(OP_0EQ_0)减去总可变成本($OGFQ_0$)。其实，从本质上讲，在短期中，由于固定成本不变，所以，只要总收益大于总可变成本，厂商进行生产就是有利的，就能得到生产者剩余。

以上，我们分析了单个生产者剩余，类似的分析对于市场的生产者剩余也是适用的。在下一节学习了市场供给曲线的内容以后，我们可以用市场价格线以下和市场供给曲线以上的面积来表示市场的生产者剩余。

生产者剩余和我们在效用论中所分析的消费者剩余这两个概念通常被结合在一起使用，它们被广泛地运用于有关经济效率和社会福利问题的分析之中。

第五节　完全竞争行业的短期供给曲线

在任何价格水平上，一个行业的供给量等于行业内所有厂商的供给量的总和。据此，假定生产要素的价格不变，则一个行业的短期供给曲线由该行业内所有厂商的短期供给曲线的水平加总而得到。下面用图 6-8 具体加以说明。

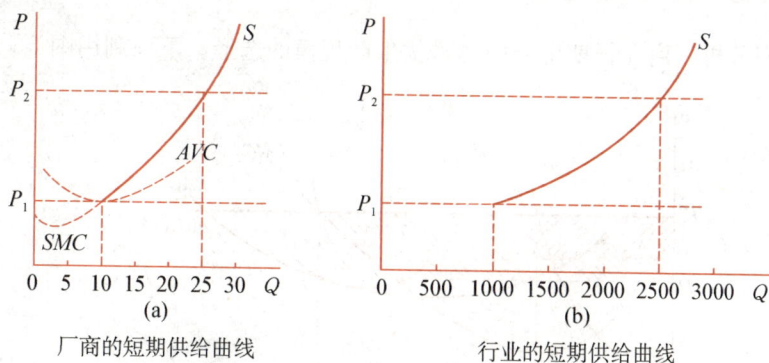

(a) 厂商的短期供给曲线　　(b) 行业的短期供给曲线

图 6-8　完全竞争行业的短期供给曲线

在图中，假定某完全竞争行业中有 100 个相同的厂商，每个厂商都具有相同的短期成本曲线和相应的短期供给曲线，用图(a)中的实线 S 表示。将这 100 个相同的厂商的短期成本曲线水平相加，便得到图(b)中的行业的短期供给曲线 S。很清楚，在每一个价格水平，行业的供给量等于这 100 个厂商的供给量的总和。例如，当价格为 P_1 时，每个厂商的供给量为

10，则行业的供给量为1000（＝10×100），当价格为P_2时，每个厂商的供给量为25，则行业的供给量为2500（＝25×100），如此等等。

我们可以将厂商的短期供给函数和行业的短期供给函数之间的关系用公式表示为：

$$S(P) = \sum_{i=1}^{n} S_i(P) \tag{6.8}$$

式中，$S_i(P)$为第i个厂商的短期供给函数，$S(P)$表示行业的短期供给函数。如果行业内的n个厂商具有相同的短期供给函数，则（6.8）式可以写成：

$$S(P) = n \cdot S_i(P) \tag{6.9}$$

显然，完全竞争行业的短期供给曲线保持了完全竞争厂商的短期供给曲线的基本特征。这就是，行业的短期供给曲线也是向右上方倾斜的，它表示市场的产品价格和市场的短期供给量成同方向的变动。而且，行业的短期供给曲线上与每一价格水平相对应的供给量都是可以使全体厂商在该价格水平获得最大利润或最小亏损的最优产量。

第六节　完全竞争厂商的长期均衡

在完全竞争厂商的长期生产中，所有的生产要素都是可变的，厂商是通过对全部生产要素的调整，来实现$MR=LMC$的利润最大化的均衡原则。在完全竞争市场价格给定的条件下，厂商在长期生产中对全部生产要素的调整可以表现为两个方面，一方面表现为对最优的生产规模的选择，另一方面表现为进入或退出一个行业的决策。

一、厂商对最优生产规模的选择

首先，我们分析厂商在长期生产中对最优生产规模的选择。下面利用图6-9加以说明。

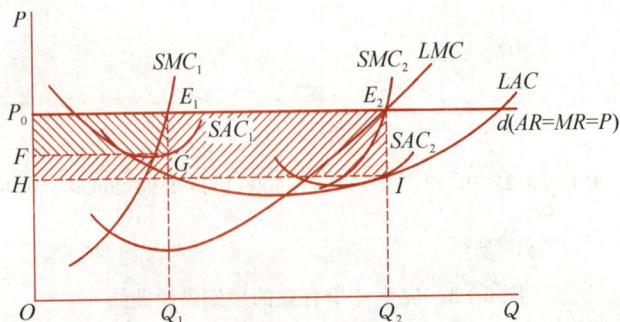

图6-9　完全竞争厂商长期均衡的实现

在图中，假定完全竞争市场的价格为P_0，在P_0的价格水平上，厂商应该选择哪一个生产规模，才能获得最大的利润呢？在短期内，假定厂商已拥有的生产规模以SAC_1曲线和SAC_2

曲线所表示。由于在短期内生产规模是给定的,所以,厂商只能在既定的生产规模下进行生产。根据 $MR=SMC$ 短期利润最大化的均衡条件,厂商选择的最优产量为 Q_1,所获得的利润为图中较小的那一块阴影部分的面积 FP_0E_1G。而在长期内,情况就不相同了。在长期内,根据 $MR=LMC$ 长期利润最大化的均衡条件,厂商会达到长期均衡点 E_2,并且选择 SAC_2 曲线和 SMC_2 曲线所代表的最优生产规模进行生产,相应的最优产量 Q_2,所获得的利润为图中较大的那一块阴影部分的面积 HP_0E_2I。很清楚,在长期,厂商通过对最优生产规模的选择,使自己的状况得到改善,从而获得了比在短期内所能获得的更大的利润。

二、厂商如何进出行业

其次,我们分析厂商在长期生产中进入或退出一个行业决策及其对单个厂商利润的影响。以图 6-10 来说明。

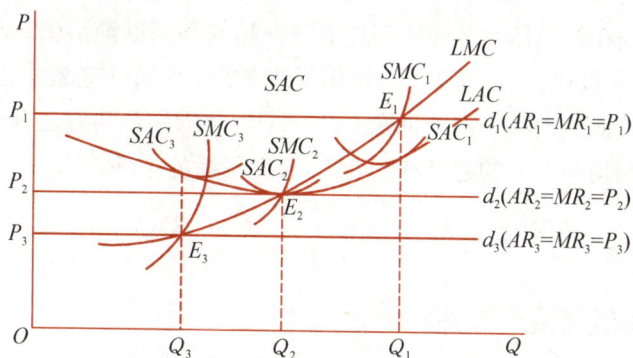

图 6-10　长期生产中完全竞争厂商进出行业的调整

厂商在长期生产中进入或退出一个行业,实际上是生产要素在各个行业之间的调整,生产要素总是会流向能获得更大利润的行业,也总是会从亏损的行业退出。正是行业之间生产要素的这种调整,使得完全竞争厂商长期均衡时的利润为零。具体地说,以图 6-10 为例,如果开始时的市场价格较高为 P_1,根据 $MR=LMC$ 的利润最大化的原则,厂商选择的产量为 Q_1,相应的最优生产规模由 SAC_1 曲线和 SMC_1 曲线所代表。此时,厂商获得利润,这便会吸引一部分厂商进入到该行业生产中来。随着行业内厂商数量的逐步增加,市场上的产品供给就会增加,市场价格就会逐步下降,相应地,单个厂商的利润就会逐步减少。只有当市场价格水平下降到使单个厂商的利润减少为零时,新厂商的进入才会停止。相反,如果市场价格较低为 P_3 时,则厂商根据 $MR=LMC$ 的利润最大化原则选择的产量为 Q_3,相应的最优生产规模由 SAC_3 曲线和 SMC_3 曲线所代表。此时,厂商是亏损的,这使得行业内原有厂商中的一部分退出该行业的生产。随着行业内厂商数量的逐步减少,市场的产品供给就会减少,市场价格就会逐步上升。相应地,单个厂商的亏损就会减少。只有当市场价格水平上升到使单个厂商的亏损消失即利润为零时,原有厂商的退出才会停止。总之,不管是新厂商的进入,还是原有厂商的退出,最后,这种调整一定会使市场价格达到等于长期平均成本的最低点的水平,即图中的价格水平 P_2。在这一价格水平,行业内的每个厂商既无利润,也不亏损,但都实现了正常利润。于是,厂商失去了进入或退出该行业的动力,行业内的每个厂商都实现了长期均衡。

图中的 E_2 点是完全竞争厂商的长期均衡点。在厂商的长期均衡点 E_2,LAC 曲线达到最低点,相应的 LMC 曲线经过该点;厂商的需求曲线 d_2 与 LAC 曲线相切于该点;代表最优生产规模的 SAC_2 曲线相切于该点,相应的 SMC_2 曲线经过该点。总之,完全竞争厂商的长期均衡出现在 LAC 曲线的最低点。这时,生产的平均成本降到长期平均成本的最低点,商品的价格也等于最低的长期平均成本。

最后,我们得到完全竞争厂商的长期均衡条件为:

$$MR = LMC = SMC = LAC = SAC \qquad (6.10)$$

式中,$MR = AR = P$。此时,单个厂商的利润为零。

综上所述,当超额利润出现时,新资本进入→行业规模扩大→供给增加→供给曲线外移→市场价格下降→$AR = MR = P$ 曲线随之下降→超额利润逐渐消失;或者当出现亏损时,原有行业内资本会大量退出、亏损消除、作用机理如下:亏损→老资本退出→行业规模减小→供给减少→供给曲线内移→市场价格上升→$AR = MR = P$ 曲线上升→亏损消除。所以完全竞争市场的长期均衡点上的超额利润为零,长期均衡的条件:

$$MR = LMC = SMC = LAC = SAC = P \qquad (6.11)$$

三、消费者统治与生产者主权

消费者统治是指在一个经济社会中消费者在商品生产这一最基本的经济问题上起决定性作用。这种作用表现为:消费者用货币购买商品是向商品投"货币选票"。"货币选票"的投向和数量,取决于消费者对不同商品的偏好程度,体现了消费者的经济利益和意愿。生产者根据消费者"货币选票"确定生产的数量、雇佣的劳动和所需的生产资料,同时改进技术、降低成本、增加品种等,以满足消费者的需要,获得最大利润。或者说,生产者是根据消费者的意志来组织生产、提供产品的。这种消费者主权的经济关系,可以促使社会经济资源得到合理的利用,从而使全社会的消费者都能获得最大满足。而完全竞争市场的长期均衡分析通常被用来作为对消费者主权说法的一种证明。

随着经济的发展,在科学技术进步的影响下,西方社会经济发生了变化,加尔布雷斯通过对大公司发展特征的研究,提出消费者主权被生产者主权所取代。新工业国的形成,企业权利从资本所有者手中转入"专家组合"手中,专门知识是最重要的。企业权利的转移,决定了企业目标的变化,企业的稳定、经济增长和技术进步,成为更重要的目标。因此,在现代社会中,大企业总是不断自行研究、设计、开发新的产品,自行安排生产,自行规定价格,然后通过庞大的广告网、通讯网和推销机构向消费者进行劝说,让消费者按照品种、规格、价格来购买商品,形成了消费者听从生产者的意旨来购买的情况,即"生产者主权"。比如苹果公司推出的系列热销产品确实造就了一大批不计成本追逐新款的忠实"苹果迷"。

第七节   完全竞争行业的长期供给曲线与效率分析

在以上的分析中,始终隐含一个假定,即生产要素的价格是不变的。也正是在这个假定下,我们在第五节直接由厂商的短期供给曲线的水平加总而得到了行业的短期供给曲线。然而,当我们分析行业的长期供给曲线时,这个假定显然是很不合理的。因为,当厂商进入或退出一个行业时,整个行业产量的变化有可能对生产要素市场的需求产生影响,从而影响生产要素的价格。根据行业产量变化对生产要素价格所可能产生的影响,我们将完全竞争行业区分为成本不变行业、成本递增行业和成本递减行业。这三类行业的长期供给曲线各具有自身的特征。

一、成本不变行业的长期供给曲线

成本不变行业是这样一种行业,该行业的产量变化所引起的生产要素需求的变化,不对生产要素的价格发生影响。这可能是因为这个行业对生产要素的需求量,只占生产要素市场需求量的很小一部分。在这种情况下,行业的长期供给曲线是一条水平线。下面以图6-11进行分析。

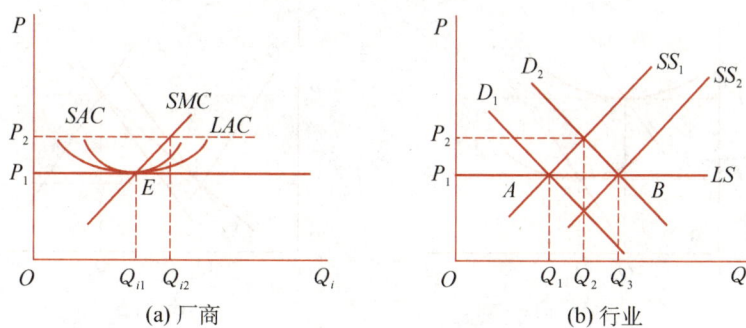

图6-11   成本不变行业的长期供给曲线

我们由完全竞争厂商和行业的长期均衡点出发,来推导完全竞争行业的长期供给曲线。在图6-11中,由市场需求曲线 D_1 和市场短期供给曲线 SS_1 的交点 A 所决定的市场均衡价格为 P_1。在价格水平 P_1,完全竞争厂商在 LAC 曲线的最低点 E 实现长期均衡,每个厂商的利润均为零。由于行业内不再有厂商的进入和退出,故称 A 点为行业的一个长期均衡点。此时,厂商的均衡产量为 Q_{i1},行业均衡产量为 Q_1,且有 $Q_1 = \sum_{i=1}^{n} Q_{i1}$。

假定外生因素影响使市场需求增加,D_1 曲线向右移至 D_2 曲线的位置,且与 SS_1 曲线相交,相应的市场价格水平由 P_1 上升到 P_2。在新的价格 P_2,厂商在短期内沿着既定生产规模的 SMC 曲线,将产量由 O_{i1} 提高到 Q_{i2},并获得利润。

从长期看,由于单个厂商获得利润,便吸引新厂商加入到该行业中来,导致行业供给增加。行业供给增加会产生两方面的影响。一方面,它会增加对生产要素的需求。但由于是成本不变行业,所以,生产要素的价格不发生变化,企业的成本曲线的位置不变。另一方面,行业供给增加会使厂商的 SS_1 曲线不断向右平移,随之,市场价格逐步下降,单个厂商的利润也逐步下降。这个过程一直要持续到单个厂商的利润消失为止,即 SS_1 曲线一直要移动到 SS_2 曲线的位置,从而使得市场价格又回到了原来的长期均衡价格水平 P_1,单个厂商又在原来的 LAC 曲线的最低点 E 实现长期均衡。所以,D_2 曲线和 SS_2 曲线的交点 B 是行业的又一个长期均衡点。此时有 $Q_3 = \sum\limits_{i=1}^{n} Q_{i1}$。市场的均衡产量的增加量为 Q_1Q_3,它是由新加入的厂商提供的,但行业内每个厂商的均衡产量仍为 Q_{i1}。

连接 A、B 这两个行业的长期均衡点的直线 LS 就是行业的长期供给曲线。成本不变行业的长期供给曲线是一条水平线。它表示:成本不变行业是在不变的均衡价格水平提供产量,该均衡价格水平等于厂商的不变的长期平均成本的最低点。市场需求变化,会引起行业长期均衡产量的同方向的变化,但长期均衡价格不会发生变化。

二、成本递增行业的长期供给曲线

成本递增行业是这样一种行业,该行业产量增加所引起的生产要素需求的增加,会导致生产要素价格的上升。成本递增行业是较为普遍的情况。成本递增行业的长期供给曲线是一条向右上方倾斜的曲线,以图 6-12 进行分析。

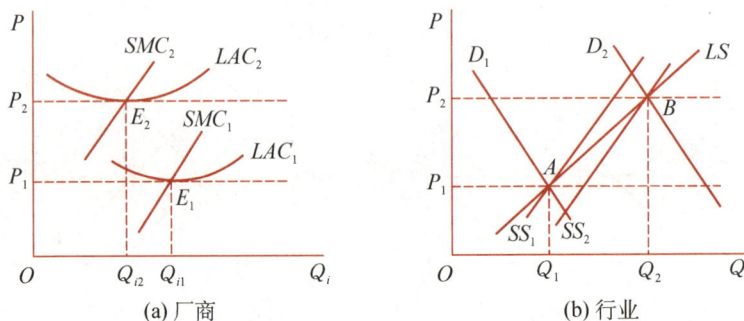

图 6-12　成本递增行业的长期供给曲线

在图中,开始时单个厂商的长期均衡点 E_1 和行业的一个长期均衡点 A 是相互对应的。它们表示:在市场均衡价格水平 P_1,厂商在 LAC_1 曲线的最低点实现长期均衡,且每个厂商的利润为零。

假定市场需求增加使市场需求曲线向右移至 D_2 曲线的位置,并与原市场短期供给曲线 SS_1 相交形成新的更高的价格水平。在此价格水平,厂商在短期内将仍以 SMC 曲线所代表的既定的生产规模进行生产,并由此获得利润。

在长期,新厂商会由于利润的吸引而进入到该行业的生产中来,整个行业供给增加。一方面,行业供给增加,会增加对生产要素的需求。与成本不变行业不同,在成本递增行业,生产要素需求的增加使得生产要素的市场价格上升,从而使得厂商的成本曲线的位置上升,即图中的 LAC_1 曲线和 SMC_1 曲线的位置向上移动。另一方面,行业供给增加直接表现为市场

的 SS_1 曲线向右平移。那么,这种 LAC_1 曲线和 SMC_1 曲线的位置上移和 SS_1 曲线的位置右移的过程,一直要持续到什么水平才会停止呢? 如图所示,它们分别达到 LAC_2 曲线和 SMC_2 曲线的位置及 SS_2 曲线的位置,从而分别在 E_2 点和 B 点实现厂商的长期均衡和行业的长期均衡。此时,在由 D_2 曲线和 SS_2 曲线所决定的新的市场均衡价格水平为 P_2,厂商在 LAC_2 曲线的最低点实现长期均衡,每个厂商的利润又都为零,且 $Q_2 = \sum_{i=1}^{n} Q_{i2}$。

连接 A、B 这两个行业长期均衡点的直线 LS 就是行业的长期供给曲线。成本递增行业的长期供给曲线是向右上方倾斜的。它表示:在长期,行业的产品价格和供给量成同方向变动。市场需求的变动不仅会引起行业长期均衡价格的同方向的变动,还同时引起行业长期均衡产量的同方向的变动。

三、成本递减行业的长期供给曲线

成本递减行业是这样一种行业,该行业产量增加所引起的生产要素需求的增加,反而使生产要素的价格下降了。行业成本递减的原因是外在经济的作用。这可能主要是因为生产行业的产量增加,使得行业内单个企业的生产效率提高,从而使得所生产出来的产品价格下降。成本递减行业的长期供给曲线是向右下方倾斜的,以图 6-13 进行分析。

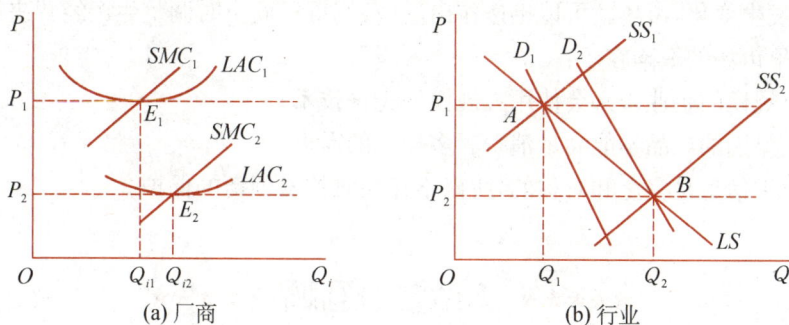

图 6-13　成本递减行业的长期供给曲线

与对图 6-12 的分析相似,开始时,厂商在 E_1 点实现长期均衡,行业在 A 点实现长期均衡,E_1 点和 A 点是相互对应的。所不同的是,当市场价格上升,新厂商由于利润吸引而加入到该行业中来的时候,一方面,在成本递减行业的前提下,行业供给增加所导致的对生产要素需求的增加,却使得生产要素的市场价格下降了,它使得图中原来的 LAC_1 曲线和 SMC_1 曲线的位置向下移动。另一方面,行业供给增加仍直接表现为 SS_1 曲线的位置向右移动。这两种变动一直要持续到厂商在 E_2 点实现长期均衡和行业在 B 点实现长期均衡为止。此时,在由 D_2 曲线和 SS_2 曲线所决定的新价格水平 P_2,厂商在 LAC_2 曲线的最低点实现长期均衡,每个厂商的利润又恢复为零,且 $Q_2 = \sum_{i=1}^{n} Q_{i2}$。

连接 A、B 这两个行业长期均衡点的直线 LS 就是行业的长期供给曲线。成本递减行业的长期供给曲线是向右下方倾斜的。它表示:在长期,行业的产品价格和供给量成反方向的变动。市场需求的增加会引起行业长期均衡价格的反方向的变动,还同时会引起行业长期均衡产量的同方向的变动。

四、完全竞争市场的效率

在完全竞争市场上,厂商处于长期均衡状态时,市场是最有效率的。原因如下:

第一,$MC = P$,MC度量了社会多生产一单位产量耗费资源的成本,而市场价格则衡量了消费者愿意支付的价格,它反映了增加一单位产品给消费者增加的福利,$MC = P$说明最后一单位产量所耗费的价值等于该单位产量的社会价值。消费者支付的市场价格最低,所以说,竞争的好处归消费者。

第二,从平均成本等于市场价格来看,在完全竞争市场上市场价格是一条水平线,而在厂商处于长期均衡状态时,厂商的$MR = AR = P = AC = MC$,此时,平均成本最低,这说明厂商使用现有技术使得厂商的平均成本为最低,因而在完全竞争厂商在生产技术使用方面是有效率的。如果全社会所有厂商都能在AC的最低点组织生产,则社会稀缺资源的消耗最小。

第三,由于在完全竞争市场中,长期不存在超额利润,因而不存在短缺的现象,也不存在亏损,所以不存在过剩积压的现象。因此,社会供求是平衡的,不存在资源的浪费。

最后,完全竞争市场长期均衡是通过市场供求关系的变动来实现的,当消费者的偏好、收入等因素发生变化,市场就可以迅速作出反应,使得厂商及时调整生产经营决策。

完全竞争市场的缺陷在于:

第一,小规模的企业未必会使用大规模的先进技术;

第二,无差别的产品不能满足消费者多样化的需求;

第三,由于信息是完全和对称的,所以不存在对技术创新的保护。

★★★★★ 本章要点回顾 ★★★★★

完全竞争市场
- 特点:买卖双方人数众多,产品同质,可自由进出行业,信息完全畅通
- 完全竞争厂商的需求曲线和收益曲线
- 利润最大化的均衡条件:$MR = MC$
- 短期均衡:$MR = SMC$,$MR = AR = P$
- 生产者剩余:$PS = P_0 Q_0 - \int_0^Q f(Q)\mathrm{d}Q$
- 长期均衡:$MR = LMC = SMC = LAC = SAC$,$MR = AR = P$
- 行业长期供给曲线
  - 成本不变行业
  - 成本递增行业
  - 成本递减行业
- 完全竞争市场的效率

第七章
不完全竞争市场

本章导学

1. 了解垄断的概念和特点、垄断产生的原因；掌握完全垄断厂商的需求曲线、收益曲线，垄断厂商的短期均衡和长期均衡；垄断厂商采取的三种价格歧视、自然垄断的特征及政府管制、垄断对社会福利造成的影响。

2. 理解垄断竞争的概念和特点、掌握垄断竞争厂商的需求曲线、短期均衡及其效率。

3. 理解寡头垄断的概念和特点、掌握古诺模型、斯威齐模型、斯塔克尔伯格模型、伯特兰德模型及其效率。

4. 理解并掌握不同市场经济效益之间的差异。

第一节　垄断市场

一、垄断市场的条件

垄断市场是指整个行业中只有唯一的一个厂商的市场组织。具体地说,垄断市场的条件主要有这样三点:第一,市场上只有唯一的一个厂商生产和销售商品;第二,该厂商生产和销售的商品没有任何相近的替代品;第三,其他任何厂商进入该行业都极为困难或不可能。在这样的市场中,排除了任何的竞争因素,独家垄断厂商控制了整个行业的生产和市场的销售,所以,垄断厂商可以控制和操纵市场价格。

形成垄断的主要原因有以下几个方面:

(1) 规模经济的需要。某些行业的生产,由于规模报酬递增的存在,当企业规模扩大时,它的平均成本会随着产量的扩大而降低。换句话说,一个行业内,如果有一个企业能够比别的企业生产更多的产品,那么,它的平均成本就低于其他企业,这个企业就能在扩大产量的同时降低产品的价格,最终使其他企业在本行业无利可图而退出,于是,该企业就垄断了这个行业。这样的行业需要巨大的资本设备才能有效地经营,因为产量大,可以有效地降低成本,如自来水、煤气、电力供应等。这种由规模经济引起的垄断,一般称为自然垄断。

(2) 技术壁垒。如果除垄断者之外别无他人掌握某种生产技术或诀窍,这个市场就自然成为完全垄断市场。当然,技术诀窍一旦为他人所知,企业的垄断地位也将不复存在。在技术飞速发展、商业情报活动无孔不入的现代社会中,生产"绝技"是很难长期保密的。据说,可口可乐的配方是最长寿的商业机密,多少年来,尽管许多软饮料生产企业仿制了口味十分相近的饮料,但还是配制不出可口可乐的特色。

(3) 资源壁垒。这是指由于资源分布的空间性、区域性,而使其他企业因无法取得相应资源而不能进入某一行业。这往往在某一特定资源被企业独家控制的情况下发生。例如,直到二次大战以前,Alcoa公司(美国铝土公司)控制了几乎全美国的所有铝矾土,由于铝矾土是生产铝的主要原料,因而该公司便垄断了美国的铝的生产。再如,南非的戴比尔斯(DeBear)公司是钻石市场的垄断者,因为南非所有的钻石资源几乎全部被该公司占有,其产量占世界产量的80%以上。

(4) 法律壁垒。有些独家经营的特权是由法律规定并受其保护的,专利和版权便是法律特许的垄断。为了鼓励发明创造,保护发明家和投资者的利益,几乎所有的国家都制定了专利法。这些发明创造和版权一旦经过审核批准,就获得了独家经营的特权,在其有效期内便是垄断者。例如当玻璃纸刚刚发明出来时,美国的DuPont(杜邦公司)就是凭借专利权,垄断了全部玻璃纸的生产。

(5) 策略壁垒。有时候,企业可以高筑壁垒,以确立或巩固其垄断地位,这就是策略性壁垒。比如,当市场上有企图入侵者时,垄断企业马上就大肆开展降价促销活动,以断绝企图入侵者的非份之想。

如同完全竞争市场一样,垄断市场的假设条件也很严格。在现实的经济生活里,垄断市场也几乎是不存在的。在西方经济学中,由于完全竞争市场的经济效率被认为是最高的,从而完全竞争市场模型通常被用来作为判断其他类型市场的经济效率的高低的标准,那么,垄断市场模型就是从经济效率最低的角度来提供这一标准的。

二、垄断厂商的需求曲线和收益曲线

1. 垄断厂商的需求曲线

由于垄断市场中只有一个厂商,所以,市场的需求曲线就是垄断厂商所面临的需求曲线,它是一条向右下方倾斜的曲线。仍假定厂商的销售量等于市场的需求量,于是,向右下方倾斜的垄断厂商的需求曲线表示:垄断厂商可以用减少销售量的办法来提高市场价格,也可以用增加销售量的办法来压低市场价格。即:垄断厂商可以通过改变销售量来控制市场价格,而且,垄断厂商的销售量与市场价格成反方向的变动。

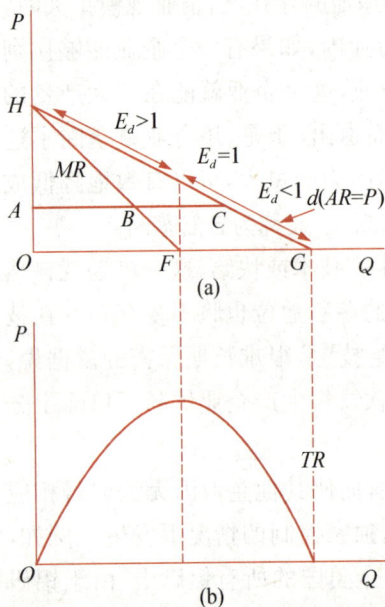

图 7-1 完全垄断厂商的收益曲线

2. 垄断厂商的收益曲线

厂商所面临的需求状况直接影响厂商的收益,这便意味着厂商的需求曲线的特征将决定厂商的收益曲线的特征。垄断厂商的需求曲线是向右下方倾斜的,其相应的平均收益 AR 曲线、边际收益 MR 曲线和总收益 TR 曲线的一般特征如图 7-1 所示:第一,由于厂商的平均收益 AR 总是等于商品的价格,所以在图中,垄断厂商的 AR 曲线和需求曲线 d 重叠,都是同一条向右下方倾斜的曲线。第二,由于 AR 曲线是向右下方倾斜的,则根据平均量和边际量之间的相互关系可以推知,垄断厂商的边际收益 MR 总是小于平均收益 AR。因此,图中 MR 曲线位于 AR 曲线的左下方,且 MR 曲线也向右下方倾斜。第三,由于每一销售量上的边际收益 MR 值就是相应的总收益 TR 曲线的斜率,所以在图中,当 $MR > 0$ 时,TR 曲线的斜率为正;当 $MR < 0$ 时,TR 曲线的斜率为负;当 $MR = 0$ 时,TR 曲线达最大值点。

垄断厂商的需求曲线 d 可以是直线型的(如图 7-1(a)),也可以是曲线型的。图 7-1 中垄断厂商的需求曲线 d 是直线型的,该图体现了垄断厂商的 AR 曲线、MR 曲线和 TR 曲线相互之间的一般关系。在此,需要提出的是,当垄断厂商的需求曲线 d 为直线型时,相应的 MR 曲线还有其他一些重要的特征。

关于这一点具体分析如下。假定线性的反需求函数为:

$$P = a - bQ \tag{7.1}$$

式中,a、b 为常数,且 a、$b > 0$。由上式可得总收益函数和边际收益函数分别:

$$TR(Q) = PQ = aQ - bQ^2 \tag{7.2}$$

$$MR(Q) = \frac{dTR(Q)}{dQ} = a - 2bQ \tag{7.3}$$

根据(7.1)式和(7.3)式可求得需求曲线和边际收益曲线的斜率分别为：

$$\frac{dP}{dQ} = -b \tag{7.4}$$

$$\frac{dMR}{dQ} = -2b \tag{7.5}$$

由此可得以下结论，当垄断厂商的需求曲线 d 为直线型时，d 曲线和 MR 曲线的纵截距是相等的，且 MR 曲线的横截距是 d 曲线横截距的一半，即 MR 曲线平分由纵轴到需求曲线 d 的任何一条水平线（如在图 7-1(a)中，有 $AB = BC$，$OF = FG$）。需要指出的是，以上对垄断厂商的需求曲线和收益曲线所作的分析，对于其他非完全竞争市场条件下的厂商也同样适用。只要非完全竞争市场条件下厂商所面临的需求曲线是向右下方倾斜的，相应的厂商的各种收益曲线就具有以上所分析的基本特征。

另外，价格变动时，总收益是增还是减，实际上是边际收益大于零还是小于零的问题。$E_d > 1$ 时，总收益随价格下降而增加，即边际收益大于零；$E_d < 1$ 时，总收益随价格下降而减少，即边际收益小于零。可见，边际收益和需求价格弹性是有关系的。这种关系可以写成：

$$MR = P\left(1 - \frac{1}{E_d}\right) \tag{7.6}$$

价格、边际收益和需求弹性三者的关系，留给读者自己证明。

三、垄断厂商的短期均衡

垄断厂商为了获得最大的利润，也必须遵循 $MR = MC$ 的原则。在短期内，垄断厂商无法改变固定要素投入量，垄断厂商是在既定的生产规模下通过对产量和价格的调整，来实现 $MR = SMC$ 的利润最大化的原则。这可用图 7-2 来说明。

图中的 SMC 曲线和 SAC 曲线代表垄断厂商的既定的生产规模，d 曲线和 MR 曲线代表垄断厂商的需求和收益状况。垄断厂商根据 $MR = SMC$ 的利润最大化的均衡条件，将产量和价格分别调整到 Q_1 和 P_1 的水平。在短期均衡点 E 上，垄断厂商的平均收益为 FQ_1，平均成本为 GQ_1，平均收益大于平均成本，垄断厂商获得利润。单位产品的平均利润为 FG，总利润量相当于图中的阴影部分的矩形面积。

图 7-2　垄断厂商利润
最大化的实现

为什么垄断厂商只有在 $MR = SMC$ 的均衡点上，才能获得最大的利润呢？

这是因为，只要 $MR > SMC$，垄断厂商增加一单位产量所得到的收益增量就会大于所

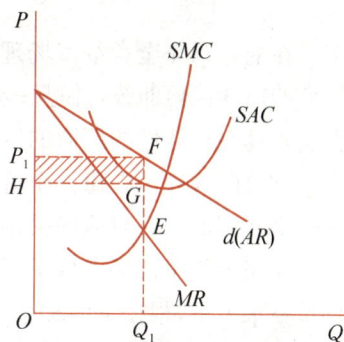

付出的成本增量。这时,厂商增加产量是有利的。随着产量的增加,如图所示,MR 会下降,而 SMC 会上升,两者之间的差额会逐步缩小,最后达到 $MR = SMC$ 的均衡点,厂商也由此得到了增加产量的全部好处。而 $MR < SMC$ 时,情况正好与上面相反。所以,垄断厂商的利润在 $MR = SMC$ 处达最大值。如果认为垄断厂商在短期内总能获得利润的话,这便错了。垄断厂商在 $MR = SMC$ 的短期均衡点上,可以获得最大的利润,也可能是亏损的(尽管亏损额是最小的)。造成垄断厂商短期亏损的原因,可能是既定的生产规模的成本过高(表现为相应的成本曲线的位置过高),也可能是垄断厂商所面临的市场需求过小(表现为相应的需求曲线的位置过低)。垄断厂商短期均衡时的亏损情况如图 7-3 所示。

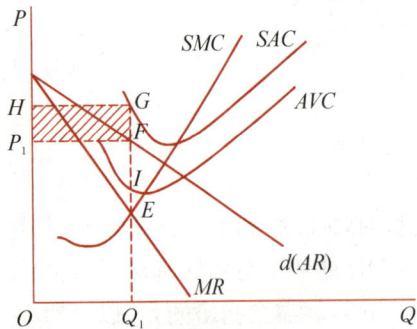

图 7-3　垄断厂商短期均衡亏损情况

在图中,垄断厂商遵循 $MR = SMC$ 的原则,将产量和价格分别调整到 Q_1 和 P_1 的水平。在短期均衡点 E,垄断厂商是亏损的,单位产品的平均亏损额为 GF,总亏损额等于图中矩形(阴影部分)HP_1FG 的面积。与完全竞争厂商相同,在亏损的情况下,若 $AR > AVC$,垄断厂商就继续生产;若 $AR < AVC$,垄断厂商就停止生产;若 $AR = AVC$,垄断厂商则认为生产和不生产都一样。在图 7-3 中,平均收益 FQ_1 大于平均可变成本 IQ_1,所以,垄断厂商是继续生产的。

由此可以得到垄断厂商短期均衡条件为:

$$MR = SMC \tag{7.7}$$

垄断厂商在短期均衡点上可以获得最大利润,可以利润为零,也可以蒙受最小亏损。

四、垄断厂商的供给曲线

在上一章完全竞争市场理论中,从完全竞争厂商的短期边际成本曲线推导出完全竞争厂商的短期供给曲线,并进一步得到行业的短期供给曲线。但是,在垄断市场条件下并不存在这种具有规律性的厂商的供给曲线。

供给曲线表示在每一个价格水平下生产者愿意而且能够提供的产品数量。它表现产量和价格之间的一一对应的关系。

在完全竞争市场条件下,每一个厂商都无法控制市场价格,它们都是在每一个既定的市场价格水平下,根据 $P = SMC$ 的均衡条件来确定唯一的能够带来最大利润(或最小亏损)的产量。例如,在图 6-6 中,随着完全竞争厂商所面临的呈水平线形状的需求曲线的位置上下平移,价格 P_1 对应的唯一的均衡产量为 Q_1,价格 P_2 对应的唯一的均衡产量为 Q_2,如此等等。这种价格和产量之间一一对应的关系,是构造完全竞争厂商和行业的短期供给曲线的基础。

但是,垄断市场条件下的情况就不相同了。垄断厂商是通过对产量和价格的同时调整来实现 $MR = SMC$ 的原则的,而且,P 总是大于 MR 的。随着厂商所面临的向右下方倾斜的需求曲线的位置移动,厂商的价格和产量之间不再必然存在如同完全竞争条件下的那种一一对应的关系,而是有可能出现一个价格水平对应几个不同的产量水平,或一个产量水平对应几个不同的价格水平的情形。

例如,在图7-4(a)中,MC曲线是固定的。当垄断厂商的需求曲线为d_1和边际收益曲线为MR_1时,由均衡点E_1所决定的产量为Q_1,价格为P_1。当需求曲线移为d_2和边际收益曲线移为MR_2时,由均衡点E_2所决定的产量为Q_2,价格仍为P_1。于是,同一个价格P_1对应两个不同的产量Q_1和Q_2。在图(b)中,MC曲线仍是固定的,d_1曲线、MR_1曲线和d_2曲线、MR_2曲线分别为两组不同的需求曲线和边际收益曲线。比较$MR_1=SMC$和$MR_2=SMC$的两个均衡点E_1和E_2(为同一均衡点),可以发现,同一个产量Q_1,对应的却是两个不同的价格P_1和P_2。因此,在垄断市场条件下无法得到如同完全竞争市场条件下的具有规律性的可以表示产量和价格之间一一对应关系的厂商和行业的短期供给曲线。

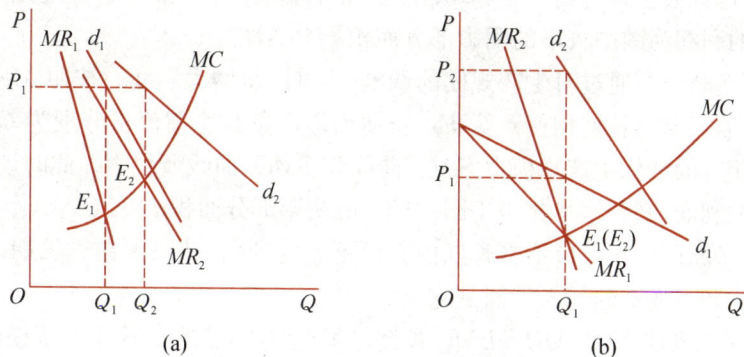

图7-4   垄断厂商和行业不存在有规律的供给曲线

由此可以得到更一般的结论:凡是在或多或少的程度上带有垄断因素的不完全竞争市场中,或者说,凡是在单个厂商对市场价格具有一定的控制力量,相应地,单个厂商的需求曲线向右下方倾斜的市场中,是不存在具有规律性的厂商和行业的短期和长期供给曲线的。其理由跟上面对垄断厂商不存在短期供给曲线的分析相同。这一结论适用于下面两节将要分析的垄断竞争市场和寡头市场。

五、垄断厂商的长期均衡

垄断厂商在长期内可以调整全部生产要素的投入量即生产规模,从而实现最大的利润。垄断行业排除了其他厂商进入的可能性,因此,与完全竞争厂商不同,如果垄断厂商在短期内获得利润,那么,他的利润在长期内不会因为新厂商的加入而消失,垄断厂商在长期内是可以保持利润的。

垄断厂商在长期内对生产的调整一般可以有三种可能的结果:第一种结果,垄断厂商在短期内是亏损的,但在长期,又不存在一个可以使它获得利润(或至少使亏损为零)的最优生产规模,于是,该厂商退出生产。第二种结果,垄断厂商在短期内是亏损的,在长期内,它通过对最优生产规模的选择,摆脱了亏损的状况,甚至获得利润。第三种结果,垄断厂商在短

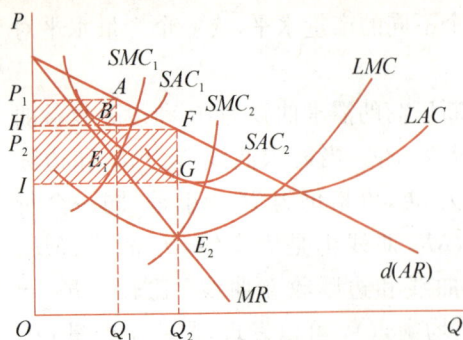

图 7 - 5　垄断厂商的长期均衡

期内利用既定的生产规模获得了利润,在长期中,它通过对生产规模的调整,使自己获得更大的利润。至于第一种情况,不需要再分析。对第二种情况和第三种情况的分析是相似的,下面利用图 7 - 5 着重分析第三种情况。

图中的 d 曲线和 MR 曲线分别表示垄断厂商所面临的市场的需求曲线和边际收益曲线,LAC 曲线和 LMC 曲线分别为垄断厂商的长期平均成本曲线和长期边际成本曲线。

假定开始时垄断厂商是在由 SAC_1 曲线和 SMC_1 曲线所代表的生产规模上进行生产。在短期内,垄断厂商只能按照 $MR = SMC$ 的原则,在现有的生产规模上将均衡产量和均衡价格分别调整到 Q_1 和 P_1。在短期均衡点 E_1 上,垄断厂商获得的利润为图中较小的阴影部分面积 HP_1AB。

在长期中,垄断厂商通过对生产规模的调整,能进一步增大利润。按照 $MR = LMC$ 的长期均衡原则,垄断厂商的长期均衡点为 E_2,长期均衡产量和均衡价格分别为 Q_2 和 P_2,垄断厂商所选择的相应的最优生产规模由 SAC_2 曲线和 SMC_2 曲线所代表。此时,垄断厂商获得了比短期更大的利润,其利润量相当于图中较大的阴影部分面积 IP_2FG。

由此可见,垄断厂商之所以能在长期内获得更大的利润,其原因在于长期内企业的生产规模是可调整的和市场对新加入厂商是完全关闭的。

如图所示,在垄断厂商的 $MR = LMC$ 长期均衡产量上,代表最优生产规模的 SAC_2 曲线和 LAC 曲线相切于 G,相应的 SMC 曲线、LMC 曲线和 MR 曲线相交于 E_2 点。所以,垄断厂商的长期均衡条件为:

$$MR = LMC = SMC \tag{7.8}$$

垄断厂商在长期均衡点上一般可获得利润。

最后,由于垄断厂商所面临的需求曲线就是市场的需求曲线,垄断厂商的供给量就是全行业的供给量,所以,本节所分析的垄断厂商的短期和长期均衡价格与均衡产量的决定,就是垄断市场的短期和长期的均衡价格与均衡产量的决定。

六、价格歧视

在有些情况下,垄断厂商会对同一种产品收取不同的价格,这种做法往往会增加垄断厂商的利润。以不同价格销售同一种产品,被称为价格歧视。

垄断厂商实行价格歧视,必须具备以下的基本条件:

第一,市场的消费者具有不同的偏好,且这些不同的偏好可以被区分开。这样,厂商才有可能对不同的消费者或消费群体收取不同的价格。

第二,不同的消费者群体或不同的销售市场是相互隔离的。这样就排除了中间商由低价处买进商品,转手又在高价处出售商品而从中获利的情况。

价格歧视可以分为一级、二级和三级价格歧视,下面分别予以考察。

1. 一级价格歧视

如果厂商对每一单位产品都按消费者所愿意支付的最高价格出售,这就是一级价格歧视。一级价格歧视也被称作完全价格歧视。一级价格歧视如图 7-6 所示:当厂商销售第一单位产品 Q_1 时,消费者愿意支付的最高价格为 P_1,于是,厂商就按此价格出售第一单位产品。当厂商销售第二单位产品 Q_2 时,厂商又按照消费者愿意支付的最高价格 P_2 出售第二单位产品。依此类推,直到厂商销售量为 Q_m 为止,即以价格 P_m 销售第 m 单位的产品。这时,垄断厂商得到的总收益相当于图中的阴影部分面积。而如果厂商不实行价格歧视,都按同一个价格 P_m 出售 Q_m 的产量时,总收益仅为矩形 OP_mBQ_m 的面积。

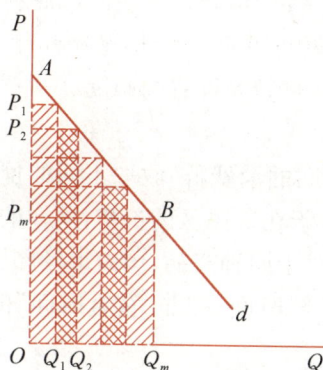

图 7-6 一级价格歧视

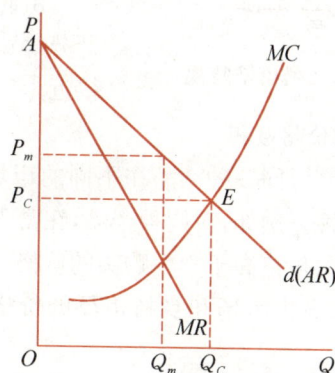

图 7-7 一级价格歧视所产生的影响

下面,我们进一步利用图 7-7 分析一级价格歧视所产生的影响。

图中,垄断厂商根据 $MR=MC$ 原则所确定的均衡价格为 P_m,均衡数量为 Q_m。假定产量和价格的变化是连续的。如果存在一级价格歧视,我们发现,在产量小于 Q_m 的范围内,消费者为每一单位产品所愿意支付的最高价格均大于 P_m,所以,厂商增加产量就可以增加利润。在产量达到 Q_m 以后,消费者为每单位产品所愿意支付的最高价格仍均大于 MC,所以,厂商增加产量还可以增加利润。因此,厂商始终有动力增加产量,一直到将产量增加到 Q_c 水平为止。这时,厂商总收益相当于梯形 $OAEQ_c$ 的面积,厂商获得了比按同一价格 P_c 销售全部产量 Q_c 时的更大的利润。而且,消费者剩余全部被垄断厂商所占有,转化为厂商收益(或利润)的增加量。

此外,在图中还可以发现,在 Q_c 的产量上,有 $P=MC$。这说明此时 P_c 和 Q_c 竟然等于完全竞争时的均衡价格和均衡产量。所以,一级价格歧视下的资源配置是有效率的,尽管此时垄断厂商剥夺了全部的消费者剩余。

2. 二级价格歧视

二级价格歧视不如一级价格歧视那么严重。一级价格歧视要求垄断者对每一单位的产品都制定一个价格,而二级价格歧视只要求对不同的消费数量段规定不同的价格。例如,当消费者购买 6 单位产品时,其价格为 6 元;当消费者再购买 4 单位产品时,这新增 4 单位产品购买量的价格便下降为 5 元,如此等等。

在图 7-8 中,垄断者规定了三个不同的价格水平。在第一个消费段上,垄断者规定的价

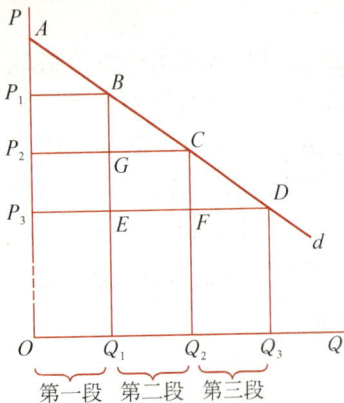

图 7-8 二级价格歧视

格最高,为 P_1;当消费者数量增加到第二个消费段时,价格下降为 P_2;当消费数量再增加到第三个消费段时,价格便下降为更低的 P_3。

如果不存在价格歧视,则垄断厂商的总收益相当于矩形 OP_3DQ_3 的面积,如果实行二级价格歧视,则垄断厂商的总收益的增加量(即利润的增加量)相当于矩形 P_3P_1BE 加矩形 $EGCF$ 的面积,这一面积恰好就是消费者剩余的损失量。

由此可见,实行二级价格歧视的垄断厂商利润会增加,部分消费者剩余被垄断者占有。此外,垄断者有可能达到或接近 $P=MC$ 的有效率的资源配置的产量。

3. 三级价格歧视

垄断厂商对同一种产品在不同的市场上(或对不同的消费群)收取不同的价格,这就是三级价格歧视。例如,对同种产品,在富人区的价格高于在贫民区的价格;同样的学术刊物,图书馆购买的价格高于学生购买的价格。更一般地,对于同种产品,国内市场和国外市场的价格不一样;城市市场和乡村市场的价格不一样;"黄金时间"和非"黄金时间"的价格不一样,等等。

下面具体分析三级价格歧视的做法。分析中假定某垄断厂商在两个分割的市场上出售同种产品。

首先,厂商应该根据 $MR_1=MR_2=MC$ 的原则来确定产量和价格。其中,MR_1 和 MR_2 分别表示第 1 个市场和第 2 个市场的边际收益,MC 表示产品的边际成本。这是因为,第一,就不同的市场而言,厂商应该使各个市场的边际收益相等。只要各市场之间的边际收益不相等,厂商就可以通过不同市场之间的销售量的调整,来获得更大的利益。例如,当 $MR_1 > MR_2$ 时,厂商自然会减少市场 2 的销售量而增加市场 1 的销售量,以获得更大的利益。这种调整一直会持续到 $MR_1=MR_2$ 为止。第二,厂商应该使生产的边际成本等于各市场相等的边际收益。只要两者不等,厂商就可以通过增加或减少产量来获得更大的利益,直至实现 $MR_1=MR_2=MC$ 的条件。

其次,根据(7.6)式,在市场 1 有

$$MR_1 = P_1\left(1-\frac{1}{E_{d1}}\right)$$

在市场 2 有

$$MR_2 = P_2\left(1-\frac{1}{E_{d2}}\right)$$

再根据 $MR_1=MR_2$ 的原则,可得

$$\frac{P_1}{P_2} = \frac{1-\dfrac{1}{E_{d2}}}{1-\dfrac{1}{E_{d1}}} \tag{7.9}$$

由(7.9)式可知,三级价格歧视要求厂商在需求的价格弹性小的市场上制定较高的产品价格,在需求的价格弹性大的市场上制定较低的产品价格。实际上,对价格变化反应不敏感的消费者制定较高的价格,而对价格变化反应敏感的消费者制定较低的价格,是有利于垄断者获得更大的利润的。

七、自然垄断和政府管制

自然垄断的一个主要特征是厂商的平均成本在很高的产量水平上仍随着产量的增加而递减,也就是说,存在着规模经济。这主要是因为,这些行业的生产技术需要大量的固定设备,使得固定成本非常大,而可变成本相对很小,所以,平均成本曲线在很高的产量水平上仍是下降的。一般地说,供水行业、供电行业、通讯行业等都具有这一特征。例如,供电设施需要大量的固定设备,一旦供电系统建成以后,每生产一度电所增加的可变成本是很小的。

一方面,由于自然垄断表现出规模经济,所以,其经济效果肯定要比几家厂商同时经营时高。另一方面,往往更引起经济学家注意的是,自然垄断作为垄断的一种形式,同样存在着由于缺乏竞争所造成的垄断厂商的高价格、高利润以及低产出水平等经济效率的损失。所以,在大多数西方国家,一些具有自然垄断特征的公用事业、通讯业和运输业都处于政府管制之下。

对自然垄断的政府管制主要有以下两方面:

一是边际成本定价法及其他定价法。

垄断厂商索取的价格一般都高于边际成本,而很多经济学家认为,垄断厂商的价格不应该定得过高,价格应该正确地反映生产的边际成本,由此,便有了边际成本定价法。

从控制价格的角度说,可以采取另外的定价方法来替代边际成本定价法,从而走出边际成本定价法困境。其中,主要有平均成本定价法和双重定价法。

平均成本定价法是使管制价格等于平均成本。此时,厂商不再亏损,厂商会继续经营,但利润为零。

双重定价法类似于价格歧视的做法。具体地说,允许厂商对一部分购买欲望较强的消费者收取较高的价格,从而厂商获得利润。同时,厂商对一部分购买欲望较弱的消费者仍按边际成本定价法收取较低的价格,从而厂商是亏损的。此外,双重定价法还要求制定的价格计划应该使得厂商由于收取较高价格所获得的利润能补偿由于收取较低价格所遭受的亏损。这样,尽管从整体上看厂商利润为零,但厂商还是愿意继续经营的。

二是资本回报率管制。

另一个管制自然垄断的做法是为垄断厂商规定一个接近于"竞争的"或"公正的"资本回报率,它相当于等量的资本在相似技术、相似风险条件下所能得到的平均市场报酬。由于资本回报率被控制在平均水平,也就在一定程度上控制住了垄断厂商的价格和利润。

但是,实行资本回报率管制也会带来一些问题和麻烦。第一,什么是"公正的"资本回报率?其客观标准是什么?这往往是难以决定的。管制机构和被管制企业经常在这一问题上纠缠不休。第二,作为资本回报率决定因素的厂商的未折旧资本量往往难以估计。不仅如此,在关于资本量和生产成本方面,被管制企业和管制机构各自掌握的信息是不对称的,被管制企业总是处于信息优势的地位。第三,管制滞后的存在,使得资本回报率管制的效果受到影响。由于计算、规定和颁布执行资本回报率都需要时间,所以,当厂商的成本和其他市场条件发生变化时,管制机构不可能很快地做出反应即执行新的"公平"的资本回报率管制,这就是所谓的管制滞后。管制滞后的时间可达一至两年。管制滞后会对被管制企业产生不同的影响。例如,在成本下降的情况下,管制滞后对被管制企业是有利的。因为,厂商可以在新的"公平"的资本回报率颁布前,继续享受由原来的较高的资本回报率所带来的好处。相反,在成本上升的情况下,管制滞后对被管制企业是不利的。因为,厂商实际得到资本回报率低于它们早该得到的"公平"的资本回报率。

八、垄断的弊端

许多经济学家分析认为垄断对经济是不利的。具体表现为:

第一,生产不足。因为在垄断企业里,$P>MC$,用较少的追加资源可以生产出较高价值的产品,从社会资源合理分配的角度看,说明企业的产量不是最优,再增加产量对社会更为有利。

第二,生产效率不高,存在生产资源的浪费。在完全竞争条件下长期均衡的条件为 $MR = AR = AC = MC$,即厂商是在最低的成本情况下,保持生产均衡,因而生产资源得到最优配置。在完全垄断条件下的长期均衡,由 MR 曲线与 MC(包括 SMC 与 LMC)曲线的交点确定均衡产量。由于生产是在生产成本高于最低平均成本处保持均衡,因此资源未能得到最优配置。

第三,社会福利损失。垄断厂商实行价格歧视,即价格差别,消费者所付的价格高,就是消费者剩余减少。这种减少是社会福利的损失。

第四,垄断造成社会分配不公平。垄断企业可以长期维持超额利润,而这一利润并非与投入相关。少数垄断资本家能保持垄断利润,是以全社会消费者收益的减少为代价的,所以是对消费者的剥削。

第五,垄断也容易引起腐败。由于部分垄断与政府有关,垄断企业将会通过"寻租"行为来维持垄断地位。

第六,垄断妨碍社会进步。在大多数情况下,垄断会扼杀竞争。

因此,在大多数西方国家,政府都对垄断企业进行管制。具体有:对垄断企业征税,目的是把厂商的超额(垄断)利润抽走,使分配公平;对市场结构进行控制,尽量增加市场的竞争性,减少垄断性;政府对垄断企业的价格直接进行控制,以减少超额利润,促使其增加产量。

第二节 垄断竞争市场

一、垄断竞争市场的条件

完全竞争市场和垄断市场是理论分析中的两种极端的市场组织。在现实经济生活中,通常存在的是垄断竞争市场和寡头市场。其中,垄断竞争市场与完全竞争市场比较接近。

垄断竞争市场是这样一种市场组织,一个市场中有许多厂商生产和销售有差别的同种产品。根据垄断竞争市场的这一基本特征,西方经济学家提出了生产集团的概念。因为,在完全竞争市场和垄断市场条件下,行业的含义是很明确的,它是指生产同一种无差别产品的厂商总和。而在垄断竞争市场,产品差别这一重要特点使得上述意义上的行业不存在。为此,在垄断竞争市场理论中,把市场上大量的生产非常接近的同种产品的厂商的总和称作生产集团。例如,汽车加油站集团、快餐食品集团、理发店集团等。

具体地说,垄断竞争市场的条件主要有以下三点:

第一,在生产集团中有大量的企业生产有差别的同种产品,这些产品彼此之间都是非常接近的替代品。例如,牛肉面和鸡丝面是有差别的同种(面食)产品,二者具有较密切的替代性。

在这里,产品差别不仅指同一种产品在质量、构造、外观、销售服务条件等方面的差别,还包括商标、广告方面的差别和以消费者的想象为基础的任何虚构的差别。例如,虽然在两家不同饭馆出售的同一种菜肴(如清蒸鱼)在实质上没有差别,然而,在消费者的心理上却认为一家饭馆的清蒸鱼比另一家鲜美。这时,即存在着虚构的产品差别。

一方面,由于市场上的每种产品之间存在着差别,或者说,由于每种带有自身特点的产品都是唯一的,因此,每个厂商对自己产品的价格都具有一定的垄断,从而使得市场中带有垄断的因素。一般说来,产品的差别越大,厂商垄断的程度也就越高。另一方面,由于有差别的产品相互之间又具有较强的替代性,或者说,每一种产品都会遇到大量相似产品的竞争,因此,市场中有竞争的因素。这便构成了垄断因素和竞争因素并存的垄断竞争市场的特征。例如,不同品牌的香烟、饮料和方便面。

第二,一个生产集团中的企业数量非常多,以至于每个厂商都认为自己的行为影响很小,不会引起竞争对手的注意和反应,因而自己也不会受到竞争对手任何报复措施的影响。例如,盒饭、理发行业。

第三,厂商的生产规模比较小,因此,进入和退出一个生产集团比较容易。在现实生活中,垄断竞争的市场组织在零售业和服务业中是很普遍的。在垄断竞争生产集团中,各个厂商的产品是有差别的,厂商们相互之间的成本曲线和需求曲线未必相同。但是在垄断竞争市场模型中,西方学者总是假定生产集团内的所有的厂商都具有相同的成本曲线和需求曲线,并以代表性厂商进行分析。这一假定能使分析得以简化,而又不影响结论的实质。

二、垄断竞争厂商的需求曲线

由于垄断竞争厂商可以在一定程度上控制自己产品的价格,即通过改变自己生产产品的销售量来影响商品的价格,所以,如同垄断厂商一样,垄断竞争厂商所面临的需求曲线也是向右下方倾斜的。所不同的是,由于各垄断竞争厂商的产品相互之间都是很接近的替代品,市场中的竞争因素又使得垄断竞争厂商的需求曲线具有较大的弹性。因此,垄断竞争厂商向右下方倾斜的需求曲线比较平坦,比较接近完全竞争厂商的水平形状的需求曲线。

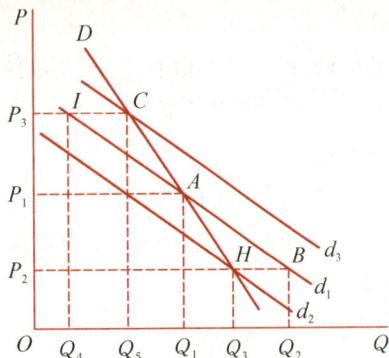

图7-9　垄断竞争厂商面临的两种需求曲线

垄断竞争厂商所面临的需求曲线有两种,它们通常被区分为 d 需求曲线和 D 需求曲线。下面用图7-9分别说明这两种需求曲线。

关于 d 需求曲线。d 需求曲线表示:在垄断竞争生产集团中的某个厂商改变产品价格,而其他厂商的产品价格都保持不变时,该厂商的产品价格和销售量之间的关系。在图7-9中,假定某垄断竞争厂商开始处于价格为 P_1 和产量为 Q_1 的 A 点上,它想通过降价来增加自己产品的销售量。因为,该厂商认为,它降价以后不仅能增加自己产品的原有买者的购买量,而且还能把买者从生产集团内的其他厂商那里吸引过来。该垄断竞争厂商相信其他厂商不会对它的降价行为作出反应。随着它的商品价格由 P_1 下降为 P_2,它的销售量会沿着 d_1 需求曲线由 Q_1 增加为 Q_2。因此,它预期自己的生产可以沿着 d_1 需求曲线由 A 点运动到 B 点。

关于 D 需求曲线。D 需求曲线表示:在垄断竞争生产集团的某个厂商改变产品价格,而且集团内的其他所有厂商也使产品价格发生相同变化时,该厂商的产品价格和销售量之间的关系。在图7-9中,如果某垄断竞争厂商将价格由 P_1 降为 P_2 时,集团内其他所有厂商也都将价格由 P_1 降为 P_2,于是,该垄断竞争厂商的实际销售量是 D 需求曲线上的 Q_3,Q_3 小于它的预期销售量即图7-9垄断竞争厂商面临的两种需求曲线 d_1 需求曲线上的 Q_2。这是因为集团内其他厂商的买者没有被该厂商吸引过来,每个厂商的销售量增加仅来自于整个市场的价格水平的下降。所以,该垄断竞争厂商降价的结果是使自己的销售量沿着 D 需求曲线由 A 点运动到 H 点。同时,d_1 需求曲线也相应地从 A 点沿着 D 需求曲线平移到 H 点,即平移到 d_2 需求曲线的位置。d_2 需求曲线表示当整个生产集团将价格固定在新的价格水平 P_2 以后,该垄断竞争厂商单独变动价格时在各个价格下的预期销售量。

所以,关于 D 需求曲线,还可以说,它是表示垄断竞争生产集团内的单个厂商在每一市场价格水平的实际销售份额。若生产集团内有 n 个垄断竞争厂商,不管全体 n 个厂商将市场价格调整到何种水平,D 需求曲线总是表示每个厂商的实际销售份额为市场总销售量的 $\dfrac{1}{n}$。

从以上的分析中可以得到关于 d 需求曲线和 D 需求曲线的一般关系:第一,当垄断竞争生产集团内的所有厂商都以相同方式改变产品价格时,整个市场价格的变化会使得单个垄断竞争厂商的 d 需求曲线的位置沿着 D 需求曲线发生平移。第二,由于 d 需求曲线表示单个垄断竞争厂商单独改变价格时所预期的产品销售量,D 需求曲线表示每个垄断竞争厂商在每一市场价格水平实际所面临的市场需求量,所以,d 需求曲线和 D 需求曲线相交意味着垄断竞争市场的供求相等状态。第三,很显然,d 需求曲线的弹性大于 D 需求曲线,即前者较之于后者更平坦一些。

三、垄断竞争厂商的短期均衡

西方经济学家通常以垄断竞争生产集团内的代表性企业来分析垄断竞争厂商的短期均

衡和长期均衡。以下分析中的垄断竞争厂商均指代表性企业。

在短期内,垄断竞争厂商是在现有的生产规模下通过对产量和价格的调整,来实现 $MR=SMC$ 的均衡条件。现用图 7-10 来分析垄断竞争厂商的短期均衡的形成过程。

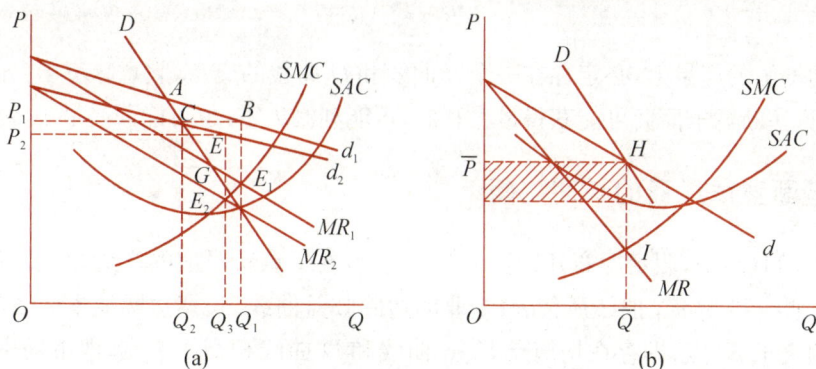

图 7-10　垄断竞争厂商的短期均衡

在图(a)中,SAC 曲线和 SMC 曲线表示代表性企业的现有生产规模,d 曲线和 D 曲线表示代表性企业的两种需求曲线,MR_1 曲线是相对于 d_1 曲线的边际收益曲线,MR_2 曲线是相对于 d_2 曲线的边际收益曲线。假定代表性企业最初在 d_1 曲线和 D 曲线相交的 A 点上进行生产。就该企业在 A 点的价格和产量而言,与实现最大利润的 $MR_1=SMC$ 的均衡点 E_1 所要求的产量 Q_1 和价格 P_1 相差很远。于是,该厂商决定将生产由 A 点沿着 d_1 需求曲线调整到 B 点,即将价格降低为 P_1,将产量增加为 Q_1。

然而,由于生产集团内每一个企业所面临的情况都是相同的,而且,每个企业都是在假定自己改变价格而其他企业不会改变价格的条件下采取了相同的行动,即都把价格降为 P_1,都计划生产 Q_1 的产量。于是,事实上,当整个市场价格下降为 P_1 时,每个企业的产量都毫无例外是 Q_2,而不是 Q_1。相应地,每个企业的 d_1 曲线也都沿着 D 曲线运动到了 d_2 的位置。所以,首次降价的结果是使代表性企业的经营位置由 A 点沿 D 曲线运动到 C 点。

在 C 点位置上,d_2 曲线与 D 曲线相交,相应的边际收益曲线为 MR_2。很清楚,C 点上的代表性企业的产品价格 P_1 和产量 Q_2 仍然不符合在新的市场价格水平下的 $MR_2=SMC$ 的均衡点 E_2 上的价格 P_2 和产量 Q_3 的要求。因此,该企业又会再一次降价。与第一次降价相似,企业将沿着 D 曲线由 C 点运动到 G 点。相应地,d_2 曲线将向下平移,并与 D 曲线相交于 G 点(图中从略)。依次类推,代表性企业为实现 $MR=SMC$ 的利润最大化的原则,会继续降低价格,d 曲线会沿着 D 曲线不断向下平移,并在每一个新的市场价格水平与 D 曲线相交。

上述的过程一直要持续到代表性企业没有理由再继续降价为止,即一直要持续到企业所追求的 $MR=SMC$ 的均衡条件实现为止。如图(b)所示,代表性企业连续降价的行为的最终结果,将使得 d 曲线和 D 曲线的交点 H 上的产量和价格,恰好是 $MR=SMC$ 时的均衡点 I 所要求的产量 $\overline{Q}$ 和价格 $\overline{P}$。此时,企业便实现了短期均衡,并获得了利润,其利润量相当于图中的阴影部分的面积。当然,垄断竞争厂商在短期均衡点上并非一定能获得最大的利润,也可能是最小的亏损。这取决于均衡价格是大于还是小于 SAC。在企业亏损时,只要均衡价格大于 AVC,企业在短期内总是继续生产的;只要均衡价格小于 AVC,企业在短期内就会停产。关于其他短期均衡时的盈亏情况,读者可以在图 7 - 10(b)的基础上,并参考图 7 - 3,自己作图并进行分析。

垄断竞争厂商短期均衡的条件是:

$$MR = SMC \tag{7.10}$$

在短期均衡的产量上,必定存在一个 d 曲线和 D 曲线的交点,它意味市场上的供求是相等的。此时,垄断竞争厂商可能获得最大利润,可能利润为零,也可能蒙受最小亏损。

四、垄断竞争厂商的长期均衡

在图 7 - 11(a)中,假定厂商开始在 I 点上经营,在 I 点所对应的产量 Q_1 上,最优生产规模由 SAC_1 曲线和 SMC_1 曲线所代表;企业的边际收益曲线、长期边际成本曲线和短期边际成本曲线相交于 E_1 点,即存在均衡点 E_1;d 曲线和 D 曲线相交于 I 点,即市场供求相等,企业获得利润,其利润量相当于图中阴影部分的面积。由于生产集团内存在利润,新的厂商会被吸引进来,进而,在市场规模不变的情况下,每个企业所面临的市场份额会减少,相应的,代表性企业的 D 曲线便会向左下平移(如图 7 - 11(a)左边的箭头所示),从而,使企业原有的均衡点的位置受到扰动。当企业为建立新的均衡而降低价格时,d 曲线便沿着 D 曲线向左下平移(如图 7 - 11(a)右边的箭头所示)。这种 d 曲线和 D 曲线的不断平移,一直要持续到不再有新厂商加入为止。也就是说要持续到每个厂商的利润为零为止。最后,在图 7 - 11(b)中的 E_2 点实现长期均衡。在代表性企业的长期均衡产量上,SAC_2 和 SMC_2 曲线代表最优的生产规模;MR 曲线、LMC 曲线和 SMC_2 曲线相交于同一均衡点 E_2,即有 $MR = LMC = SMC$;d 曲线与 LAC 曲线相切于 LAC 曲线与 SAC_2 曲线的切点 J,即有 $AR = LAC = SAC$,厂商的超额利润为零;D 曲线与 d 曲线也相交于 J 点,即意味着市场上的供求相等。

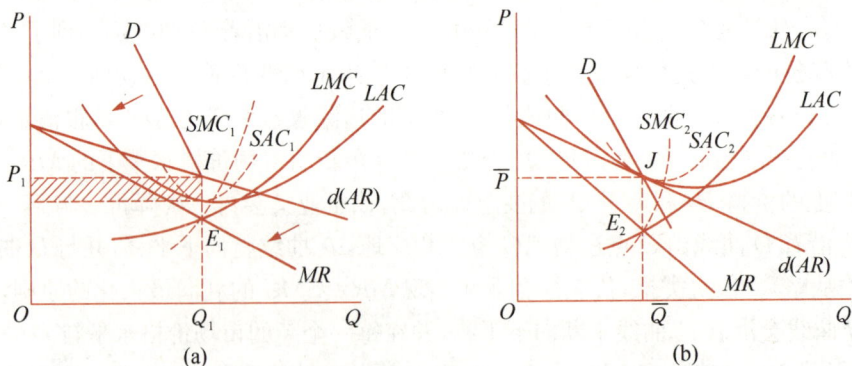

图 7 - 11 垄断竞争市场代表性企业的长期均衡

以上分析了代表性企业由盈利到利润为零的长期均衡过程,至于由亏损到利润为零的长期均衡实现的过程,其道理是一样的。总之,垄断竞争厂商的长期均衡条件为:$MR = LMC = SMC$,$AR = LAC = SAC$;在长期,厂商利润为零,且存在一个 d 需求曲线和 D 需求曲线的交点。

五、垄断竞争市场的利弊

垄断竞争市场的经济效率介于完全竞争市场和垄断市场之间,在垄断竞争厂商处于长期均衡时,市场价格高于厂商的边际成本,市场价格等于厂商的平均成本但高于平均成本最低点。这就决定了垄断竞争市场的经济效率低于完全竞争市场。但从程度上来看,垄断竞争又比垄断市场有效率。垄断竞争市场对消费者和生产者而言,利弊同时并存。

对消费者的利弊。利:①由于垄断竞争市场的产品有差别,因而可以满足多样化的市场需求,充分体现消费者的消费个性。②由于产品的差别是包含了销售条件如品牌、售后服务等,所以企业会不断地提高某品牌的质量,改善售后服务,从而有利于消费者。弊:价格高于边际成本,与完全竞争相比,消费者被迫多支付市场价格。

对生产者的利弊。由于在长期不可能在平均成本的最低点实现最大利润,因而其资源利用效率,比完全竞争市场要低,存在着一定的资源浪费。但垄断竞争市场被认为最有利于技术进步,在完全竞争市场上,由于缺乏对技术创新的保护,因而不存在企业技术创新的动力,在完全垄断的市场结构中,由于没有竞争,所以缺乏技术创新的压力,在垄断竞争的市场结构中,既存在对技术创新的保护,如专利等,又存在着同类产品的竞争,具有较大的外在压力,所以,垄断竞争企业被认为最有利于技术进步。

第三节　寡头市场

寡头市场又称为寡头垄断市场。它是指少数几家厂商控制整个市场的产品的生产和销售的这样一种市场组织。寡头市场被认为是一种较为普遍的市场组织。西方国家中不少行业都表现出寡头垄断的特点,例如,美国的汽车业、电气设备业、罐头行业等,都被几家企业所控制。

形成寡头市场的主要原因有:某些产品的生产必须在相当大的生产规模上运行才能达到最好的经济效益;行业中几家企业对生产所需的基本生产资源的供给的控制;政府的扶植和支持等等。由此可见,寡头市场的成因和垄断市场是很相似的,只是在程度上有所差别而已。寡头市场是比较接近垄断市场的一种市场组织。

寡头行业可按不同方式分类。根据产品特征,可以分为纯粹寡头行业和差别寡头行业两类。在纯粹寡头行业中,厂商之间生产的产品没有差别。例如,可以将钢铁、水泥等行业看成是纯粹寡头行业。在差别寡头行业中,厂商之间生产的产品是有差别的。例如可以将汽车、冰箱等行业看成是差别寡头行业。此外,寡头行业还可按厂商的行动方式,区分为有勾结行为的(即合作的)和独立行动的(即不合作的)不同类型。

寡头厂商的价格和产量决定是一个很复杂的问题。其主要原因在于:在寡头市场上,每个厂商的产量都在全行业的总产量中占一个较大的份额,从而每个厂商的产量和价格变动都会对其他竞争对手以至整个行业的产量和价格产生举足轻重的影响。正因为如此,每个寡头厂商在采取某项行动之前,必须首先要推测这一行动对其他厂商的影响以及其他厂商可能作出的反应,然后,才能在这些反应方式的前提下采取最有利的行动。寡头厂商们的行为之间这种复杂关系,使得寡头理论复杂化。一般说来,不知道竞争对手的反应无法建立寡头厂商的模型。或者说,有多少关于竞争对手的反应方式就有多少寡头厂商的模型,就可以得到多少不同的结果。因此,没有一个寡头市场模型,可以对寡头市场的价格和产量决定作出一般介绍。下面简单介绍几种比较有代表性的寡头市场模型。

一、古诺模型

古诺模型是早期的寡头垄断模型,它是法国经济学家古诺于 1838 年提出的。古诺模型通常被作为寡头理论分析的出发点。古诺模型是一个只有两个寡头厂商的简单模型,该模型也被称为"双头模型"。古诺模型的结论可以很容易地推广到三个或三个以上的寡头垄断厂商的情况中去。

古诺模型分析的是两个出售矿泉水的生产成本为零的寡头垄断厂商的情况。古诺模型的假定是:市场上有 A、B 两个厂商生产和销售相同的产品,它们的生产成本为零;它们共同面临的市场的需求曲线是线性的,A、B 两个厂商都准确地了解市场的需求曲线;A、B 两个厂商都是在已知对方产量的情况下,各自确定能够给自己带来最大利润的产量,即每一个厂商都是消极地以自己的产量去适应对方已确定的产量。

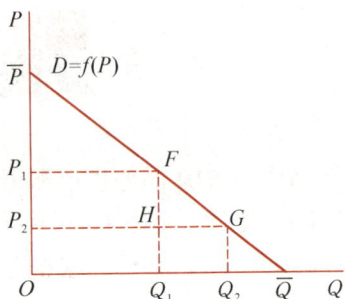

图 7 - 12　古诺模型

古诺模型的价格和产量决定可用图 7 - 12 来说明。

在图 7 - 12 中,D 曲线为两个厂商共同面临的线性的市场需求曲线。由于生产成本为零,故图中无成本曲线。开始时假定 A 厂商是唯一的生产者,A 厂商面临 D 市场需求曲线,为使利润最大,将产量定为市场容量的 $\frac{1}{2}$,即产量 $OQ_1 = \frac{1}{2}O\overline{Q}$(在 Q_1 点,实现 $MR = MC = 0$,因为此时厂商的边际收益曲线是 $\overline{P}Q_1$),价格为 P_1,A 厂商利润量相当于图中矩形 OP_1FQ_1 的面积(由于假定生产成本为零,所以,厂商的收益就等于利润)。当 B 厂商进入该行业时,B 厂商准确地知道 A 厂商留给自己的市场容量为 $Q_1\overline{Q} = \frac{1}{2}O\overline{Q}$,B 厂商为求利润最大也将生产它所面临的市场容量的 $\frac{1}{2}$,即产量为 $Q_1Q_2 = \frac{1}{2} \times Q_1\overline{Q} = \frac{1}{4}O\overline{Q}$(在 Q_2 点,实现 $MR = MC = 0$)。此时,市场价格下降为 P_2,B 厂商获得的利润相当于图中矩形 Q_1HGQ_2 的面积。而 A 厂商的利润因价格的下降而减为矩形 OP_2HQ_1 的面积。

B 厂商进入该行业后,A 厂商发现 B 厂商留给它的市场容量为 $\frac{3}{4}O\overline{Q}$。为了实现利润最大,A 厂商将产量定为自己所面临的市场容量的 $\frac{1}{2}$,即产量为 $\frac{1}{2} \times \frac{3}{4}O\overline{Q} = \frac{3}{8}O\overline{Q}$。A 厂商调整产量后,B 厂商的市场容量扩大为 $\frac{5}{8}O\overline{Q}$,B 厂商将生产自己所面临的市场容量的 $\frac{1}{2}$

的产量，即产量为 $\frac{5}{16}O\overline{Q}$，这样，两个寡头垄断厂商将不断地调整各自的产量，为求利润最大，每次调整都是将产量定为对方产量确定后剩下的市场容量的 $\frac{1}{2}$。这样，根据无穷等比级数可知：

$$A 厂商的均衡产量 = O\overline{Q}\left(\frac{1}{2}-\frac{1}{8}-\frac{1}{32}-\cdots\right)=O\overline{Q}\left(1-\frac{\frac{1}{2}}{1-\frac{1}{2^2}}\right)=\frac{1}{3}O\overline{Q},$$

$$B 厂商的均衡产量 = O\overline{Q}\left(\frac{1}{4}+\frac{1}{16}+\frac{1}{64}+\cdots\right)=O\overline{Q}\left(\frac{\frac{1}{2^2}}{1-\frac{1}{2^2}}\right)=\frac{1}{3}O\overline{Q}。$$

可见，在均衡时，A、B 两个厂商的产量都为市场总容量的 $\frac{1}{3}$，即每个厂商的产量为 $\frac{1}{3}O\overline{Q}$，行业总产量为 $\frac{2}{3}O\overline{Q}$。

以上双头古诺模型的结论可以推广。令寡头垄断厂商的数量为 m，则可以得到一般的结论如下：每个寡头垄断厂商的均衡产量为 $\frac{1}{m+1}O\overline{Q}$，行业的均衡总产量为 $\frac{m}{m+1}O\overline{Q}$。与其他市场结构比较可知，若是完全垄断市场，厂商的均衡产量为 $\frac{1}{2}O\overline{Q}$；若是完全竞争的市场，厂商的数目越多，单个厂商的产量越少，而总产量 $\frac{m}{m+1}O\overline{Q}$ 就越大，故寡头垄断市场的总产量大于完全垄断市场的总产量，小于完全竞争市场的总产量。

二、斯威齐模型

斯威齐模型也被称为弯折的需求曲线模型。该模型由美国经济学家斯威齐于 1939 年提出。这一模型用来解释一些寡头市场上的价格刚性现象。

该模型的基本假设条件是：如果一个寡头厂商提高价格，行业中的其他寡头厂商不会跟着改变自己的价格，因而提价的寡头厂商的销售量的减少是很多的；如果一个寡头厂商降低价格，行业中的其他寡头厂商会将价格下降到相同的水平，以避免销售份额的减少，因而该寡头厂商的销售量的增加是很有限的。

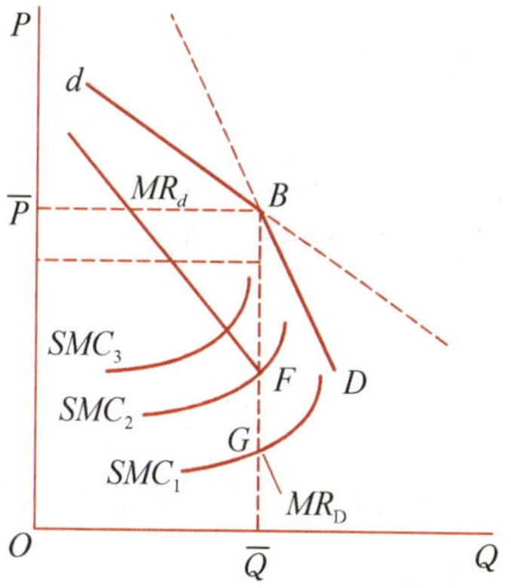

在以上的假设条件下可推导出寡头厂商的弯折的需求曲线。现用图 7-13 加以说明。图中有厂商的一条 d 需求曲线和一条 D 需求曲线，它们与上一节分析的垄断竞争厂商所面临的两条需求曲线的含义是相同的。d 需求曲线表示该寡头厂商变动价格而其他寡头厂商保持价格不变时的该寡头厂商的需求状况，D 需求曲线表示行业内所有寡头厂商都以相同方式改变价格时该厂商的需求状况。假定开始时的市场价格

图 7-13　斯威齐模型

为 d 需求曲线和 D 需求曲线的交点 B 所决定的 $\overline{P}$,那么,根据该模型的基本假设条件,该寡头厂商由 B 点出发,提价所面临的需求曲线是 d 需求曲线上左上方的 dB 段,降价所面临的需求曲线是 D 需求曲线上右下方的 BD 段,于是,这两段共同构成的该寡头厂商的需求曲线 dBD。显然,这是一条弯折的需求曲线,折点是 B 点。这条弯折的需求曲线表示该寡头厂商从 B 点出发,在各个价格水平所面临的市场需求量。

由弯折的需求曲线可以得到间断的边际收益曲线。图中与需求曲线 dB 段所对应的边际收益曲线为 MR_d,与需求曲线 BD 段所对应的边际收益曲线为 MR_D,两者合在一起,便构成了寡头厂商的间断的边际收益曲线,其间断部分为垂直虚线 FG。

利用间断的边际收益曲线,便可以解释寡头市场上的价格刚性现象。只要边际成本 SMC 曲线的位置变动不超出边际收益曲线的垂直间断范围,寡头厂商的均衡价格和均衡数量都不会发生变化。譬如,在图中的边际收益曲线的间断部分 FG,当 SMC_1 曲线上升为 SMC_2 曲线的位置时,寡头厂商仍将均衡价格和均衡产量保持在 $\overline{P}$ 和 $\overline{Q}$ 的水平。除非成本发生很大变化,如成本上升使得边际成本曲线上.升为 SMC_3 曲线的位置时,才会影响均衡价格和均衡产量水平。

有的西方经济学家认为,虽然弯折的需求曲线模型为寡头市场较为普遍的价格刚性现象提供了一种解释,但是该模型并没有说明具有刚性的价格本身,如图中的价格水平 $\overline{P}$,是如何形成的。这是该模型的一个缺陷。

三、斯塔克尔伯格模型

斯塔克尔伯格模型由德国经济学家斯塔克尔伯格在 20 世纪 30 年代提出的。

在古诺模型和下面的伯特兰德模型里,竞争厂商在市场上的地位是平等的,因而它们的行为是相似的;而且,它们的决策是同时的。当企业甲在作决策时,它并不知道企业乙的决策。但事实上,在有些市场,竞争厂商之间的地位并不是对称的,市场地位的不对称引起了决策次序的不对称,通常,小企业先观察到大企业的行为,再决定自己的对策。德国经济学家斯塔克尔伯格建立的模型就反映了这种不对称的竞争。

在斯塔克尔伯格的寡头理论中,提出了将寡头厂商的角色定位为"领导者"与"追随者"的分析范式。一般来说,古诺模型中互为追随者的两个厂商势均力敌。而斯塔克尔伯格的寡头厂商模型中,一个是实力雄厚的领导者,一个是实力相对较弱的追随者。

该模型的基本假定条件是,在一个寡头行业中有两个厂商,他们生产相同的产品,其中,一个寡头厂商是处于支配地位的领导者,另一个是寡头厂商的追随者;另外,与古诺模型一样,每个厂商的决策变量都是产量,即每个厂商都会选择自己的最优产量来实现利润最大化。

1. 假设条件

假设厂商 1 先决定它的产量,然后厂商 2 知道厂商 1 的产量后再作出它的产量决策。因此,在确定自己产量时,厂商 1 必须考虑厂商 2 将如何作出反应。其他假设与古诺模型相同。

2. 模型分析

斯塔克尔伯格模型是一个产量领导模型，厂商之间存在着行动次序的区别。产量的决定依据以下次序：领导性厂商决定一个产量，跟随者厂商可以观察到这个产量，然后根据领导性厂商的产量来决定自己的产量。需要注意的是，领导性厂商在决定自己的产量的时候，充分了解跟随厂商会如何行动——这意味着领导性厂商可以知道跟随厂商的反应函数。因此，领导性厂商自然会预期到自己决定的产量对跟随厂商的影响。正是在考虑到这种影响的情况下，领导性厂商所决定的产量将是一个以跟随厂商的反应函数为约束的利润最大化产量。在斯塔克尔伯格模型中，领导性厂商的决策不再需要自己的反应函数。

四、伯特兰德模型

伯特兰德模型是由法国经济学家约瑟夫·伯特兰德于 1883 年建立的。古诺模型和斯塔克尔伯格模型都是把厂商的产量作为竞争手段，是一种产量竞争模型，而伯特兰德模型是价格竞争模型，伯特兰德模型的假设为：

（1）各寡头厂商通过选择价格进行竞争；

（2）各寡头厂商生产的产品是同质的；

（3）寡头厂商之间也没有正式或非正式的串谋行为。

1. 前提假定

伯特兰德模型假定，当企业制定其价格时，认为其他企业的价格不会因它的决策而改变，并且 n 个（为简化，取 $n=2$）寡头企业的产品是完全替代品。A、B 两个企业的价格分别为 P_1、P_2，边际成本都等于 C。

2. 推导分析

根据模型的假定，由于 A、B 两个企业的产品是完全替代品，所以消费者的选择就是价格较低的企业的产品；如果 A、B 的价格相等，则两个企业平分需求。于是，每一个企业的需求函数为：

$$Q_i(P_i, P_j) = \begin{cases} Q(P_i), & \text{if } P_i < P_j \\ \frac{1}{2}Q(P_i), & \text{if } P_i = P_j \\ 0, & \text{if } P_i > P_j \end{cases}$$

因此，两个企业会竞相削价以争取更多的顾客。当价格降到 $P_1 = P_2 = C$ 时，达到均衡，即伯特兰德均衡。结论：只要有一个竞争对手存在，企业的行为就同在完全竞争的市场结构中一样，价格等于边际成本。

3. 均衡及悖论

根据伯特兰德模型，谁的价格低谁就将赢得整个市场，而谁的价格高谁就将失去整个市场，因此寡头之间会相互削价，直至价格等于各自的边际成本为止，即均衡解为：根据伯特兰德均衡可以得到两个结论：

（1）寡头市场的均衡价格为：$P = MC$；

（2）寡头的长期经济利润为 0。

这个结论表明只要市场中企业数目不小于2个,无论实际数目多大都会出现完全竞争的结果,这显然与实际经验不符,因此被称为伯特兰德悖论。

伯特兰德模型之所以会得出这样的结论,与它的前提假定有关。从模型的假定看至少存在以下两方面的问题:

(1) 假定企业没有生产能力的限制。如果企业的生产能力是有限的,它就无法供应整个市场,价格也不会降到边际成本的水平上。

(2) 假定企业生产的产品是完全替代品。如果企业生产的产品不完全相同,就可以避免直接的价格竞争。

伯特兰德模型假设价格为策略性变量而更为现实,但是它所推导出的结果却过于极端;但由于与现实不甚相符而遭到了很多学者的批评。这是我们为什么将其称之为伯特兰德悖论的主要原因。因此,学者们在研究市场中企业的竞争行为时,更多的是采用古诺模型,即用产量作为企业竞争的决策变量。

五、寡头厂商的供给曲线

如同垄断厂商和垄断竞争厂商一样,寡头厂商面临的需求曲线也是向右下方倾斜的,寡头厂商的均衡产量和均衡价格之间也不存在一一对应关系,所以,不存在寡头厂商和行业的具有规律性的供给曲线。此外,再考虑到寡头厂商之间的行为的相互作用的复杂性,建立寡头厂商和市场的具有规律性的供给曲线也就更困难了。

六、寡头厂商的效率分析

在寡头垄断市场上,市场价格高于边际成本,同时价格高于最低平均成本。因此,寡头垄断企业在生产量和技术使用方面应该是缺乏效率的,但从程度上来看,由于寡头市场存在竞争,有时竞争还比较激烈,因而其效率比垄断市场要高。但从另一方面来看,寡头市场上往往存在着产品差异从而满足消费者的不同偏好;此外,由于寡头企业规模较大,便于大量使用先进的生产技术,而激烈的竞争又使厂商加速产品和技术革新,因此,寡头厂商又有其效率较高的一面。在许多国家,人们试图通过限制寡头厂商低效率的方面进一步鼓励寡头市场的竞争。

第四节　不同市场的经济效益比较

前面我们研究了四种不同的市场结构:完全竞争、垄断、垄断竞争、寡头垄断。这四种市场结构具有不同的特点,不同市场结构中的厂商的价格决策、产量决策都不相同,其竞争策略和竞争程度也不一样,因而经济效率也就不同。下面仅对这四种市场结构做一简单比较。

一、需求曲线和供给曲线

厂商所面临的需求曲线和厂商的供给曲线是厂商决策的基本依据,也是其市场的一个最基本的特征。完全竞争厂商只能被动地接受市场的价格,因而其需求曲线是水平的,也就是具有完全弹性,在不同的市场价格下,厂商决定自己的产量从而实现自己的利润最大化,因而其供给曲线也是可以推导的,其短期供给曲线和 SMC 曲线重合。而对不完全竞争厂商来讲,不仅可以通过调整产量来追求利润最大化,也可以通过调整价格来追求利润最大化,因而不完全竞争厂商无法推导出厂商的供给曲线。不完全竞争厂商都能够在一定程度上影响市场的价格(比如垄断厂商本身就是市场价格的制定者,而垄断竞争厂商则是市场价格的影响者,而寡头厂商则能够操纵市场价格,是市场价格的搜寻者),因而其需求曲线都是向右下方倾斜的,但斜率各不相同。一般来说,垄断程度越高,需求曲线的斜率(绝对值)就越大,垄断厂商的需求曲线最为陡峭,寡头垄断厂商次之,垄断竞争厂商更为平缓。需要注意的是,寡头垄断厂商由于厂商之间的相互制约与依赖关系,一般是不能推导出需求曲线的,但在特殊的假定前提下,比如厂商之间组成卡特尔、价格领先制或如斯威齐模型所假定的前提下,则可以导出其需求曲线。

二、经济效率

有人把经济学理解为研究资源有效配置的科学。一个经济社会,其资源是否实现了有效配置则要看它在现有资源条件的约束下能否以最小的成本实现其最大的收益,这实际就是经济效率的问题。那么,如何判断经济效率呢?一般来讲,可以有两个标准,一是看平均成本的高低,二是看价格是否等于长期边际成本。

我们知道,完全竞争厂商实现长期均衡时价格 P 与 LAC 的最低点相等,这时平均成本最低,不妨记做 $P = Min(LAC)$,并且均衡价格最低,均衡产量最高。垄断竞争厂商长期均衡时,和完全竞争一样经济利润为 0,但均衡点却位于 LAC 曲线最低点的左边,因而产量更低,平均成本更高;寡头垄断和垄断的情况,产量要更低,价格高出 LAC 的最低点更多,且 LAC 也更高。所以垄断程度越高,厂商的长期平均成本以及产品价格都更高,但产量却更低。平均成本高、产量低,说明厂商的生产是无效率的,价格高说明消费者要为此付出更高的代价。因而从全社会的角度看,垄断程度越高,效率越低。

判断经济效率的第二个标准是看在长期均衡时,价格 P 是否等于边际成本 LMC。商品的价格 P 可以看作是商品的边际社会价值,LMC 可以看作是商品的边际社会成本。因此,$P = LMC$ 时,说明资源得到了充分利用,所得到的净社会价值即社会福利是最高的。$P > LMC$,意味着厂商如果增加产量,净社会价值将增加,说明此时社会资源没有得到有效配置,是无效率的。依据这个标准,完全竞争的效率最高,垄断的效率最低。

既然微观经济学得出的一般结论是垄断无效率,那么是否就是说垄断就一无是处呢?在经济学界,这是有争论的。主要表现在如下几个方面:

首先,垄断与技术进步的关系:一般认为,垄断厂商由于可以通过对市场的垄断而获取超额垄断利润,因而缺乏进行技术创新的动力,不但如此,垄断厂商还会想尽各种办法来阻止其他企业利用新技术、新工艺、新产品来威胁自己的垄断地位,千方百计地压制技术进步。这种看法有一定的事实依据,比如一些大的垄断企业看到有新技术威胁到自己时,便会采用兼并、收购等公开的和非公开的手段,将新技术据为己有却使新技术闲置或者干脆挤垮对方。但相反的例子似乎更多。即使像微软公司这样垄断了操作系统市场80%以上份额的企业也时时感受到竞争的压力,不断地寻求技术进步,花费大量人力物力进行技术创新。所以,有的经济学家认为,垄断是有利于技术进步的,其理由有三:一是垄断企业由于能得到超额垄断利润,因而最有条件来搞技术创新,寻求不断地降低它的生产成本;二是垄断企业并非没有技术进步的动力,因为它时时会感到他人对自己这一充满了利润空间的市场的觊觎,技术上的一点漏洞都可能成为别人乘虚而入的切入点,技术上的一刻落后也可能导致满盘皆输的结局;三是由于存在制度上的障碍,事实上没有哪家企业能够靠挤垮对手等手段来维持自己的地位,而只有靠不断的技术创新才有可能长期将潜在的竞争对手排斥在自己的市场之外。

其次,垄断与规模经济:完全竞争和垄断竞争行业都是小的厂商,因而缺乏规模经济,成本较高。寡头垄断厂商和垄断厂商往往是一些大企业,可以进行大规模的生产,因而能够获得规模经济,因此可以大大地降低成本和价格。在很多行业如钢铁、冶金、汽车、石油化工等都是如此,而在有的行业,引入竞争机制反而会造成社会资源的浪费或损害消费者的利益,比如城市居民的取暖、邮政等。

再次,垄断与商品差异:完全竞争厂商生产的都是同质的、无差异的产品,无法满足消费者对消费品的各种不同的偏好。而显然消费者的偏好是不同的,丰富多彩的产品满足了他们的不同偏好,因而能使他们的福利水平提高。显然完全竞争尽管可以以较低的价格提供给我们较大量的产品,但并不是我们的理想选择。垄断竞争和寡头垄断行业,生产的产品是多样化的,这些多样化的产品满足了消费者的不同偏好。因而有的经济学家认为,垄断竞争所带来的一点效率上的损失可以看作是经济社会为了产品的多样性所付出的必然的代价。

最后,关于广告支出:完全竞争市场由于产品是无差别的,因而也毋需做广告;而垄断竞争市场和差别寡头市场的厂商则为了避免激烈的价格竞争,更多地采用非价格竞争的形式,广告竞争就是其中一种最常用的方式。马歇尔将广告分为两类:建设性广告和竞争性广告。建设性广告传播有用的信息,它提供了消费者选择时所必须知道的价格、质量以及产品特色等信息,也使企业的新产品为更多的消费者所知晓,因而能够扩大企业的市场规模,增加了产品的总需求量,因而是有益的。另外广告也为新企业的产品进入市场提供了可能性,减少了进入的障碍,可能对产业结构产生有益的竞争性影响。竞争性广告是指一个固定的市场上不同厂家的产品为了市场份额而进行广告竞争。由于有的企业做了竞争性广告,其他企业也会被迫卷入这种竞争。这种竞争性广告仅仅是对消费者的视觉和听觉的"轰炸",其作用不过是加深其产品在消费者头脑中的印象,自己的市场扩大就是别的厂商市场的缩小,所以如果所有企业都全面减少这种广告,对总需求不会有影响,但如果某一个企业从广告战中撤出,就会遭受损失。所以从全社会的角度看,这种广告只是提高了企业的营运成本,从而提高了价格,所以对消费者是不利的。如果减少这种广告,节省出来的资源可以被用于生产其他产品,从而提高全社会的经济效率。

★★★★★ 本章要点回顾 ★★★★★

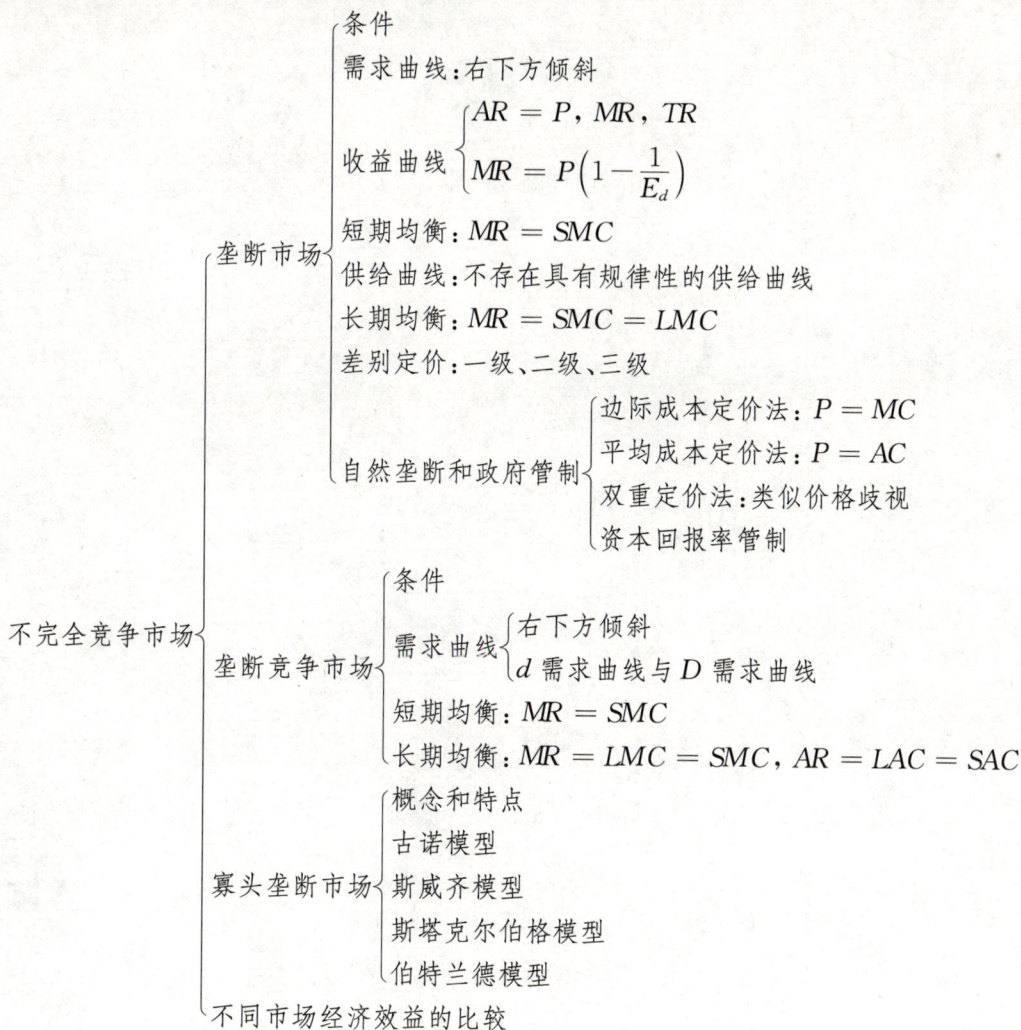

不完全竞争市场

- 垄断市场
  - 条件
  - 需求曲线：右下方倾斜
  - 收益曲线
    $$\begin{cases} AR = P,\ MR,\ TR \\ MR = P\left(1 - \dfrac{1}{E_d}\right) \end{cases}$$
  - 短期均衡：$MR = SMC$
  - 供给曲线：不存在具有规律性的供给曲线
  - 长期均衡：$MR = SMC = LMC$
  - 差别定价：一级、二级、三级
  - 自然垄断和政府管制
    - 边际成本定价法：$P = MC$
    - 平均成本定价法：$P = AC$
    - 双重定价法：类似价格歧视
    - 资本回报率管制

- 垄断竞争市场
  - 条件
  - 需求曲线
    - 右下方倾斜
    - d 需求曲线与 D 需求曲线
  - 短期均衡：$MR = SMC$
  - 长期均衡：$MR = LMC = SMC$，$AR = LAC = SAC$

- 寡头垄断市场
  - 概念和特点
  - 古诺模型
  - 斯威齐模型
  - 斯塔克尔伯格模型
  - 伯特兰德模型

- 不同市场经济效益的比较

第八章
博弈论与信息经济学

本章导学

1. 理解构成博弈的四个基本要素、占优策略均衡和纳什均衡的概念;了解纳什均衡提出的意义和博弈论的大致分类。

2. 了解囚徒困境、智猪博弈、斗鸡博弈和性别博弈的基本内容。

3. 理解寡头市场上合作的不稳定性特征,重复博弈为什么能打破囚徒困境的原因,以及威胁或承诺的可信性。

4. 掌握信息经济学的基本内涵,道德风险、逆向选择、信誉和委托—代理问题产生的原因及事例。

第一节　博弈论基础

一、博弈的概念与要素

所谓博弈指的是一种决策,即每一行为主体的利益不仅依赖于它自己的行动选择,而且有赖于别人的行动选择,以致它所采取的最好行动有赖于其竞争对手将选择什么行动。博弈论所研究的就是两个以上行为主体的互动决策及策略均衡。

构成博弈的基本要素包括:

1. **局中人(player)**

博弈中的每个决策者被称为局中人(也可称作选手和参与者),在具体的经济模型中,它们可以是厂商,也可以是消费者或任何契约关系中的人,根据经济学的理性假定,局中人同样是以利益最大化为目标。

2. **支付(payoff structure)**

支付是指博弈结束时局中人得到的利益。支付有时以局中人得到的效用来表示,有时以局中人得到的货币报酬来表示。局中人的利益最大化也就是指支付或报酬最大化。

3. **策略(strategies)**

策略(也称作战略)是局中人为实现其目标而采取的一系列行动或行动计划,它规定在何种情况下采取何种行动。

我们可以用一个支付矩阵(也称报酬矩阵)来描述博弈的前三个基本要素,并运用它来分析一个博弈。假定某寡头市场上有甲、乙两个厂商(即两个参与者),都有两个可选择的策略,这两个策略都是合作与不合作。其支付矩阵如表8-1所示。在表中,甲的两种策略写在左边,乙的两种策略写在上边。表中的每一格表示对应于甲、乙的一个策略组合的一个支付组合,每格中的第一个数字表示甲的报酬,第二个数字表示乙的报酬。例如,表中的第一格表示当甲采取合作策略,乙也采取合作策略时,甲的报酬是10,乙的报酬也是10。

表8-1　构成博弈的基本要素

		乙			
		合作		不合作	
甲	合作	10	10	6	<u>12</u>
	不合作	<u>12</u>	6	<u>8</u>	<u>8</u>

仔细分析一下矩阵图可发现,如果甲、乙选择合作的策略,则总报酬最大为20,每个参与者均得10;如果甲、乙两者中有一方选择合作,而另一方选择不合作,则选择不合作一方可得12,而选择合作一方只得6;如果甲、乙双方都选择不合作的策略,则总报酬最小为16,每个参

与者均得 8。那么,在表中所描述的四种可能的策略组合中,甲、乙双方博弈的最终结局是什么呢? 在此我们需要引入策略均衡概念。

4. 策略均衡

经济学中,均衡一般指某种稳定的状态。而博弈论中的均衡是策略均衡,它是指由各个局中人所使用的策略构成的策略组合处于一种稳定状态,在这一状态下,各个局中人都没有动机来改变自己所选择的策略。这样,各人的策略都已给定,不再发生变化,博弈的结果必将确定。从而,每一个局中人从中得到的支付也就确定了。每个局中人的最优决策也就可以确定了。可见,要解一个博弈问题,首先需确定博弈的策略均衡。

二、占优策略均衡和纳什均衡

要研究博弈的最终结局,这里引入占优策略均衡和纳什均衡两个概念。

1. 占优策略均衡

在此,我们仍以表 8-1 来说明占优策略均衡概念。分析甲参与者的策略选择,可以看到,当乙选择合作策略时,甲若选择合作策略,可得 10;甲若选择不合作策略,可得 12。于是,甲肯定选择不合作策略(因为 12>10)。当乙选择不合作策略时,甲若选择合作策略,可得 6;甲若选择不合作策略,可得 8。于是,甲肯定会选择不合作策略(因为 8>6)。很清楚,不管乙采取合作策略还是不合作策略,甲都会采取不合作策略。于是,我们说,不合作策略就是甲的占优策略。类似的分析对于乙也是适用的。因为,不管甲选择合作策略还是不合作策略,乙肯定会选择不合作策略,所以,不合作策略也是乙的占优策略。更一般地,我们给出占优策略的定义:无论其他参与者采取什么策略,某参与者的唯一的最优策略就是他的占优策略。也就是说,如果某一个参与者具有占优策略,那么,无论其他参与者选择什么策略,该参与者确信自己所选择的唯一策略都是最优的。

博弈均衡指博弈中的所有参与者都不想改变自己的策略的这样一种相对静止的状态。显然,在我们分析的例子中,(不合作、不合作)这一对策略组合(前者表示甲选择的策略,后者表示乙选择的策略)下的博弈状态,就是一种均衡状态。此时,任何一方都不想偏离各自的不合作策略。由于在均衡时甲、乙双方选择的都是自己的占优策略(即不合作),所以,该博弈均衡又被称为占优策略均衡。一般地说,由博弈中的所有参与者的占优策略组合所构成的均衡就是占优策略均衡。

仍以表 8-1 为例,我们可以在支付矩阵图中用划横线的方法来寻找占优策略均衡。具体做法如下:先看甲的策略选择。当乙采取合作策略时,甲会选择不合作策略,得报酬 12,则我们在报酬 12 下划一横线。当乙采取不合作策略时,甲仍会选择不合作策略,得报酬 8,则我们在报酬 8 下划一横线。类似地,再看乙的策略选择。甲选择合作或不合作策略时,乙都会选择不合作策略,则我们分别在相应的乙的报酬 12 和报酬 8 下各划一条横线。最后,矩阵图中唯一的两个数字都被划上横线的那一格报酬组合(8、8)所对应(不合作、不合作)的策略组合就是该博弈的占优策略均衡。

2. 纳什均衡

在一个博弈中,只要每一个参与者都具有占优策略,那么,该博弈就一定存在占优策略均衡。但是需要指出的是,在有的博弈中,并不存在占优策略,仍可以达到博弈均衡。以表8-2说明这一点。表中的支付矩阵表示甲有两个策略 U 和 D,乙有两个策略 L 和 R。对于甲的策略选择而言,当乙选择 L 时,甲会选择 U(因为 7>6);当乙选择 R 时,甲会选择 D(因为 8>3)。显然,甲没有占优策略,甲的最优策略随乙的策略的变化而变化。类似地,对于乙的策略选择而言,当甲选择 U 时,乙会选择 L(因为 10>5);当甲选择 D 时,乙会选择 R(因为 9>8)。同样,乙也没有占优策略,乙的最优策略也随甲的策略的变化而变化。尽管如此,我们仍可注意到,在以上的博弈过程中,对于(U, L)策略组合而言,只要甲选择了 U,乙就不会改变对 L 的选择;同样,只要乙选择了 L,甲也不会改变对 U 的选择。从这个意义上讲,策略组合(U, L)也达到了一种均衡状况。由此,我们给出纳什均衡的定义:在一个纳什均衡里,任何一个参与者都不会改变自己的最优策略,如果其他参与者均不改变各自的最优策略。

表 8-2 纳什均衡

		乙		
		L		R
甲	U	7　　　10		3　　　5
	D	6　　　8		8　　　9

根据纳什均衡的定义,表 8-2 博弈中的(U, L)和(D, R)这两对策略组合都是纳什均衡。而另外两对策略组合(D, L)和(U, R)都不是纳什均衡。因为,对(D, L)的策略组合而言,当甲选择 D 时,乙就会改变策略,选择 R 而不是 L。所以,(D, L)策略组合不是均衡的。

由此可见,占优策略均衡是比纳什均衡更强的一个博弈均衡概念。占优策略均衡要求任何一个参与者对于其他参与者的任何策略选择来说,其最优策略都是唯一的。而纳什均衡只要求任何一个参与者在其他参与者的最优策略选择给定的条件下,其选择也是最优的。所以,占优策略均衡一定是纳什均衡,而纳什均衡不一定是占优策略均衡。

3. 纳什均衡提出的意义

博弈论的整个大厦建立在两个定理之上,它们分别是冯·诺依曼 1928 年提出的最大最小定理和纳什 1950 年发表的均衡定理。纳什定理可以看做冯·诺依曼定理的一种推广,就像纳什所做的那样,不过,它同时还是一种彻底的决裂。冯·诺依曼定理是他有关纯粹对立的所谓两人零和博弈的理论的奠基石。但是,两人零和博弈与现实世界实际上没有多少联系,即便是在战争期间,也总是可以通过合作得到某些好处。纳什引入了合作博弈与非合作博弈的区别。合作博弈当中,局中人可以与其他局中人订立可执行的协议。换句话说,作为一个团体,他们可以完全将自己托付给一些具体的战略。与此相反,在一个非合作博弈当中,这样的集体委托绝对不可能出现,这里没有可执行的协议。通过将这个理论扩展到牵涉各种合作和竞争的博弈,纳什成功地打开了将博弈论应用到经济学、政治学、社会学乃至进化生物学的大门。

纳什均衡所揭示出的深刻经济学道理也唤醒了沉迷于新古典经济学的经济学家们,因为各个局中人根据自己的最优战略行事,同时估计其他局中人也按照他们的最优战略行事,从这一组局中人的观点来看,不一定就是最优的解决方案。譬如,"囚徒困境"(表 8-3)就与经济学中斯密的"看不见的手"的隐喻互相矛盾。处于博弈中的各个局中人都在追求自己的个人利益，但他们不一定会增进整个集体的利益。现代经济学由此开始注意到个人理性和集体理性的矛盾与冲突，但是解决这个问题的办法并不是像传统经济学主张的那样通过政府干预来避免市场失灵所导致的无效状态，而是认为，如果一种制度安排不能满足个人理性的话，就不可能实行下去。所以解决个人理性与集体理性之间冲突的办法不是否认个人理性，而是设计一种机制，在满足个人理性的前提下达到集体理性。认识到个人理性与集体理性的冲突对于认识制度安排是非常重要的。

三、博弈的大致分类

经济学家从不同角度对博弈进行了分类。

1. 双人博弈和 n 人博弈

根据局中人的数量，博弈可以划分为双人博弈和 n 人博弈。如表 8-1 所描述的就是典型的双人博弈。

2. 静态博弈和动态博弈

从局中人是否同时行动的角度，博弈又可以划分为静态博弈和动态博弈。所谓静态博弈，是指局中人同时选择策略或非同时选择策略但不知道对手采取的具体行动，并且这种选择是一次性的，也就是说同时做出选择后博弈就出结果。动态博弈，是指局中人行动有先后顺序的博弈，后行动者能观察到先行动者的行动。典型的动态博弈如"进入博弈"，市场中存在一个在位者厂商 I 以及一个潜在进入的厂商 E。厂商 E 首先决定是否进入市场，然后厂商 I 决定是否发动价格战，最后厂商 E 再次行动，决定是否迎战。日常生活中动态博弈比比皆是，比如购物中的砍价过程就是一个典型的动态博弈。

3. 零和博弈与非零博弈

所谓零和博弈，是指博弈双方的支付结果加起来为零。这意味着双方的利益在博弈中是相互冲突的。从支付结果看，除了零和博弈外，还有正和博弈，即双方的支付结果加起来为一个正的常数。这意味着双方的利益冲突不再是那么激烈，有可能出现所谓双赢或共赢局面。至于负和博弈，如果假定局中人都是理性的，理论上没有人会参与这种博弈，尽管现实中不乏损人不利己的事。

4. 合作博弈与非合作博弈

互动的情况既可以在单个的个体之间展开，也可以是在团体之间展开，这样，从参与主体角度，我们可以把博弈划分为合作博弈和非合作博弈。在合作博弈分析中，分析的对象经常是一个团体，用博弈论的术语称之为"联盟"。该联盟是由参与博弈的若干局中人通过达成有约束力的协议形成。合作博弈通常并不涉及具体的博弈规则，而集中于不同的人结盟将得到什么。合作博弈强调的是团体理性。在非合作博弈中，分析的对象是个体参加者，考察的是单个的参与人在具体的博弈规则以及一定的信息条件约束下，面对其他人可能的反应将如何行动。在非合作博弈中，局中人之间通常无法达成有约束力的协议进行合作，以获得合作收益。非合作博弈强调的是个人理性、个人最优策略，但结果可能有效率，也可能无效率。

　　在博弈论的分析史上,对于合作博弈的分析一度是人们研究的重点。在纳什的研究之后,人们认识到非合作博弈分析对于揭示现实中的经济现象有更强大的作用。在众多学者的努力下,非合作博弈分析已经成为博弈论研究的主流。

第二节　博弈论经典案例

一、囚徒困境

　　1950 年,由就职于兰德公司的梅里尔·弗勒德和梅尔文·德雷希尔拟定出相关困境的理论,后来由顾问艾伯特·塔克以囚徒方式阐述,并命名为"囚徒困境"。经典的囚徒困境如下:

　　警方逮捕甲、乙两名嫌疑犯,但没有足够证据指控二人入罪。于是警方分开囚禁嫌疑犯,分别和二人见面,并向双方提供以下相同的选择:

　　若一人认罪并作证检控对方(相关术语称"背叛"对方),而对方保持沉默,此人将即时获释,沉默者将判监 10 年。

　　若二人都保持沉默(相关术语称互相"合作"),则二人同样判监 1 年。

　　若二人都互相检举(相关术语称互相"背叛"),则二人同样判监 8 年。

　　用表格概述如下:

表 8 - 3　囚徒困境

		囚徒 B	
		坦白	抵赖
囚徒 A	坦白	−8, −8	0, −10
	抵赖	−10, 0	−1, −1

　　如同博弈论的其他例证,囚徒困境假定每个参与者(即"囚徒")都是利己的,即都寻求最大的自身利益,而不关心另一参与者的利益。参与者某一策略所得利益,如果在任何情况下都比其他策略要低的话,此策略称为"严格劣势",理性的参与者绝不会选择。另外,没有任何其他力量干预个人决策,参与者可完全按照自己意愿选择策略。

　　囚徒到底应该选择哪一项策略,才能将自己个人的刑期缩至最短?两名囚徒由于隔绝监禁,并不知道对方的选择;而即使他们能交谈,还是未必能够尽信对方不会反口。就个人的理性选择而言,检举背叛对方所得刑期,总比沉默要来得低。试设想困境中两名理性囚徒会如何作出选择:

　　若对方沉默时,背叛会让我获释,所以会选择背叛。

　　若对方背叛指控我,我也要指控对方才能得到较低的刑期,所以也是会选择背叛。

　　二人面对的情况一样,所以二人的理性思考都会得出相同的结论——选择背叛。背叛是两种策略之中的支配性策略。因此,这场博弈中唯一可能达到的纳什均衡,就是双方参与者都背叛对方,结果二人同样判刑 8 年。

这场博弈的纳什均衡,显然不是顾及团体利益的最优解决方案。以全体利益而言,如果两个参与者都合作保持沉默,两人都只会被判刑 1 年,总体利益更高,结果也比两人背叛对方、判刑 8 年的情况较佳。但根据以上假设,二人均为理性的个人,且只追求自己个人利益。均衡状况会是两个囚徒都选择背叛,结果二人判决均比合作要高,总体利益较合作低,这就是"困境"所在。

二、智猪博弈

"智猪博弈"由约翰·纳什 1950 年提出。实际上小猪选择等待,让大猪去按控制按钮,而自己选择"坐船"(或称为搭便车)的原因很简单:在大猪选择行动的前提下,小猪选择等待的话,小猪可得到 4 个单位的纯收益,而小猪行动的话,则仅仅可以获得大猪吃剩的 1 个单位的纯收益,所以等待优于行动;在大猪选择等待的前提下,小猪如果行动的话,小猪的收入将不抵成本,纯收益为 -1 单位,如果小猪也选择等待的话,那么小猪的收益为零,成本也为零,总之,等待还是要优于行动。

用博弈论中的报酬矩阵可以更清晰的刻画出小猪的选择:

表 8-4　智猪博弈

		小猪	
		行动	等待
大猪	行动	5, 1	4, 4
	等待	9, −1	0, 0

从矩阵中可以看出,当大猪选择行动的时候,小猪如果行动,其收益是 1,而小猪等待的话,收益是 4,所以小猪选择等待;当大猪选择等待的时候,小猪如果行动的话,其收益是 -1,而小猪等待的话,收益是 0,所以小猪也选择等待。综合来看,无论大猪是选择行动还是等待,小猪的选择都将是等待,即等待是小猪的占优策略。

在小企业经营中,学会如何"搭便车"是一个精明的职业经理人最为基本的素质。在某些时候,如果能够注意等待,让其他大的企业首先开发市场,是一种明智的选择。这时候有所不为才能有所为。

三、斗鸡博弈

斗鸡博弈(chicken game)其实是一种误译。chicken 在美国口语中是"懦夫"之意,chicken game 本应译成懦夫博弈。不过这个错误并不算太严重,非要把 chicken game 叫作斗鸡博弈,也不是不可以。

试想有两人狭路相逢,每人有两个行动选择:一是退下来,一是进攻。如果一方退下来,而对方没有退下来,对方获得胜利,这人就很丢面子;如果对方也退下来,双方则打个平手;

如果自己没退下来,而对方退下来,自己则胜利,对方则失败;如果两人都前进,那么则两败俱伤。因此,对每个人来说,最好的结果是,对方退下来,而自己不退。支付矩阵如下:

表8-5   斗鸡博弈

乙

		前进	后退
甲	前进	-2, -2	1, -1
	后退	-1, 1	-1, -1

上表中的数字的意思是:两者如果均选择"前进",结果是两败俱伤,两者均获得-2的支付;如果一方"前进",另外一方"后退",前进者获得1的支付,赢得了面子,而后退者获得-1的支付,输掉了面子,但没有两者均"前进"受到的损失大;两者均"后退",两者均输掉了面子,获得-1的支付。当然表中的数字只是相对的值。

这个博弈有两个纯策略纳什均衡:一方前进,另一方后退;或一方后退,另一方前进。但关键是谁进谁退?当然,该博弈也存在一个混合策略均衡,即大家随机地选择前进或后退。不过相对而言,我们更关注于纯策略均衡。一个博弈如果有唯一的纳什均衡点,那么这个博弈是可预测的,即这个纳什均衡点就是事先知道的唯一的博弈结果。但是如果一个博弈有多个纳什均衡,则要预测结果就必须附加另外的有关博弈的细节信息。比如,这里谁进谁退,可能就需要附加额外的细节信息才能做出判断。

四、性别博弈

性别博弈(game of battle of sex),刻画的是这样一种博弈局势:在博弈中,双方存在一定的共同利益,但是具有共同利益的不同结果又有着相对冲突的偏好。比如,夫妻两人都宁愿在一起看同一个电视节目,而不愿意分开各自看各自喜欢的电视节目;但是给定大家看同一个节目,夫妻两人又各自偏好于能够看自己喜欢的节目。这样的博弈结构与囚徒困境、智猪博弈、斗鸡博弈的结构都完全不一样。

有一对夫妻,丈夫喜欢看足球赛节目,妻子喜欢看肥皂剧节目,但是家里只有一台电视,于是就产生了争夺频道的矛盾。假设双方都同意看足球赛,则丈夫可得到2单位效用,妻子得到1单位效用;如果都同意看肥皂剧,则丈夫可得到1单位效用,妻子得到2单位效用;如果双方意见不一致,结果只好大家都不看,各自只能得到0单位效用。这个博弈的策略式表达如下:

表8-6   性别博弈

丈夫

		足球赛	肥皂剧
妻子	足球赛	2, 1	0, 0
	肥皂剧	0, 0	1, 2

可以很清楚地看到性别博弈的均衡结果是(足球赛,足球赛)和(肥皂剧,肥皂剧)。这个博弈的一个典型特征是,如果对方一意坚持,则顺从对方比与对方抗争要好。一方坚决选择自己喜欢的节目时,顺从至少可以得到 1 单位效用,而抗争则只能得到 0 单位效用。这与现实中的故事是一致的,夫妻双方一方坚持己见的时候,另一方常常会迁就一些,做出让步。

性别博弈结构的显著特点是,博弈有两个均衡,博弈双方各自会偏爱一个均衡,比如丈夫偏爱(足球赛,足球赛)均衡,而妻子偏爱(肥皂剧,肥皂剧)均衡;不过他们还是有一些共同利益的,因为任何一个均衡中,他们都可以得到比非均衡状态更多的赢利。

在性别博弈中,究竟哪一个均衡会出现? 这需要涉及混合战略博弈(mixed strategy game)概念,其相应的均衡概念是纯战略纳什均衡概念在混合战略博弈中的扩充,即混合战略博弈纳什均衡(MNE)。混合战略博弈作为纯战略博弈的自然扩充是必要的,因为在这种扩充下才有著名的纳什存在性定理,也就是说,纳什存在性定理保证在非常一般的情况下存在的纳什均衡包括仅存在混合战略博弈纳什均衡的情形。

关于混合战略博弈纳什均衡的求解有兴趣的同学可以继续课后学习。

第三节　博弈论的应用:寡头厂商的共谋及其特征

如在第七章中,在寡头市场上只有为数很少的几家厂商,因此,每个厂商的行为对市场的影响都是举足轻重的。每个厂商为了获得更大的市场份额,往往会采取降低价格的竞争手段。但是,某一个厂商首先采取降价的竞争手段后,其他厂商也会采取相应的降价手段回应或报复,以保住甚至扩大自己原有的市场份额。于是,在经过寡头厂商相互之间的这种轮番降价的竞争过程后,市场的价格会降到一个很低的水平,而每个寡头厂商都会受到惨重的损失,或者说,最终形成一种类似"两败俱伤"的局面。面对这种由于竞相削价的恶性竞争造成损失的结局,寡头厂商们意识到与其相互激烈的进行价格竞争而招致惨重的损失,还不如相互之间达成协议使价格维持在一个较高的价格水平上,这样,每个厂商都可以在一个稳定的高价格水平上得到各自的经济利益,而避免了由于价格竞争所带来的损失。这便是寡头市场上共谋现象普遍存在的原因。事实上,在西方经济社会中,寡头市场上大量的卡特尔组织和其他的一些共谋(或合作)组织的存在,很好地说明了这一点。

同时,必须清醒地认识到,尽管寡头市场上的共谋现象是很普遍的,但是,寡头厂商之间的共谋却是很脆弱的。当寡头厂商之间为了各自的利益达成共谋协议之后,这种合作协议随时都有可能被破坏。于是,由此产生的问题是:为什么合作协议会被破坏? 这种合作不稳定的现象是否应该避免? 如何避免? 这些问题引起了西方经济学家的广泛关注。

一、寡头共谋不稳定性的原因

为了解释寡头市场上合作的不稳定性特征,我们再把囚徒困境的博弈模型及其体现的思想扩展运用到寡头市场的共谋问题中去,以解释共谋的不稳定性,并进一步提出解决这一问题的策略。

囚徒困境的均衡反映了一个深刻的问题：从个人理性角度出发所选择的占优策略的结局却不如合作策略的结果。或者说，从个人理性角度出发所选择的占优策略的结局，从整体来看却是最差的结局。很显然，囚徒困境的占优策略均衡反映了一个矛盾：即个人理性和团体理性的冲突。囚徒困境的博弈模型所体现的合作不稳定的特征及其后果，可以扩展运用到寡头市场上，以解释寡头市场上的共谋不稳定性及其相关的问题。（不合作、不合作）的策略组合往往会成为占优策略均衡。也正因为如此，寡头们之间所达成的卡特尔协定往往是不稳定的。而且，在不少地方，卡特尔组织是非法的，它不可能利用法律手段来制约和惩罚违约成员，这就更加深了卡特尔组织的不稳定性。

更重要的是，从每个厂商的个人理性出发所达到的占优策略均衡（不合作、不合作）的结果要差于他们团体共谋即策略组合（合作、合作）的结果。也就是说，在这里体现了个人理性和团体理性的冲突。这一冲突，形成了对传统的微观经济学的"看不见的手"原理的挑战。因为，根据"看不见的手"原理，在市场机制的作用下，理性的个人在追求自己利益的过程中，会同时增进社会的整体利益。或者说，"看不见的手"原理揭示的经济思想是：在市场机制的作用下，个人理性和团体理性是一致的。而在寡头市场上，寡头们却陷入了类似"囚徒困境"的结局，即个人理性和团体理性往往是冲突的。为了解决这一问题，西方经济学家引入了重复博弈的概念，以走出"囚徒困境"，解决个人理性和团体理性的冲突。

二、重复博弈：走出囚徒困境

动态博弈是一种反复进行的博弈。重复博弈是动态博弈的一种特殊情况。在重复博弈中，一个结构相同的博弈被重复多次。

在一次性静态博弈的情况下，寡头市场上结成共谋的每个寡头都面临着囚徒困境：每个寡头出自个人理性的占优策略选择却导致了从整体而言的最坏的结局，即在占优策略均衡中不仅总体利益下降，而且个人利益也是下降的。造成这一结局的原因很清楚：一方面，在达成合作协议以后，每个寡头厂商出于对自己利益的考虑，都有一种采取机会主义行为的冲动，即单方面偷偷独自采取不合作的策略，以期获得更大的利益。例如，当合作协议规定各寡头厂商共同维持一个较高的市场价格水平时，每个厂商都会有一种利己的冲动去单方面偷偷降低自己产品的销售价格，以期获得更大的市场份额和销售收入。当每个寡头厂商都这样想并且这样做之后，整个市场的价格水平就会下降，寡头们的合作协议便被撕毁，最后，每个寡头都落到了最差的结局。另一方面，需要指出的是，在一次性博弈中，任何厂商的违约和欺骗行为都不会受到惩罚。因为，当每个厂商完成一次性的策略选择（包括违约和欺骗的策略选择）以后，整个博弈也就永远地结束了，即没有后续的博弈来对已经发生的违约和欺骗行为进行惩罚。正因为如此，寡头厂商之间的共谋不稳定性是不可避免的，或者说，一次性博弈的囚徒困境的不合作解是必然的。

在重复博弈中，以上的情况就会得到改变。在分析重复博弈时，我们首先要增加一个假定条件，该假定条件是：在结成合作同盟的寡头厂商之间都采取一种"以牙还牙"的策略。该策略的内容是：所有的成员一开始是合作的。对于每一个成员来说，只要其他成员是合作的,则他就把合作继续下去。但只要有一个成员一旦背弃合作协议采取不合作的策略,则其他成员便会采取"以牙还牙"的惩罚和报复策略,即其他成员都采取相同的不合作策略,并将这种不合作的策略在重复博弈中一直进行下去,以示对首先破坏协议者的惩罚和报复。这就是"以牙还牙"的策略。

下面我们具体分析在施加了"以牙还牙"策略假设条件下的寡头厂商之间的重复博弈过程及其结果。首先我们来分析无限期(次)重复博弈。所谓无限期重复是指相同结构的博弈可以无限次地重复进行下去。在无限期的重复博弈中,只要任何一个参与者在某一轮的博弈中采取了不合作的违约和欺骗行为,他便会在下一轮的博弈中受到其他参与者的"以牙还牙"策略的惩罚与报复,即其他所有的参与者都采取相同的不合作策略,并将不合作策略在以后的无限次重复博弈中永远进行下去。这样一来,首先采取违约和欺骗行为的一方就会永远丧失与他人合作的机会,并由此遭受长期的惨重损失。由于在无限期重复博弈中,对违约和欺骗方采取"以牙还牙"的惩罚和报复机会总是存在的,所以,每一个参与者为了避免"以牙还牙"策略给自己带来的长期损失,就都会放弃首先采取不合作策略的做法,这样一来,寡头厂商们之间的合作解就得以维持,或者说,寡头厂商们就可以走出类似的"囚徒困境"。

我们可以继续讨论无限次重复博弈的具体情况。对甲厂商而言,在"以牙还牙"策略的前提下,通过短期和长期所得支付的比较,任何一个寡头厂商都不会因为短期的一次性的好处而丧失长期的经济利益。于是,在具有"以牙还牙"策略的无限次重复博弈中,所有的寡头厂商都会遵守协议,采取合作的策略。

下面,再来分析有限次重复博弈的情况。在有限次重复博弈中,我们得不到以上无限次重复博弈的结论。假设博弈只重复有限的5次。我们用逆推法来分析5次重复博弈的全过程,并仍然保持"以牙还牙"的策略假定。由于第5轮博弈是最后一轮博弈,以后不会再有重复博弈,因此第5轮博弈和一次性的静态博弈并没有什么两样。在第5轮采取的违约和欺骗行为是不可能被报复或受到惩罚的。于是,在第5轮博弈中单个寡头厂商出于理性的占优策略就是选择不合作的违约行为或欺骗。逆推到第4轮,在第4轮每个参与者都知道第5轮大家肯定都是不合作的,于是,每个参与者在第4轮都会采取不合作的策略,因为反正第5轮肯定大家都是不合作。如此等等,一直逆推到第1轮。也就是说,在有限期重复博弈一开始的第1轮,每个参与者就有可能会采取不合作的策略。所以,在有限次重复博弈中,寡头厂商们的共谋是不稳定的,博弈的占优策略均衡解就是(不合作,不合作)。

分析到此,我们的结论是:在"以牙还牙"策略的前提下,对于无限期重复博弈而言,博弈的均衡解是(合作、合作);而对于有限期重复博弈而言,博弈的均衡解是(不合作,不合作)。而在现实生活中,参与者之间的博弈总是有期限的,那么,这是否意味着寡头之间的长期合作总是不可能的呢? 这一结论显然与现实生活中的现象相悖。其实,无限期重复的主要特征是每一个参与者都不知道哪一期是最后一期,所以,欺骗或违约行为总会被报复的这一威胁使得每一个参与者都会把合作策略维持下去。换言之,在有限期重复博弈中,如果任何一个参与者都不能准确地知道哪一期是最末一期,那么,每一个参与者在每一期就一定认为在下一期还要继续相互打交道,这就和无限期重复博弈没有什么差别。所以,在不能确定终止期的有限期重复博弈的寡头厂商共谋模型或者囚徒困境模型中,纳什均衡的合作解是可以存在的。

三、威胁或承诺的可信性

在寡头市场上，寡头厂商为了实现自己的经济目标，有时需要对竞争对手采取威胁或承诺的策略。需要强调的是，无论厂商采取的是威胁策略，还是承诺策略，他的威胁或承诺策略必须是可信的，否则，他的威胁或承诺策略就会失败，他所期望的经济目标就无法实现。

在此，我们以"在位者和进入者"博弈为例，说明厂商采取威胁或承诺策略的可信性的重要性。"在位者和进入者"博弈的主要内容是：假定寡头市场上的厂商面临着潜在进入者的竞争压力。在位者厂商为了阻止潜在进入者的进入，他所采取的威胁策略是扩大生产规模，并向外宣称：新扩大的生产规模目前是闲置的，在位者愿意花费相当的资金来维护闲置的生产设备。但是，只要潜在进入者敢于进入此行业，则在位者就立即动用那部分扩大的闲置的生产能力来进行生产，并将大量的产品抛向市场，以压低市场价格。在被压低了的市场价格水平下，实力雄厚的在位者能承受这一价格压力，而新进入者显然无法承受如此低的市场价格的压力。所以，潜在进入者受到在位者的这种扩大生产规模和压低价格的威胁，便有可能放弃进入该行业，这样在位者的威胁策略便有可能获得成功。由此可见，此博弈的关键问题是：潜在进入者是否真的相信在位者的威胁，或者说，在位者的威胁是否真的可信呢？只有在威胁策略可信的条件下，在位者才能阻止潜在进入者的进入。

下面，我们给出关于"在位者和进入者"博弈的两个不同的支付矩阵，通过分析和比较这两个支付矩阵来理解威胁的可信性对威胁策略取胜的重要性。在表8-7的支付矩阵中，我们通过分析可以发现在位者的威胁是不可信的。因为，在潜在进入者进入的前提下，如果在位者采取威胁策略抵制其进入，则在位者可获支付800；如果在位者不采取威胁策略抵制进入，则在位者可获支付900。所以，在位者的抵制这一威胁是不可信的（因为800＜900）。换句话说，在位者扩大生产规模的威胁只是一种摆设，它不会被真正实施。在这种情况下，潜在进入者根本不相信在位者的威胁，潜在进入者采取的行动就是进入。

表8-7　不可信性威胁策略

		进入者	
		进入	不进入
在位者	抵制	800，600	1300，900
	不抵制	900，1200	1300，900

我们再分析表8-8的支付矩阵，这是一个威胁策略可信的博弈。因为，在潜在进入者进入的前提下，如果在位者采取威胁策略抵制进入，则在位者可获支付800；如果在位者不采取威胁策略抵制进入，则在位者只可获支付700。所以，在位者的抵制威胁是可信的（因为800＞700）。换句话说，在位者的威胁是一种在必要时能真正被实施的威胁，潜在进入者一定会相信在位者的威胁，于是，潜在进入者采取的行动只能是不进入。

表 8-8   可信性威胁策略

		进入者	
		进入	不进入
在位者	抵制	800，600	1300，900
	不抵制	700，1200	1300，900

由此可见,在寡头厂商的相互博弈过程中,所采取的威胁策略一定应该是可信的。只要这样,其威胁策略才能真正发挥作用,并达到既定的经济目标。关于策略的可信性这一点,对于寡头厂商的承诺策略也是同样适用的,即只有当寡头厂商采取的承诺策略是可信时,这一承诺策略才能取胜。

当然,我们还需指出,在以上"在位者和进入者"博弈中,当在位者采取扩大生产规模的威胁策略时,自身是面临很大的风险的。因为,一方面,维护已扩大的生产规模需要大量的资金;另一方面,当他真的动用新扩大的生产规模来进行生产时,有可能由于市场需求的限制,使得大量的产品找不到销路。这些因素都有可能最后甚至导致在位者的工厂倒闭。在现实经济生活中,这种失败的实例是存在的。

总而言之,在寡头市场上,威胁策略和承诺策略的可信性是一个很重要的问题。从威胁策略和承诺策略可信性的角度,也可以在一定的程度上帮助我们理解厂商在经济活动中坚持诚信的重要性。正因为这样,在一定的意义上,可以说,诚信也是一种生产要素。

第四节   信息经济学初步

信息经济学起源于 20 世纪 40 年代,发展于 50—60 年代,到 70 年代基本发展成熟。在创建初期,研究重点多种多样,有的学者侧重于基础理论研究,有的学者则侧重于应用研究,也正是这两种研究的互相补充和互相促进,才奠定了信息经济学的理论基础。进入70 年代以后,信息经济学的发展基本上达到了成熟,其标志是有大量信息经济的论著问世。

信息经济学的发展沿着两条明显的主线:一是以弗里兹·马克卢普和马克·尤里·波拉特为创始人的宏观信息经济学。宏观信息经济学又称情报经济学、信息工业经济学。以研究信息产业和信息经济为主,是研究信息这一特殊商品的价值生产、流通和利用以及经济效益的一门新兴学科,是在信息技术不断发展的基础上发展建立起来的,是经济学的重要领域。二是以斯蒂格勒和阿罗为最早研究者的信息经济学、微观信息经济学。微观信息经济学又被称为理论信息经济学,是从微观的角度入手,研究信息的成本和价格,并提出用不完全信息理论来修正传统的市场模型中信息完全和确知的假设。重点考察运用信息提高市场经济效率的种种机制。因为主要研究在非对称信息情况下,当事人之间如何制定合同、契约及对当事人行为的规范问题,故又称契约理论或机制设计理论。

一、研究内容

1. 非对称信息环境与微观信息经济学

非对称信息指交易双方各自拥有他人所不知道的与交易有关的私人信息。在"囚徒困境"中，囚犯互相不知道同伴是什么样的选择，因而选择坦白交待。产品市场上著名的"柠檬市场"（次品市场），卖主比买主拥有更多的关于产品的信息。在劳动市场上，存在工资、激励及逆向选择问题，老板不了解众多下属中谁最具有能力做经理，也不了解上任的经理是否可以把全部精力投入工作，而下属则不了解老板的利润究竟是多少，还有腐败的滋生与惩治。虚假广告与假冒伪劣商品的治理等，都存在着信息不对称的问题。信息经济学把拥有私人信息的一方称为代理人，不了解这些信息的一方称为委托人。因此，一般不对称信息问题都可归结为"委托—代理"模型。在非对称信息环境中，"委托—代理"关系的成立条件是委托人对代理人的支付不低于后者参与这个契约的机会成本，同时又要实现自身利润最大化。在这种参与约束和激励相容约束的条件下，委托人的最优选择应该是什么？博弈论学者哈萨尼对此做了深入研究，定义了贝叶斯—纳什均衡，以寻求最优的契约或制度安排，使代理人吐露实情。委托人还可通过一些信号，如价格、荣誉、广告等，获取信息。非对称信息环境是微观信息经济学重要的既定条件之一。微观经济学的完全竞争模型在现实中很难真正存在，对不完全信息状态下市场的研究逐渐发展为微观信息经济学。国内在20世纪90年代初逐渐开始介绍六七十年代西方微观信息经济学的成就，随着我国经济理论与实践发展的需要，信息经济学得到了一定的重视。在1996年诺贝尔经济学奖授予两位信息经济学的研究者之后，国内对于信息经济学的研究越来越重视，各类介绍、研究与应用的论文与著作逐渐多了起来。

2. 宏观信息经济学

美国普林斯顿大学的马克卢普和斯坦福大学的波拉特创立的宏观信息经济学，把信息产业视为在农业、工业、服务业之外的第四产业，以统计数字及数量分析来说明信息经济的发展，它是信息产业及信息经济发展的必然要求及必然结果。以乌家培为代表的信息经济学者认为宏观信息经济学的主要研究内容为：

信息产业的产生与发展，以及在国民经济中的地位与作用；有关信息市场的问题，如信息商品的价值与价格计算，市场主体行为的考查及市场容量的扩展；信息商品的生产、交换、消费、分配规律以及对信息资源的有效配置问题的研究。

国民经济的信息化问题以及如何用信息技术改造传统的工农业，还有以信息技术为主要研究对象的信息系统的研究等。总体来讲，宏观信息经济学既研究信息产业的经济运作，也研究社会宏观经济的信息化问题。

3. 微观信息经济学与宏观信息经济学的结合

目前，在信息经济学的研究进程中，经济学界更多地关注微观信息经济学的发展动态。十分重视对微观信息经济学的介绍及对各种非对称信息条件下经济问题的研究。而对于宏观信息经济学的研究则较少涉足。尽管信息与商品有着不同商品的特点，信息产业作为一种新型的产业，也有其特殊的经济规律，但它受到信息学者的重视要远远超过经济学者。也正因为如此,信息经济学给信息学注入了生机与活力。在信息学界有一些极为活跃的信息经济学研究者,他们不但从事信息商品与信息产业的经济学研究,也逐渐进入微观信息经济学领域,并且试图将两者结合起来,纳入一个完整的体系。主要方法是从非对称信息条件下的契约理论入手,进而研究信息(各种信号)的搜寻,以及信息的成本及交易成本,逐步过渡到宏观信息经济学的领域。

二、应用研究

尽管微观信息经济学又被称为理论信息经济学,但它的应用研究并不简单地等同于宏观信息经济学。近两年来微观信息经济学的应用研究在当前我国经济改革与转型时期的制度安排及市场规范方面有着不可低估的作用,是信息经济学极具前景的研究领域。

如前所述,微观信息经济学是研究在不确定、不对称信息条件下如何寻求一种契约和制度来安排规范当事者双方的经济行为,又称为不对称信息经济学或契约理论。

在此前提下,任何经济行为的结果都是确定的和唯一的。因此,微观经济学的任务是最优化决策问题,即如何实现资源的最优配置和效率最大化。而且它在自身的发展中形成了许多有效的分析方法,这都使得微观信息经济学相对于传统经济学而言实用性更强,更能广泛和深入地研究和解决实际经济问题。

从本质上说,信息经济学是非对称信息博弈论在经济学上的应用,是微观经济学的新发展。博弈论研究的问题是决策各方的行为发生相互影响时各自的决策以及这些决策所能达到的均衡,而信息经济学研究的问题则是决策各方的行为发生相互影响时存在着非对称信息。在这里,非对称信息指的是某些参与人拥有但另一些参与人不拥有的信息。

信息经济学所讨论的信息即指这种影响双方利益的信息,而不是讲各种可能的信息。不对称信息按内容可以分两类。

一类是双方知识的不对称,指一方不知道另一方诸如能力、身体健康状况等信息,这是外生的、先定的,不是双方当事人行为造成的。对于这类信息不对称,信息经济学称之为隐藏知识、隐藏信息。

另一类不对称信息是指在签订合同时双方拥有的信息是对称的,但签订合同后,一方对另一方的行为无法管理、约束,这是内生的,取决于另一方的行为。对于这类信息不对称,信息经济学称之为隐藏行动。比如在签订合同后,雇员是努力工作还是偷懒,雇主不能自由控制。要解决这个问题,就要实行一种激励机制,使雇员采取正确的行动。比如用什么样的工资制度或福利制度,使雇员努力工作。

三、逆向选择和道德风险

广泛存在的信息不对称问题导致了机会主义者大量存在。机会主义(或者说投机)假设是指人具有随机应变、投机取巧为自己谋取最大利益的行为倾向,包括事前机会主义行为(逆向选择)与事后机会主义行为(道德风险)。按不对称信息发生的时间,在事前发生的信息不对称会引起逆向选择问题,而事后发生的信息不对称会引起道德风险问题。逆向选择和道德风险是信息经济学两大基本研究课题。

1. 逆向选择

(1) 含义

逆向选择是指由于交易双方信息不对称和市场价格下降产生的劣质品驱逐优质品,进而出现市场交易产品平均质量下降的现象。逆向选择现象是一个存在于交易合同签订前的信息问题。

(2) 举例

例1:旧车市场模型(Market for used cars)

美国经济学家阿克洛夫在1970年的论文《柠檬市场:质量的不确定与市场机制》中提出了著名的旧车市场模型。阿克洛夫假设市场中存在"好车"与"坏车",坏车指有先天质量问题的车(这类车被称为"lemon"——柠檬)。作为购买者和经销商,在没有试驾前谁也无法区分好车或"柠檬",所以我们每个人都有可能买到"柠檬"。当买家入手新车并且使用一段时间后,他可能会发现自己的车隐含的一些问题,这时候他将这辆车放入二手车市场,信息不对称就产生了——卖方(车主)手中掌握的信息(这辆车存在质量问题,是颗"柠檬")多于买方。如前文所述,买方无法识别"柠檬",因此在这个市场里好车和"柠檬"都不得不以相同的市场价格(均价)出售。这个价格对于"柠檬"卖家很有吸引力,而持有好车的卖方因为售价过低逐渐退出市场。结果是,在旧车市场买到"柠檬"的概率大大高于新车市场,旧车市场上汽车的平均质量降低,买家愿意支付的价格进一步下降,更多的较高质量的汽车退出市场……在均衡的情况下,只有低质量的汽车成交,极端情况下甚至没有交易,市场消失。

在旧车市场上,高质量汽车被低质量汽车排挤到市场之外,留下的只有低质量汽车。也就是说,高质量的汽车在竞争中失败,市场选择了低质量的汽车,这违背了市场竞争中优胜劣汰的选择法则。平常人们说选择,都是选择好的,而这里选择的却是差的,所以把这种现象叫做逆向选择。

例2:保险市场

以医疗保险市场为例,由于投保人比保险商更清楚地知道自己的身体状况,而且投保人尤其是风险较高的群体不仅不愿意诚实地披露与自己的真实风险条件有关的信息,甚至有时还会制造虚假的或模糊的信息。这样,在订立契约时,如果保险公司由于无法鉴别隐瞒信息的投保人而采取"一刀切"的方式,即将风险程度设定为某一平均程度,那么,那些存在患病高风险的人就会倾向于投保,而那些身体状况较好的人则不会购买医疗保险。结果,保险公司就会面临着较大的赔付概率,甚至可能亏损。这是一种典型的事前机会主义行为,即逆向选择。

此外,在金融市场上,逆向选择是指市场上那些最有可能造成不利(逆向)结果(即造成违约风险)的融资者,往往就是那些寻求资金最积极而且最有可能得到资金的人。

2. 道德风险

(1) 含义

道德风险,即从事经济活动的人在最大限度地增进自身效用的同时做出不利于他人的行动。或者说是,当签约一方不完全承担风险后果时所采取的自身效用最大化的自私行为。

道德风险是20世纪80年代西方经济学家提出的一个经济哲学范畴的概念,道德风险亦称道德危机。道德风险并不等同于道德败坏。事实上,道德风险,属于契约的执行问题,即已经取得保险的投保人不以完全负责的态度行事。

（2）举例

例1：一个经典的例子

2001年度诺贝尔经济学奖获得者斯蒂格利茨在研究保险市场时发现的。美国一所大学学生自行车被盗比率约为10％，有几个有经营头脑的学生发起了一个对自行车的保险，保费为保险标的的15％。按常理，这几个有经营头脑的学生应获得5％左右的利润。但该保险运作一段时间后，这几个学生发现自行车被盗比率迅速提高到15％以上。何以如此？这是因为自行车投保后学生们对自行车安全防范措施明显减少。在这个例子中，投保的学生由于不完全承担自行车被盗的风险后果，因而采取了对自行车安全防范的不作为行为。而这种不作为的行为，就是道德风险。可以说，只要市场经济存在，道德风险就不可避免。

例2：医疗保险市场

医疗保险市场上的风险还有事后的机会主义行为。如，当投保人投保之后，由于自己患病的损失将由保险公司承担，那么有些投保人就可能会不太关注自己的身体健康。特别是当投保人的行为无法受到监控时，他就可能会更加忽视自己的健康保护。结果也会使保险公司的赔付概率增大，甚至亏损。因而，为了保证医疗保险市场能够有效运转，保险公司相应地设计了一些保险制度，例如投保人需要提供健康证明，强制所有的人投保以避免逆向选择问题，赔付的比率为损失的一部分而不是全部赔偿以减少道德风险问题等。

投保者购买保险后可能降低自我防范意识，因为一旦发生事故，将由保险公司承担损失。这时，投保者就具有降低责任感的诱惑。这就是保险中的道德风险。

例3：股份公司中的道德风险

亦称"委托—代理问题"。所有权与控制权的分离可能使经理人员无视股东利益，按照自己的利益，利用自己的信息优势，为了自己的利益最大化而掩饰公司经营的真实状况。因此，凡是存在雇佣关系，都会产生道德风险。

此外，金融业中也存在道德风险，比如，资金短缺者获得资金盈余者提供的资金后，违反合约从事高风险投资活动。

在非对称信息情况下，逆向选择和道德风险是随时可能发生的，信息经济学认为，减免的办法就是建立起激励机制和信号传递机制。

四、信息不完全和激励机制：委托—代理问题

在现实经济中，"委托—代理"关系是非常普遍的。例如，雇主和雇员、股东和经理、医院和医生、被告和律师等等。在这些例子中，前者是"委托人"，后者是"代理人"。委托人委托代理人处理与自己有关的一些事务，并支付相应的报酬。但是，由于代理人的利益往往与委托人的利益并不一致（有时甚至可能完全不同），因此，对委托人来说，一个至关重要的问题就是：如何确保代理人按照自己的要求行事？这就是所谓的"委托—代理"问题。

如果委托人对代理人的行为及其可能造成的后果有充分的了解，即具有完全的信息，则解决委托—代理问题就不会有太大的困难：他可以与代理人订立一份详细的合同，规定代理人应尽的责任，并对代理人的行为进行严格的监督，如果发现代理人有违约之处，即按照合

同规定对其实施处罚。在这种情况下，委托—代理关系就不会出现严重的问题。但是，在现实生活中，委托人对代理人的情况往往缺乏足够的了解：委托人很难有足够的时间和精力来监视代理人的一举一动；即使有这样的时间和精力，也可能缺乏必要的知识和能力；更何况，在许多场合，监督本身也许都不可能。在这种信息不完全、委托人无法对代理人行为进行直接"监控"的条件下，委托人有什么办法能够确保代理人不偷懒、不耍滑、严格按照合同的规定来为自己的利益服务呢？

实际上，委托—代理问题也可以被看成是一种"外部影响"：代理人不按合同规定尽责尽力而偷懒或"干私活"的行为对委托人造成了损害，但却没有对这种损害进行补偿（或因这种损害而受到惩罚）。和其他的外部影响一样，由于信息不完全而引起的委托—代理问题也会给市场机制的正常运行带来困难，从而造成低效率的结果。

许多现代公司的所有权和经营权都往往是分离的。这种情况下的委托—代理问题就是：如何确保公司经营者（经理）的行为符合公司所有者（股东）的利益？

解决委托—代理问题的一个方法是采用"木马计"：委托人把自己的利益"植入"到代理人的利益之中，或者"搭载"到代理人的利益之上，这样，当代理人为自己的利益而采取行动时，他同时也就是在为委托人的利益服务了。下面是"木马计"的一个例子：股票期权计划。

所谓股票期权计划，就是公司给予它的经营者在一定的时间期限内按照某个既定的价格购买公司一定数量股票的权利。这里值得注意的是，公司给予其经营者的不是现金报酬，也不是股票本身，而是一种权利，根据这种权利，经营者可以购买本公司的股票。股票期权计划对企业经营者具有两个方面的激励作用。一个叫做"报酬激励"，另一个叫做"所有权激励"。

股票期权的报酬激励是在经营者购买股票之前发挥作用的。在股票期权计划下，如果公司经营得好，公司股票的价格就能够不断地上涨，经营者就可以通过行使股票期权计划所赋予的权利（即购买既定价格和数量的公司股票）而获得可观的收益；反之，如果公司经营得不好，股票价格就不能够上涨，有时甚至还会下跌，在这种情况下，经营者就可以放弃股票期权计划所赋予的特权而避免遭受损失。总之，股票期权向企业的经营者提供了一个没有任何风险的获利机会。

五、信誉和信息调控

信息的不完全和不对称带来了许多问题，市场机制本身可以解决其中的一部分。例如，为了利润的最大化，生产者必须根据消费者的偏好进行生产，否则，生产出来的商品就可能卖不出去。生产者显然很难知道每个消费者的偏好的具体情况。不过，在市场经济中，这一类信息的不完全并不会影响他们的正确决策——因为他们知道商品的价格。只要知道了商品的价格，就可以由此计算生产该商品的边际收益，从而就能够确定他们的利润最大化产量。

通过市场机制本身来解决信息不完全和不对称问题的另外一个方法是建立"信誉"。在信息不完全和不对称的情况下，如果没有其他的约束机制，市场就会到处充斥劣质的产品。这是因为，一方面，消费者知道，生产和销售产品的企业比自己更加了解商品的质量，因而就有可能利用这一信息优势来进行欺骗，即生产一些成本较低的劣质产品，并把它们拿到市场上来以次充好，以获得更大的利润。基于这种认识，消费者只愿意对企业提供的商品支付较低的价格。另一方面，由于消费者只愿意支付较低的价格，企业也不会愿意生产成本较高的优质产品。这样一来，结果当然就是劣质产品把优质产品逐出市场。

幸运的是，由于存在着诸多的约束因素，现实的市场并没有糟糕到如上所说的地步。其中一个就是"信誉"。所谓信誉，可以看成是消费者对企业行为的一种主观评价。消费者根据自己购买和消费某种产品的亲身体验以及来自其他消费者的"忠告"或别的因素，对生产和销售该产品的企业的诚信（或欺瞒）程度作出判断，并根据这种判断来决定以后是否会购买该企业的产品。

一般来讲，当买卖双方的关系相对固定时，信誉机制比较容易建立。在这种情况下，企业只要欺骗某个消费者一次，就可能永远失去这一消费者，甚至有可能失去更多的消费者。反之，如果是一次性的、流动性的买卖，交易结束之后，双方可能永远也不会再碰面，则建立信誉机制就比较困难，因为在这种情况下，对企业来说，"回头客"本来就不存在，也用不着担心受骗者会向其他消费者揭发自己的不是。不过，即使是在后面这种场合，信誉机制有时也可以起到一定的作用。以遍布世界的麦当劳为例，当你呆在家里时，你也许并不愿意经常去麦当劳。但是，当你出差到一个陌生的地方时，去麦当劳也许就是一个不错的决定。街头那家名叫"张三"的饭馆提供的饭菜也许要更有风味，但你却无法肯定。你唯一能够肯定的是，这里的麦当劳和你家乡的麦当劳是完全一样的。因为麦当劳的产品全球都一样，去那里用餐用不着担心受骗。于是，通过这样的"标准化"，市场在一些"一锤子"买卖的场合也可以建立起信誉机制。信誉在解决信息不完全和不对称问题上所起的最重要的作用就是"区分市场"。信誉把由于信息不完全和不对称而搞得混乱不堪的市场变得清晰分明起来。信誉好的商品意味着质量高，信誉差的商品意味着质量低。在"区分市场"的同时，信誉也使得"高质高价"成为可能：产品质量高的价格就高，反之则低。"高质高价"鼓励了生产和销售优质产品的企业，同时也惩罚了生产和销售劣质产品的企业——它们的产品被打上劣质的烙印，无法再冒充优质产品。总之，提高了企业诚信的收益和欺骗的成本。

但是，市场机制并不能够解决所有的信息不完全和不对称问题。在这种情况下政府就有必要在信息方面进行调控。信息调控的目的主要是保证消费者能够得到充分和正确的市场信息，即增加市场的"透明度"，以便他们能做出正确的选择。例如，就保护消费者方面来说，常见的政府措施包括这样一些规定：发行新股票或新债券的公司必须公布公司的有关情况、产品广告上不得有不合乎实际的夸大之辞、某些产品必须有详细的使用说明书、香烟包装上必须标明"吸烟有害健康"的字样等等。

六、理论意义

传统经济学认为，价格凝结了所有的市场信息，它的获得不需要成本，因而能够为所有的市场参与者自由运用，这样，市场参与者就具有了市场运行的完全信息。决策个体之间的相互作用通过市场包含在价格之中，直接经济联系并不等同于相互作用。因而，直接的相互作用或经济联系并不构成传统经济分析的内容。这就隐含着传统经济分析不包含私人信息的内容，亦即不存在信息的非对称性。理性人假设具有两层含义：一是"利己"和"效率"，即

"自私"和"利益最大化";二是决策者具有进行决策的完全信息。完全信息决定了理性是完全的,个人理性能够自发达到集体理性。这样,决策个体在给定的信息参数——价格下进行决策,个体之间的相互作用都通过市场包含在价格之中,价格机制就包含了市场经济活动的全部内容,市场机制就等同于激励约束的全部内容和手段。通过市场这只"看不见的手"的作用,个人理性自发地达到集体理性,市场总是出清的,整个经济社会最终会达到理想状态——帕累托最优状态(第十章会具体介绍帕累托最优)。

信息经济学认为,价格是在搜寻中获得的,是以付出成本为代价的。因而,信息是不完全的。这就决定了竞争是不完全的,决策个体之间存在直接的相互作用和影响,私人信息发挥着重要作用。因而,信息是不对称的。在信息不完全和非对称条件下,完全理性转化为有限理性,即经济个体是自私的,按照最大化原则行事,但他通常并不具有做出最优决策所需要的信息,因此,经济个体的能力是有限的,理性也就是有限的。个人理性选择的结果可能是非理性的,个人理性并不必然导致集体理性。这样,各个决策个体之间直接的相互作用和影响成为经济分析的出发点。通过对信息,尤其是私人信息作用机理的分析,信息经济学揭示了个人理性可能导致集体非理性,价格并不能囊括全部的市场经济关系,因此,市场价格制度就不再是激励约束全部内容和手段,"非价格"机制成为激励约束不可或缺的内容。信息经济学就是运用机制设计理论来设计"非价格"制度以解决这个问题的。

★★★★★ 本章要点回顾 ★★★★★

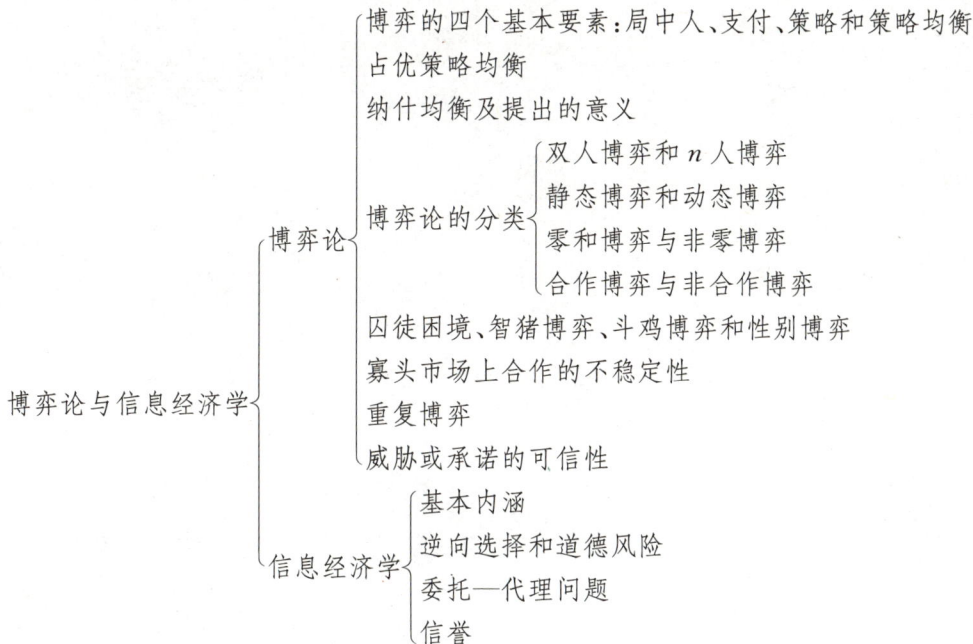

博弈论与信息经济学
- 博弈论
  - 博弈的四个基本要素:局中人、支付、策略和策略均衡
  - 占优策略均衡
  - 纳什均衡及提出的意义
  - 博弈论的分类
    - 双人博弈和 n 人博弈
    - 静态博弈和动态博弈
    - 零和博弈与非零博弈
    - 合作博弈与非合作博弈
  - 囚徒困境、智猪博弈、斗鸡博弈和性别博弈
  - 寡头市场上合作的不稳定性
  - 重复博弈
  - 威胁或承诺的可信性
- 信息经济学
  - 基本内涵
  - 逆向选择和道德风险
  - 委托—代理问题
  - 信誉

第九章
生产要素的价格决定和收入分配理论

本章导学

1. 理解边际生产力递减规律、生产要素需求曲线，生产要素均衡的条件、完全竞争及不完全竞争市场中的要素需求。

2. 掌握完全竞争和不完全竞争市场的要素供给，不同市场条件下的价格决定。

3. 掌握工资、地租、利息、利润的决定，准租和经济租的概念。

4. 掌握洛伦兹曲线和基尼系数的概念。

第一节　生产要素的需求

一、生产要素的概念

所谓生产要素,也称生产性资源,或简称要素,是指为社会总产品的创造作出了贡献的资源。19世纪早期的西方经济学家把生产要素划分为土地、劳动和资本三类,它们的价格则分别称为地租、工资和利润(包括利息)。到了19世纪晚期,增加了第四个要素——企业家才能,从而,利润成为企业家的报酬,利息则成为资本所有者的收入;地主、工资收入者则作为土地、劳动的所有者,获得地租和工资。

因此,地租、工资、利息和利润从生产者角度看,是生产要素的价格,或生产成本;而从要素所有者角度看,则分别是各所有者的收入。从而,要素价格的决定问题,也就是收入分配问题。收入分配理论,就是分析地租、工资、利息和利润是如何被决定的。

微观经济学中的分配理论,一种是由20世纪初美国经济学家克拉克提出的边际生产力理论;另一种是由马歇尔提出的以均衡价格论为基础的分配理论。前者主要考虑了生产要素的需求,而后者则综合考虑了生产要素的需求与供给两个方面。

生产要素的需求来自厂商,厂商购买生产要素不是为了满足自己的消费需要,而是满足生产需要,最终生产出满足消费需要的商品和服务。正因如此,最终消费需求也就决定了生产要素的需求。或者说,对生产要素的需求是由对消费品的需求派生出来的,因而是一种"派生需求",如果消费者对某种产品需求增加,则厂商对生产该产品的生产要素的需求也会增加,反之则反是。同时,假定其他因素不变,生产要素的需求弹性也取决于用这种要素所生产的商品的需求弹性。如果所生产的商品需求弹性较大,则此生产要素的需求弹性也较大。

要素需求不仅是一种派生需求,也是一种"联合需求"。假定生产一种产品需要至少两种以上要素,那么,各种生产要素之间就存在互相替代或补充的关系。因此,厂商对某一生产要素的需求,不仅取决于该要素的价格,也同时取决于其他要素价格的影响。

生产要素的需求曲线与产品市场的需求曲线一样,也具有向右下方倾斜的特征。这一特征可由边际生产力理论得到解释。

二、边际生产力理论

"边际生产力"这一术语是19世纪末美国经济学家克拉克首创并进一步用于其分配论分析的。它指的是在其他条件不变前提下每增加一个单位要素投入所增加的产量,即边际物质产品(marginal physical product,有时被简称为边际产品MP)。而增加一个单位要素投入带来的产量所增加的收益,叫做边际收益产品(marginal revenue product,简写为MRP)。边际收益产品等于要素的边际物质产品和边际收益的乘积,即:

$$MRP = MP \times MR$$

因此,可变要素的边际收益产品 MRP,取决于两个因素:(1)增加一单位要素投入带来的边际物质产品(MP)的变化;(2)增加一单位产品所增加的收益(MR)的变化。

特别地,最后雇用的那个工人所带来的产量称为劳动的边际生产力或劳动边际收益产量;最后追加的那个单位资本所带来的产量称为资本边际生产力或资本边际收益产量。

下面我们来分析边际生产力的变化特征。

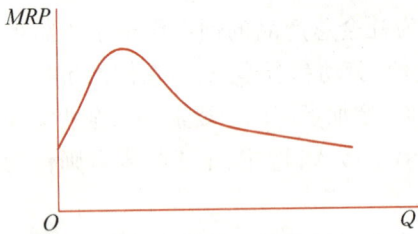

图 9-1　边际生产力曲线

假定其他要素投入量不变,只有一种可变要素。那么,随着可变要素的不断增加,其边际生产力最初上升,超过某一点后,开始下降。

以劳动作为可变要素为例,劳动投入量和劳动的边际生产力之间的关系,可用图 9-1 中的边际生产力曲线表示。

同样地,如果假定资本是可变要素,也可用图 9-1 来大致表示资本的边际生产力曲线,即资本的边际生产力最初上升,达到某一点后,出现下降。

要素边际生产力曲线之所以呈现先上升后下降的原因,实质上就是第五章讲过的边际报酬递减规律的作用的结果。只不过后者仅仅指边际产量递减,而前者既可以指边际产量递减,也可以指边际收益产品递减。因此,边际生产力递减规律只不过是边际报酬递减规律的表现形式。

三、生产要素的需求函数

厂商对某一可变生产要素的需求函数,反映的是在其他条件不变时,厂商对该要素的需求量与该要素价格之间的关系。为此,我们在本节假定要素市场是完全竞争的,即厂商面临的是既定的要素价格。

1. 完全竞争厂商使用生产要素的原则

前面我们讲到,厂商实现利润最大化的一般原则是边际收益等于边际成本,这一原则同样可以用于厂商对生产要素的使用。不过,在这里,使用要素的"边际收益",是要素数量本身的函数;要素的边际成本也是要素数量本身的函数。

下面我们来具体说明,比较厂商使用要素的"边际收益"即边际收益产品与生产的产品边际收益的区别。在这里,根据假定,要素市场是完全竞争的,因而要素的边际成本也即要素的价格,不随着数量变化而变化。而且,产品市场完全竞争,厂商面临不变的产品价格,这样,厂商生产产品的边际收益也不变。因此,要素的边际收益产品仅随着要素使用的数量变化而变化。

在前面介绍的产品市场理论中,我们讲到,厂商的收益函数等于产品产量与产品价格的乘积,用公式表示就是:

$$R(Q) = Q \cdot P$$

其中,R、Q 和 P 分别为厂商的总收益、产量和产品价格。在完全竞争条件下,产品价格为常数,因此,产品的边际收益 MR,也就是收益对产量的一阶导数,它等于产品价格,即

$MR = P$。

但从产品市场转向要素市场后,就必须进一步讨论。在要素市场上,收益是产量的函数,而产量又是生产要素的函数,因此,收益是要素的复合函数。假设厂商使用的生产要素为劳动 L,则收益函数可写成:

$$R(L) = Q(L) \cdot P$$

现在,自变量是劳动 L,劳动的边际收益,也即要素的边际收益产品,是收益的一阶导数。可以写成:

$$MRP(L) = dQ(L)/dL \cdot P = MP(L) \cdot P$$

其中,$dQ(L)/dL$ 或 MP 是单位劳动的边际产品,而乘以价格 P 后,就是要素劳动 L 的边际产品价值。

因此,产品的边际收益是对产量而言,是增加单位产量的收益;要素的边际收益产品是对要素而言,是增加单位要素的收益。

现在,让我们进一步假定厂商只使用一种生产要素劳动 L,工资为 w,那么,厂商利润最大化原则要求使用要素的边际收益产品等于要素的边际成本。即:

$$MRP(L) = w$$

上式也可写成 $\qquad\qquad P \cdot MP(L) = w$

由于边际生产力递减规律,要素的边际产品 $MP(L)$ 曲线向右下方倾斜。也就是说,随着要素使用量的增加,其边际产品将不断下降。又由于完全竞争条件下产品价格不变,因此,要素的边际收益产品曲线也向右下方倾斜。

2. 产品市场完全竞争条件下厂商对生产要素的需求

由于产品价格 P 不变,故上式确定了从要素价格 w 到要素使用量 L 的一个函数关系,也即确定了厂商对要素的一个需求函数。满足上式的要素使用数量,也是厂商的最优选择。

根据上式,可以得到厂商要素需求曲线的形状特征。假定开始时,上式是满足的;现在假定 w 上升。厂商为了重新均衡,必须调整要素使用量 L,使得 $P \cdot MP(L)$ 亦上升。根据边际生产力递减规律,必须减少要素使用量 L。反之,假定 w 下降,则必须增加要素使用量 L。从而我们得到结论:产品市场完全竞争条件下厂商的要素需求曲线与其边际收益产品曲线一样向右下方倾斜。

我们还可以进一步证明,在产品市场、要素市场完全竞争条件下,厂商对单一要素的需求曲线将与其边际收益产品曲线完全重合。这是因为,在完全竞争的要素市场上,厂商面临的要素供给曲线是一条水平线。这样,给定一个要素价格如 w_0 时,就确定了一条水平的要素供给曲线;从而,要素使用原则 $MRP(L) = w$ 在几何图形上就会存在一个 $MRP(L)$ 曲线与 w_0 曲线的交点 A(见图 9-2)。A 点表明,当要素价格为 w_0 时,要

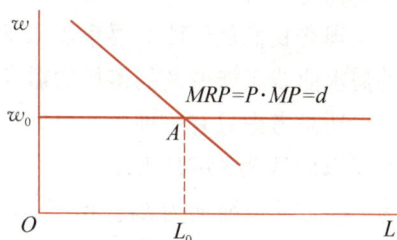

图 9-2 完全竞争的产品和要素市场条件下厂商对生产要素的需求曲线

素需求量为 L_0。这就是说,边际收益产品曲线 MRP 上的 A 点,也是要素需求曲线上的一点。

同样地,如果给定另外一个要素价格,就会有另外一条水平的要素供给曲线与 MRP 相交,这一交点也确定了一个最优的要素使用量,因而也是需求曲线上的一个点。于是,我们得到结论:在使用一种生产要素的情况下,而且产品市场和要素市场均满足完全竞争条件,那么,厂商对要素的需求曲线与要素的边际收益产品曲线恰好重合。

同样地,假定厂商只使用一种生产要素资本 K,那么,我们同样得到厂商使用要素的最优原则:

$$MRP(K) = P \cdot MP(K) = r$$

式中,$MRP(K)$ 是资本的边际收益产品,$MP(K)$ 是资本的边际产品,r 为资本的价格(利息率)。上式亦表明,厂商对资本的要素需求曲线不仅向右下倾斜,而且与资本的边际收益产品曲线重合。

现在我们考虑厂商同时使用劳动 L 和资本 K 两种生产要素的情况。假定厂商的生产函数为 $Q = f(L, K)$,劳动 L 和资本 K 的价格分别为 w 和 r,π 表示利润。那么,厂商的利润函数为:

$$\pi(L, K) = P \cdot f(L, K) - (wL + rK)$$

令一阶条件为 0,得到:

$$\frac{\partial \pi}{\partial L} = P \cdot \frac{\partial f(L, K)}{\partial L} - w = 0$$

$$\frac{\partial \pi}{\partial K} = P \cdot \frac{\partial f(L, K)}{\partial K} - r = 0$$

于是,我们得到:

$$P \cdot MP(L) = w$$

$$P \cdot MP(K) = r$$

即:

$$\frac{MP(L)}{w} = \frac{MP(K)}{r}$$

前两式,即我们前面分析过的要素需求函数;第三式表明,厂商在选择最优要素组合时,要求在每一要素上的每一元花费得到的边际产品相等。

现在我们从厂商的要素需求曲线推导出市场需求曲线。需要特别注意的是,要素市场的需求曲线不能像商品市场的需求曲线那样进行简单加总而成,而是要经过一些调整。

还是考虑只有一种生产要素 L 的情形,如图 9-3 所示。假定开始时,一家厂商 F 对 L 的需求曲线为 $MRP(L_0)$,均衡点为 E_0,要素需求量为 L_0。当 w_0 下降为 w_1 时,均衡点应为 E_1,需求量增加为 L_1。但是,考虑到 w_0 下降到 w_1,将影响到其他因素的变动,就须适当调整,因为,当 w_0 下降到 w_1 时,所有厂商都会增加对 L 的需求量,从而该产品的市场供给曲线将向右下方移动。如果该商品的市场需求无变化,则该产品的价格就要下降。这时,即使要素的边际产品 MP 不变,边际收益产品 MRP 也会减少。从而,厂商 F 的 $MRP(L_0)$

曲线向左下方移动到 $MRP(L_1)$，交 w_1 于 E_2，从而对 L 的需求量不是 L_1，而是 L_2。因此，连接 E_0、E_2 的曲线 d_m，就是厂商 F 对 L 的需求曲线。由于这一需求曲线考虑到了多个厂商同时调整的因素，因而可称为厂商 F 的实际需求曲线，它的形状仍然向右下方倾斜，只是更陡峭一些。

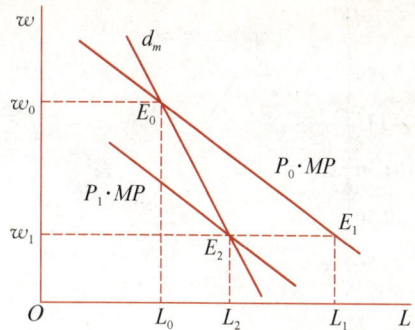

图 9-3　某厂商 F 对 L 的需求曲线

将多个厂商的经过调整了的要素需求曲线进行水平加总，就得到市场的要素需求曲线：$D = \sum d_m$，它是一条向右下方倾斜的曲线。

3. 产品市场非完全竞争条件下厂商对生产要素的需求

产品市场非完全竞争情形，包括垄断、寡头和垄断竞争三种。在非完全竞争条件下，由于厂商面临的产品需求曲线不是水平的，产品价格随着产品数量变化而变化，因而，厂商对要素的需求曲线也将不同于产品市场完全竞争下的情形。

为简单起见，这里我们主要分析一种卖方垄断厂商的情形。所谓卖方垄断厂商，是指厂商在产品市场上（作为产品的卖方）是垄断者，而在要素市场上（作为要素的买方）是完全竞争者。这样，在要素市场上，厂商使用要素的边际成本仍等于要素价格，但在产品市场上，产品价格则取决于产量，而产量又取决于要素数量，从而厂商使用要素的边际收益不再等于产品价格。表 9-1 可以说明。

表 9-1　卖方垄断厂商的基本情况表

要素数量 L	边际产品 MP	总产量	产品价格 P	总收益	边际收益产品
3	10	33	20.00	660.00	
4	9	42	19.50	819.00	159.00
5	8	50	19.00	950.00	131.00
6	7	57	18.50	1054.50	104.50
7	6	63	18.00	1134.00	79.50
8	5	68	17.50	1190.00	56.00
9	4	72	17.00	1224.00	34.00

由表 9-1 可以作出要素边际收益产品曲线图，如图 9-4 所示。从形状看，卖方垄断厂商的边际收益产品曲线也向右下方倾斜。究其原因，除了边际产品（MP）递减律的作用，还由于因产品价格下降而导致的边际收益（MR）下降（事实上，边际收益总是小于产品价格）。

现在，我们来推导卖方垄断厂商的要素需求曲线。假定只有一种要素劳动 L。

首先来求要素的边际收益产品 MRP。

垄断厂商的收益函数可写成：

$$R = R \cdot Q = P[Q(L)] \cdot Q(L)$$

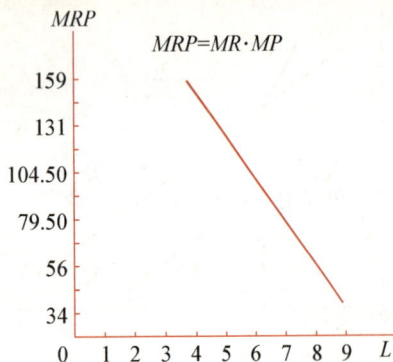

图 9-4　卖方垄断厂商要素
边际收益产品曲线

式中，$P[Q(L)]$ 表示产品价格是要素数量的复合函数。

要素的边际收益产品也即要素的边际收益，它是收益对要素的导数。

即：

$$MRP = \frac{\mathrm{d}R}{\mathrm{d}L} = \frac{\mathrm{d}P}{\mathrm{d}Q} \cdot \frac{\mathrm{d}Q}{\mathrm{d}L} \cdot Q + P \cdot \frac{\mathrm{d}Q}{\mathrm{d}L}$$

$$= \left(Q \cdot \frac{\mathrm{d}P}{\mathrm{d}Q} + P\right) \cdot \frac{\mathrm{d}Q}{\mathrm{d}L}$$

括号中的项就是产品的边际收益，也即：

$$Q \cdot \frac{\mathrm{d}P}{\mathrm{d}Q} + P = MR$$

这是因为，如果我们将厂商的收益写成产品（而不是要素）的函数：

$$R = PQ = P(Q) \cdot Q$$

那么，产品的边际收益就等于收益对产品（而不是要素）的导数，即：

$$MR = Q \cdot \mathrm{d}P/\mathrm{d}Q + P$$

从而得证。

由于 $\frac{\mathrm{d}P}{\mathrm{d}Q} < 0$，所以 $MR < P$。其原因在于，边际产品 MP 引起了整个产品价格的下降。

这样，我们就有：$MRP = MR \cdot MP$

其次，再考虑完全竞争的要素市场，卖方垄断厂商按照要素边际收益等于要素边际成本的原则必须满足：

$$MRP = w$$

或

$$MR(L) \cdot MP(L) = w$$

上式确定了从要素价格 w 到要素使用量 L 的一个函数关系：给定一个要素价格 w，则有唯一的满足要素使用原则的最优要素数量与之对应，因此，上式确定了卖方垄断厂商对要素的需求函数。

那么，卖方垄断厂商的要素需求曲线具有什么特征呢？假定开始时要素使用满足 $MR(L) \cdot MP(L) = w$。现在让 w 下降，那么为了维持等式成立，$MR(L) \cdot MP(L)$ 也必须随之下降，因而要素需求量 L 必然增加。这就是说，随着要素价格的下降，要素需求量将上升，因此，要素需求曲线向右下方倾斜。

而且，与产品市场完全竞争条件下一样，卖方垄断厂商的要素需求曲线与其边际收益产品曲线完全重合。但这里要注意的是：产品市场完全竞争条件下厂商的要素需求曲线之所以向右下方倾斜，只是边际生产力（MP）递减一个因素所致，而卖方垄断厂商的要素需求曲线之所以右下倾，却是由于边际生产力（MP）递减和产品的边际收益（MR）递减两个原因所致。

卖方垄断厂商的要素需求曲线如图9-5所示。

下面分析存在卖方垄断厂商条件下的要素市场需求曲线。

首先考虑多个厂商的共同调整是否会改变厂商F的要素需求曲线。假定要素价格下降，那么要素市场上所有厂商的要素需求量和产量均将扩大。但是，卖方垄断厂商F自己产量的扩大不会改变它的产品需求曲线；其他厂商的产品因与厂商F的产品不具有相关性，也不会改变厂商F的产品需求曲线。这样，尽管考虑多个厂商的调整，厂商F的产品需求曲线从而它的边际收益产品曲线不会改变。也就是说，厂商F的要素需求曲线不发生变化。

图 9-5　卖方垄断厂商的
要素需求曲线

其次，再来考察卖方垄断厂商条件下的要素市场需求曲线。假定要素市场包括 n 个不同的卖方垄断厂商，那么，市场的要素需求曲线就是 n 个卖方垄断厂商的要素需求曲线的水平加总，向右下方倾斜。

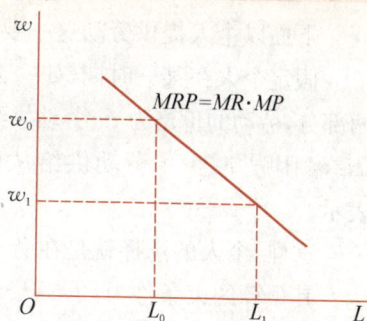

第二节　生产要素的供给与要素价格的决定

上节在分析要素需求的过程中，我们实际上假定厂商面临的是一个完全竞争的要素市场，或者说假定要素价格既定。本节将放宽这一假定，考察要素市场的供给特征并最终决定要素价格。

一、要素市场完全竞争条件下的要素供给与价格决定

我们这里的首要目的，是要推导出要素市场的供给曲线。为此，我们必须分析要素供给者的供给行为。

所有的生产要素，可以被划分为原始要素和非原始要素两大类。前者如不可再生的自然资源，它们的供给从总量上说往往是固定不变的，因此，它们的供给曲线是一条平行于价格轴的直线。非原始要素如中间产品、劳动力、资本等，其要素所有者可能是厂商和个人。作为提供中间产品的厂商，追求的是利润最大化，因此，中间产品的供给曲线，已于前面分析过，是随着生产的边际成本递增而向右上方倾斜的。

劳动力的所有者是个人或消费者，追求的是效用最大化。必须注意的是，个人拥有的要素数量在一定时期内总是既定不变的，例如，个人一天提供的劳动不可能超过 24 个小时，个人拥有的收入或财富也是受到约束的，不可能满足无限的当期消费与投资，等等。因此，对于个人或消费者而言，所谓要素供给问题的实质，可以看成个人或消费者在一定的要素价格水平下，将其全部既定资源在"要素供给"和"保留自用"两种用途上进行分配以获得最大效用。

下面以个人提供劳动这一要素为例说明劳动的供给行为。

假定个人在某一时期(如一天)内的时间总量为 $\overline{L}$,他将其分为"劳动供给"与"闲暇"时间两部分,劳动的价格为 w,劳动供给量为 L,"闲暇"时间为 l。劳动的供给可以获得收入 $y(L) = wL$,"闲暇"减少了劳动供给从而会减少收入,但也有效用,因此,效用函数可用 $U(y, l)$ 表示。

这样,个人的选择就是在劳动价格 w 既定条件下,选择最优的 l(或 L),使得效用最大化。其预算约束条件为:$L + l = \overline{L}$

即:$L = -l + \overline{L}$

两边同乘以 w,上式可改写为:$y = -wl + w\overline{L}$

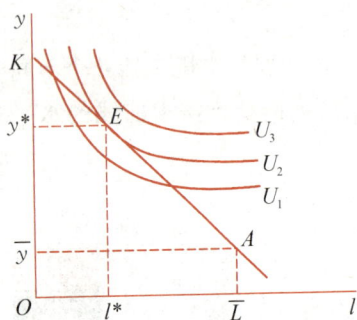

图 9 - 6　个人的要素供给分析

我们现在采用无差异曲线分析个人(或消费者)的劳动供给行为。以横轴 l 表示"闲暇"时间,纵轴 y 表示要素供给所带来的收入,表明个人实际上是在"收入"与"闲暇"之间进行选择,因而可作出无差异曲线 U_1,U_2,U_3,如图 9 - 6,其中 $U_1 < U_2 < U_3$。

再假设个人在开始时拥有 $\overline{L}$ 单位的时间和 $\overline{y}$ 单位的固定非要素收入(如不变的财产收入,即图中的 $\overline{y}A$)。如果 l 为 0,即全部时间用于劳动的供给,将得到的要素收入则为 $w\overline{L}$,从而全部收入为 $K = w\overline{L} + \overline{y}$;同样地,如果 $l = \overline{L}$,那么,全部收入为 $\overline{y}$,即点 A。因此,连接点 K、A 的直线,就是该消费者的预算线。

显然,最优的收入 y 与 l 的组合点是 E,即无差异曲线与预算线 KA 的切点。在这一点,无差异曲线的斜率等于预算线的斜率。

预算线的斜率为:

$$-(K - \overline{y})/\overline{L} = -w\overline{L}/\overline{L} = -w$$

从而,我们有:

$$\frac{dy}{dl} = -w$$

由于 $l = \overline{L} - L$,我们可将上式改写成:$-\dfrac{dy(L)}{d(\overline{L} - L)} = w$

上式即是一个关于 w 与 L 的关系式,表明二者存在一一对应的关系,因而正是我们要寻找的要素供给函数。注意,式中 $\dfrac{dy(L)}{d(\overline{L} - L)}$(或 $\dfrac{dy}{dl}$)总为负。

假定开始时,上式是满足的,即个人处于最优状态。现在假定 w 上升,那么为了继续满足上式,$\dfrac{dy(L)}{d(\overline{L} - L)}$(或 $\dfrac{dy}{dl}$)的绝对值必须上升。根据边际替代率递减规律,l 必须下降,也即 L 必须上升,反之则反是。这样,我们就得到了劳动供给曲线向右上方倾斜的结果。如图 9 - 7 所示。

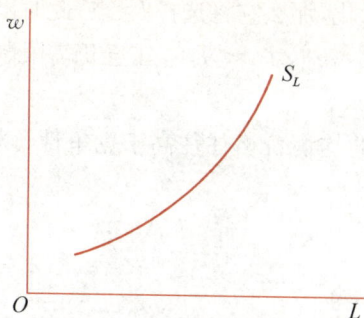

图 9-7　个人的劳动供给曲线

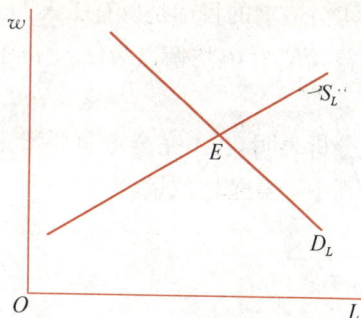

图 9-8　生产要素的均衡价格及均衡数量的决定

下面考虑生产要素的价格决定。前面的分析表明,在完全竞争的要素市场上,要素供给曲线向右上方倾斜。而第二节的分析,我们得出了要素需求曲线向右下方倾斜的结论。因此,生产要素的均衡价格及均衡数量,决定于要素市场需求曲线和供给曲线的交点,如图 9-8 所示。

二、要素市场非完全竞争条件下的要素供给与价格决定

我们知道,产品市场上的销售者常常具有某种垄断势力,同样地,要素市场的供给者也可以拥有某种卖方垄断势力。比如,某种拥有专利权的电子元器件生产商。但一般来说,要素市场上的垄断因素要远远小于产品市场。下面我们来分析具有卖方垄断势力的要素市场均衡。

西方经济学往往选用的一个例子是工会具有卖方垄断特征,图 9-9 显示了一个没有买方垄断的要素 L 市场,需求曲线 D_L 是各厂商的边际收益产品曲线的加总。要素供给曲线 S_L 描述了竞争性劳动力市场下工人的劳动提供量。在完全竞争条件下,均衡点为 A,L^* 的工人将在 w^* 的工资下被雇用。

现在假定工会具有卖方垄断势力,它可以任意选择工资率和劳动供给数量。在第七章我们讲到过,作为产品市场上的卖方垄断者,其边际收益一定小于产品价格,或者说,边际收益曲线一定在需求曲线的左下方。同样地,工会作为要素的卖方垄断者,出卖劳动力的边

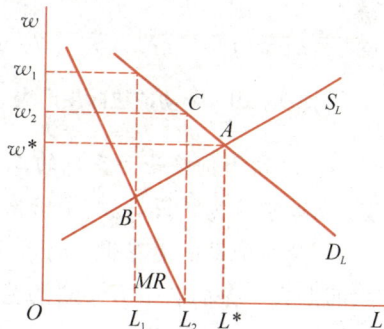

图 9-9　要素市场卖方垄断条件下的要素供给与价格决定

际收益曲线 MR 也位于劳动需求曲线 D_L 的左下方,并假定交横轴于 L_2。

现在假定工会的目标是雇用工人数目最大化,它将选择 A 点的竞争性结果。

如果工会也象一个厂商一样追求"利润"最大化,那么它将选择边际收益等于边际成本的点,即图 9-9 中边际收益曲线 MR 与供给曲线的交点 B,此时的均衡点为(L_1,w_1)。这时,$w_1 > w^*$,而 $L_1 < L^*$。由于工人不能像完全竞争条件下一样全部被雇用,工会往往采取限制入会的方式,只保证工会会员被雇用。

如果工会追求的目标是所有工人的工资总额最大化,那么它将选择 L_2 点,此时出卖劳动的边际收益 MR 为 0,均衡点为 (L_2,w_2),仍然有 $w_2 > w^*$, $L_2 < L^*$,工会仍需限制会员入会人数。

以上分析表明,在不完全竞争要素市场上,要素的均衡价格往往高于竞争性价格,而要素提供量则小于竞争性数量。

第三节　工资、地租、利息和利润理论

一、工资理论

1. 以边际生产力论为基础的工资理论

工资或工资率是劳动的价格。根据美国经济学家克拉克的边际生产力论,工资决定于劳动的边际生产力,也即厂商雇用的最后那个工人所增加的产量。因为,在静态条件下资本数量不变,劳动力的使用将呈现边际生产力递减规律,因此,最后雇用的那个工人的边际生产力就不仅决定他自己的工资,而且决定所有工人的工资。如图 9 - 10 所示。

图中,最后一个工人(第 5 个工人)的边际生产力决定了工人的工资率为 w_0。边际生产力论实质上只考虑了厂商对劳动的需求,这一理论能够对于劳动力供给具有无穷弹性的情形进行较好的理论解释。

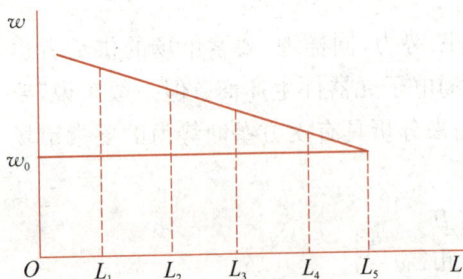

图 9 - 10　劳动的边际生产力

2. 以均衡价格论为基础的工资理论

马歇尔认为,可以以均衡价格论为基础,从需求与供给两个方面来说明工资的决定。

厂商对劳动的需求取决于劳动的边际生产力。将所有厂商对劳动的需求曲线水平加总,即得到一条向右下方倾斜的劳动市场需求曲线。

个人的劳动供给曲线则具有"向后弯曲"的特征。如图 9 - 11 所示。

在点 (w_1,L_1) 之前,劳动供给曲线向右上方倾斜,但在此点之后,随着工资的增加,劳动提供量反而减少,供给曲线"弯"向左边。

西方经济学用劳动者在"劳动"与"闲暇"之间进行选择来解释其中原因。劳动可以带来收入,但"闲暇"也是个人所需要的一种"消费品",二者具有替代关系,也都给个人带来效用满足。工资率的提高对劳动供给具有替代效

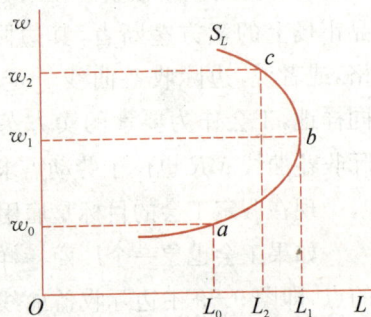

图 9 - 11　"向后弯曲"的个人劳动供给曲线

应和收入效应。所谓替代效应，是指工资愈高，也就意味着"闲暇"的机会成本高，或者说"闲暇"作为一种消费品的价格上涨，个人将选择提供更多的劳动量；所谓收入效应，是指工资愈高，个人的实际收入和购买力上升，因而能够"购买"更多的"闲暇"，从而减少劳动供给量。替代效应与收入效应对劳动供给具有相反的影响，其综合净效应取决于两种效应的相对强度。一般地，在劳动提供量不大时，替代效应大于收入效应，劳动供给将会随着工资上升而上升，劳动供给曲线向右上方倾斜；而当个人提供的劳动量已经较高时，收入效应往往占了上风，这时，随着工资的继续上升，个人反而减少劳动提供量，于是，劳动供给曲线"弯"向左边。

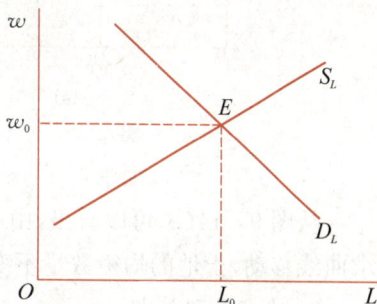

图 9-12 劳动供求的均衡

尽管个人的劳动供给曲线可能因收入效应和替代效应而向后弯曲，但劳动的市场供给曲线一般还是随着工资上升而向右上方倾斜。这是因为高工资可以吸引新的工人加入。这样，综合本章第二节关于要素市场需求曲线向右下方倾斜的分析，劳动供求曲线的交点将决定一个均衡的工资 w_0 和劳动数量 L_0，如图9-12所示。

二、地租理论

地租是土地使用的服务价格，或者说是土地这一生产要素的收益或价格。地租理论要分析地租的决定问题。

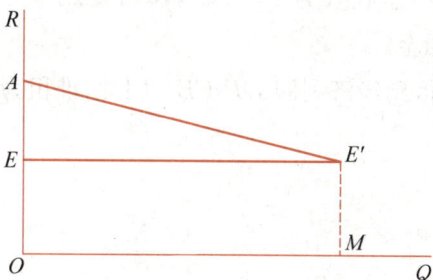

图 9-13 土地的边际生产力

1. 以边际生产力论为基础的地租理论

按照边际生产力理论，地租取决于土地的边际生产力。如果其他要素的投入不变，土地的边际生产力同样具有递减特征，最后一个单位土地的服务产出，就决定了地租的大小。如图9-13，横轴 Q 为土地的数量，纵轴 R 为地租，AE' 是土地的边际生产力曲线，全部产量为 $OAE'M$，地租为 $OEE'M$，AEE' 则分配给其他生产要素。

2. 以均衡价格论为基础的地租理论

按照均衡价格理论，地租是由土地市场上的土地供给曲线和土地需求曲线的交点决定的。

土地的需求取决于土地的边际生产力，从而对土地的需求曲线，如同其他要素的需求曲线那样，具有向右下方倾斜的特征。

作为一种自然资源，土地既不能流动，又不能再生，因此，就一个整体经济而言，供给量是固定的，其市场供给曲线为一条垂直线，如图9-14(a)中的 S 线。也就是说，不管地租怎样变化，土地总供给量始终为 Q_0。

我们将土地的市场需求曲线与供给曲线综合在一个坐标系中，供求曲线的交点就是均衡点，见图9-14(b)中的 E 点。

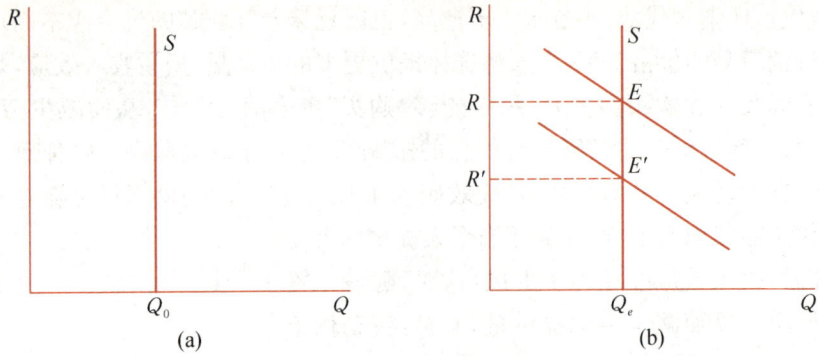

图 9 - 14　地租的变化

从图 9 - 14(b)可以看出,由于土地数量固定,地租的大小完全取决于需求。如果土地需求曲线移动,土地的均衡数量不变,仅地租发生变化。

3. 准租和经济租

土地服务之所以能获得地租,因为无论从短期或长期来看,土地资源是固定不变的,或者说,是一种完全缺乏供给价格弹性的生产要素。现实中有些生产要素尽管在长期中是可变的,但在短期中却是固定的,如厂房、机器设备等。这些要素的服务价格在一定程度上也与租金类似,故称为准租。所谓准租,就是对短期内供给量暂时固定的生产要素的支付,或固定要素的支付。

如图 9 - 15 所示,MC、AC、AVC 分别表示厂商的短期边际成本、平均成本和平均可变成本曲线。假定产品价格为 P_0,均衡产量为 Q_0,那么,总收入为 OP_0CQ_0,总可变成本为 $OGBQ_0$,从而 GP_0CB 就是固定要素的收入,也就是准租金。

如果从准租 GP_0CB 中减去固定总成本 $GDEB$,就得到经济利润 DP_0CE。因此,准租为固定总成本与经济利润之和。

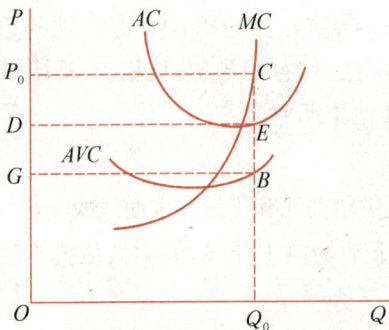

图 9 - 15　准租金

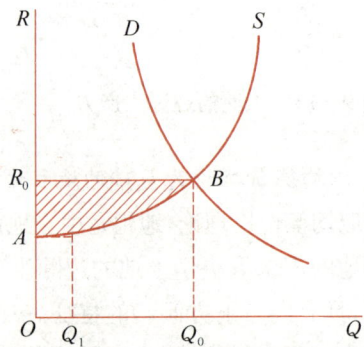

图 9 - 16　经济租

那么,经济租又是什么呢?我们先看图 9 - 16。

这是要素供求曲线的均衡图,均衡时的要素价格为 OR_0,数量为 Q_0。假定开始时要素价格为 OA($OA < OR_0$),这时的要素提供量为 Q_1。也就是说,即使要素价格小于均衡价格,仍

有 OQ_1 的要素提供，因此，如果厂商最后按 OR_0 的价格支付给要素所有者，那么 OQ_1 的要素就获得了比它要求更多的收益。由于 Q_1 点可以选在 OQ_0 之间任意一点，图中阴影部分就是要素提供者获得的超过它所要求的总收益的部分，这部分收益，即为经济租。因此，经济租的含义是：生产要素供给者获得的超过他要求得到的那部分收入。经济租的几何解释也称为"生产者剩余"。

三、利息和利润理论

1. 以边际生产力论为基础的利息理论

按照西方经济学家的说法，资本作为生产要素中的一种，也应该获得收益，利息就是资本服务的报酬，或者说资本服务的价格。边际生产力论认为，利息取决于资本的边际生产力。具体来说，假定劳动量不变，那么，继续追加资本的边际产出递减。最后追加一单位资本的边际产出，称为资本的边际生产力，它决定利息的高低。

以边际生产力为基础的利息理论，仅仅考虑了资本的需求，而未考虑资本的供给。

2. 以均衡价格论为基础的利息理论

谈到资本，我们可以讲实物资本，如机器设备，也可以指货币资本。但是，实物资本与货币资本之间存在明显的差异，比如，实物资本往往以"存量"形式出现，不是一次耗尽；实物资本比货币资本具有更少的流动性，从而增加了风险。然而为了简化分析，在西方经济学中，资本的利息均可以指二者。因此，将实物资本与货币资本的利息统一起来，存在几个重要的假定：第一，资本市场是均衡的；第二，假定不同资本市场的市场风险相同，不同资本的流动性相同。这样，实物资本与货币资本的收益在市场均衡时就一定相等，因为资本所有者可以及时转换自己的资本形态。这样，我们就可以将实物资本也当成货币资本一样看待。

厂商对资本的需求决定于资本的边际生产力。由于资本的边际生产力递减，因而厂商的资本需求曲线向右下方倾斜。将所有厂商对资本的需求曲线加总，即得到资本的市场需求曲线，它向右下方倾斜。

资本的供给，就是资本的所有者在各个不同利率水平下愿意提供的数量。西方经济理论假定资本的供给主要来自于个人储蓄。

个人追求的是效用最大化。在静态分析时，个人将所有的收入全部用于消费，以便将收入在各种商品的购买中最优分配。但如果考虑到个人并不只是为了当前消费，而是还要考虑未来的消费，我们就必须进行个人的跨时期最优决策分析。

假定个人的一生包括两个时期，或者更加简化为今年和明年两个时期，而且假定个人在第一期挣得较高的收入，个人的目标函数为两期总消费最大化。如图 9-17，横轴 C^0 代表今年消费量，纵轴 C^1 代表明年消费量。U_1、U_2 和 U_3 是消费者的三条无差异曲线。假定个人今年的收入可购买到 C_1^1 的商品量，明年的收入可购买到 C_0^1 的商品量，那么，初

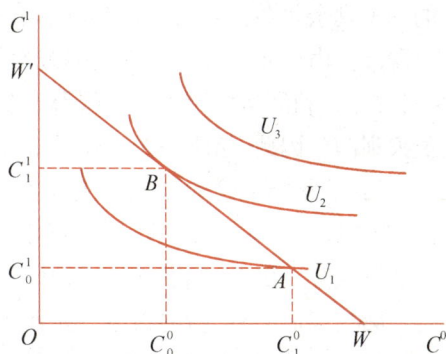

图 9-17　个人跨时期最优消费决策

始状态为图中点 $A(C_1^1, C_0^1)$，点 A 一定是消费预算线上的一点。

我们现在需要确定预算线 $W'W$ 的位置。处于 A 点的个人可以将自己的收入用于现在消费或储蓄。假定他面临的市场利率为 r，那么他减少今年一单位商品消费就可以增加 $(1+r)$ 个单位商品的明年消费。这也就是说，预算线的斜率必为 $-(1+r)$，它完全取决于利率变化：r 上升，预算线斜率的绝对值越大，预算线越陡，反之则越平缓；同时，预算线总是经过点 A。另一方面，预算线在横轴上的截距度量将所有收入集中在今年消费的量，$W = C^0 + \dfrac{C^1}{1+r}$。

个人的均衡位置在预算线与无差异曲线 U_2 的切点 B，也即长期最优消费决策是：今年消费 C_0^0，明年消费 C_1^1。在图中个人没有全部消费完今年的收入，而是储蓄了 C_1^1 部分，因为储蓄可以获得利息收入，增加明年的消费，或者说平衡整个一生的消费。

总结以上分析，我们得到结论：给定一个市场利率 r，个人就存在一个最优储蓄量。假定利率 r 上升，预算线就越陡，从而与横轴的截距越小，今年消费将减少，储蓄量将增加，或者从另一个意义说，是今年消费的机会成本增大。将不同利率水平下个人的最优储蓄量描绘出来，我们就得到一条向右上方倾斜的资本供给曲线，如图 9 - 18 所示。将所有个人的资本供给曲线加总，就得到资本市场供给曲线。

资本市场的均衡点出现在市场需求曲线与供给曲线的交点，如图 9 - 19 中的 (r_0, K_0)。这就是说，利息决定于资本市场的供求均衡。

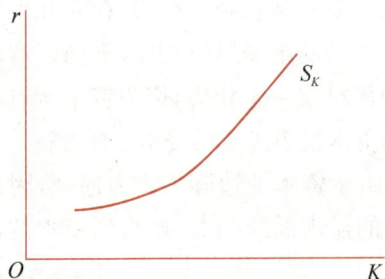

图 9 - 18　资本供给曲线　　　　图 9 - 19　资本市场的供求均衡

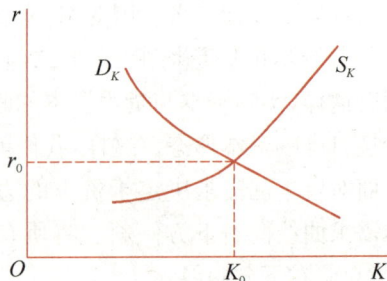

3. 利润理论

西方经济学家认为，利润是在总收入扣除厂商的实际成本和隐含成本以后给予企业家的一项剩余。英国经济学家马歇尔第一个认为，企业家才能也是一种生产要素，应该得到这项剩余。由于企业家的才能是多方面的，因此关于利润的来源，有以下几种说法。

第一，利润是协调生产的报酬。企业家按照最优生产要素组合原则组织生产，才能获得最大利润。因此，组织协调工作的好坏，对利润大小有重要影响，企业家才能理应获得利润。

第二，承担风险的报酬。企业家的工作常常具有风险和不确定性结果，如新项目的投产，新市场的开拓等。风险活动意味着存在失败的可能，如果没有相应的补偿机制，就没有人敢冒风险。因此，利润就是一种风险报酬。

第三，利润是创新的报酬。按照熊彼特的观点，创新是企业家对生产要素的重新组合，包括新产品、新技术、新市场、新材料、新工艺或发明的开发与应用。企业家的创新活动打破了旧的经济均衡，使厂商获得了超出正常收益之上的收益，因此，这部分剩余就是企业家才能的报酬。

第四，利润是垄断收益。在不完全竞争条件下，厂商的产品具有一定垄断性，超出完全竞争条件下正常收益以上的部分，就是垄断收益或垄断利润。

以上我们分析了利润的来源。但是，利润的产生也有一个市场均衡的过程。市场均衡时的利润，称为正常利润，它是厂商长期均衡时企业家所希望得到的报酬，因而可以看成是生产成本的一部分。这是因为，假定所有企业家的能力相同，要他们留在一个行业中，就必须都获得正常利润，否则，企业家将转移到其他行业中去。同时，如果一个行业出现超过正常利润的利润，新厂商和企业家必然进入直到超额利润消失为止。

第四节　洛伦兹曲线和基尼系数

前面我们分析的生产要素价格决定理论，是收入分配论的重要部分，它从理论上说明了各个要素的收入源泉及其决定，但没有对收入在各个个人之间的分布进行分析。对国民收入在各国民之间的分配分布状况的考察，需要考察收入分配的不平等程度。这里讲的不平等程度仅仅涉及数量上的不均等程度，不涉及伦理上的判断。

一、洛伦兹曲线

为了考察收入分配的不平等程度，美国统计学家洛伦兹提出了著名的洛伦兹曲线。他首先将一国总人口按收入由低到高排队，然后考虑一定累计人口比例所获得的收入累计比例，如从收入最低起累计20%人口获得的收入累计比例为3%，累计40%的人口获得的累计收入比例为7.5%，等等。以人口累计比例为横轴，收入累计比例为纵轴，将以上累计百分比的对应关系描绘出来，就得到洛伦兹曲线。如图9-20所示，曲线ODL即为洛伦兹曲线。

表9-2　人口与收入百分比累计

人口累积	收入累积
0%	0%
20%	3%
40%	7.5%
60%	29%
80%	49%
100%	100%

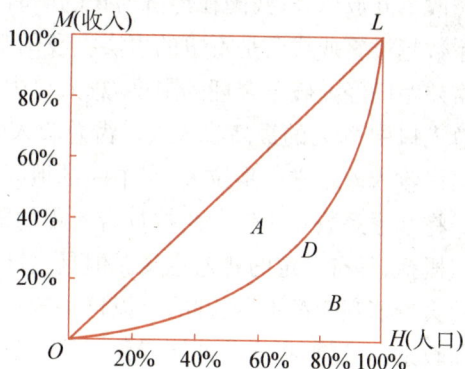

图9-20　洛伦兹曲线

洛伦兹曲线的弯曲程度则反映了收入分配的不平等程度。弯曲程度越大，收入分配越不平等。特别地，如果所有收入集中于一人手中，收入分配达到完全不平等，洛伦兹曲线成

为折线 OHL;如果人口累计比总是等于收入累计比,则收入分配完全平等,洛伦兹曲线是直线 OL。

二、基尼系数

1. 基尼系数的概念

意大利经济学家基尼以洛伦兹曲线为基础,提出了判断收入分配平等程度的指标——基尼系数。在图 9 - 20 中,A 表示实际收入分配曲线与绝对平均曲线之间的面积,B 表示实际收入分配曲线与绝对不平均曲线之间的面积。那么:

$$基尼系数 = \frac{A}{A + B}$$

如果 $A = 0$,基尼系数为 0,收入绝对平等;如果 $B = 0$,基尼系数为 1,收入绝对不平等。但一般来说,基尼系数在 0 与 1 之间。基尼系数越大,收入越不平等。按照美国经济学家库兹涅茨的观点,一个国家的经济发展水平与收入分配之间存在倒 U 型关系,即在经济未充分发展的阶段,收入分配将随同经济发展而趋于不平等,因而基尼系数较大;其后,经历收入分配暂时无大变化的时期,到达经济充分发展阶段,收入分配将趋于平等,基尼系数将变小。

2. 基尼系数的区段划分

基尼系数,按照联合国有关组织规定:若低于 0.2 表示收入绝对平均;0.2—0.3 表示比较平均;0.3—0.4 表示相对合理;0.4—0.5 表示收入差距较大;0.5 以上表示收入差距悬殊。

经济学家们通常用基尼指数来表现一个国家和地区的财富分配状况。这个指数在零和一之间,数值越低,表明财富在社会成员之间的分配越均匀;反之亦然。

通常把 0.4 作为收入分配差距的"警戒线"。一般发达国家的基尼指数在 0.24 到 0.36 之间,美国偏高,为 0.45,中国内地和香港地区的基尼系数都超出 0.4。2012 年中国的基尼系数已经达到了 0.474。

3. 我国目前基尼系数状况

改革开放以来,我国在经济增长的同时,贫富差距逐步拉大,综合各类居民收入来看,基尼系数越过警戒线已是不争的事实。我国基尼系数已跨过 0.4,达到了 0.474。中国社会的贫富差距已经突破了合理的限度,总人口中 20% 的最低收入人口占收入的份额仅为 4.7%,而总人口中 20% 的最高收入人口占总收入的份额高达 50%。突出表现在收入份额差距和城乡居民收入差距进一步拉大、东中西部地区居民收入差距过大、高低收入群体差距悬殊等方面。将基尼系数 0.4 作为监控贫富差距的警戒线,应该说,是对许多国家实践经验的一种抽象与概括,具有一定的普遍意义。但是,各国、各地区的具体情况千差万别,居民的承受能力及社会价值观念都不尽相同,所以这种数量界限只能用作宏观调控的参照系,而不能成为禁锢和教条。目前,我国共计算三种基尼系数,即:农村居民基尼系数、城镇居民基尼系数和全国居民基尼系数。基尼系数 0.4 的国际警戒标准在我国基本适用。从我国的客观实际出发,在单独衡量农村居民内部或城镇居民内部的收入分配差距时,可以将各自的基尼系数警戒线定为 0.4;而在衡量全国居民之间的收入分配差距时,可以将警戒线上限定为 0.5,实际工作中按 0.45 操作。(资料来源:《瞭望》2009 年 20 期文章《理性看待基尼系数》)

在基尼系数的变动中,与调节社会成员收入分配差距密切相关的税收无疑是一个十分值得关注的重要层面。但是,从总体上看,现阶段我国税收在调节社会公平的再分配功能上存在着弱化和缺位。

★★★★★ **本章要点回顾** ★★★★★

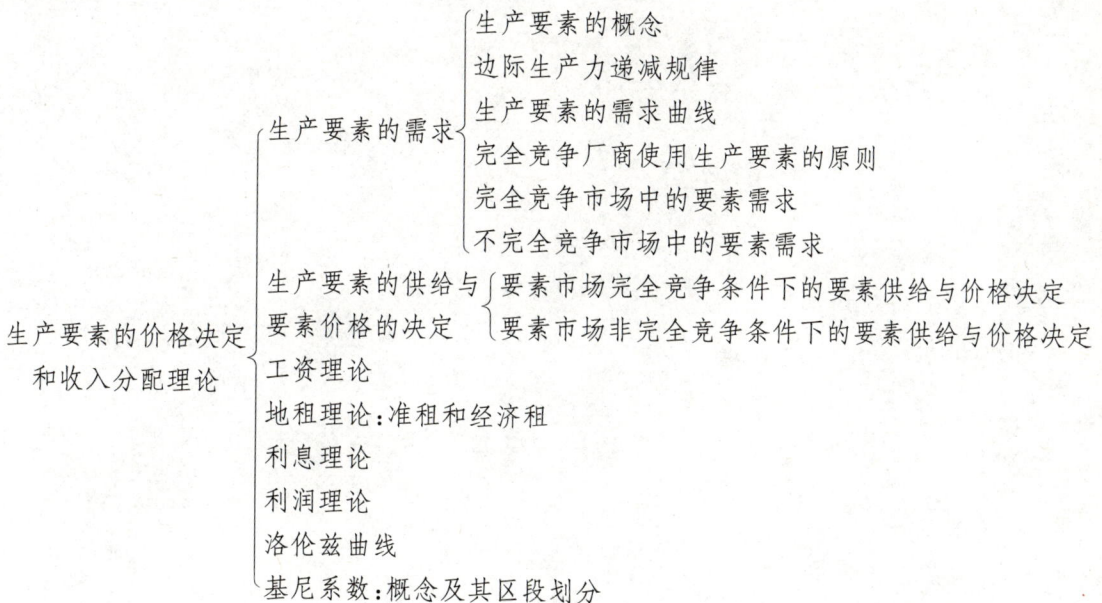

生产要素的价格决定和收入分配理论
- 生产要素的需求
  - 生产要素的概念
  - 边际生产力递减规律
  - 生产要素的需求曲线
  - 完全竞争厂商使用生产要素的原则
  - 完全竞争市场中的要素需求
  - 不完全竞争市场中的要素需求
- 生产要素的供给与要素价格的决定
  - 要素市场完全竞争条件下的要素供给与价格决定
  - 要素市场非完全竞争条件下的要素供给与价格决定
- 工资理论
- 地租理论:准租和经济租
- 利息理论
- 利润理论
- 洛伦兹曲线
- 基尼系数:概念及其区段划分

第十章
一般均衡论和福利经济学

本章导学

1. 了解一般均衡的概念,交换的一般均衡,生产的一般均衡,生产与交换的一般均衡。

2. 了解福利经济学和帕累托最优的概念,实现帕累托最优的条件。

第一节　一般均衡

一、局部均衡和一般均衡

局部均衡分析的主要目的在于说明某个特定市场的单一价格决定问题以及进行比较静态分析,而一般均衡分析的基本思想则是考察市场相关经济变量之间的相互关系。为了揭示相关经济之间的这种联系,首先要解决的问题就是是否存在一系列使所有市场同时达到均衡即所谓一般均衡存在性问题。也就是说,要实现所有市场的同时均衡,需要有哪些基本前提条件。这些基本前提条件就是进行一般均衡理论分析的前提条件。

一般均衡理论首先要求经济系统中必须存在一组不变条件。一般均衡分析的创始人法国经济学家里昂·瓦尔拉斯及其后继者们把这些不变的要素大致划分为偏好、技术和资源。尽管有些学者试图把这些因素纳入到分析之中,但分析的结果是寻求可以替代它们的不变因素。因此,从这个意义上讲,一般均衡理论实际上是在一定条件不变情况下的局部均衡理论。

通常情况下,为了能够保证一般均衡价格的存在性,一般均衡理论要求需求函数是连续的,这就进一步要求偏好具有理性、连续性和严格凸性。从数学的角度来看,这并不是过分的限制条件,可是在经济学中却对经济当事人施加了过分严格的限制条件,有时甚至找不到与之相对应的经济行为。

与局部均衡分析一样,一般均衡理论也是以完全竞争市场为假设前提,把所有产品市场和要素市场均视为完全竞争市场,并且认为均衡是市场经济的常态,而把不均衡看成是对均衡的一种暂时的偏离。当然,在现实的市场经济中,也很难找到一个完全符合完全竞争规定的市场,大多数市场中也没有瓦尔拉斯所设想的拍卖者。

为了更好地理解整个经济体系中各个不同市场的相互作用过程,我们先考察一个简化的市场经济情况。在该经济中,总共包括四个市场,其中两个要素市场,两个产品市场。为方便起见,假定第一个要素市场为石油,第二个要素市场为石油的替代要素煤,第一个产品市场是以原油为投入的汽油,第二个产品市场是与汽油为互补品的汽车市场。

现在假定,所有市场在刚开始的时候均处于均衡状态。图 10-1 由图(a)、图(b)、图(c)和图(d)四个子图构成,它们分别代表原油、煤、汽油和汽车市场。每一个子图中,初始状态均由供求曲线 S 和 D 给出,相应的均衡价格和均衡产量均由 P_0 和 Q_0 表示(当然,不同市场中的 P_0 和 Q_0 表示的是不同的产品或要素,并且其数值大小亦不一定相同)。

我们从子图(a)开始考察。假定原油的供给由于某种非价格因素的影响而减少,即它的供给曲线从原来的 S 向左边移动到 S'。根据以前的局部均衡分析,供给曲线移到 S',将使原油的价格上升到 P_1,原油产量则下降到 Q_1。如果不考虑各个市场之间的相互依赖关系,则这就是全部的结果:P_1 和 Q_1 为新的均衡价格和均衡数量。

但是,一旦我们从局部均衡分析上升到一般均衡分析,情况就不再相同。原油市场的价

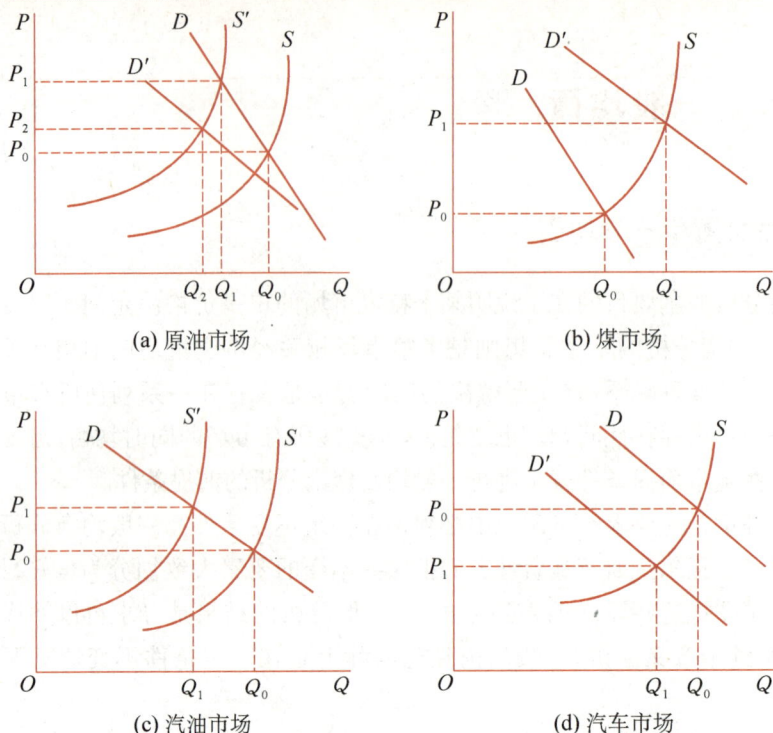

图 10-1　包含四个市场的经济体系的一般均衡

格变化将打破其他市场的原有均衡,从而引起它们的调整;而其他市场的调整又会反过来进一步影响原油市场,从而最终的原油均衡价格和数量并不一定就是 P_1 和 Q_1。

接着来看图(c)即产品市场——汽油市场。原油是汽油的投入要素,投入要素的价格上升就是汽油成本的增加,于是,汽油的供给将减少。换句话说,原油价格的上涨使得汽油的供给曲线向左边移动到 S'。S' 与原来的需求曲线相交决定了汽油的新均衡价格为 P_1,新均衡产量为 Q_1。

下面再讨论图(b)即另一个要素市场——煤市场。由于原油和煤是替代品,故原油价格的上升造成煤的需求的增加,即煤的需求曲线从 D 向右移到 D',从而均衡价格上升到 P_1,均衡产量增加到 Q_1。

最后来看图(d)即另一个产品市场——汽车市场。汽车和汽油是所谓的互补商品。当图(c)中的汽油市场价格上升之后,其互补品即汽车的需求将减少。换句话说,汽车的需求曲线由于汽油价格上升而向左边移动到 D'。结果汽车的均衡价格下降到 P_1,均衡产量减少到 Q_1。

到此为止,已经讨论了原油市场供给减少从而原油价格上升对所有其他市场的影响:其产品汽油价格上升、其替代品煤的价格上升,以及汽车价格下降。所有这些其他市场价格的变化亦会反馈回来影响原油市场。首先,汽油价格上升将提高原油的需求,而汽油数量的下降则减少该需求,故汽油市场的反馈效应可能是使原油需求曲线左移或右移;其次,汽车市场价格下降及数量减少很可能使原油需求曲线左移;最后,煤市场价格上升及数量上升的反馈效应则是增加对原油的需求。最终的结果,原油的需求曲线可能左移,可能右移,取决于两面力量的大小。在图(a)中,假定左移的力量超过了右移的力量,于是原油需求曲线向左移动到位置 D'。此时,原油的均衡价格和数量不再等于局部均衡分析中的 P_1 和 Q_1,而是为 P_2 和 Q_2。

由于现在图(a)中的原油价格又发生了变化,故该变化按照上述分析又会影响其他市场;被影响后的其他市场均又会反过来再影响原油市场……如此等等。一直继续调整下去,直到最后所有市场又都重新达到均衡状态——新的一般均衡状态。

二、瓦尔拉斯的一般均衡模型

早在 1874 年,瓦尔拉斯就建立了一套被后人称为瓦尔拉斯一般均衡的理论。在经济学说史上,瓦尔拉斯第一个提出了一般均衡的数学模型并试图解决一般均衡的存在性问题。瓦尔拉斯按照从简单到复杂的思路一步一步地构建自己的一般均衡理论体系。首先,他从产品市场着手来考察交换的一般均衡,而后从要素市场的角度来考察包括生产过程的一般均衡,然后再对资本积累进行一般均衡分析,最后他还运用一般均衡分析方法考察了货币交换和货币窖藏的作用而得出了他的"货币和流通理论",从而把一般均衡理论由实物经济推广到货币经济。下面我们简单介绍瓦尔拉斯的一般均衡模型。

在瓦尔拉斯体系中,如果有 m 种消费品,n 种生产性劳务,m 种消费品的价格,n 种要素劳务的价格和 mn 种技术系数,所有未知变量的总和是 $2m+2n+mn$。如果其中一种商品被选定为标准商品,充当计价单位,该种商品的价格被界定为 1,则所有其他商品的价格都由它表示。这种情况下,需要决定的未知变量是 $2m+2n+mn-1$,此时独立方程的数目与未知数的数目相同,瓦尔拉斯认为该方程有唯一解。

瓦尔拉斯还进行了企业家和资本家的区分,让企业家处于经济活动的中心。企业家从资本家那里借来资本,从工人那里买来劳动,从地主那里租来土地,然后,把生产出来的产品卖给资本家、工人和地主。市场被分为产品市场和要素市场,企业家把这两个市场连接起来并通过竞争实现均衡。这种竞争是完全竞争,每个生产者和消费者都是市场价格的接受者。完全竞争的均衡结果是每种产品的价格等于要素成本即生产费用。如果产品价格超过生产费用,产生利润,那么竞争者会增加,价格会下降或生产费用上升,利润减少,价格最终与生产费用相等。此时,企业家获得相当于自己工资的正常利润,超额利润是零。整个市场不存在超额需求也不存在超额供给。

瓦尔拉斯一般均衡需要这样几个假设:

(1) 要求市场的参与者有关于市场的完全信息;

(2) 假定经济中不存在不确定因素,因此不会因为预防不测而贮藏货币;

(3) 不存在虚假交易,所有的交易都是在市场均衡价格形成时达成,即只有在这套价格下,市场参与者才能实现最大化目标,均衡价格是通过拍卖商喊价试错过程来实现的;

(4) 经济系统是个"大经济",即有足够多的参与者,从而符合"无剩余条件"。

即使在上述假定下,瓦尔拉斯体系的问题也是明显的。瓦尔拉斯没有注意到这个问题,要决定 n 个未知数,至少需要 n 个方程,但是 n 个方程未必决定 n 个未知数,要 n 个方程决定 n 个未知数,方程必须是线性的,而且方程之间必须线性无关。同时瓦尔拉斯体系不能排除唯一的均衡解包括零价格(针对免费物品)和负价格(针对类似噪音的物品)的情况。因此瓦尔拉斯体系必须包括所有物品,而不仅仅是正常的经济物品。

瓦尔拉斯均衡模型体现了一般均衡分析的基本思想,但遗憾的是,它对一般均衡价格的存在性的说明缺乏说服力,因为即使体系中未知价格变量的个数和方程的个数相等,但也并不能保证得到一个解。事实上,未知价格变量的个数等于方程个数的条件,既不是一组方程有解的必要条件,也不是充分条件。即使是一个方程组有解,但又有什么理由断定这些解一定是正数值呢?对此,瓦尔拉斯不得不推演出一种方式,通过一系列连续的近似来逼近均衡解。这种方式,瓦尔拉斯称之为退约调整过程,并用这种程序来模拟市场实际发生的交换过程。根据这一方法,市场机构通过反复试验来"感觉"和"摸索"逼近均衡的途径。假定市场过程中存在一个拍卖者来组织交易的进行。商品的交换中,由拍卖者喊价,交易者都随着喊出的价格调整供求,直到供求相等而成交,首次喊价是随意的,随后就在喊价的基础上,比较供给与需求的意愿,如果它们不一致,则第二次喊价根据供求意愿的相对情况,对有超额需求意愿的商品提高价格,对有超额供给意愿的商品降低价格,从而逐步接近均衡。这就是瓦尔拉斯一般均衡的"试探过程"。当然,在现实的经济中根本不存在瓦尔拉斯所设想的拍卖者。

三、一般均衡的存在性

一般均衡理论认为任何一种商品的供给和需求实际上不仅取决于该商品本身的价格高低,而且还取决于许多其他商品的价格高低。因此,每种商品的供求均可以看成是所有价格即所谓价格体系的函数。与局部均衡分析相似的一个问题便是:是否存在一组均衡价格,在该价格体系上,所有商品的供求均相等呢?这就是所谓一般均衡的存在性问题。

瓦尔拉斯最先认识到一般均衡问题的重要性,但他关于一般均衡存在性的证明却是错误的。按照瓦尔拉斯的看法,由于在所有市场的供给和需求都相等的均衡条件中,独立的方程数目与变量数目相等,故一般均衡的存在是有保证的。尽管瓦尔拉斯计算方程数目和变量数目的方法是相当不能令人满意的,但它在很长时间里被人们所接受,无人提出疑问。这种情况直到20世纪二三十年代之后才有所改变。

针对瓦尔拉斯一般均衡所存在的上述问题,经济学家们包括帕累托、希克斯、诺伊曼、萨缪尔森、阿罗、德布鲁和麦肯齐等人对一般均衡理论给予了改进和发展。尤其是20世纪五六十年代,阿罗和德布鲁对一般均衡存在性的公理化证明,更是奠定了现代西方经济学中一般均衡理论的基础。

后来的西方经济学家利用集合论、拓扑学等数学方法,在相当严格的假定条件下证明:一般均衡体系存在着均衡解,而且,这种均衡可以处于稳定状态,并同时满足经济效率的要求。这些假设条件有:任何厂商都不存在规模报酬递增;每一种商品的生产至少必须使用一种原始生产要素;任何消费者所提供的原始生产要素都不得大于它的初始存量;每个消费者都可以提供所有的原始生产要素;每个消费者的序数效用函数都是连续的;消费者的欲望是无限的;无差异曲线凸向原点,等等。总之,在这些异常苛刻的假设条件全部得到满足时,一般均衡体系才有均衡解存在。

第二节　经济效率与帕累托最优

一、实证经济学和规范经济学

在导言中我们简述了实证经济学和规范经济学,这里有必要加以详述。前面讨论的无论是局部均衡还是一般均衡,主要都属于所谓实证经济学的部分。实证经济学研究实际经济体系是怎样运行的,它对经济行为作出有关的假设,根据假设分析和陈述经济行为及其后果,并试图对结论进行检验。例如,西方经济学从一系列假定出发说明了整个经济体系在理论上存在所谓一般均衡状态,即存在这样一组价格,使得所有商品的供求都恰好相等。这就是实证经济学。

从"实证"的角度来看,经济学对经济现象的研究至少包括如下三个方面。

第一是"描述",即回答"是什么"的问题。描述性经济学的任务主要是把有关经济现象的数据整理和汇编起来,用这些经过处理之后已经"井然有序"的数据来描述经济现象的一些重要特征。例如,对市场行为的分析常常就是从对市场结构的描述开始的:在该市场中,有多少数量的厂商? 它们的规模有多大? 生产的产品是完全相同还是略有差异? 等等。

第二是"解释",即回答"为什么"的问题。解释性经济学的主要任务是通过对已知经济现象的分析来说明隐藏在其背后的原因。例如,某种商品的市场价格上升,是已知的经济现象;对该现象的解释则可能是:该商品的需求增加,或者,该商品的供给减少,或者,需求增加和供给减少同时存在。可以说,经济学教科书的"主体"就是由此类解释性的理论所构成。

第三是"预测",即回答"会如何"的问题。预测性经济学的主要任务是根据理论和假设去发现原来未知的经济现象。预测性经济学与解释性经济学非常相似。从形式上看,预测是对未知现象的推断,而解释是对已知现象的说明。这里,所谓"未知现象",既可以是尚未发生过的,也可以是已经发生但尚未被研究者知晓的。如果解释针对的不是已知现象而是未知现象,则解释也就具有了预测的性质。不过,对未知现象的预测并非原来意义(真正意义)上的解释。原来意义上的解释是发现已知现象背后的原因,而预测要发现的却是未知现象本身(当然连带地也包括未知现象背后的原因)。这些未知现象的存在可以根据现有的理论和假设推断出来。

但是,除了"是什么"(以及"为什么"和"会如何")的问题之外,西方经济学家还试图回答"应当是什么"(以及"应当如何")之类的问题,即他们试图从一定的社会价值判断标准出发,根据这些标准对一个经济体系的运行进行评价,并进一步说明一个经济体系应当怎样运行,以及为此提出相应的经济政策。这些便属于所谓规范经济学的内容。例如,尽管西方经济学说明了一般均衡的存在,但这种一般均衡状态是否对整个社会是"最优"的呢? 即是否还存在其他更优的经济状态,在这些状态下,每个人从而整个社会的"福利"要更大一些呢？这些都牵涉到优劣、好坏的问题,即价值判断的问题。对这些问题的研究属于规范经济学。

　　本章剩余部分所讨论的福利经济学就是一种规范经济学。具体来说,福利经济学是在一定的社会价值判断标准条件下,研究整个经济的资源配置与个人福利的关系,特别是市场经济体系的资源配置与福利的关系,以及与此有关的各种政策问题。换句话说,福利经济学研究要素在不同厂商之间的最优分配以及产品在不同消费者之间的最优分配。简言之,研究资源的最优配置。

二、判断经济效率的标准:帕累托标准

　　如何判断各种不同的资源配置的优劣,以及确定所有可能的资源配置中最优资源配置呢?为了回答这个问题,先来考虑如下的简单情况:假定整个社会包括两个人如甲和乙,且只有两种可能的资源配置状态如 A 和 B。甲和乙在 A 和 B 之间进行选择,是状态 A 优于状态 B,还是相反,状态 B 优于状态 A,或者,状态 A 与状态 B 二者无差异?

　　对于每一个单个人如甲或乙,假定他可以在两种资源配置状态 A 和 B 作出明确的选择,即他或者认为 A 优于 B,或者认为 A 劣于 B,或者认为 A 与 B 无差异,三者必居其一。因此,单个人甲对 A 和 B 的选择具有如下三种可能:

$$A>B \quad A=B \quad A<B$$

　　式中,符号">"、"="和"<"分别表示甲的三种看法,即"优于"、"无差异于"和"劣于"。同样地,单个人乙对 A 和 B 的选择也具有如下三种可能:

$$A>B \quad A=B \quad A<B$$

　　式中,符号">"、"="和"<"分别表示乙的"优于"、"无差异于"和"劣于"三种看法。

　　现在的问题是,从社会(即由甲和乙两个人构成的社会)的观点来看,这两种资源配置状态 A 和 B 孰优孰劣呢?如果甲和乙持有同样的看法,即都认为 A 优于 B(或 A 劣于 B,或 A 与 B 无差异),则自然也可认为,从社会的观点看亦有 A 优于 B(或 A 劣于 B,或 A 与 B 无差异)。可惜的是,这种情况并不总是出现的。特别是,当一个社会包括许多单个人的时候,要使所有这些单个人的意见完全一致几乎是不可能的。具体讨论如下。

　　由于甲有三种可能的选择,乙也有三种可能的选择,因此从整个社会来看就存在九种可能的选择情况:

　①$A>B, A>B$　　②$A>B, A=B$　　③$A>B, A<B$
　④$A=B, A>B$　　⑤$A=B, A=B$　　⑥$A=B, A<B$
　⑦$A<B, A>B$　　⑧$A<B, A=B$　　⑨$A<B, A<B$

这九种可能的选择情况,按甲和乙的不同态度可分为三大类型。第一类型是甲和乙的意见完全相反。这包括上述第3和第7两种情况;第二类型是甲和乙意见完全相同,这包括第1种、第5种和第9种三种情况;第三类型是甲和乙意见基本一致,这包括剩余的第2种、第4种、第6种和第8种四种情况。

　　首先来看第一类型。如甲和乙的意见完全相反,则是否能够从社会的角态对 A 和 B 的

优劣作出明确的说明呢？这里显然遇到了麻烦。除非能够假定甲的意见（或者乙的意见）无关紧要，从而可以不加考虑，否则不能判断 A 与 B 的优劣。换句话说，在这种情况下，从社会的观点看，状态 A 与 B 是"不可比较的"，即没有任何"客观"的标准对它们进行判断。

如果去掉不可比较的第一类型的两种情况，则剩下的其余两大类型共七种情况均可看成是可以比较的。就第二类型而言，甲和乙的看法完全一致，此时自然可以认为甲和乙两人的共同看法就代表了社会的看法。因此，第1种、第5种和第9种这三种情况分别意味着从社会的角度看，A 优于、无差异于及劣于 B。在第三类型中，甲和乙的看法基本一致，但不是完全一致。不过，在这种情况下，也可能由个人的观点形成社会的看法。例如，我们以其中的第2种情况为例。此时有 $A > B$，$A = B$，即甲认为 A 优于 B，而乙认为二者无差异。这表明，如果让资源配置状态从 B 变动到 A，则从整个社会来看，这种改变至少使得甲的状况变好，而没有使乙的状况变坏。也就是说，这种变动的净结果是增进了甲的福利，从而也增进了社会的福利。因此，在第2种情况下，可以得到的结论是：社会认为 A 优于 B。第三类型中其余第4种、第6种和第8种等情况亦可按上述方法同样分析。

现在将上述"可以比较"的七种情况，按它们形成的社会观点重新加以分类如下：

一是 A 优于 B。包括三种情况：①$A > B$，$A > B$；②$A > B$，$A = B$；④$A = B$，$A > B$。这表明，如果甲和乙都认为 A 优于 B，或者甲和乙中有一个人认为 A 优于 B，而另一个人并不认为 A 劣于 B，则从社会的观点看，就有 A 优于 B。说得更精练一点就是：如果甲和乙中至少有一人认为 A 优于 B，而没有人认为 A 劣于 B，则从社会的观点看有 A 优于 B。

二是 A 与 B 无差异。包括一种情况：⑤$A = B$，$A = B$。这表明：如果甲和乙都认为 A 和 B 无差异，则从社会的观点看，A 与 B 也无差异。

三是 A 劣于 B。包括三种情况：⑥$A = B$，$A < B$；⑧$A < B$，$A = B$；⑨$A < B$，$A < B$。这表明：如果甲和乙都认为 A 劣于 B，或者，甲和乙中有一个人认为 A 劣于 B，而另一个人并不认为 A 优于 B，则从社会的观点来看有 A 劣于 B。说得更精练一点就是：如果甲和乙中至少有一个人认为 A 劣于 B，而没有人认为 A 优于 B，则从社会的观点看，就有 A 劣于 B。显然，这里所说的与 A 优于 B 的情况恰好相反。

将以上所说总结起来，便有可能得到两人社会在两种可能的资源配置状态中的一种选择标准：

如果两人中至少有一人认为 A 优（或劣）于 B，而没有人认为 A 劣（或优）于 B，则从社会的观点看，亦有 A 优（或劣）于 B。如果两人都认为 A 与 B 无差异，则从社会的观点看，亦有 A 与 B 无差异。

显而易见，上述结论不只适用于两人社会在两种可能的资源配置中进行选择的简单情况，它也可以很容易地推广到多人社会在多种资源配置状态中进行选择的一般情况。社会的选择标准只需稍微变动如下（其中 A 与 B 是任意两种状态）：

如果至少有一人认为 A 优于 B，而没有人认为 A 劣于 B，则认为从社会的观点看亦有 A 优于 B。

这就是所谓的帕累托最优状态标准，简称为帕累托标准。

利用帕累托最优状态标准，可以对资源配置状态的任意变化做出"好"与"坏"的判断：如果既定的资源配置状态的改变使得至少有一个人的状况变好，而没有使任何人的状况变坏，则认为这种资源配置状态的变化是"好"的;否则认为是"坏"的。这种以帕累托标准来衡量为"好"的状态改变称为帕累托改进。更进一步,利用帕累托标准和帕累托改进,可以来定义所谓"最优"资源配置,即:如果对于某种既定的资源配置状态,所有的帕累托改进均不存在,即在该状态上,任意改变都不可能使至少有一个人的状况变好而又不使任何人的状况变坏,则称这种资源配置状态为帕累托最优状态。换言之,如果对于某种既定的资源配置状态,还存在帕累托改进,即在该状态上,还存在某种(或某些)改变可以使至少一个人的状况变好而不使任何人的状况变坏,则这种状态就不是帕累托最优状态。

帕累托最优状态又称做经济效率。满足帕累托最优状态就是具有经济效率的;反之,不满足帕累托最优状态就是缺乏经济效率的。例如,如果产品在消费者之间的分配已经达到这样一种状态,即任何重新分配都会至少降低一个消费者的满足水平,那么,这种状态就是最优的或最有效率的状态。同样地,如果要素在厂商之间的配置已经达到这样一种状态,即任何重新配置都会至少降低一个厂商的产量,那么,这种状态就是最优的或最有效率的状态。

三、帕累托最优状态的实现条件

1. 交换的帕累托最优条件

这里我们开始讨论达到帕累托最优状态所必须满足的条件,这些条件被称为帕累托最优状态条件。它包括交换的最优条件、生产的最优条件以及生产和交换的最优条件。我们先从交换的最优条件开始讨论。首先还是考虑两种既定数量的产品在两个单个消费者之间的分配问题,然而再将所得的结论推广到一般情况。

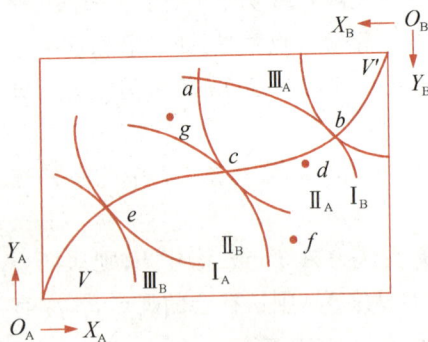

图 10 - 2 交换的帕累托最优条件

假定两种产品分别为 X 和 Y,其既定数量为 $\overline{X}$ 和 $\overline{Y}$,两个消费者分别为 A 和 B。下面我们用埃奇沃思盒状图来分析这两种产品在两个消费者之间的分配。如图 10 - 2 所示,盒子的水平长度表示第一种产品 X 的数量 $\overline{X}$,盒子的垂直高度表示第二种产品 Y 的数量 $\overline{Y}$。O_A 为第一个消费者 A 的原点,O_B 为第二个消费者 B 的原点。从 O_A 水平向右代表消费者 A 对第一种商品 X 的消费量 X_A,垂直向上表示消费者 A 对第二种商品 Y 的消费量 Y_A;从 O_B 水平向左代表消费者 B 对第一种商品 X 的消费量 X_B,垂直向下表示消费者 B 对第二种商品 Y 的消费量 X_B。

现在考虑盒中的任意一点,如 a 点。A 点对应于消费者 A 的消费量 (X_A, Y_A) 和消费者 B 的消费量 (X_B, Y_B)。这样,下式成立:

$$X_A + X_B = \overline{X}; \qquad Y_A + Y_B = \overline{Y} \tag{10.1}$$

也就是说,盒子中的任意一点确定了一套数量,表示每一个消费者对每一种商品的消费,而且满足(10.1)式。因此,盒子确定了两种商品在两个消费者之间的所有可能的分配情况。特别是,在盒子的垂直边上的任意一点,表明某个消费者不消费 X 商品,盒子的水平边上的任意一点,表明某个消费者不消费 Y 商品。

现在我们要讨论的是,在埃奇沃思盒中的全部可能的产品分配状态之中,哪一些符合帕累托最优状态呢? 为了分析这一问题,需要在埃奇沃思盒中加入消费者偏好的信息,即加入每个消费者的无差异曲线。由于 O_A 是消费者 A 的原点,故 A 的无差异曲线向右下方倾斜且向 O_A 点凸出。图中,I_A、II_A、III_A 是消费者 A 的三条代表性的无差异曲线。其中,III_A 代表较高的效用水平,而 I_A 代表较低的效用水平。一般来说,从 O_A 点向右移动,标志着消费者 A 的效用水平增加。另一方面,由于 O_B 是消费者 B 的原点,故 B 的无差异曲线向右下方倾斜,且向 O_B 凸出。图中,I_B、II_B、III_B 是消费者 B 的三条代表性无差异曲线。其中,III_B 代表较高的效用水平,而 I_B 代表较低的效用水平。一般来说,从 O_B 向左移动,标志着消费者 B 的效用水平增加。

现在,从盒子中任选一点表示两种商品在两个消费者之间的一个初始分配。例如,选择一点 a。由于假定效用函数是连续的,故点 a 必然处于消费者 A 的某条无差异曲线上,同时也处于消费者 B 的某条无差异曲线上,即消费者 A 和 B 分别有一条无差异曲线经过 a 点。因此,这两条无差异曲线在 a 点相交或者相切。假如两条无差异曲线在 a 点相交(如图10 - 2所示,点 a 是无差异曲线 II_A 和 I_B 的交点)。容易看出,a 点不可能是帕累托最优状态。这是因为,通过改变初始分配状态,例如从 a 点变动到 b 点,则消费者 A 的效用水平从无差异曲线 II_A 提高到 III_A,而消费者 B 的效用水平未发生变化,仍然留存于无差异曲线 I_B 上。因此,在点 a 仍然存在帕累托改进的余地。由此得到结论:在交换的埃奇沃思盒中,任意一点,如果它处在消费者 A 和 B 的两条无差异曲线的交点上,则它就不是帕累托最优状态,因为在这种情况下,总存在帕累托改进的余地,即总可以改变该状态,使至少有一个人的状况变好而没有人的状况变坏。

另一方面,如果假定初始的产品分配处于两条无差异曲线的切点,如 c 点,则容易看出,此时不存在任何帕累托改进的余地,即它们均为帕累托最优状态。改变 c 点状态只有如下几种可能:向右上方移到消费者 A 较高的无差异曲线上,则 A 的效用水平提高了,但消费者 B 的效用水平却下降了;向左下方移到消费者 B 的较高的无差异曲线上,则 B 的效用水平提高了,但消费者 A 的效用水平却下降了;剩下来的唯一一种可能则是消费者 A 和 B 的效用水平都降低了。例如,从 c 点移到 g 点或 f 点,都属于此种情况。由此可得结论:在交换的埃奇沃思盒中,任意一点,如果它处在消费者 A 和 B 的两条无差异曲线的切点上,则它就是帕累托最优状态,并称为交换的帕累托最优状态。在这种情况下,不存在帕累托改进的余地,即任何改变都不可能使至少一个人的状况变好而没有人的状况变坏。

如果把所有无差异曲线的切点的轨迹连接起来构成 VV',称为交易契约曲线。交易契约曲线上的任何一点都是消费者 A 和 B 各自相应的无差异曲线的相切点,通过这一点的切线的斜率,便是双方相应的无差异曲线的边际替代率。

从上面的分析可知,在交易契约曲线之外的任何一点,交易双方的无差异曲线的边际替代率均不相等,因此,交易双方没有达到帕累托最优状态,这时,继续进行交易,可以改善双方的境况,增加双方的福利,直到契约曲线之上,交易双方的无差异曲线的边际替代率相等,双方满足达到最大化,交易达到帕累托最优状态。由此可知,如果要使两种商品 X 和 Y 在两个消费者 A 和 B 之间的分配达到帕累托最优状态,则对于这两个消费者来说,这两种商品的边际替代率必须相等,这就是交换的帕累托最优状态的实现条件。对于消费者 A 和 B 来说,如果 X 代替 Y 的边际替代率分别用 MRS_{XY}^A 和 MRS_{XY}^B 来表示,则交换的帕累托最优状态条件的公式就是:

$$MRS_{XY}^A = MRS_{XY}^B \tag{10.2}$$

2. 生产的帕累托最优条件

交换的帕累托最优研究了两种既定数量的产品在两个消费者之间的分配情况,生产的帕累托最优则要研究两种既定数量的要素在两个生产者之间的分配情况。假定这两种要素分别为 L 和 K,其既定数量为 $\overline{L}$ 和 $\overline{K}$,两个生产者分别为 C 和 D。于是要素 L 和 K 在生产者 C 和 D 之间的分配状况亦可以用埃奇沃斯盒状图来表示。参见图 10 - 3。盒子的水平长度表示整个经济中第一种要素 L 的数量 $\overline{L}$,盒子的垂直高度表示第二种要素 K 的数量 $\overline{K}$。O_C 为第一个生产者 C 的原点;O_D 为第二个生产者 D 的原点。从 O_C 水平向右测量生产者 C 对第一种要素的生产消费量 L_C,垂直向上测量它对第二种要素的生产消费量 K_C;从 O_D 水平向左测量生产者 D 对第一种要素 L 的生产消费量 L_D,垂直向下测量它对第二种要素 K 的生产消费量 K_D。

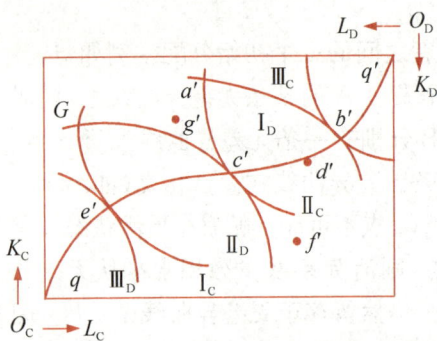

图 10 - 3　生产的帕累托最优条件

考虑盒中任意一点如 a'。点 a' 对应于生产者 C 的生产消费量 (L_C,K_C) 和生产者 D 的生产消费量 (L_D,K_D)。很明显,下式成立:

$$L_C + L_D = \overline{L}$$

$$K_C + K_D = \overline{K} \tag{10.3}$$

即盒中任意一点确定了两种要素在两个生产者之间的所有可能的分配情况。

在埃奇沃斯盒中的全部可能的要素分配状态中,哪一些是帕累托最优状态呢?为此,在盒中加入每个生产者的生产函数的信息,即其等产量线。由于 O_C 是生产者 C 的原点,故 C 的等产量线如 Ⅰc、Ⅱc 和 Ⅲc 所示。其中Ⅲc 代表较高的产量水平,Ⅰc 代表较低的产量水平。一般说来,从 O_C 点向右移动,标志者生产者 C 的产量水平增加。另一方面,由于 O_D 是生产者 D 的原点,故 D 的等产量线如 Ⅰd、Ⅱd 和Ⅲd 所示。其中,值得注意的是,Ⅲd 代表较高的产量水平,Ⅰd 代表较低的产量水平。一般说来,从 O_D 点向左移动,标志着生产者 D 的产量水平增加。

现在在埃奇沃斯盒中任选一点如 a'。由于假定生产函数是连续的,故点 a' 必然处于生产者 C 和 D 的等产量线的交点或切点上。假定点 a' 是等产量线的交点(如图 10 - 3 所示,点 a' 是等产量线 Ⅱc 和 Ⅰd 的交点),容易看出,a' 点不可能是帕累托最优状态。这是因为,通过改变该初始分配状态,例如让 a' 点变动到 b' 点,则生产者 C 的产量水平从等产量线 II_C 提高到 III_C,而生产者 D 的产量水平并未变化,仍然停留在等产量线 I_D 上。因此,在点 a' 上仍然存在帕累托改进的余地。此外,让 a' 点变动到 c' 点,则生产者 C 的产量未提高,但生产者 D 的产量却提高了。如果让 a' 点变动到 d',则生产者 C 和 D 的产量均会提高。由此得到结论:在生产的埃奇沃斯盒状图中,任意一点,如果它处在生产者 C 和 D 的两条等产量线的交点上,则它就不是帕累托最优状态。

等产量线的切点不只是点 c' 一个,点 b' 和点 e' 等也都是等产量线的切点,从而也都是帕累托最优状态。所有等产量线的切点的轨迹构成曲线 qq'。qq' 曲线叫做生产的契约曲线(或效率曲线),它表示两种要素在两个生产者之间的所有最优分配(即帕累托最优)状态的集合。

从生产的帕累托最优状态可以得到生产的帕累托最优条件。生产的帕累托最优状态是等产量线的切点,而等产量线的切点的条件是在该点上,两条等产量线的斜率相等。本书第四章第三节已经说明,等产量线的斜率的绝对值又叫做两种要素的边际技术替代率(更准确地说,是要素 L 代替要素 K 的边际技术替代率)。因此,生产的帕累托最优状态的条件可以用边际技术替代率的术语来表示:要使两种要素 L 和 K 在两个生产者 C 和 D 之间的分配达到帕累托最优状态,则对于这两个生产者来说,这两种要素的边际技术替代率必须相等。如设对于生产者 C 和 D 来说,L 代替 K 的边际技术替代率分别用 $MRTS_{LK}^C$ 和 $MRTS_{LK}^D$ 来表示,则生产的帕累托最优状态条件的公式就是:

$$MRTS_{LK}^C = MRTS_{LK}^D \qquad (10.4)$$

3. 生产和交换的帕累托最优条件

(1) 生产可能性曲线

① 从生产契约曲线到生产可能性曲线

由以上假定,现在的生产问题是两个生产者 C 和 D 在两种要素 L 和 K 之间进行选择,分别生产两种产品 X 和 Y。回到图 10-3,我们知道图中的生产契约曲线 qq' 代表了所有生产的帕累托最优状态的集合。具体来说,生产契约曲线 qq' 上的每一点均表示两种投入在两个生产者之间的分配为最优,即表示最优投入。但是,仔细观察起来却发现,生产契约曲线还向我们提供了另一有用的信息,即在该曲线上的每一点也表示了一定量投入要素在最优配置时所能生产的一对最优的产出:曲线上每一点均为两个生产者的等产量线的切点,故它同时处在两个生产者的两条等产量线上,从而代表了两种产品的产量;这两种产出还是帕累托意义上的最优产出,即此时要增加某一产出的数量,就不得不减少另一种产出的数量。

现在考虑所有最优产出量的集合的特点,参见图 10-4。图中横轴表示最优产出量中 X 的数量,纵轴表示最优产出量中 Y 的数量。利用图 10-4,可以画出最优产出量的轨迹。例如,对应于图 10-3 中生产契约曲线上的点 c',最优产出量为 (X_1, Y_1),该产出量在图 10-4 中就是图中的 c'' 点。同样地,对应于生产契约曲线上的 e',最优产出量为 (X_2, Y_2),该产出量在图 10-4 中就是 e'' 点。将生产契约曲线上每一点均通过这种方法"变换"到图 10-4 中来,便得到曲线 PP'。曲线 PP' 通常称作生产可能性曲线(或产品转换曲线)。生产可能性曲线 PP' 就是最优产出量集合的几何表示。

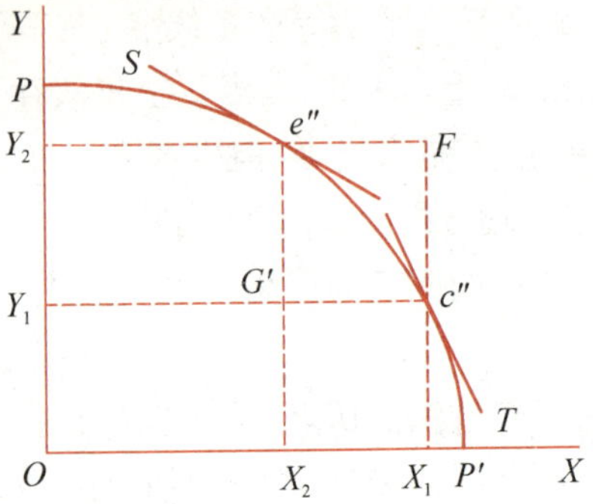

图 10 - 4　生产可能性曲线

② 生产可能性曲线的特点

图 10 - 4 中的生产可能性曲线 PP' 具有两个特点：第一，它向右下方倾斜；第二，它向右上方凸出。第一个特点容易解释。从生产的契约曲线可知，当沿着该曲线运动时，一种产出的增加必然伴随着另一种产出的减少，即在最优产出量中，两种最优产出的变化是相反的。例如，当我们从点 e'' 移到点 c'' 时，X 的产出增加了，但 Y 的产出却下降了。这种反方向变化说明两种最优产出之间的一种"转换"关系，即可以通过减少某种产出数量来增加另一种产出的数量。这也正是之所以又称生产可能性曲线为产品转换曲线的原因。如果设产出 X 的变动量为 ΔX，产出 Y 的变动量为 ΔY，则它们的比率的绝对值可以衡量 1 单位 X 商品转换为 Y 商品的比率。该比率的极限则定义为 X 商品对 Y 商品的边际转换率 MRT，亦即：

$$MRT = \lim_{\Delta x \to 0} \left| \frac{\Delta Y}{\Delta X} \right| = \left| \frac{dY}{dX} \right|$$

换句话说，所谓产品的边际转换率就是生产可能性曲线的斜率的绝对值。

③ 生产和交换的最优条件

在详细地讨论了生产可能性曲线的情况之后，我们来研究如何利用该曲线将生产和交换两个方面综合在一起，从而得到生产和交换的帕累托最优条件，参见图 10 - 5。首先，在图中的生产可能性曲线上任选一点，例如为 B 点。由生产可能性曲线的性质可知，B 点是生产契约曲线上的一点，故满足生产的帕累托最优条件。另一方面，B 点表示一对产出的最优组合，即图 10 - 5 生产和交换的最优 $(\overline{X}, \overline{Y})$。如果从 B 点出发分别引一条垂直线到 $\overline{X}$ 和一条水平线到 $\overline{Y}$，则得到一个矩形 $A\overline{Y}B\overline{X}$。该矩形恰好与交换的埃奇沃斯盒状图相同：它的水平长度和垂直高度分别表示两种产出的给定数量 $\overline{X}$ 和 $\overline{Y}$。如果设点 A 和 B 分别为消费者 A 和 B 的原点，则该矩形中任意一点也表示既定产出 $\overline{X}$ 和 $\overline{Y}$ 在两个消费者之间的一种分配。

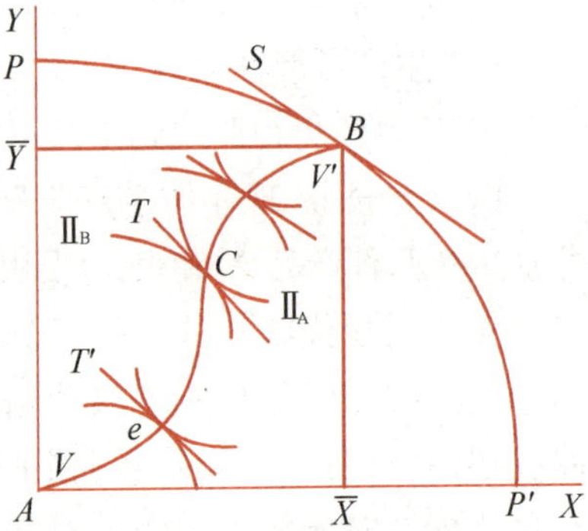

图 10 - 5　生产和交换的帕累托最优条件

按照之前的分析，埃奇沃斯盒状图 $A\overline{Y}B\overline{X}$ 中的交换契约曲线为 VV' 上任意一点均为交换的帕累托最优状态。因此，给定生产契约曲线上一点，即给定一个生产的帕累托最优状态，现在有一条交换的契约曲线，即有无穷多个交换的帕累托最优状态与之对应。在这无穷多个交换的帕累托最优状态之中，任意一个点例如点 C 都表示交换在单独来看时已经处于最优状态，但并不一定表示在与生产联合起来看时亦达到了最优状态。下面利用产品的边际转换率和边际替代率这两个概念来加以说明。

在图 10 - 5 中，生产可能性曲线上 B 点的切线 S 的斜率绝对值是产品 X 在该点上转换

为产品 Y 的边际转换率 MRT，交换契约曲线上 C 点是无差异曲线 II_A 和 II_B 的切点。II_A 和 II_B 的共同切线 T 的斜率绝对值是产品 X 在该点上替代产品 Y 的边际替代率 MRS。切线 S 和 T 可能平行，也可能不平行，即产品的边际转换率与边际替代率可能相等，也可能不等。如果边际转换率与边际替代率不相等，则可以证明这时并未达到生产和交换的帕累托最优状态。我们举例说明如下：假定产品的边际转换率为 2，边际替代率为 1，即边际转换率大于边际替代率。边际转换率等于 2 意味着生产者通过减少 1 单位 X 的生产可以增加 2 单位的 Y。边际替代率等于 1 意味着消费者愿意通过减少 1 单位 X 的消费来增加 1 单位 Y 的消费。在这种情况下，如果生产者少生产 1 单位 X，从而少给消费者 1 单位 X，但却多生产出 2 单位的 Y。从多增加的 2 个单位 Y 中拿出 1 个单位给消费者即可维持消费者的满足程度不变，从而多余的 1 单位 Y 就代表了社会福利的净增加。这就说明了如果产品的边际转换率大于边际替代率，则仍然存在帕累托改进的余地，即仍未达到生产和交换的帕累托最优状态。

同样可以分析产品的边际转换率小于边际替代率的情况。假定产品的边际转换率为 1，边际替代率为 2。此时如果生产者减少 1 单位 Y 的生产，从而少给消费者 1 单位 Y，但却多生产出 1 单位的 X。从多增加的 1 单位 X 中拿出半个单位 X 给消费者即可维持消费者的满足程度不变，从而多余的半个单位 X 就代表了社会福利的净增加。这就说明了，如果产品的边际转换率小于边际替代率，则仍然存在帕累托改进的余地，即仍然未达到生产和交换的帕累托最优状态。

给定生产可能性曲线上一点 B 和与 B 相应的交换契约曲线上一点 C，只要 B 点的产品的边际转换率不等于 C 点的产品边际替代率，则点 C 就仅表示交换的帕累托最优状态，而非生产和交换的帕累托最优状态。由此即得生产和交换的帕累托最优条件：

$$MRS_{XY} = MRT_{XY} \tag{10.5}$$

即产品的边际替代率等于边际转换率。例如，在图 10-5 中的交换契约曲线上，点 e 的边际替代率与生产可能性曲线上点 B 的边际转换率相等，因为过点 e 的无差异曲线的切线 T' 与过点 B 的生产可能性曲线的切线 S 恰好平行。因此，点 e 满足生产和交换的帕累托最优条件。

四、完全竞争与帕累托最优状态的实现

前面我们分别介绍了交换、生产以及生产和交换的帕累托最优条件，将它们综合起来，便可以得到一个经济社会实现帕累托最优的三个必要条件。

1. 交换的帕累托最优条件

任何两种产品的边际替代率对所有的消费者都相等。用公式表示即是：

$$MRS_{XY}^A = MRS_{XY}^B \tag{10.6}$$

式中，X 和 Y 是任意两种产品，A 和 B 是任意两个消费者。

2. 生产的帕累托最优条件

任何两种生产要素的边际技术替代率对所有生产者都相等。用公式表示即是：

$$MRTS_{LK}^{C} = MRTS_{LK}^{D} \tag{10.7}$$

式中，L 和 K 是任意两种生产要素，C 和 D 是任意两个生产者。

3. 生产和交换的帕累托最优条件

任何两种产品的边际替代率等于它们的边际转换率。用公式表示即是：

$$MRS_{XY} = MRT_{XY} \tag{10.8}$$

其中，X 和 Y 是任意两种产品。

当上述三个边际条件均得到满足时，称整个社会经济达到了帕累托最优状态。

我们现在来分析在完全竞争条件下，帕累托最优状态是如何来实现的。我们知道，完全竞争经济在一些假定条件下存在着一般均衡状态，即存在一组价格，使得所有商品的需求和供给都恰好相等。设这一组均衡价格为 P_X，P_Y，$\cdots$，P_L，P_K，$\cdots$。其中，P_X，P_Y，$\cdots$ 分别表示商品 X，Y，$\cdots$ 的均衡价格；P_L，P_K，$\cdots$ 分别表示要素 L，K，$\cdots$ 的均衡价格。在完全竞争条件下，每个消费者和生产者均是价格的接受者，它们将在既定的价格水平下来追求和实现自己的效用最大化和利润最大化。也就是说，均衡价格体系 P_X，P_Y，$\cdots$，P_L，P_K，$\cdots$ 对所有消费者和生产者均是相同的。首先来看消费者的情况。任意一个消费者例如 A 在完全竞争经济中的效用最大化条件为：对该消费者来说，任意两种商品的边际替代率等于这两种商品的价格比率，即有：

$$MRS_{XY}^{A} = \frac{P_X}{P_Y}$$

同样地，其他消费者如 B 在完全竞争条件下的效用最大化的条件亦是对消费者 B 而言，任意两种商品的边际替代率等于这两种商品的价格比率，即：

$$MRS_{XY}^{B} = \frac{P_X}{P_Y}$$

将以上两式进行整理可得：

$$MRS_{XY}^{A} = MRS_{XY}^{B} \tag{10.9}$$

这就是交换的帕累托最优条件(10.9)。因此，在完全竞争条件下，产品的均衡价格实现了交换的帕累托最优状态。

其次，再来看生产者的情况。在完全竞争经济中，任意一个生产者例如 C 的利润最大化条件之一是对该生产者来说，任意两种要素的边际技术替代率等于这两种要素的价格比率，即有：

$$MRTS_{LK}^{C} = \frac{P_L}{P_K}$$

同样地，其他生产者如 D 在完全竞争条件下的利润最大化的条件是对生产者 D 而言，任意两种要素的边际技术替代率等于这两种生产要素的价格比率，即：

$$MRTS_{LK}^{D} = \frac{P_L}{P_K}$$

将两式进行整理可得：

$$MRTS_{LK}^C = MRTS_{LK}^D \tag{10.10}$$

这就是生产的帕累托最优条件的公式表达式。因此,在完全竞争经济中,要素的均衡价格实现了生产的帕累托最优状态。

最后,我们来看生产者和消费者综合在一起的情况。从前面我们知道,生产和交换的帕累托最优条件是产品的边际转换率必须等于产品的边际替代率。根据边际产品转换率的定义,边际产品转换率的计算是:

$$MRT_{XY} = \left| \frac{\Delta Y}{\Delta X} \right|$$

它表示增加 X 就必须减少 Y,或者,增加 Y 就必须减少 X。因此,ΔY 可以看作是 X 的边际成本(机会成本);另一方面,ΔX 也可以看作是 Y 的边际成本。如果用 MC_X 和 MC_Y 分别代表产品 X 和 Y 的边际成本,则 X 产品对 Y 产品的边际转换率可以定义为两种产品的边际成本的比率:

$$MRT_{XY} = \left| \frac{\Delta Y}{\Delta X} \right| = \left| \frac{MC_X}{MC_Y} \right|$$

在完全竞争条件下,生产者利润最大化的条件是产品的价格(边际收益)等于其边际成本,于是有:

$$P_X = MC_X \qquad P_Y = MC_Y$$

即有:$\dfrac{MC_X}{MC_Y} = \dfrac{P_X}{P_Y}$ \hfill (10.11)

再由消费者效用最大化条件:

$$MRS_{XY} = \frac{P_X}{P_Y}$$

即得:$MRT_{XY} = \dfrac{P_X}{P_Y} = MRS_{XY}$ \hfill (10.12)

其中,MRS_{XY} 表示每一个消费者共同的边际替代率。(10.12)式即是生产和交换的帕累托最优条件。因此,在完全竞争经济中,产品的均衡价格实现了生产和交换的帕累托最优状态。

第三节 福利经济学基本框架

一、效用可能性曲线

完全竞争经济在一定的假定条件下可以达到帕累托最优状态,即满足帕累托最优的三个条件。但是,帕累托最优的三个条件并不是对资源最优配置的完整描述,因为它没有考虑收入分配问题。实际上,存在无穷多个同时满足所有三个帕累托最优条件的经济状态,其中甚至可以包括收入分配的极端不平等情况。

我们知道,在图 10-5 中,生产可能性曲线 PP' 上任意一点均代表着生产的帕累托最优状态。在曲线 PP' 上任给一点如 B,等于给定了一对最优产出组合如 $(\overline{X},\ \overline{Y})$。以该产出组合可构造一个消费的埃奇沃斯盒状图从而得到一条交换的契约曲线 VV'。曲线 VV' 上任意一点均代表交换的帕累托最优状态,在曲线 VV' 还存在一点如 e,在该点上两条相切的无差异曲线的共同斜率恰好等于生产可能性曲线上点 B 的斜率,从而 e 点还满足生产和交换的帕累托最优状态。由此可知,按上述方法得到的点 e 同时满足所有三个帕累托最优状态。

现在进一步对点 e 加以考察。点 e 是两条无差异曲线的切点,而这两条相切的无差异曲线分别代表着两个消费者 A 和 B 的两个效用水平。如果我们用 U_A^e 和 U_B^e 来分别表示消费者 A 和 B 在 e 点的效用水平,则 e 点实际上对应着一对效用水平的组合 $(U_A^e,\ U_B^e)$。由于 e 点是满足所有三个帕累托最优条件的,故它所对应的一对效用水平组合 $(U_A^e,\ U_B^e)$ 可以看成是"最优"效用水平组合。如图 10-6 所示。

容易看出,在满足全部帕累托最优条件的情况下,消费者 A 的效用水平与消费者 B 的效用水平的变化方向一定是正好相反的。要提高某个消费者的效用水平,就必须降低另一个消费者的效用水平。如果不是这样,则总可以通过某种重新安排,使某个消费者的状况变好而不使其他消费者的状况变坏。换句话说,还存在帕累托改进的余地,这表明并非所有帕累托最优条件均被满足。

由于在最优效用水平组合中,两个消费者的效用水平反方向变化,故它们之间的关系可以用图 10-6 中向右下方倾斜的一条曲线 UU' 来表示。图中横轴 U_A 代表消费者 A 的效用水平,纵轴 U_B 代表消费者 B 的效用水平。曲线 UU' 称为效用可能性曲线,它代表消费者所有最优效用水平组合的集合,说明了当一个消费者的效用水平给定之后,另一个消费者所可能达到的最大效用水平。

值得注意的是,除了效用可能性曲线向右下方倾斜这一性质之外,无法知道更多的其他性质,例如它的位置及凹凸性等等。特别是,由于效用水平的高低本来就是一个序数概念,而不能用基数来测量,故用来表示效用水平的数值是"随意"的——只要我们用大的数字代表较大的效用即可。这意味着在图 10-6 中,效用可能性曲线 UU' 的位置和凹凸性都是"随意"的。

和生产可能性曲线的情况相仿,效用可能性曲线 UU' 亦将整个效用空间划分为三个互不相交的组成部分。在 UU' 的右上方区域,是既定资源和技术条件下所无法达到的,故可以看成是"效用不可能"区域;而在 UU' 的左下方区域,则是"无效率"区域:在既定的资源和技术条件下,经济没有达到它可能达到的最优效用水平组合。如果能够重新配置资源,就能够使经济从点 D 移到效用可能性曲线上的点 e,从而使两个消费者的效用水平均得到提高。"无效率"点的存在或者是由于交换的无效率,或者是由于生产的无效率,或者是由于生产和

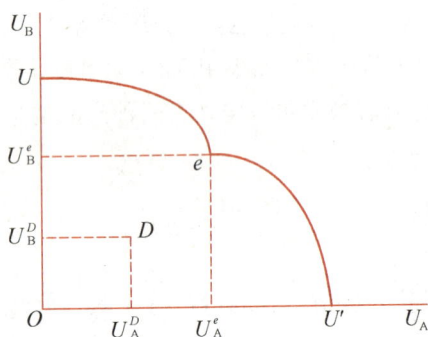

图 10-6 效用可能性曲线

交换的无效率,即是由于三个帕累托最优条件中有一个或两个或三个未得到满足。

如果将所有的无效率点也看成是可能的经济状态,则所有可能的效用水平组合的集合就是封闭(包括边界)的区域 $OUU'O$。由此可以给效用可能性曲线另外一个解释,即它是效用可能性区域的"边界",故亦称为效用可能性边界。福利经济学的目的是要在效用可能性区域当中寻找一点或一些点,使社会福利达到最大;帕累托最优条件仅仅告诉我们,社会福利必须在该效用可能性区域的边界,即在效用可能性曲线上达到,但并没有告诉我们究竟在效用可能性曲线上的哪一点或哪些点上达到。

二、社会福利函数

为了解决上述问题,须知在效用可能性曲线上每一点所代表的社会福利的相对大小,或者更一般地说,须知效用可能性区域或整个效用空间中每一点所代表的社会福利的相对大小,这就是所谓的社会福利函数。社会福利函数是社会所有个人的效用水平的函数。因此,在我们的两人社会中,社会福利函数 W 可以写成:

$$W = W(U_A, U_B) \tag{10.13}$$

给定上式,由一个效用水平组合 (U_A, U_B) 可以求得一个社会福利水平。如果我们固定社会福利水平为某个值,例如令 $W = W_1$,则社会福利函数成为:

$$W_1 = W(U_A, U_B) \tag{10.14}$$

上式表明,当社会福利水平为 W_1 时,两个消费者之间的效用水平 U_A 和 U_B 的关系。该关系的几何表示就是图 10-7 中的曲线 W_1。曲线 W_1 称为社会无差异曲线,在该曲线上,不同的点代表着不同的效用组合,但所表示的社会福利却是一样的。故从社会角度来看,这些点均是"无差异的"。同样地,如果令社会福利水平为 W_2 和 W_3,亦可以得到相应的社会无差异曲线 W_2 和 W_3。通常假定这些社会无差异曲线与单个消费者的无差异曲线一样,亦是向右下方倾斜且凸向原点,并且较高位的社会无差异曲线代表较高的社会福利水平。

有了社会福利函数即社会无差异曲线,则结合效用可能性曲线 UU' 即可决定最大的社会福利,参见图 10-7。最大社会福利显然在效用可能性曲线 UU' 和社会无差异曲线 W_2 的切点 e 上达到。这一点被叫做"限制条件下的最大满足点"。这是能导致最大社会福利的生产和交换的唯一点。之所以叫做限制条件下的最大满足点,是因为它不容许为任何可能值,即不能任意选择,而要受到既定的生产资源、生产技术条件等的限制。UU' 曲线和社会无差异曲线 W_1 交于 S 和 S' 点。这些点所代表的社会福利都低于 W_2,因而不是最大社会福利;W_3 是比 W_2 更高的社会无差异曲线,因而代表更大的社会福利,但这种更大的社会福利超出了效用可能性曲线,也就是超出了现有条件下所能够达到的最大水平。

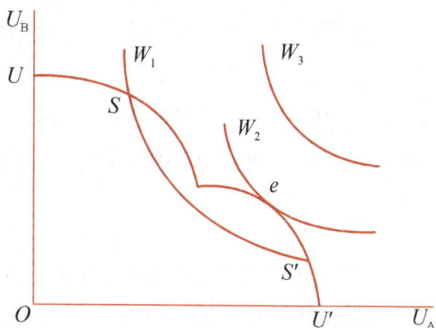

图 10-7　最大社会福利的实现

如果确实存在上述所谓社会福利函数,则可以在无穷多的帕累托最优状态中进一步确定那些使社会福利最大化的状态。如果真能做到这一点,则资源配置问题便可以看成是彻底解决了。例如,假定按照图 10-7,社会福利在 e 点达到最大。这个 e 点同时表明三个帕累托最优条件均被满足,即它相应于图 10-5 中的 e 点。作为图 10-5 中的 e 点,一方面它表明了既定产出在两个消费者之间的最优分配状况,即消费者 A 消费 X_A、Y_A 量的产品,消费者 B 消费 X_B、Y_B 量的产品;另一方面它又与生产可能性曲线 PP' 上的点 B 相对应,从而与生产的埃奇沃斯盒状图 10-3 中生产契约曲线上一点 b' 相对应。B 点表明了既定投入要素在两个生产者之间的最优分配状况,即生产者 C 消费 L_C、K_C 量的要素,生产者 D 消费 L_D、K_D 量的要素。于是,假定整个经济可得的要素总量为 L 和 K,则按如下办法配置资源即可使整个社会福利达到最大:将要素总量在 C 和 D 两个生产者之间如此分配,使 C 得到 L_C、K_C,D 得到 L_D、K_D,从而生产出产品 X、Y;再将产品产量在 A 和 B 两个消费者之间如此分配,使 A 得到 X_A、Y_A,使 B 得到 X_B、Y_B。

由此可见,彻底解决资源配置问题的关键在于社会福利函数。社会福利函数究竟存不存在呢? 换句话说,能不能从不同个人的偏好当中合理地形成所谓的社会偏好呢? 可惜的是,美国经济学家阿罗在 1951 年在相当宽松的条件下证明了这是不可能的。这就是有名的"不可能性定理"。

三、不可能性定理

阿罗意识到,所谓形成社会福利函数,就是在已知社会所有成员的个人偏好次序的情况下,通过一定的程序,把各种各样的个人偏好次序归结为单一的社会偏好次序。这是否总能做到呢? 阿罗用较高深的数学证明,在能被一般人接受的条件下,这是不可能做到的。下面举例加以说明。

考虑这样一个社会,其中包括三个人,分别用 1、2 和 3 代表。这三个人在三种社会状态 a、b 和 c 之间进行选择。假定每一个人在各种社会状态上的偏好都是严格的,即没有人在任意两个状态之间感到无差异。每个人的偏好都具有"传递性",即如果他偏好 a 甚于 b,偏好 b 又甚于 c,那么,他必然会偏好 a 甚于 c。在这里,我们把某个人的某个特定的偏好次序记为 $(a, b, c)i$,$i=1, 2, 3$,表示第 i 个人偏好 a 甚于 b、偏好 b 又甚于 c。这意味着下述三个成对的偏好次序,即 $(a, b)i$、$(a, c)i$、$(b, c)i$。一个特定的社会偏好次序则表示为 $[a, b, c]$,它意味着社会偏好 a 甚于 b、偏好 b 又甚于 c,即包括三个成对的社会偏好次序:$[a, b]$、$[a, c]$、$[b, c]$。现在假定单个人的偏好次序分别为 $(a, b, c)1$、$(b, c, a)2$、$(c, a, b)3$,并按照这些偏好对每一对可能的社会状态进行投票;社会的偏好次序则按"大多数规则"从这些单个人投票中得出。

首先对 a 和 b 两种社会状态进行投票。根据上面假定的单个人偏好次序,投票结果应为:

$$(a, b)1 \quad (b, a)2 \quad (a, b)3$$

于是,按大多数规则,社会的偏好次序就是 $[a, b]$。

其次考虑社会状态 b 和 c。我们有:

$$(b, c)1 \quad (b, c)2 \quad (c, b)3$$

社会偏好次序为 $[b, c]$。

最后是 a 和 c,各个个人的偏好次序为:

$$(a,c)1 \qquad (c,a)2 \qquad (c,a)3$$

社会偏好次序为$[c,a]$。

于是,整个投票结果是:社会偏好 a 甚于 b、偏好 b 甚于 c、偏好 c 甚于 a。显而易见,这种所谓的"社会偏好次序"包含有内在的矛盾,因为它缺乏次序的基本要求,即"传递性"。如果具有"传递性",那么,当社会偏好 a 甚于 b、偏好 b 又甚于 c 时,就应该偏好 a 甚于 c。因此,在上述给定的具有"传递性"的单个人偏好类型中,按照投票的大多数规则,不能得出合理的社会偏好次序。换句话说,此时不存在社会福利函数。

上面是就某一种特定的个人偏好类型,即相互冲突的$(a,b,c)1$、$(b,c,a)2$ 和(c,a,b) 3,说明投票的大多数规则不能形成社会的偏好次序。这当然不是说,在任何情况下都不能从个人偏好次序形成社会偏好次序。恰好相反,如果我们重新给定个人的偏好类型,或者改变大多数规则,则完全有可能形成社会的偏好次序。例如,如果我们用"独裁"规则代替大多数规则,则独裁者的个人偏好就成为"社会"的偏好;又例如,如果我们用完全一致的个人偏好类型代替上述相互冲突的类型,例如,假设个人偏好为:

$$(a,b,c)1 \qquad (a,b,c)2 \qquad (a,b,c)3$$

则按照大多数规则亦可形成确定的社会偏好次序$[a,b,c]$。

但是,上述两种情况存在很大局限性。"独裁"规则可以从任何的个人偏好类型中形成"社会"的偏好次序,但这样形成的"社会"偏好次序并不能真正地反映社会的偏好,假定个人偏好类型完全一致也是完全不现实的。社会福利函数应当适用于所有类型的个人偏好情况,而不应仅仅适用于完全一致的情况。但是,就一般情况而言,我们有阿罗的不可能性定理:

在非独裁的情况下,不可能存在适用于所有个人偏好类型的社会福利函数。

四、惯性和均衡的多样性

前面说过,西方学者认为,在完全竞争的条件下,互利的自愿交易可以导致帕累托最优。然而,在现实经济中,由于存在各种各样的"摩擦",帕累托最优状态并不一定真的能够达到,或者,即使能够达到,也不一定就是真正意义上的社会最优。

1. 惯性

要能够从初始的低效率状态变动到帕累托最优状态,经济主体必须对自己当前所处的状态以及通过变化可能达到的状态具有充分的认识——他要确切地知道,与当前的状态相比,变化后的状态对自己是更加有利,还是更加不利,或者"无差异"。然而,在复杂的现实生活中,人们对这一点并不是那么有把握的:他们也许无法在不同的经济状态之间进行比较,也许无法对某项改变的结果做出准确的估计,或者,即使"预期"某项改变可能对自己有好处,但也知道这种预期是有"风险"的,即不能完全排除出现相反结果的可能性。在这种情况下,经济主体的行为往往就是"维持现状"。这就是所谓的初始状态的"惯性"。初始状态的惯性意味着:由于改变的结果是不确定的,即使初始状态是低效率的,它也可能会长期持续下去。

2. 均衡的多样性

前面曾经说过,在存在社会福利函数的条件下,可以确定所谓"社会"的最优状态——它就是社会无差异曲线与效用可能性曲线的切点。但是,进一步考察起来,社会福利函数(从而社会无差异曲线)取决于环境、制度、文化、信仰、道德、风俗、习惯等诸多因素。当这些因素不同(或者,当这些因素变化)时,社会福利函数就可能不同,从而,社会的最优状态也可能不同。下面是几种典型的情况(假定每个社会都只由 A、B 两个成员组成)。

(1) 加法型社会福利函数

如果一个社会强调的是所有成员的效用总和(而非其分配),则它的社会福利函数就可以写成如下的加法形式:

$$W(x) = U_A(x) + U_B(x) \qquad (10.15)$$

其中,x 表示所消费的商品数量,$W(x)$ 表示社会福利,它等于社会成员 A 的效用 U_A 加上社会成员 B 的效用 U_B。加法型社会福利函数也叫做功利主义的社会福利函数。

(2) 乘法型社会福利函数

如果一个社会比功利主义更加重视收入的分配和平等问题,则它的社会福利函数就可能具有如下的乘法形式:

$$W(x) = U_A(x) \cdot U_B(x) \qquad (10.16)$$

乘法型社会福利函数也叫做贝努利—纳什社会福利函数。

(3) 罗尔斯社会福利函数

与加法型和乘法型的社会福利函数相比,罗尔斯社会福利函数更加重视提高社会上状况最差的那些人的生活水平。它可以写成:

$$W = \min(U_A, U_B) \qquad (10.17)$$

★★★★★ **本章要点回顾** ★★★★★

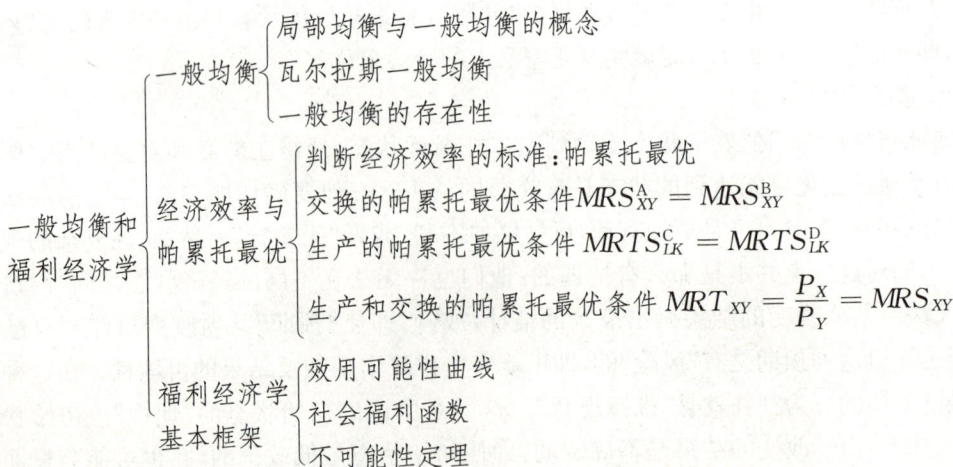

一般均衡和福利经济学
- 一般均衡
  - 局部均衡与一般均衡的概念
  - 瓦尔拉斯一般均衡
  - 一般均衡的存在性
- 经济效率与帕累托最优
  - 判断经济效率的标准:帕累托最优
  - 交换的帕累托最优条件 $MRS_{XY}^A = MRS_{XY}^B$
  - 生产的帕累托最优条件 $MRTS_{LK}^C = MRTS_{LK}^D$
  - 生产和交换的帕累托最优条件 $MRT_{XY} = \dfrac{P_X}{P_Y} = MRS_{XY}$
- 福利经济学基本框架
  - 效用可能性曲线
  - 社会福利函数
  - 不可能性定理

第十一章
市场失灵和微观经济政策

本章导学

1. 理解市场失灵的概念及其原因。
2. 理解垄断的低效率、寻租及反托拉斯法等。
3. 理解外部影响的概念、分类及对付消极外部影响的措施;掌握科斯定理的内涵。
4. 理解公共物品的概念和特点、公地的悲剧和公共选择理论。

虽然经济学家们通常认为市场是最有效率的资源配置方式,但在某些情况下,市场本身无法有效率地分配商品和劳务,这种情况称为市场失灵。一般来讲,垄断、外部效应、公共产品和信息不对称都可以造成市场失灵。信息不对称在第八章中已经做过论述,所以本章仅对前三种情况加以分析。

第一节 垄断

一、垄断与低效率

首先来看某代表性的垄断厂商的利润最大化情况。参见图 11-1。图中横轴表示产量,纵轴表示价格。曲线 D 和 MR 分别为该厂商的需求曲线和边际收益曲线。此外,为简单起见,假定平均成本和边际成本相等且固定不变,它们由图中水平直线 $AC = MC$ 表示。垄断厂商的利润最大化原则是边际成本等于边际收益。因此,垄断厂商的利润最大化产量为 Q_m。在该产量水平上,垄断价格为 P_m。显然,这个价格高于边际成本。

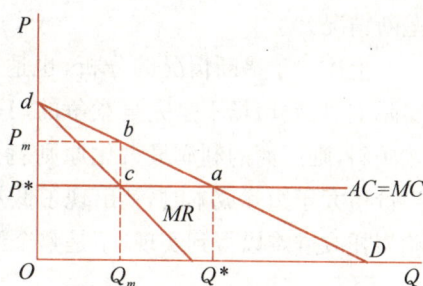

图 11-1 垄断厂商的低效率

显而易见,上述垄断厂商的利润最大化状况并没有达到帕累托最优状态。在利润最大化产量 Q_m 上,价格 P_m 高于边际成本 MC,这表明,消费者愿意为增加额外一单位产量所支付的数量超过了生产该单位产量所引起的成本。因此,存在帕累托改进的余地。例如,假设消费者按照既定的垄断价格 P_m 购买了垄断产量 Q_m。现在进一步考虑,是否可以有某种方式使垄断厂商和消费者的状况都变好?如果让垄断厂商再多生产一单位产量,让消费者以低于垄断价格但大于边际成本的某种价格购买该单位产量,则垄断厂商和消费者都从中得到了好处:垄断厂商的利润进一步提高,因为最后一单位产量给它带来的收益大于它支出的成本;消费者的福利进一步提高,因为它实际上对最后一单位产量的支付低于它本来愿意的支付(本来愿意的支付用需求曲线的高度衡量,即它等于垄断价格)。

垄断产量和垄断价格不满足帕累托最优条件。那么,帕累托最优状态在什么地方达到呢?在 Q^* 的产量水平上达到。在 Q^* 的产出水平上,需求曲线与边际成本曲线相交,即消费者为额外一单位产量的愿意支付等于生产该额外产量的成本。此时,不再存在任何帕累托改进的余地。因此,Q^* 是帕累托意义上的最优产出。如果能够设法使产量从垄断水平 Q_m 增加到最优水平 Q^*,则就实现了帕累托最优。一种可能的方法是:垄断厂商同意生产产量 Q^*,并在等于边际成本的价格 P^* 上出售该产量;这样做的结果是垄断厂商的利润下降了 $(P_m - P^*) \cdot Q_m$。为了弥补其损失,消费者之间达成一项协议,共同给予垄断厂商至少等于该损失的一揽子支付。在给予这一揽子支付之后,消费者的福利与垄断条件下的情况相比,仍然有所改善,因为垄断厂商将价格从 P_m 下降到 P^*,给消费者带来的全部好处是叫做消费者剩余的那一部分,即区域 $P_m ba P^*$。这个部分超过了垄断厂商的利润损失部分 $(P_m - P^*) \cdot Q_m$。超过的部分为区域 abc 的面积。区域 abc 就是当产量从垄断的 Q_m 增加到最优的 Q^* 时所产生的全部收益。这个收益可以在垄断厂商和消费者之间进行适当的分配,从而使双方都得到好处。

那么,在实际中为什么均衡产量不是发生在帕累托最优状态 Q^* 上呢?原因在于,垄断厂商和消费者之间以及消费者本身之间难以达成相互满意的一致意见。例如,垄断厂商和消费者之间在如何分配增加产出所得到的收益问题上可能存在很大分歧,以至于无法达成一致意见;又例如,消费者本身之间在如何分摊弥补垄断厂商利润损失的一揽子支付问题上也不能达成一致意见;最后,还可能无法防止某些消费者不负担一揽子支付而享受低价格的好处,即无法防止"免费乘车者"。由于存在上述这些困难,实际上得到的通常便是无效率的垄断情况。

上述关于垄断情况的分析,也适用于垄断竞争或寡头垄断等其他非完全竞争的情况。实际上,只要市场不是完全竞争的,只要厂商面临的需求曲线不是一条水平线,而是向右下方倾斜,则厂商的利润最大化原则就是边际收益等于边际成本,而不是价格等于边际成本。当价格大于边际成本时,就出现了低效率的资源配置状态。而由于协议的各种困难,潜在的帕累托改进难以得到实现,于是整个经济便偏离了帕累托最优状态,均衡于低效率之中。

二、寻租理论

根据传统的经济理论,垄断尽管会造成低效率,但这种低效率的经济损失从数量上来说却相对很小。例如,在图 11-1 中,完全竞争厂商的产量为 Q^*,价格为 P^*,经济利润为 0,消费者剩余为 $ad P^*$,总的经济福利(生产者的经济利润加上消费者剩余)也等于 $ad P^*$;垄断厂商的产量为 Q_m,价格为 P_m,经济利润为 $bc P^* P_m$,消费者剩余为 $bd P_m$,总的经济福利为 $bc P^* d$。二者相比,垄断的总经济福利减少了,但减少的数量较小,仅仅等于图中的小三角形 abc。

然而,从 20 世纪 60 年代后期以来,西方一些经济学家开始认识到,上述传统的垄断理论可能大大低估了垄断的经济损失。按照他们的看法,传统垄断理论的局限性在于,它着重分析的是垄断的"结果",而不是获得和维持垄断的"过程"。一旦把分析的重点从垄断的结果转移到获得和维持垄断的过程,就会很容易地发现,垄断的经济损失不再仅仅包括图 11-1 中那块被叫做"纯损"(deadweight loss)的小三角形 abc,而是要大得多,它还要包括图 11-1 中垄断厂商的经济利润即 $bc P^* P_m$ 的一部分,或者全部,甚至可能更多一些。这是因为,为了获得和维持垄断地位从而享受垄断的好处,厂商常常需要付出一定的代价。例如,向政府官员行贿,或者,雇用律师向政府官员游说,等等。这种为获得和维持垄断地位而付出的代价与三角形 abc 一样也是一种纯粹的浪费:它不是用于生产,没有创造出任何有益的产出,完全是一种"非生产性的寻利活动"。这种非生产性的寻利活动被概括为所谓的"寻租"活动:为获得和维持垄断地位从而得到垄断利润(亦即垄断租金)的活动。

寻租活动的经济损失到底有多大呢?就单个的寻租者而言,他愿意花费在寻租活动上的代价不会超过垄断地位可能给他带来的好处;否则就不值得了。因此,从理论上来说,单个寻租者的寻租代价要小于或者等于图 11-1 中的垄断利润或垄断租金 bcP^*P_m。在很多情况下,由于争夺垄断地位的竞争非常激烈,寻租代价常常要接近甚至等于全部的垄断利润。这意味着,即使局限于考虑单个寻租者,其寻租损失也往往大于传统垄断理论中的"纯损"三角形。如果进一步来考虑整个寻租市场,问题就更为严重。在寻租市场上,寻租者往往不止一个,单个寻租者的寻租代价只是整个寻租活动的经济损失的一个部分。整个寻租活动的全部经济损失等于所有单个寻租者寻租活动的代价的总和。而且,这个总和还将随着寻租市场竞争程度的不断加强而不断增大。显而易见,整个寻租活动的经济损失要远远超过传统垄断理论中的"纯损"三角形。

三、对垄断的公共管制

垄断常常导致资源配置缺乏效率。此外,垄断利润通常也被看成是不公平的。这就使得有必要对垄断进行政府干预。政府对垄断的干预是多种多样的,这里先来讨论政府对垄断价格和垄断产量的管制。

参见图 11-2。图中反映的是某垄断厂商的情况。曲线 $D = AR$ 和 MR 是它的需求曲线(也即平均收益曲线)和边际收益曲线。曲线 AC 和 MC 是其平均成本和边际成本曲线。注意,这里回到了平均成本和边际成本曲线的一般形状,而不是图 11-1 中的水平直线了。特别是,这里的平均成本曲线具有向右上方倾斜的部分。在没有管制的条件下,垄断厂商生产其利润最大化产量 Q_m,并据此确定垄断价格 P_m。这种垄断均衡一方面缺乏效率,因为在垄断产量 Q_m 上,价格高于边际成本;

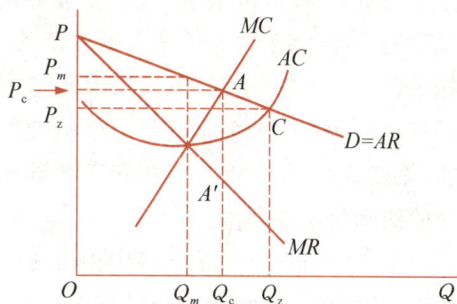

图 11-2 对垄断的公共管制

另一方面缺乏"公平",因为在 Q_m 上,垄断厂商获得了超额垄断利润,即经济利润不等于 0,或者说,全部利润大于正常利润。现在考虑政府的价格管制,政府应当制定什么样的价格为好呢? 如果政府的目标是提高效率,则政府应当将价格定在 P_c 的水平上。当价格为 P_c 时,垄断厂商面临的需求曲线现在成为 P_cAD,从而边际收益曲线为 P_cA 和 $A'MR$。于是最大化产量为 Q_c。在该产量水平上,价格恰好等于边际成本。于是实现了帕累托最优。

显然,当政府将价格定为 P_c,从而实现了帕累托最优时,垄断厂商仍然可以得到一部分经济利润,即为平均收益 P_c 超过平均成本 AC 的部分。如果政府试图制定一个更低的"公平价格"以消除经济利润,则该价格须定为 P_z 时,产量为 Q_z。此时,平均收益恰好等于平均成本。因此,P_z 可称为零经济利润价格。但是,现在出现另一个问题,即在零经济利润价格水平上,帕累托最优条件被违反了:此时边际成本大于价格。因此,按帕累托效率而言,在垄断情况下,产量太低、价格太高,而在零经济利润情况下,正好相反:价格太低、产量太高。

图 11-2 反映的是平均成本具有向右上方倾斜部分的垄断情况。现在考虑平均成本曲

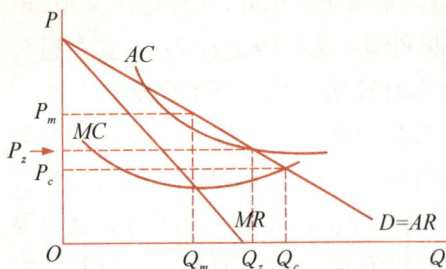

图 11-3　对自然垄断的公共管制

线不断下降的所谓自然垄断情况,参见图 11-3。图中,由于平均成本曲线 AC 一直下降,故边际成本曲线 MC 总位于其下方。在不存在政府管制时,垄断厂商的产量和价格分别为 Q_m 和 P_m。当政府管制价格为 P_c 时,产量为 Q_c,达到帕累托效率。但是,如果要制定零经济利润价格 P_z,则在这种情况下,P_z 不是小于 P_c,而是要稍高一些。值得注意的是,在自然垄断场合帕累托最优价格 P_c 和最优产量 Q_c 上,垄断厂商的平均收益小于平均成本,从而出现亏损。因此,在这种情况下,政府必须补贴垄断厂商的亏损。

四、反托拉斯法

政府对垄断的更加强烈的反应是制定反垄断法或反托拉斯法。西方很多国家都不同程度地制定了反托拉斯法,其中,最为突出的是美国。这里以美国为例做一概括介绍。

19 世纪末 20 世纪初,美国企业界出现了第一次大兼并。正如列宁在《帝国主义论》中所指出的那样,结果形成了一大批经济实力雄厚的大企业。这些大企业被叫做"垄断"厂商或托拉斯。这里的"垄断"不只局限于指一个企业控制一个行业的全部供给的"纯粹"的情况,而且也包括几个大企业控制一个行业的大部分供给的情况。按照这一定义,美国的汽车工业、钢铁工业、化学工业等都属于垄断市场。垄断的形成和发展,深刻地影响到美国社会各个阶级和阶层的利益。

从 1890 年到 1950 年,美国国会通过一系列法案,反对垄断。其中包括谢尔曼法(1890)、克莱顿法(1914)、联邦贸易委员会法(1914)、罗宾逊—帕特曼法(1936)、惠特—李法(1938)和塞勒—凯弗维尔法(1950),统称反托拉斯法。在其他西方国家中也先后出现了类似的法律规定。

美国的这些反托拉斯法规定,限制贸易的协议或共谋、垄断或企图垄断市场、兼并、排他性规定、价格歧视、不正当的竞争或欺诈行为等,都是非法的。例如,谢尔曼法规定:任何以托拉斯或其他形式进行的兼并或共谋,任何限制州际或国际的贸易或商业活动的合同,均属非法;任何人垄断或企图垄断,或同其他个人或多人联合或共谋垄断州际或国际的一部分商业和贸易的,均应认为是犯罪。违法者要受到罚款和(或)判刑。克莱顿法修正和加强了谢尔曼法,禁止不公平竞争,宣布导致削弱竞争或造成垄断的不正当做法为非法。这些不正当的做法包括价格歧视、排他性或限制性契约、公司相互持有股票和董事会成员相互兼任。联邦贸易委员会法规定:建立联邦贸易委员会作为独立的管理机构,授权防止不公平竞争以及商业欺骗行为,包括禁止伪假广告和商标等。罗宾逊—帕特曼法宣布卖主为消除竞争而实行的各种形式的不公平的价格歧视为非法,以保护独立的零售商和批发商。惠特—李法修正和补充了联邦贸易委员会法,宣布损害消费者利益的不公平交易为非法,以保护消费者。塞勒—凯弗维尔法补充了谢尔曼法,宣布任何公司购买竞争者的股票或资产从而实质上减少竞争或企图造成垄断的做法为非法。塞勒—凯弗维尔法禁止一切形式的兼并,包括横向兼并、纵向兼并和混合兼并。这类兼并指大公司之间的兼并和大公司对小公司的兼并,而不包括小公司之间的兼并。

美国反托拉斯法的执行机构是联邦贸易委员会和司法部反托拉斯局。前者主要反对不正当的贸易行为,后者主要反对垄断活动。对犯法者可以由法院提出警告、罚款、改组公司直至判刑。

第二节 外部影响

一、外部影响及其分类

到目前为止,我们讨论的微观经济理论,特别是其中的看不见的手的原理,要依赖于一个隐含的假定:单个消费者或生产者的经济行为对社会上其他人的福利没有影响,即不存在所谓外部影响。换句话说,单个经济单位从其经济行为中产生的私人成本和私人利益被看成就等于该行为所造成的社会成本和社会利益。但是,在实际经济中,这个假定往往并不能够成立。在很多时候,某个人(生产者或消费者)的一项经济活动会给社会上其他成员带来好处,但他自己却不能由此而得到补偿。此时,这个人从其活动中得到的私人利益就小于该活动所带来的社会利益。这种性质的外部影响被称为所谓"外部经济"。根据经济活动的主体是生产者还是消费者,外部经济可以分类为"生产的外部经济"和"消费的外部经济"。另一方面,在很多时候,某个人(生产者或消费者)的一项经济活动会给社会上其他成员带来危害,但他自己却并不为此而支付足够抵偿这种危害的成本。此时,这个人为其活动所付出的私人成本就小于该活动所造成的社会成本。这种性质的外部影响被称为"外部不经济"。外部不经济也可以视经济活动主体的不同而分为"生产的外部不经济"和"消费的外部不经济"。外部经济也叫正外部性,外部不经济也叫负外部性。

1. **外部性的分类**
(1)生产的外部经济

当一个生产者采取的经济行动对他人产生了有利的影响,而自己却不能从中得到报酬时,便产生了生产的外部经济。生产的外部经济的例子很多。例如,一个企业对其所雇用的工人进行培训,而这些工人可能转到其他单位去工作。该企业并不能从其他单位索回培训费用或得到其他形式的补偿。因此,该企业从培训工人中得到的私人利益就小于该活动的社会利益。

(2)消费的外部经济

当一个消费者采取的行动对他人产生了有利的影响,而自己却不能从中得到补偿时,便产生了消费的外部经济。例如,当某个人对自己的房屋和草坪进行保养时,他的隔壁邻居也从中得到了不用支付报酬的好处。此外,一个人对自己的孩子进行教育,把他们培养成更值得信赖的公民,这显然也使其隔壁邻居甚至整个社会都得到了好处。

（3）生产的外部不经济

当一个生产者采取的行动使他人付出了代价而又未给他人以补偿时，便产生了生产的外部不经济。生产的外部不经济的例子也很多。例如，一个企业可能因为排放脏水而污染了河流，或者因为排放烟尘而污染了空气。这种行为使附近的人们和整个社会都遭到了损失。再如，因生产的扩大可能造成交通拥挤及对风景的破坏等等。

（4）消费的外部不经济

当一个消费者采取的行动使他人付出了代价而又未给他人以补偿时，便产生了消费的外部不经济。和生产者造成污染的情况类似，消费者也可能造成污染而损害他人。吸烟便是一个明显的例子，吸烟者的行为危害了被动吸烟者的身体健康，但并未为此而支付任何东西。此外，还有在公共场所随意丢弃果皮、瓜壳，等等。

2．外部性的例子

（1）正外部性的例子

一个养蜂人将蜂箱放置在一个梨园旁，蜜蜂从梨花中采集花粉和花蜜用来酿蜜，同时它们在花丛中传递花粉，这有助于花朵受精。于是产生了两个正的生产外部性。养蜂人从梨园主那儿获取了正的生产外部性，同时梨园主也从养蜂人那儿得到了正的生产外部性。打过流感预防针之后，你患流感的可能性大大降低，而且因为你避免了流感，周围与你接触的人虽未打预防针，却也因此更有可能保持健康。打流感预防针这种行为产生了正的消费外部性。

（2）负外部性的例子

居住在飞机场附近的人们都要承受飞机起飞与降落发出的噪音，这就是带给人们的负的生产外部性。如果有人在餐厅、电影院、公共汽车上吸烟，会让很多人感到不适且不利于人们的健康，这就是吸烟人给不吸烟人带来的负的消费外部性。

上述各种外部影响可以说是无所不在、无时不在。像嘈杂的聚会、户外摇滚演奏、家庭装修造成的声音污染都属于负的外部性。而种在居民家阳台上的花草给别人带来的愉悦属于正的外部性。尽管就每一个单个生产者或消费者来说，他造成的外部经济或外部不经济对整个社会也许微不足道，但所有这些消费者和生产者加总起来，所造成的外部经济或不经济的总的效果将是巨大的。解决外部性问题也是我们经济生活中一个重要的内容。

二、外部影响和资源配置失当

各种形式的外部影响的存在造成了一个严重后果：完全竞争条件下的资源配置将偏离帕累托最优状态。换句话说，即使假定整个经济仍然是完全竞争的，但由于存在着外部影响，整个经济的资源配置也不可能达到帕累托最优状态。"看不见的手"在外部影响面前失去了作用。

为什么外部影响会导致资源配置失当？原因非常简单。例如，我们先来考察外部经济的情况。假定某个人采取某项行动的私人利益为 V_p，该行动所产生的社会利益为 V_s。由于存在外部经济，故私人利益小于社会利益即 $V_p < V_s$。如果这个人采取该行动所遭受的私人成本为 C_p，大于私人利益而小于社会利益，即有 $V_p < C_p < V_s$，则这个人显然不会采取这项

行动,尽管从社会的角度看,该行动是有利的。显而易见,在这种情况下,帕累托最优状态没有得到实现,还存在帕累托改进的余地。如果这个人采取这项行动,则他所受损失部分为 $(C_p - V_p)$,社会上其他人由此而得到的好处为 $(V_s - V_p)$。由于 $(V_s - V_p)$ 大于 $(C_p - V_p)$,故可以从社会上其他人所得到的好处中拿出一部分来补偿行动者的损失。结果是使社会上的某些人的状况变好而没有任何人的状况变坏。一般而言,在存在外部经济的情况下,私人活动的水平常常要低于社会所要求的最优水平。

再来考察外部不经济的情况。假定某个人采取某项活动的私人成本和社会成本分别为 C_p 和 C_s。由于存在外部不经济,故私人成本小于社会成本即 $C_p < C_s$。如果这个人采取该行动所得到的私人利益 V_p 大于其私人成本而小于社会成本,即有 $C_p < V_p < C_s$,则这个人显然会采取该行动,尽管从社会的观点看,该行动是不利的。显而易见,在这种情况下,帕累托最优状态也没有得到实现,也存在帕累托改进的余地。如果这个人不采取这项行动,则他放弃的好处即损失为 $(V_p - C_p)$,但社会上其他人由此而避免的损失却为 $(C_s - C_p)$。由于 $(C_s - C_p)$ 大于 $(V_p - C_p)$,故如果以某些方式重新分配损失的话,就可以使每个人的损失减少,亦即使每个人的"福利"增大。一般而言,在存在外部不经济的情况下,私人活动的水平常常要高于社会所要求的最优水平。

三、有关外部影响的政策

如何纠正由于外部影响所造成的资源配置不当? 西方微观经济学理论提出如下政策建议:

第一,使用税收和津贴。对造成外部不经济的企业,国家应该征税,其数额应该等于该企业给社会其他成员造成的损失,从而使该企业的私人成本恰好等于社会成本。例如,在生产污染情况下,政府向污染者征税,其税额等于治理污染所需要的费用。反之,对造成外部经济的企业,国家则可以采取津贴的办法,使得企业的私人利益与社会利益相等。无论是何种情况,只要政府采取措施使得私人成本和私人利益与相应的社会成本和社会利益相等,则资源配置便可达到帕累托最优状态。

第二,使用企业合并的方法。例如,一个企业的生产影响到另外一个企业。如果影响是正的(外部经济),则第一个企业的生产就会低于社会最优水平;反之,如果影响是负的(外部不经济),则第一个企业的生产就会超过社会最优水平。但是如果把这两个企业合并为一个企业,则此时的外部影响就"消失"了,即被"内部化"了。合并后的单个企业为了自己的利益将使自己的生产确定在其边际成本等于边际收益的水平上。而由于此时不存在外部影响,故合并企业的成本与收益就等于社会的成本与收益,于是资源配置达到帕累托最优状态。

第三,使用规定财产权的办法。在许多情况下,外部影响之所以导致资源配置失当,是由于财产权不明确。如果财产权是完全确定的并得到充分保障,则有些外部影响就可能不会发生。例如,某条河流的上游污染者使下游用水者受到损害。如果给予下游用水者使用一定质量水源的财产权,则上游的污染者将因把下游水质降到特定质量之下而受罚。在这种情况下,上游污染者便会同下游用水者协商,将这种权利从他们那里买过来,然后再让河流受到一定程度的污染。同时,遭到损害的下游用水者也会使用他出售污染权而得到的收人来治理河水。总之,由于污染者为其不好的外部影响支付了代价,故其私人成本与社会成本之间不存在差别。

四、科斯定理

上述对付外部影响的最后一种办法,即规定财产权的政策,可以看成是更加一般化的所谓科斯定理的特例。甚至连税收和津贴这种方法也可以看成是科斯定理的一个具体运用。

关于科斯定理,科斯本人并没有一个明确的说法,其他西方经济学家则给出许多不同的表达方式。虽然这些表达方式大体上是相同的,但仍然存在着细微的差别。下面是一种比较流行的说法:

只要财产权是明确的,并且其交易成本为零或者很小,则无论在开始时将财产权赋予谁,市场均衡的最终结果都是有效率的。

为了说明这一"定理",我们举一个具体的例子。假设有一个工厂,它的烟囱冒出的烟尘使得居住于工厂附近的 5 户居民所洗晒的衣服受到污染,由此造成的损失为每户 75 元,从而 5 户的损失总额为 $75 \times 5 = 375$ 元。再假设存在着两种治理污染的办法:一是在工厂的烟囱上安装一个除尘器,其费用为 150 元;二是给每户居民提供一个烘干机,使它们不需要到外面去晒衣服。烘干机的费用为每户 50 元,5 户的成本总和是 250 元。显而易见,在这两种解决办法中,第一种的成本低,因而代表着最有效率的解决方案。这种最有效率的解决方案在西方经济学中就被称为帕累托最优状态。

按照科斯定理的含义,在上面的例子中,不论给予工厂以烟囱冒烟的权利,还是给予 5 户居民以晒衣服不受烟尘污染的权利(即上述的财产所有权的分配),只要工厂与 5 户居民协商时其协商费用(即上述的交易成本)为零或者很小,那么,市场机制(即自由进行交易)总是可以得到最有效率的结果(即采用安装除尘器的办法)。

为什么会如此呢? 按照科斯等西方经济学家的解释,如果把排放烟尘的财产权给予工厂,即工厂有权排放烟尘,那么,5 户居民便会联合起来,共同给工厂的烟囱义务安装一架除尘器,因为除尘器的费用只有 150 元,远远低于 5 架烘干机的费用 250 元,更加低于未装除尘器时晒衣服所受到的烟尘之害(375 元)。另一方面,如果把晒衣服不受烟尘之害的财产权给予 5 户居民,那么,工厂便会自动地给自己安装除尘器,因为,在居民具有不受污染之害的财产权的条件下,工厂就有责任解决污染问题,而在两种解决污染的办法中,安装除尘器的费用较低。因此,科斯定理宣称,只要交易成本为零或者很小,则不论财产权归谁,自由的市场机制总会找到最有效率的办法,从而达到帕累托最优状态。

当然,科斯定理的结论只有在交易成本为零或者很小的情况下才能得到。如果不是这样,结果就会不同。例如,假设在工厂具有排放烟尘的财产权的条件下,如果 5 户居民联合在一起共同行动的费用很大,例如为 125 元,那么,为了共同行动给工厂安装除尘器,它们的总支出就是 $125 + 150 = 275$ 元。在这种情况下,5 户居民便会各自去购买一架烘干机,因为这样做的结果总共只需要花费 250 元。然而,这却不是一个最有效率的结果。

在科斯提出以他的名字命名的定理之前,西方经济学家一般认为,市场机制这一"看不见的手"只有在不存在外部影响的情况下才会起作用。如果存在着外部影响,市场机制就无法导致资源的最优配置。科斯定理的出现则进一步强调了"看不见的手"的作用。按照这个定理,只要那些假设条件成立,则外部影响也不可能导致资源配置不当。或者换个说法,在所给条件下,市场力量足够强大,总能够使外部影响"内部化",从而仍然可以实现帕累托最优状态。

　　为什么财产权的明确和可转让具有这样大的作用呢?按照西方学者的解释,其原因在于,明确的财产权及其转让可以使得私人成本(或利益)与社会成本(或利益)趋于一致。若以图 11-4 的生产污染问题为例,则科斯定理意味着,一旦所需条件均被满足,则污染者的私人边际成本曲线 MC 就会趋于上升,直到与边际社会成本曲线 $MC+ME$ 完全重合,从而污染者的利润最大化产量将从 X^* 下降到社会最优产量水平 X^{**}。

　　具体说明如下:将财产权(例如使用河流的权利)明确赋予某人,并假定该权利可以自由买卖,则财产权对所有者来说就是一件有价值的特殊"商品"。特别是在生产污染例子中,财产权(即污染权或不被污染权)就是一种有价值的特殊"生产要素"。这种要素与资本和劳动一样,无论是生产者从市场上买到的,还是自身原来拥有的,都是生产成本的一部分。如果是从市场上买来的,毫无疑问便构成成本一部分。如果是自身原来就拥有的,则可以出售获得收益。如果不出售而自己用于生产,则遭受的是本可出售获益的机会成本。因此,在这种情况下,生产者生产产品时就存在两种成本,一种是生产产品本身的成本,与其相对应的边际成本就是图 11-4 中的(生产的)私人边际成本曲线 MC,可称之为生产的边际成本;另一种是使用财产权所遭受的成本或机会成本,以及相应的使用财产权的边际成本。生产者的总成本应当是这两种成本之和。如果将使用财产权的边际成本加到生产的边际成本上去,则总的私人边际成本曲线就要从 MC 向上移动,从而利润最大化产量就要从 X^* 向左边减少。在完全竞争条件下的理想均衡状态中,可以期望加入使用财产权的边际成本之后所得到的总的私人边际成本与社会边际成本相一致,从而私人最优产量与社会最优产量相一致。

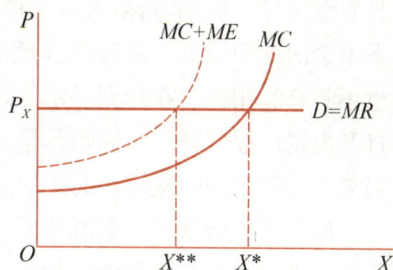

图 11-4　私人成本与社会成本达到一致

　　运用科斯定理解决外部影响问题在实际中并不一定真的有效。有以下几个难题:第一,资源的财产权是否总是能够明确地加以规定?有的资源,例如空气,在历史上就是大家均可使用的共同财产,很难将其财产权具体分派给谁;有的资源的财产权即使在原则上可以明确,但由于不公平问题、法律程序的成本问题等等也变得实际上不可行;第二,已经明确的财产权是否总是能够转让?这就涉及信息充不充分以及买卖双方不能达成一致意见的各种原因,如谈判的人数太多、交易成本过高、谈判双方都能使用策略性行为,等等;最后,明确的财产权的转让是否总能实现资源的最优配置?显然,在这个过程中完全有可能得到这样的结果:它与原来的状态 X^* 相比有所改善,但并不一定恰好为 X^{**}。此外,还应该指出,分配产权会影响收入分配,而收入分配的变动可以造成社会不公平,引起社会动乱。在社会动乱的情况下,就谈不上解决外部影响的问题了。

第三节　公共物品和公共资源

一、公共物品

1. 排他性与竞用性

到目前为止,讨论的对象主要是所谓的"私人物品",即那些在普通的市场上常见的物品,例如,用于吃的水果、用于穿的衣服,以及火车上的座位等等。私人物品具有两个鲜明的特点。第一是"排他性":只有对商品支付价格的人才能够使用该商品;第二是"竞用性":如果某人已经使用了某个商品(如某一火车座位),则其他人就不能再同时使用该商品。实际上,市场机制只有在具备上述两个特点的私人物品的场合才真正起作用,才有效率。然而,在现实的经济中,还存在着许许多多不满足排他性或竞用性特点的物品。如果一件物品不具有排他性,即无法排除一些人"不支付便使用",则它毫无疑问就会带来外部影响,并造成市场机制的失灵。"国防"和"海鱼"是缺乏排他性的两个生动例子。一个公民即使拒绝为国防支付,也可以享受国防的好处;同样,我们也很难阻止渔民自由地在公海上捕捞海鱼。"国防"和"海鱼"的区别在于"竞用性"方面。容易看到,国防除了不具有排他性之外,同时也不具有竞用性。例如,新生人口一样享受国防提供的安全服务,但原有人口对国防的"消费"水平不会因此而降低。从某种程度上讲,道路和电视广播等等也与国防一样既不具有排他性也不具有竞用性。在达到一定点之前,道路上多一辆汽车不会妨碍原有汽车的行驶;某个人打开电视广播同样不会影响其他人收看收听。另一方面,"海鱼"则毫无疑问是"竞用性"的:当某个人捕捞到一些海鱼时,其他人所可能捕捞到的海鱼数量就减少了。

通常把国防这样一类既不具有排他性也不具有竞用性的物品叫做公共物品,而把海鱼这样一类只不具有排他性但却具有竞用性的物品叫做公共资源。公共物品和公共资源可以看成是外部影响造成市场机制失灵的两个特殊例子。

2. 公共物品的最优数量

我们先来回顾一下私人物品最优数量的决定。为简单起见,假定社会上只有 A 和 B 两个消费者,他们对商品的需求曲线分别由 D_A 和 D_B 表示。商品的市场供给曲线为 S,参见图 11-5(a)。由于所讨论的是私人物品,故将消费者 A 与 B 的需求曲线 D_A 和 D_B 水平相加即得到某市场需求曲线 D。市场需求曲线 D 与供给曲线 S 的交点决定了该私人物品的均衡数量 Q_0 和均衡价格 P_0。这个均衡数量 Q_0 显然就是该私人物品的最优数量。这是因为在这个产量水平上,每个消费者的边际利益恰好等于商品的边际成本。我们知道,供给曲线代表了每个产量(供给量)水平上的边际成本,需求曲线代表了每个产量(需求量)水平上的边际利益。故当供给量为 Q_0 时,边际成本为 Q_0H;而在价格为 P_0 时,消费者 A 和 B 的需求量分别为 C 和 F,再根据需求曲线 D_A 和 D_B,相应的边际利益为 CE 和 FG。由图可知,$CE = FG = Q_0H$,即每个消费者的边际利益均等于边际成本。

现在来看公共物品的情况,参见图 11-5(b)。与私人物品的讨论一样,我们仍然假定每

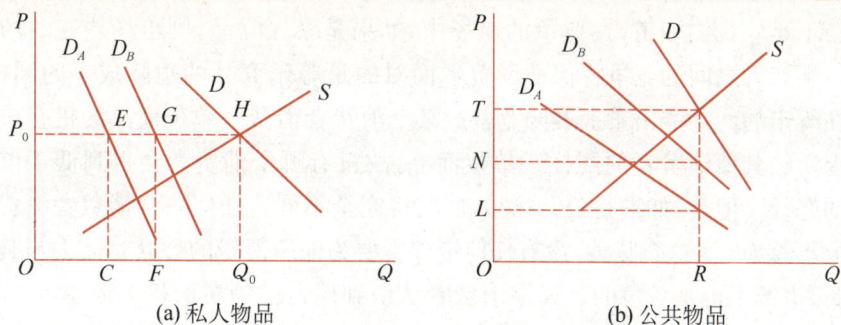

(a) 私人物品　　　　　　　　(b) 公共物品

图 11-5　私人物品与公共物品的最优数量

个消费者对公共物品的需求曲线是已知的,为 D_A 和 D_B,公共物品的市场供给曲线为 S。如何从个人的需求曲线形成市场的需求曲线呢? 这里的关键之处在于公共物品的市场需求曲线不是个人需求曲线的水平相加,而是它们的垂直相加。之所以是如此,原因在于公共物品消费上的非竞用特点。由于消费上的非竞用性,每个消费者消费的都是同一个商品总量,因而每一消费者的消费量都与总消费量相等;另一方面,对这个总消费量所支付的全部价格,却是所有消费者支付的价格的总和。例如,设公共物品的数量为图 11-5(b) 中的 R,消费者 A 和 B 的消费量都是 R。当 A 和 B 的消费量均为 R 时,他们所愿意支付的价格按各自的需求曲线分别为 L 和 N。因此,当消费量为 R 时,消费者 A 和 B 所愿意支付的价格之和就是 $L+N=T$。

有了公共物品的市场供求曲线,则公共物品的均衡数量即可决定,这就是需求曲线交点所指示的 R。实际上,这个均衡数量 R 也代表着公共物品的最优数量。要解释这一点并不困难,当公共物品数量为 R 时,根据供给曲线,公共物品的边际成本为 T,而根据消费者的需求曲线,A 和 B 的边际利益分别为 L 和 N,从而总的社会的边际利益为 $L+N=T$。于是,边际的社会利益等于边际成本,公共物品数量达到最优。这里值得注意的是,公共物品的最优标准与私人物品的最优标准不完全相同。在私人物品场合,最优标准是每个消费者的边际利益与边际成本相等。而在公共物品场合,最优标准是每个消费者的边际利益之和与边际成本相等。这个区别仍然是根源于是否具有消费的竞用性这个基本特点。

3. 公共物品与市场失灵

上一段在假定每个消费者对公共物品的需求曲线均存在且已知的条件下,讨论了公共物品的最优数量的决定。但是,许多西方经济学家认为,这种讨论并没有多大的实际意义。原因是公共物品的需求曲线是虚假的。首先,单个消费者通常并不很清楚自己对公共物品的需求价格,更不用说去准确地陈述他对公共物品的需求与价格的关系;其次,即使单个消费者了解自己对公共物品的偏好程度,他们也不会如实地说出来。为了少支付价格或不支付价格,消费者会低报或隐瞒自己对公共物品的偏好。他们在享用公共物品时都想当"免费乘车者",不支付成本就得到利益。由于单个消费者对公共物品的需求曲线不会自动显示出来,故我们无法将它们加总得到公共物品的市场需求曲线并进而确定公共物品的最优数量。

尽管我们在实际上难以通过公共物品的供求分析来确定它的最优数量,但却可以有把握地说,市场本身提供的公共物品通常将低于最优数量,即市场机制分配给公共物品生产的资源常常会不足。我们知道,在竞争的市场中,如果是私人物品,则市场均衡时的资源配置是最优的。生产者之间的竞争将保证消费者面对的是等于商品的边际成本的同样的价格,消费者则在既定的商品产出量上展开竞争。某个消费者消费一单位商品的机会成本就是在市场价格上卖给其他消费者的同样一单位商品,故没有哪个消费者会得到低于市场价格而买到商品的好处。但是,如果是公共物品,情况将完全不同。任何一个消费者消费一单位商品的机会成本总为0。这意味着,没有任何消费者要为他所消费的公共物品去与其他任何人竞争。因此,市场不再是竞争的。如果消费者认识到他自己消费的机会成本为0,他就会尽量少支付给生产者以换取消费公共物品的权利。如果所有消费者均这样行事,则消费者们支付的数量就将不足以弥补公共物品的生产成本。结果便是低于最优数量的产出,甚至是0产出。

4. 公共物品和成本—收益分析

公共物品的生产和消费问题不能由市场上的个人决策来解决。因此,必须由政府来承担起提供公共物品的任务。政府如何来确定某公共物品是否值得生产以及应该生产多少呢? 在这里,西方经济学家经常提到的一个重要方法是成本—收益分析。成本—收益分析是用来评估经济项目或非经济项目的。它首先估计一个项目所需花费的成本以及它所可能带来的收益,然后把二者加以比较,最后根据比较的结果决定该项目是否值得生产。公共物品也可以看成是一个项目,并运用成本—收益分析方法来加以讨论。如果评估的结果是该公共物品的收益大于或至少等于其成本,则它就值得生产,否则便不值得。

二、公共资源

从上述对公共物品的分析中可知,一种物品如果不具有排他性,则每个人出于自己的利益考虑,就会尽可能多地去利用它。在这种情况下,如果该物品又具有竞用性的特点,即是所谓的"公共资源",则它可能很快就会被过度地使用,从而造成灾难性的后果。下面我们以被西方学者经常使用的"公地的悲剧"加以说明。

考虑这样一个乡村,村里有一块公共土地,村民们在这块公地上放牧奶牛。我们的问题是:在这块公地上放牧的奶牛最优数量是多少? 实际放牧的奶牛数量又是多少? 下面的分析将表明:如果每一个村民都能够毫无限制地使用公地,则实际的奶牛均衡数量将远远超过它的最优水平。由此引起的后果就是:公地将由于长期的超载放牧而日益衰落。这就是所谓的"公地的悲剧"。

先来看公地上的最优放牧量的决定。对这个问题的回答显然取决于整个乡村集体在奶牛放牧上的边际收益和边际成本。我们把乡村集体的边际收益和边际成本分别叫做"边际社会收益"和"边际社会成本"。如果放牧奶牛的边际社会收益超过了相应的边际社会成本,则这意味着,增加放牧的奶牛数量能够给整个乡村带来更多的好处;反之,如果放牧奶牛的边际社会收益小于相应的边际社会成本,则这意味着,减少放牧的奶牛数量对整个乡村来说更加有利。对整个乡村来说,最优的(也就是能够使得整个乡村的利润达到最大的)放牧量应当使得边际社会收益恰好等于边际社会成本。

我们用 X 来表示公地上放牧的奶牛的数量。为简单起见,假定每头奶牛每天可生产牛奶 1 公斤。于是，X 头奶牛每天总共可生产牛奶 X 公斤。设牛奶的需求函数为：

$$P = a - bX$$

其中，P 是牛奶的市场价格，a 和 b 均为大于零的常数。于是，放牧 X 头奶牛的总社会收益(TR_s)和边际社会收益(MR_s)分别为：

$$TR_s = P \times X = aX - bX^2$$

$$MR_s = \frac{dTR_s}{dX} = a - 2bX$$

再设购买一头奶牛需要花费 1000 元钱，并假定这就是喂养奶牛的所有支出。于是，放牧 X 头奶牛的总社会成本(TC_s)和边际社会成本(MC_s)分别为：

$$TC_s = 1000X$$

$$MC_s = \frac{dTC_s}{dX} = 1000$$

使整个乡村的利润达到最大的条件是边际社会收益 MR_s 等于边际社会成本 MC_s，即：

$$a - 2bX = 1000$$

解之即得公地的最优放牧量 X。

现在来看公地的实际放牧量(亦即均衡放牧量)的决定。这个乡村果真能够按照上述使整个乡村集体的利润达到最大的条件来确定其实际的放牧量吗？在两种情况下，可以做到这一点。一是该乡村做出集体决策来规定在公地上放牧的奶牛数量。任何个人不得超过所规定的数量进行放牧。在这种情况下，只要所规定的放牧数量恰好等于 X，并且能够以有力的措施来保证这些规定得到切实的贯彻执行，则结果就是最优的。另一种情况是乡村的公地由某个个人所有。在这种情况下，公地的所有者就能够像乡村集体决策时一样对进入公地放牧的奶牛数量进行限制：他可以购买恰当数量的奶牛来实现自己的利润最大化。由于在这种情况下，公地的利益就是公地所有者的个人利益，故此时使公地所有者利润最大化的放牧量也就是公地的最优放牧量。

但是，如果对公地的使用没有明确的规定，也不存在乡村的集体决策，则结果就可能不是最优的。如果放任村民们自由地和不受任何限制地在公地上免费放牧，就会上演一场"公地的悲剧"，即实际的奶牛放牧量将会大大超过其最优的水平。结果，公地的草场将由于不断地长期的超载放牧而不断地被破坏、被损坏，日益凋零和衰落下去。

为什么缺乏限制的自由放牧会造成如此的后果呢？这是因为，如果每一个村民都可以无限制地自由使用公地，则他们就会根据自己的(注意，不是乡村集体的)利润最大化考虑而行事。也就是说，他们将把自己的放牧数量确定在边际私人收益和边际私人成本相等的地方。按照前面的假定，每个村民个人的边际私人成本很清楚，就是他购买一头奶牛时支付的价格 1000 元。这一点与乡村集体的边际社会成本是一致的。但是，边际私人收益是什么呢？它会不会与乡村集体的边际社会收益一致呢？如果也是一致的，则个人的行为就将完全与集体的行为一样，也就不会有什么公地的悲剧了。可惜的是，并没有这样的好事。

假定某个村民决定增加一头奶牛,这个行动意味着整个乡村放牧的奶牛总量和生产的牛奶总量增加了。牛奶总量的增加将导致牛奶的市场价格下降。牛奶市场价格的下降不仅使该村民的边际私人收益下降,而且也使整个乡村的边际社会收益下降。但是,比较而言,整个乡村的边际社会收益下降的程度要更大一些。这是因为,当一个村民决定增加自己的奶牛数量从而使牛奶的市场价格下降时,不仅他自己生产的牛奶的价格以及边际收益下降了,而且其他村民生产的牛奶的价格以及边际收益也下降了。但是,该村民在计算自己的边际私人收益时,却只需要考虑自己产品的价格下降以及收益损失,而无需考虑其他村民的产品价格下降以及收益损失。另一方面,我们在计算价格下降对整个乡村的社会收益的影响时,则不仅要考虑该村民的私人收益的损失,还要考虑所有其他村民的私人收益的损失。因此,随着某个村民的放牧量的增加,该村民的边际私人收益的下降幅度比整个乡村的边际社会收益的下降幅度要小。二者之间的差别的大小则取决于该村民拥有的奶牛数量在整个乡村的奶牛总量中所占的比例。这个比例越大,则边际私人收益与边际社会收益的差别就越小。特别是,当该村民拥有的奶牛数量的比例达到 100%,亦即乡村的全部奶牛都归该村民所有时,他的边际私人收益就等于边际社会收益——因为此时他增加放牧量不会给其他村民造成损失。另一方面,该村民拥有的奶牛数量的比例越小,则边际私人收益与边际社会收益的差别就越大。特别是,当该村民新增加的那头奶牛就是他的唯一的一头奶牛时,边际私人收益与边际社会收益的差别达到最大。实际上,他的边际私人收益此时将等于放牧奶牛的平均收益。

"公地的悲剧"这个例子并不能说明对土地的个人所有优于集体所有,因为这个例子也同样可以说明,在对土地的使用明确规定或在集体决策下,"公地的悲剧"不会出现。此外,集体所有还可以避免各种"私地的悲剧"。例如,在一片公有的海滩上,每个人都可以享受到海浴和观海的乐趣。但是,如果私人拥有该海滩并圈起了篱笆,大家的乐趣会因之而被剥夺。

三、公共选择理论

对公共物品(以及公共资源)的处理涉及与政府行为有关的"集体选择"。所谓集体选择,就是所有的参加者依据一定的规则通过相互协商来确定集体行动方案的过程。公共选择理论则特别注重研究那些与政府行为有关的集体选择问题。

1. 集体选择的规则

(1)一致同意规则

所谓一致同意规则,是指一项集体行动方案只有在所有参加者都认可的情况下才能够实施。这里的"认可"意味着赞成或者至少不反对。换句话说,在一致同意规则下,每一个参加者都对将要达成的集体决策拥有否决权。例如,联合国安理会的任何议案都必须得到五个常任理事国的一致认可才可实施。如果有一个反对,则相关议案即被否决。由于每一个参加者都拥有否决权,任何一个有可能损害某些参加者利益的集体行动方案都会被否决,于是,一致同意规则便具有如下的优点:第一,能够充分地保证每一个参加者的利益;第二,可以避免发生"免费乘车"的行为;第三,如果能够达成协议,则协议将是帕累托最优的。一致同意规则的缺点则在于：达成协议的成本常常太大，在许多情况下甚至根本就无法达成协议。

（2）多数规则

所谓多数规则，是指一项集体行动方案必须得到所有参加者中的多数认可才能够实施。这里的多数，可以是简单多数，即超过总数的一半，也可以是比例多数，如达到总数的三分之二以上。美国国会、州和地方的立法常常使用简单多数规则，但在弹劾和罢免总统、修改宪法时，则采取三分之二的比例多数规则。与一致同意规则相比，多数规则的协商成本较低，也更加容易达成协议。多数规则存在的问题是：第一，它忽略了少数派的利益。由多数派赞成通过的集体协议强迫少数派也要服从。第二，可能出现"收买选票"的现象。这是因为，在多数规则的条件下，单个参加者的选择对最终的结果影响不大，具有可忽略性，从而一部分选民有可能不重视自己的选举权。这样一来，选举就有可能被利益集团所操纵：利益集团通过一定的小的代价来收买那些不重视自己选举权而打算不投票或投弃权票的选民，让他们按利益集团的意愿投票。第三，在多数规则下，最终的集体选择结果可能不是唯一的。不同的投票秩序会导致不同的集体选择结果，使社会成员作出前后不相一致甚至可能相互矛盾的决策。这就是所谓的周期多数现象。

（3）加权规则

一个集体行动方案对不同的参加者会有不同的重要性。于是，可以按照重要性的不同，给参加者的意愿"加权"，即分配选举的票数。相对重要的，拥有的票数就较多，否则就较少。所谓加权规则，就是按实际得到的赞成票数（而非人数）的多少来决定集体行动方案。

（4）否决规则

这一规则的具体做法如下：首先让每个参加对集体行动方案投票的成员提出自己认可的行动方案，汇总之后，再让每个成员从中否决掉自己所反对的那些方案。这样一来，最后剩下的没有被否决掉的方案就是所有成员都可以接受的集体选择结果了。如果有不止一个方案留了下来，就再借助于其他投票规则（如一致同意规则或多数规则等等）来进行选择。否决规则的优点是显而易见的，因为经过这一规则筛选之后留下来的集体行动方案都将是帕累托最优的。

2. 最优的集体选择规则

上面所说的各种集体选择规则都是有利有弊的。这就产生了如何确定最优的集体选择规则的问题，即按照什么样的规则来进行集体选择，才能保证所得到的结果是最有效率的？在这方面，西方公共选择理论家们提出了两个主要的理论模型。

（1）成本模型

按照这一模型，任何一个集体选择规则都存在着性质完全不同的两类成本。一类叫做决策成本，指的是在该规则下通过某项集体行动方案（亦即作出决策）所花费的时间与精力。集体决策的形成需要参加者之间不同程度的讨价还价。随着人数的不断增加，讨价还价行为发生的可能性将成倍增加，从而决策成本也将成倍增加。另一类是外在成本，指的是在该规则下通过的某项集体行动方案与某些参加者的意愿不一致而给他们带来的损失。当通过的某项集体行动方案与某些参加者个人的实际偏好一致时，这些参加者个人承担的外在成本就等于零;而当两者不相一致时,他们承担的外在成本就大于零。显而易见,随着这种不一致的人数和程度的增加,外在成本的总量也将增加。对于不同的集体选择规则,决策成本和外在成本的大小是不一样的。例如,与一致同意规则相比,多数规则的决策成本可能较低,因为容易作出决策,但外在成本却可能较高,因为决策的结果可能和很多人的意愿不一致。决策成本和外在成本之和叫做相互依赖成本。最优集体选择规则的成本模型的结论是,理性的经济人将按最低的相互依赖成本来决定集体选择的规则。

(2) 概率模型

与成本模型不同,寻找最优集体选择规则的概率模型并不是追求社会相互依赖成本的最小化,而是力图使集体决策的结果偏离个人意愿的可能性达到最小。根据这一模型,最好的集体选择规则就是那种能使上述偏离可能性达到最小的规则。西方一些公共选择理论家证明,按照这一标准,集体选择中的多数规则是一种比较理想的规则。

3. 政府官员制度的效率

按照公共选择理论,政府官员制度是指那种由通过选举所产生的、被任命的以及经过考试而录用的政府官员来管理政治事务的制度。总的来说,这种政府官员制度的效率是比较低的。其原因如下:

首先是缺乏竞争。政府的各个部门都是某些特殊服务的垄断供给者。没有任何其他的机构可以替代这些政府部门的工作。由于缺乏竞争,政府部门的效率一般都比较低下。此外,由于缺乏竞争的对手,人们常常甚至无法判断政府部门的成本即每年的财政支出是否太多,或者,它们的产出即所提供的服务是否太少,即很难准确地判定政府部门的效率。

其次是机构庞大。政府官员一般不会把利润最大化(或者成本最小化)作为自己的主要目标,因为他很难把利润直接占为己有。政府官员追求的主要是规模(亦即官员机构)的最大化,因为规模越大,官员们的地位就越高,权力就越大,得到进一步提升的机会就越多。

最后是成本昂贵。政府官员会千方百计地增加自己的薪金,改善工作条件,减轻工作负担,从而不断地提高他们的服务成本,导致浪费的极大化。

公共选择理论认为,解决政府官员制度低效率的主要途径是引入竞争机制。具体做法是:第一,使公共部门的权力分散化。分散有利于减少垄断的成分。例如,可以把过于庞大的公共机构分解成几个较小的、有独立预算的机构。第二,由私人部门承包公共服务的供给。由政府投资的公共服务,并不一定必须由政府来生产。例如,街道清扫、垃圾处理、消防、教育、体检等等公共服务的生产都可以实行私有化。第三,在公共部门和私人部门之间展开竞争。如果允许私人部门和公共部门一样提供公共服务,则它们之间就会展开竞争,竞争将提高公共部门的效率。第四,加强地方政府之间的竞争。地方政府的权力不仅受到公民选票的制约,而且受到居民自由迁移的制约。当一个地方政府的公共服务的成本(税收)太高而质量太低时,居民就可能迁移到其他地区去。居民的迁出会减少当地政府的税收。因此,地方政府之间的竞争也可以促使它们提高效率。

★★★★★ 本章要点回顾 ★★★★★

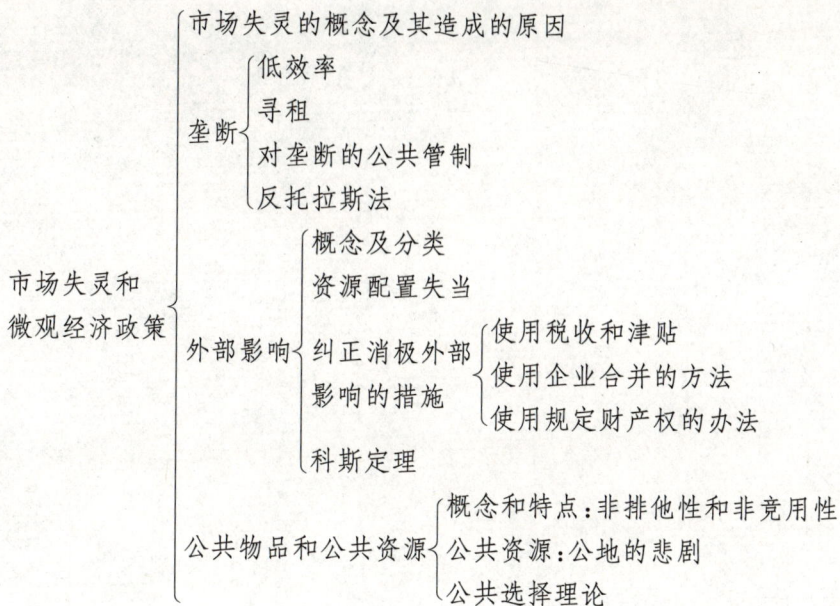

市场失灵和微观经济政策

- 市场失灵的概念及其造成的原因
- 垄断
  - 低效率
  - 寻租
  - 对垄断的公共管制
  - 反托拉斯法
- 外部影响
  - 概念及分类
  - 资源配置失当
  - 纠正消极外部影响的措施
    - 使用税收和津贴
    - 使用企业合并的方法
    - 使用规定财产权的办法
  - 科斯定理
- 公共物品和公共资源
  - 概念和特点：非排他性和非竞用性
  - 公共资源：公地的悲剧
  - 公共选择理论

宏观部分

第十二章
宏观经济学概论及国民收入核算

本章导学

1. 理解国内生产总值、国民生产总值、实际和名义国内生产总值的概念，了解国内生产净值、国民收入、个人收入和个人可支配收入的概念。
2. 理解国内生产总值的核算方法。
3. 掌握国民收入核算中的恒等关系。

第一节 国内生产总值

一、国内生产总值的含义

1. 国内生产总值的概念

通过导论的分析,我们知道宏观经济学是研究整个社会的经济活动,那么整个社会经济的衡量就是我们要解决的首要问题,为此要定义和计量总产出或总收入的一套方法。经济学家一般认为国民收入的核算便是这套方法的核心,而衡量国民经济活动的核心指标就是国内生产总值。国内生产总值是指一个国家或地区在一定时期内(通常指一年)运用生产要素所生产的全部最终产品(物品和劳务)的市场价值。理解这一定义时,应注意以下几点:

第一,GDP 是指最终产品的总价值。因此,在计算时不应包括中间产品价值,否则会造成重复计算。在一定时期内生产的并由最后使用者购买的产品和劳务就被称为最终产品,中间产品是指用于再出售而供生产别种产品而使用的产品。

第二,GDP 是一国范围内生产的最终产品的市场价值。这是一个地域概念,即它不仅包括本国国民所生产的最终产品的市场价值,而且还包括外国国民在本国国土上所生产的最终产品的市场价值。与国内生产总值相联系的国民生产总值(GNP)则是一个国民概念,它是指某国居民所拥有的全部生产要素所生产的最终产品的市场价值总和,即不仅包括在本国境内的国民所生产的最终产品的市场价值,而且还包括该国国民从外国所获得的收入。一般来说,常住居民包括:在本国居住的本国国民、暂住外国的本国居民、常住本国但未入本国国籍的居民。GDP 与 GNP 两者的关系是:

$$GNP = GDP + \frac{本国公民在国外生产的}{最终产品的价值之和} - \frac{外国公民在本国生产的}{最终产品的价值之和}$$

许多欧洲国家由于经济开放程度高,较早采用了 GDP,美国从 1991 年以后采用了 GDP,现在世界上大多数国家采用 GDP。采用 GDP 表明世界经济一体化的加剧,而且 GDP 较易衡量,又能更好地衡量就业潜力。

第三,GDP 是指当年内生产出来的最终产品的市场价值,因此,在计算时不应包括以前某一时期生产的最终产品的市场价值。

第四,GDP 是一定时期内所生产而不是所售出的最终产品的价值。生产出来而未售出的部分可以看作是企业自己买下来的部分,因而是存货投资,也计入 GDP。从量上来看,生产出的产品价值与售出的产品价值可能相等,也可能不相等。

第五,GDP 一般仅指市场活动导致的价值。不经过市场销售的最终产品不计入 GDP 中。例如,家务劳动、自给性生产等非市场活动不计入 GDP 中。

第六,GDP 中的最终产品不仅包括有形的最终产品,而且包括无形的最终产品——劳务。例如,旅游、服务、卫生、教育等行业提供的劳务,按其所获得的报酬计入国内生产总值中。

2. GDP 指标的意义与局限性

诺贝尔经济学奖获得者萨缪尔森和诺德豪斯在《经济学》教科书中把 GDP 称为"20 世纪最伟大的发明之一"。

首先我们来看 GDP 核算的意义:

第一,判断宏观经济运行状况。判断宏观经济运行状况主要有三个重要经济指标:经济增长率、通货膨胀率,失业率,这三个指标都与 GDP 有密切关系,其中经济增长率就是 GDP 增长率,通货膨胀率就是 GDP 紧缩指数,失业率中的奥肯定律表明当 GDP 增长大于 2.25 个百分点时,每增加一个百分单位的国内生产总值,失业率就降低 0.5 个百分点。

第二,在宏观经济管理中有重要作用。如制订战略目标、计划规划和财政金融政策时,都以达到一定数量的 GDP 为标准。

第三,在对外交往中有重要意义。与我国承担的国际义务相关,如承担联合国会费;与我国享受的优惠待遇有关,如世界银行根据 GDP 来划分给予优惠的标准。

但与此同时我们应该知道,GDP 反映福利水平变动存在较大局限性:

第一,它不反映分配是否公平。

第二,非市场经济活动得不到反映。非市场经济活动,是那些公开的但没有市场交易行为的经济活动。如:自给性生产与服务、物物交换、家务活动等;同时,地下经济在 GDP 中也没有得到反映,地下经济是指为了逃避政府管制所从事的经济活动,如:各国都不同程度地存在着地下工厂的生产、黑市交易、毒品生产与贩卖、秘密军火交易、走私等非法活动。

第三,有些严重影响社会发展和人们生活质量的内容无法得到反映。如环境质量的变动、不能反映精神满足程度、闲暇福利。

第四,它把所有市场交易活动反映到 GDP 中来,并不能正确反映社会经济发展水平,也无法反映人们从产品和劳务消费中获得的福利状况。

第五,由于不同国家产品结构和市场价格的差异,两国 GDP 指标难以进行精确比较。

二、其他 GDP 和价格指数

1. 名义 GDP 和实际 GDP

国内生产总值是一个市场价值概念,其价值的大小用货币来衡量,国内生产总值为最终产品和劳务数量与价格的乘积。因此,国内生产总值不仅要受实际产量的影响,还要受价格水平的影响。换言之,国内生产总值的变动可能是由于实际产量的变动而引起,也可能是由于产品和劳务价格变动而引起。为了排除价格因素,能确切反映经济实际变动,就必须区分实际国内生产总值与名义国内生产总值。

名义国内生产总值是按当年价格(P_t)计算的国内生产总值,实际的国内生产总值是按不变价格计算的某一年的国内生产总值。不变价格是指统计时确定的某一年(称为基年)的价格(P_0)。计算实际国内生产总值可使我们了解到从一个时期到另一个时期产量变化到什么程度。如果使用的都是基年的价格,则两个时期国内生产总值的差额可表现出这两个变化。如果仅仅比较两个时期的名义国内生产总值,则我们无法知道这两个时期国内生产总值的差额究竟是由产量变化引起的,还是由价格变化引起的。

某个时期名义国内生产总值与实际国内生产总值之间的差别,可以反映出这一时期和基期相比的价格变动的程度。因为通过计算名义国内生产总值和实际国内生产总值的比率,可以计算出价格变动的百分比。

2. 人均 GDP

在衡量一个国家的经济发达程度或者在比较各个国家的经济发展水平时,用实际 GDP 是没有任何意义的,因为一个经济相对落后的大国的国内生产总值可能比一个经济相对发达的小国的国内生产总值要多。因此我们应该用人均国内生产总值来反映一个国家的经济发达程度。

3. 价格指数

(1) GDP 折算指数

GDP 折算指数是给定年份的名义 GDP 与实际 GDP 之间的比率。名义 GDP 与实际 GDP 之比,称为国内生产总值折算指数。

$$GDP\ 折算指数 = \frac{某年名义\ GDP}{某年实际\ GDP} = \frac{\sum P_t Q_t}{\sum P_0 Q_t} \times 100\%$$

上式中,P_t 为当年价格,P_0 为基期价格,Q_t 为当年产量,$\sum P_t Q_t$ 为当年名义 GDP,$\sum P_0 Q_t$ 为当年实际 GDP。国内生产总值折算指数是重要的物价指数之一,能反映通货膨胀的程度。

(2) 消费者价格指数(CPI)

通过抽样调查,选择代表性的商品和服务为样本,比较根据当年价格计算的商品总价值和根据基年得到的商品总价值,得到的比值就是消费者价格指数。居民消费价格指数是反映一定时期内居民消费价格变动趋势和变动程度的相对数。居民消费价格指数分为食品、烟酒及用品、衣着、家庭设备用品及维修服务、医疗保健和个人用品、交通和通信、娱乐教育文化用品及服务、居住等八个大类。该指数是综合了城市居民消费价格指数和农民消费价格指数计算取得。利用居民消费价格指数,可以观察和分析消费品的零售价格和服务价格变动对城乡居民实际生活费支出的影响程度。

(3) 生产者价格指数(PPI)

生产者价格指数主要的目的在衡量各种商品在不同的生产阶段的价格变化情形。一般而言,商品的生产分为三个阶段:一是原始阶段:商品尚未做任何的加工;二是中间阶段:商品尚需做进一步的加工;三是完成阶段:商品至此不再做任何加工手续。

PPI 是衡量工业企业产品出厂价格变动趋势和变动程度的指数,是反映某一时期生产领域价格变动情况的重要经济指标,也是制定有关经济政策和国民经济核算的重要依据。

三、其他四个相关概念

1. 国内生产净值(NDP)

国内生产净值是指一个国家一年内新增加的产值,即在国内生产总值中扣除了折旧之后的产值,即从 GDP 中扣除资本折旧,就得到 NDP。

2. 国民收入（NI）

国民收入有广义与狭义之分。广义的国民收入泛指国民收入五个总量，即国内生产总值、国内生产净值、国民收入、个人收入和个人可支配收入等。国民收入决定理论中所讲的国民收入就是指广义的国民收入。以后所提到的国民收入，指广义的国民收入。狭义的国民收入是指一个国家一年内用于生产各种生产要素所得到的全部收入，即工资、利润、利息和地租的总和，也就是按生产要素报酬计算的国民收入。

从国内生产净值中扣除间接税和企业转移支付再加上政府补助金，就得到一国生产要素在一定时期内所得报酬即狭义的国民收入。间接税是指可以转嫁给消费者的税收，企业转移支付包括企业捐赠和呆账。间接税和企业转移支付虽然构成产品价格，但不成为要素收入；相反，政府给企业的补助金虽不列入产品价格，但成为要素收入。故在国民收入中应扣除间接税和企业转移支付，而加上政府补助金。

3. 个人收入（PI）

个人收入是指一个国家一年内个人所得到的全部收入。生产要素报酬意义上的国民收入并不会全部成为个人收入。因为，一方面利润收入中要给政府缴纳公司所得税，公司还要留下一部分利润用作积累，只有一部分利润才会以红利和股息的形式分给个人，并且职工收入中也有一部分要以社会保险费的形式上缴有关部门。另一方面，人们也会以失业救济金、职工养老金、职工困难补助、退伍军人津贴等形式从政府那里得到转移支付。因此，从国民收入中减去公司所得税、公司未分配利润、社会保险税（费），加上政府给个人的转移支付，即为个人收入。

4. 个人可支配收入（DPI）

个人可支配收入是指一个国家一年内个人可以支配的全部收入即人们可以用来消费或储蓄的收入。因为要缴纳个人所得税，所以，缴纳个人所得税以后的个人收入才是个人可支配收入。

总结以上内容，国民收入核算中的这五个总量之间的关系是：

NDP = GDP － 折旧

NI = NDP － 间接税 － 企业转移支付 ＋ 政府补助金

PI = NI － 公司所得税 － 公司未分配利润 － 社会保险税（费）＋ 政府对居民的转移支付

DPI = PI － 个人所得税 ＝ 消费 ＋ 投资

第二节 国内生产总值的核算方法

一、支出法核算 GDP

用支出法核算 GDP，就是从产品的使用出发，把一年内购买的各项最终产品的支出加总而计算出的该年内生产的最终产品的市场价值。这种方法又称最终产品法、产品流动法。

如果用 Q_1、Q_2、…、Q_n 代表各种最终产品的产量，P_1、P_2、…、P_n 代表各种最终产品的

价格,则使用支出法核算 GDP 的公式是:

$$GDP = P_1Q_1 + P_2Q_2 + \cdots + P_nQ_n$$

在现实生活中,产品和劳务的最后使用,主要是居民消费、企业投资、政府购买和出口。因此,用支出法核算 GDP,就是核算一个国家或地区在一定时期内居民消费、企业投资、政府购买和出口这几方面支出的总和。

居民消费支出(用字母 C 表示),包括购买冰箱、彩电、洗衣机、小汽车等耐用消费品的支出,服装、食品等非耐用消费品的支出以及用于医疗保健、旅游、理发等劳务的支出。建造住宅的支出不属于消费。

企业投资(用字母 I 表示),是指增加或更新资本资产(包括厂房、机器设备、住宅及存货)的支出。投资包括固定资产投资和存货投资两大类。固定资产投资指新造厂房、购买新设备、建筑新住宅的投资。为什么住宅建筑属于投资而不属于消费呢? 因为住宅像别的固定资产一样是长期使用、慢慢地被消耗的。存货投资是企业掌握的存货价值的增加(或减少)。如果年初全国企业存货为 2000 亿美元而年末为 2200 亿美元,则存货投资为 200 亿美元。存货投资可能是正值,也可能是负值,因为年末存货价值可能大于也可能小于年初存货。企业存货之所以被视为投资,是因为它能产生收入。计入 GDP 中的投资是指总投资,即重置投资与净投资之和,重置投资也就是折旧。投资和消费的划分不是绝对的,具体的分类则取决于实际统计中的规定。

政府购买支出(用字母 G 来表示),是指各级政府购买物品和劳务的支出,它包括政府购买军火、军队和警察的服务,政府机关办公用品与办公设施,举办诸如道路等公共工程,开办学校等方面的支出。政府支付给政府雇员的工资也属于政府购买。政府购买是一种实质性的支出,表现出商品、劳务与货币的双向运动,直接形成社会需求,成为国内生产总值的组成部分。政府购买只是政府支出的一部分,政府支出的另一部分如政府转移支付、公债利息等都不计入 GDP。政府转移支付是政府不以取得本年生产出来的商品与劳务作为报偿的支出,包括政府在社会福利、社会保险、失业救济、贫困补助、老年保障、卫生保健、对农业的补贴等方面的支出。政府转移支付是政府通过其职能将收入在不同的社会成员间进行转移和重新分配,将一部分人的收入转移到另一部分人手中,其实质是一种财富的再分配。有政府转移支付发生时,即政府付出这些支出时,并不相应得到什么商品与劳务,政府转移支付是一种货币性支出,整个社会的总收入并没有发生改变。因此,政府转移支付不计入国内生产总值中。

净出口(用字母 $X-M$ 表示,X 表示出口,M 表示进口)是指进出口的差额。进口应从本国总购买中减去,因为它表示收入流到国外,同时,也不是用于购买本国产品的支出;出口则应加进本国总购买量之中,因为出口表示收入从外国流入,是用于购买本国产品的支出,因此,净出口应计入总支出。净出口可能是正值,也可能是负值。

把上述四个项目加起来,就是用支出法计算 GDP 的公式:

$$GDP = C + I + G + (X - M)$$

利用支出法计算 GDP,应注意以下两个问题:第一,有些支出项目不应计入 GDP 中。这些项目包括:①对过去时期生产的产品的支出,如购买旧设备;②非产品和劳务支出,如购买股票、债券的支出,这只是所有权的转移而不涉及最终产品与劳务的生产;③对进口产品和劳务的收入;④政府支出中的转移支付也不应计入;⑤人们自己生产自己消费的产品或劳务不发生市场交易,没有明确的市场价值,因此不能反映在国内生产总值中。第二,避免重复计算,这主要是最终产品和中间产品往往无明显的区分,因而容易造成重复计算。

表 12－1　A国某年国内生产总值

单位:10亿元(当年价格)

国内生产总值	4070	① 建筑投资	180
1. 私人消费支出	2600	② 耐用生产设备投资	300
(1) 耐用品	360	居民住房投资	160
(2) 非耐用品	900	(2) 存货投资	10
(3) 劳务	1340	3. 政府购买支出	800
2. 私人国内总投资	650	4. 净出口	20
(1) 固定投资	640	(1) 出口	380
非居民固定投资	480	(2) 进口	360

二、收入法核算 GDP

这种核算方法,是从居民户向企业出售生产要素获得收入的角度看,也就是从企业生产成本看社会在一定时期内生产了多少最终产品的市场价值。但严格说来产品的市场价值中除了生产要素收入构成的生产成本,还有间接税、折旧、公司未分配利润等内容,因此用收入法核算国民生产总值,应当包括以下一些项目。

首先是工资、利息和租金等这些生产要素的报酬。工资从广义上说应当包括所有对工作的酬金、补助和福利费,其中包括工资收入者必须缴纳的所得税及社会保险税。利息在这里指人们储蓄所提供的货币资金在本期的净利息收入,但政府公债利息及消费信贷的利息不计入国内生产总值,而只被当作转移支付。租金包括个人出租的土地、房屋等租赁收入。

其次是非公司企业收入。它指各种类别的非公司型企业的纯收入,如私人医生、律师、农民和小店铺主等等的收入。他们被自己雇用,使用自有资金,因此他们的工资、利息、利润和租金等等是混在一起作为非公司企业收入的。

第三是公司税前利润,包括公司利润税(公司所得税)、社会保险税、股东红利及公司未分配利润等。

第四是企业转移支付和企业间接税。前者指公司对非营利组织的社会慈善捐款和消费者赊账。后者指企业缴纳的货物税或销售税、周转税。这些税收虽然不是生产要素创造的收入,但要通过产品加价转嫁给购买者,故也应看作是成本。这和直接税不同,直接税(公司所得税、个人所得税等)都已包括在工资、利润及利息中,故不能再计入 GDP 中。

第五是资本折旧。这是资本的耗费,不是生产要素的收入,但由于包括在支出法中的总投资中,故这里也应计入 GDP 中。

这样,按收入法核算所得的国民收入等于工资＋利息＋利润＋租金＋间接税和企业转移支付＋折旧。利用收入法计算 GDP,应注意以下三个问题:第一,销售上一期生产的产品和劳务取得的收入不计算在内。第二,与生产无关的收入不计算在内,如出售股票和债券,它们只是一种金融交易。第三,政府的转移支付也不能算作接受者的收入。

三、生产法核算 GDP

用生产法核算 GDP,是指按提供物质产品与劳务的各个部门的产值来计算国内生产总值,生产法又叫部门法。这种计算方法反映了国内生产总值的来源。运用这种方法进行计算时,各生产部门要把使用的中间产品的产值扣除,只计算所增加的价值。商业和服务等部门也按增值法计算。卫生、教育、行政、家庭服务等部门无法计算其增值,就按工资收入来计算其服务的价值。

例如:把小麦加工成面包,其中间环节要经历一个面粉的生产过程,假定小麦为最初产出,其最初的增加值为 4000 元;如果把它加工成面粉,对面粉而言小麦就是中间产品,其增加值为 2000 元;对面包而言面粉就是中间产品,其增加值为 4000 元。最终出售的面包市场价值为 10000 元。(小麦最初的增加值 4000 元＋面粉的增加值 2000 元＋面包的增加值 4000 元)。运用生产法旨在剔除中间产品的重复计算的影响。

表 12－2 生产法核算 GDP

单位:元

	总产出	中间投入	增加值	GDP
小麦	4000	—	4000	
面粉	6000	2000	2000	
面包	10000	6000	4000	10000

按生产法核算国内生产总值,可以分为下列部门:农林渔业;矿业;建筑业;制造业;运输业;邮电和公用事业;电、煤气、自来水业;批发、零售商业;金融、保险、不动产;服务业;政府服务和政府企业。把以上部门生产的国内生产总值加总,再与国外要素净收入相加,考虑统计误差项,就可以得到用生产法计算的 GDP 了。

从理论上说,按支出法、收入法与生产法计算的 GDP 在量上是相等的,但实际核算中常有误差,因而要加上一个统计误差项来进行调整,使其达到一致。实际统计中,一般以国民经济核算体系的支出法为基本方法,即以支出法所计算出的国内生产总值为标准。

第三节 国民收入核算中的恒等式

从支出法、收入法与生产法所得出的国内生产总值的一致性,可以说明国民经济中的一个基本平衡关系。总支出代表了社会对最终产品的总需求,而总收入和总产量代表了社会对最终产品的总供给。因此,从国内生产总值的核算方法中可以得出这样一个恒等式:

$$总需求 = 总供给$$

这种恒等关系在宏观经济学中是十分重要的。我们可以从国民经济的运行,即国民经济的收入流量循环模型,来分析这个恒等式。理论研究是从简单到复杂、从抽象到具体的,所以,我们从两部门经济入手研究国民经济的收入流量循环模型与国民经济中的恒等关系,进而研究三部门经济与四部门经济。

一、两部门经济循环模型

两部门经济是指一个经济体系中只存在厂商与居民两个主体的经济。在两部门经济中,居民向厂商提供各种生产要素,并得到各种要素报酬收入;厂商用各种生产要素进行生产并向居民提供产量与劳务,居民用收入购买产量与劳务。那么,两部门经济流量循环模型如下:

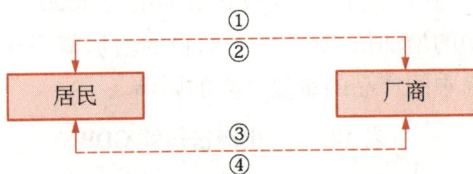

图 12 - 1　两部门经济循环模型

注:① 居民向厂商提供生产要素;　　　　② 厂商向居民提供产品和劳务;
　　③ 厂商向居民支付生产要素的报酬;④ 居民向厂商购买产品和劳务。

如果居民把一部分收入用于购买厂商生产的各种商品和劳务,把另一部分收入用于储蓄,通过金融机构形成了厂商新的投资来源,那么两部门国民收入流量循环模型就演变为:

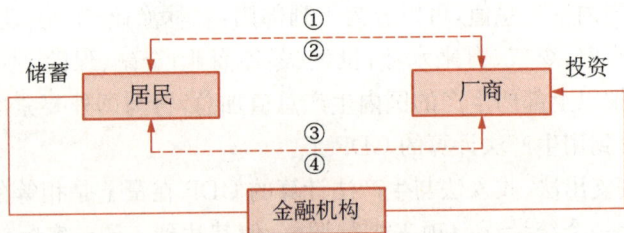

图 12 - 2　加入金融机构的两部门经济循环模型

由于居民的消费支出和厂商的投资支出均为总需求的构成部分,所以:

$$总需求 = 消费 + 投资, \quad 即:AD = C + I$$

由于总供给是各种生产要素报酬收入的总和,即工资、利息、地租和利润的总和,并且全部用于消费和储蓄,所以:

$$总供给 = 消费 + 储蓄　　即：AS = C + S$$

当两部门经济达到均衡时，即满足总供给＝总需求时，即有两部门经济的基本均衡条件就是：

$$C + I = C + S$$

则：

$$I = S$$

二、三部门经济循环模型

三部门经济就是除了包括厂商、居民外，还包括政府。政府在现实经济生活中的作用主要有两个方面：(1)政府收入（T）：即通过对居民和厂商征税，形成财政收入；(2)政府支出（$G = G_1 + G_2$）：即通过向居民和厂商购买产品和劳务以及转移支付形成政府需求。政府购买（G_1）——是指政府为了满足政府活动的需要而进行的对产品与劳务的购买；转移支付（G_2）——是指政府不以换取产品与劳务为目的的支出，如各种补助金、救济金等。由此以来，三部门经济流量循环模型如下：

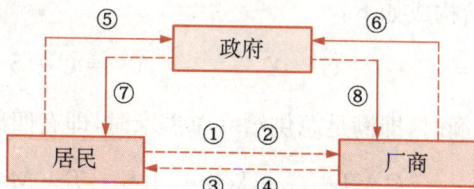

图 12-3　三部门经济流量循环模型

注：① 居民向厂商提供生产要素；　　　② 厂商向居民提供产品和劳务；
③ 厂商向居民支付生产要素的报酬；④ 居民向厂商购买产品和劳务；
⑤ 居民向政府提供商品和劳务；　　② 政府采购商品和劳务；
⑦ 政府对居民的转移支付；　　　　⑦、⑧ 政府向居民和厂商征收税收。

这时，总需求和总供给构成如下：

$$AD = C + I + G　　　　AS = C + S + T$$

当三部门经济达到均衡时，即满足总供给＝总需求时，即三部门经济的基本均衡条件就是：

$$C + I + G = C + S + T$$

则：

$$I + G = S + T$$

三、四部门经济循环模型

四部门经济就是除了包括厂商、居民、政府之外，还包括本国以外的所有国家和地区。国外部门在现实经济生活中的作用主要有两个方面：

(1) 出口（X）：国外部门购买厂商和居民的商品和劳务，向政府缴纳关税，形成总需求。

（2）进口（M）：政府、厂商、居民购买国外部门的产品和劳务，形成总供给。

由此以来，四部门经济流量循环模型如下：

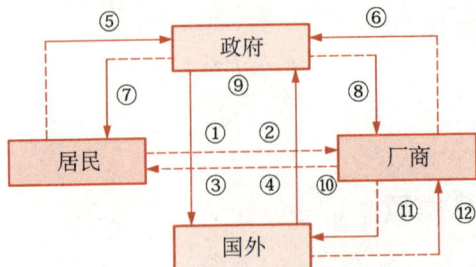

图 12-4　四部门经济流量循环模型

注：① 居民向厂商提供生产要素；　② 厂商向居民提供产品和劳务；
③ 厂商向居民支付生产要素的报酬；　④ 居民向厂商购买产品和劳务；
⑤ 居民向政府提供商品和劳务；　⑥ 政府采购商品和劳务；
⑦ 政府向居民的转移支付；　⑦、⑧ 政府向居民和厂商征收税收；
⑨、⑪ 分别是政府和厂商向国外购买产品和劳务，即进口；同时政府向国外征收关税；
⑩、⑫ 国外向本国购买产品和劳务，即出口。

这时，总需求和总供给构成如下：

$$AD = C + I + G + X \qquad AS = C + S + T + M$$

当四部门经济达到均衡时，即满足总供给=总需求时，即有四部门经济的均衡条件就是：

$$C + I + G + X = C + S + T + M$$

则：

$$I + G + X = S + T + M$$

★★★★★ **本章要点回顾** ★★★★★

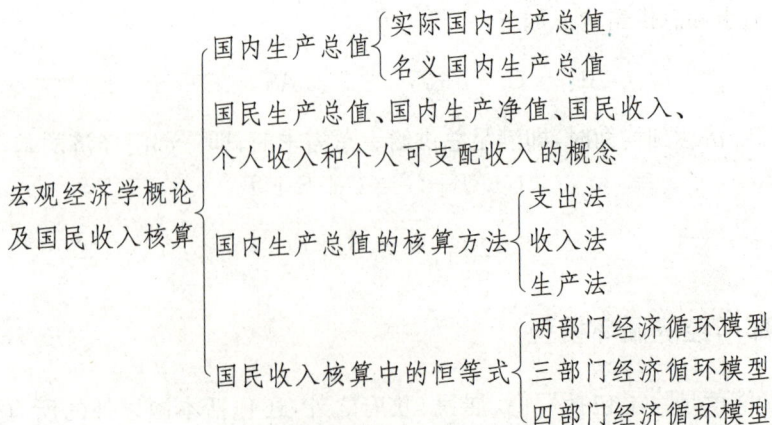

宏观经济学概论
及国民收入核算

- 国内生产总值
  - 实际国内生产总值
  - 名义国内生产总值
- 国民生产总值、国内生产净值、国民收入、个人收入和个人可支配收入的概念
- 国内生产总值的核算方法
  - 支出法
  - 收入法
  - 生产法
- 国民收入核算中的恒等式
  - 两部门经济循环模型
  - 三部门经济循环模型
  - 四部门经济循环模型

第十三章
国民收入决定理论

本章导学

1. 掌握均衡产出的概念、消费函数和储蓄函数。
2. 掌握两部门经济、三部门经济和四部门经济国民收入的决定与变动。
3. 掌握乘数理论及各种乘数的计算。

第一节　均衡产出

一、最简单的经济关系

1. 假设两部门经济。消费和储蓄行为发生在家庭,生产和投资行为发生在企业,且利率不变。

2. 假设不论需求量多少,经济制度均以不变价格提供相应的供给量,同时假设价格不变。

3. 假定折旧和公司未分配利润为零,GDP、NDP、NI 和 PI 相等。

二、均衡产出的概念

均衡产出是指和总需求相一致的产出,也就是经济社会的收入正好等于全体居民和企业想要有的产出。需要特别注意的是,这里的总需求指的是整个社会意愿的有效需求,而不是国民经济统计中的现实总需求。

一个社会的产出取决于总需求。企业根据总需求(产品销路)来安排生产,当企业产出大于总需求时,企业非计划(非意愿)存货增加,则减少生产;当企业产出小于总需求时,企业库存减少,则增加生产;当企业产出等于总需求时,企业生产稳定下来,此时的产出叫做均衡产出。

举例说,假定企业由于错误估计形势,生产了 1200 万美元的产品,但市场实际需要的只是 1000 万美元的产品,于是就有 200 万美元产品成为企业中非意愿存货投资或称非计划存货投资。这部分存货投资在国民收入核算中是投资支出的一部分,但不是计划投资的一部分。因此,在国民收入核算中,实际产出总等于计划支出(或称计划需求)加非计划存货投资。但是均衡产出仅指和计划需求相一致的产出。因此,在均衡产出水平上,非计划存货投资等于零。

均衡产出可用公式表示为:

$$y = c + i$$

注意:这里的 y、c、i 都是用小写字母表示,分别代表剔除价格变动的实际产出或收入、实际消费和实际投资,而不是用大写字母表示的名义产出、消费和投资。c 和 i 代表的是居民和企业实际想要有的消费和投资,即意愿消费和投资的数量,而不是国民收入构成公式中实际发生的消费和投资。

三、投资等于储蓄

均衡产出或收入的条件为 $E = y$,也可以用 $i = s$ 来表示,因为:计划支出等于计划消费加投资,即 $E = c + i$;生产所创造的收入等于计划消费加计划储蓄,即 $y = c + s$;因此 $E = y$ 可

写成 $c+i=c+s$，等式两边消去 c，即可得 $i=s$。

需要再次说明的是，这里的投资等于储蓄，是指经济要达到均衡，计划投资必须等于计划储蓄，而国民收入核算中的 $i=s$，则是指实际发生的投资（包括计划和非计划存货投资在内）始终等于储蓄。前者为均衡的条件，即计划投资不一定等于计划储蓄，只有二者相等时，收入才处于均衡状态；而后者所指的是实际投资和实际储蓄是根据定义而得到的实际数字，从而必然相等。

第二节   消费函数理论

一、消费函数

在现实生活中，影响各个家庭消费的因素很多，有家庭收入水平、商品价格水平、利率水平、社会的收入分配状况、消费者的偏好、家庭财产状况、可提供的消费信贷状况、消费者的年龄构成以及社会的各种制度、风俗习惯等等。但是，凯恩斯认为，这些因素中最有决定意义的是家庭收入。统计表明，除了收入之外，其他因素对消费的影响都很小；而且，这些因素的影响有正有负，加在一起可以相互抵消一部分。因此，从较长时期来看，它们可以忽略不计；而从理论分析上来看，就更有必要这样做。

同时，凯恩斯认为，在收入和消费的关系方面，存在着一条基本的心理规律，即："我们可以具有很大的信心来使用一条基本心理规律。该规律为：在一般情况下，平均说来，当人们收入增加时，他们的消费也会增加，但消费的增加不像收入增加得那样多。"消费和收入之间的这种关系就是凯恩斯所说的消费函数或消费倾向。如果把这种关系用公式表示出来，就是：

$$C = C(Y)$$

我们以某个家庭的消费函数为例加以说明（见表 13-1）。表中的数字表明：当该家庭收入为 9000 元时，消费为 9110 元，这意味着是借贷消费，或者消费以前的储蓄。当收入为 10000 元时，消费为 10000 元，收支平衡。当收入逐渐增加到 11000 元、12000 元、13000 元、14000 元和 15000 元时，消费依次增加到 10850 元、11600 元、12240 元、12830 元和 13360 元。由此可以看出，家庭收入增加时，消费也会随之增加，但增加得越来越少。表 13-1 中，收入依次增加 1000 元时，消费依次增加 890 元、850 元、750 元、640 元、590 元和 530 元。增加的消费与增加的收入之比，也就是每增加的 1 单位收入中用于增加的消费部分所占的比率，这叫做边际消费倾向。表 13-1 中的第 3 列就是边际消费倾向（MPC）。边际消费倾向可以用公式表示为：

$$MPC = \frac{\Delta C}{\Delta Y} \text{ 或者 } c = \frac{\Delta C}{\Delta Y}$$

当收入增量和消费增量都极小时，上述公式也可以写为：

$$MPC = \frac{dC}{dY}$$

表 13-1 中的第四列是平均消费倾向,指任意一个收入水平上的消费支出在收入中所占的比率。平均消费倾向的公式是:

$$APC = \frac{C}{Y}$$

表 13-1 某个家庭的消费函数表

	(1) 收入(Y)	(2) 消费(C)	(3) 边际消费倾向(MPC)	(4) 平均消费倾向(APC)
A	9000 元	9110 元		1.01
			0.89	
B	10000 元	10000 元		1.00
			0.85	
C	11000 元	10850 元		0.99
			0.75	
D	12000 元	11600 元		0.97
			0.64	
E	13000 元	12240 元		0.94
			0.59	
F	14000 元	12830 元		0.92
			0.53	
G	15000 元	13360 元		0.89

根据表 13-1,我们也可以大致上画出一条消费曲线(如图 13-1)。在图中,横轴表示收入 Y,纵轴表示消费 C,45°线上任一点到纵轴和横轴的垂直距离都相等,表示收入全部用于消费。$C = C(Y)$ 曲线是消费曲线,表示消费和收入之间的函数关系。E 点是消费曲线和 45°线的交点,它表示,这时的消费支出和收入相等。E 点左方消费曲线上的点,表示消费大于收入,E 点右方消费曲线上的点,表示消费小于收入。随着消费曲线向右延伸,这条曲线和 45°线的距离越来越大,表示消费随收入增加而增加,但增加的幅度越来越小于收入增加的幅度。消费曲线上任意一点的斜率,就是与这一点相对应的边际消费倾向,而消费曲线上任意一点与原点相连而成的射线的斜率,则是与这一点相对应的平均

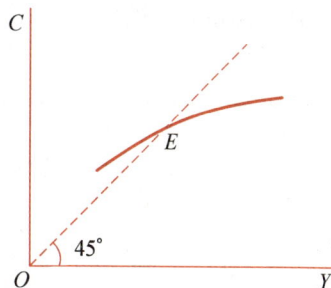

图 13-1 消费曲线

消费倾向。从图13-1消费曲线的形状可以知道,随着这条曲线向右延伸,曲线上各点的斜率越来越小,说明边际消费倾向递减,同时消费曲线上各点与原点连线的斜率也越来越小,说明平均消费倾向也递减,但平均消费倾向始终大于边际消费倾向,这和前面表13-1中的数据也是一致的。由于消费增量只是收入增量的一部分,所以,边际消费倾向总是大于零和小于1,但平均消费倾向则可能大于1、等于1,或小于1,因为消费可能大于、等于或小于收入。如果消费和收入之间存在线性关系,则边际消费倾向就是一个常数,消费函数就可以表示为:

$$C = C_0 + cY$$

C_0 为自发消费部分,它表示即使收入为零时,消费者通过举债或使用其原先的储蓄也必须要进行的消费;c 为边际消费倾向;c 和 Y 的乘积表示随收入变动所引起的消费,即引致消费。所以,$C = C_0 + cY$ 的经济含义就是:总消费等于自发消费与引致消费之和。例如:$C_0 = 300$,$c = 0.75$,则 $C = 300 + 0.75Y$。这表示,当收入增加1单位时,其中就有75%用于增加消费,所以,只要知道 Y 就可算出全部消费支出量。

当消费和收入之间呈线性关系时,消费函数就是一条向右上方倾斜的直线,消费函数上每一点的斜率都相等,并且大于0而小于1(如图13-2)。

当消费函数为线性时,更容易看出 $APC > MPC$,因为消费函数上任意一点与原点相连所形成的射线的斜率都大于消费曲线(这里是直线)的斜率。

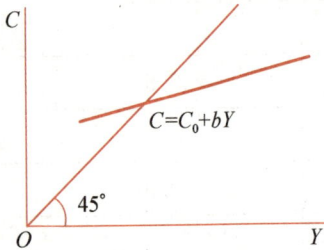

图 13-2　消费函数

二、储蓄函数

储蓄函数是与消费函数相联系的概念。储蓄是收入中没有被消费的部分。由于消费随收入增加而增加的比率是递减的,所以储蓄随收入增加而增加的比率是递增的。储蓄与收入的这种数量关系就是储蓄函数,其公式是:

$$S = S(Y)$$

根据前面表13-1曾经列出的某个家庭的消费函数表中的数据,可以在下面的表13-2中列出储蓄函数的数字。

表 13-2　某个家庭的储蓄函数表

	(1) 收入(Y)	(2) 消费(C)	(3) 储蓄(S)	(4) 边际储蓄倾向(MPS)	(5) 平均储蓄倾向(APS)
A	9000 元	9110 元	−110 元		−0.01
				0.11	
B	10000 元	10000 元	0 元		0

	(1) 收入(Y)	(2) 消费(C)	(3) 储蓄(S)	(4) 边际储蓄倾向(MPS)	(5) 平均储蓄倾向(APS)
				0.15	
C	11000 元	10850 元	150 元		0.01
				0.25	
D	12000 元	11600 元	400 元		0.03
				0.36	
E	13000 元	12240 元	760 元		0.06
				0.41	
F	14000 元	12830 元	1170 元		0.08
				0.47	
G	15000 元	13360 元	1640 元		0.11

　　根据表 13 - 2,可画出储蓄曲线的图形(如图 13 - 3)。在图上,$S = S(Y)$ 曲线表示储蓄和收入之间的函数关系。E 点是储蓄曲线和横轴交点,表示消费和收入相等,即收支平衡,E 点右方有正储蓄,E 点左方有负储蓄。随着储蓄曲线向右延伸,它和横轴的距离越来越大,表示储蓄随收入而增加,且增加的幅度越来越大。

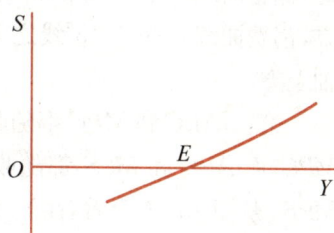

图 13 - 3　储蓄曲线

　　储蓄曲线上任意一点的斜率就是边际储蓄倾向,它是该点上的储蓄增量对收入增量的比率,其公式是:

$$MPS = \frac{\Delta S}{\Delta Y} \text{ 或者 } s = \frac{\Delta S}{\Delta Y}$$

　　如果收入与储蓄增量都极小,上述公式就可写成:

$$MPS = \frac{dS}{dY}$$

　　这也就是储蓄曲线上任意一点的斜率。

　　储蓄曲线上任意一点与原点相连而形成的射线的斜率,则是平均储蓄倾向(APS)。平均储蓄倾向是指任意一个收入水平上的储蓄在收入中所占的比率,其公式是:

$$APS = \frac{S}{Y}$$

　　表 13 - 2 中所列的某个家庭的储蓄函数表和图 13 - 3 中的储蓄曲线图所表示的储蓄与

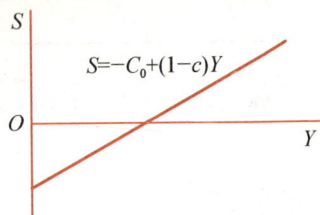

图 13 - 4   线性储蓄函数

收入的关系是非线性的。如果二者呈线性关系,消费曲线和储蓄曲线就都是一条直线,那么,由于 $S = Y - C$,而且 $C = C_0 + cY$。于是:

$$S = Y - C = Y - (C_0 + cY) = -C_0 + (1 - c)Y$$

这就是线性储蓄函数的方程式。线性储蓄函数的图形如图 13 - 4 所示。

三、消费函数和储蓄函数的关系

由于储蓄被定义为收入和消费之差,因此,消费函数和储蓄函数的关系表现出:

第一,消费函数和储蓄函数互补,两者之和等于总收入。从公式上看:

$$C = C_0 + cY \quad 而 \quad S = -C_0 + (1 - c)Y$$

所以:

$$C + S = Y$$

这种关系可以在图 13 - 5 中表示出来。图 13 - 5 中,当收入为 Y_0 时,消费支出等于收入,储蓄为 0,在 A 点左方,消费曲线 C 位于 45°线之上,表明消费大于收入,因此,储蓄曲线 S 相对应的部分位于横轴下方;在 A 点右方,消费曲线 C 位于 45°线之下,因此,储蓄曲线 S 位于横轴上方。

第二,APC 和 MPC 都随收入增加而递减,但 $APC > MPC$,而 APS 和 MPS 都随收入增加而递增,但 $APS < MPS$。从图 13 - 5 上看,在 Y_0 的右方,储蓄曲线上任意一点与原点连成的射线的斜率总小于储蓄曲线上该点的斜率。

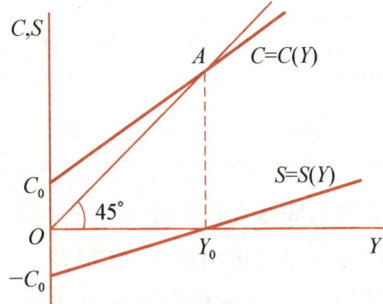

图 13 - 5   消费函数和储蓄函数的关系

第三,APC 和 APS 之和恒等于 1,MPC 和 MPS 之和也恒等于 1。对此,可以证明如下:

$$\because Y = C + S$$

$$\therefore \frac{Y}{Y} = \frac{C}{Y} + \frac{S}{Y}$$

即:

$$APC + APS = 1$$

再看 MPC 和 MPS 的情况:

$$\because \Delta Y = \Delta C + \Delta S$$

$$\therefore \frac{\Delta Y}{\Delta Y} = \frac{\Delta C}{\Delta Y} + \frac{\Delta S}{\Delta Y}$$

即:

$$MPC + MPS = 1$$

根据以上特点,消费函数和储蓄函数只要有一个被确定,另一个就会随之被确定,当消费函数已知时,就可求出储蓄函数;当储蓄函数已知时,也可求出消费函数。

四、其他消费函数理论

凯恩斯的消费函数理论强调了收入和消费支出之间的关系,并提出了著名的边际消费倾向递减规律,在经济学界产生了巨大的影响。但后来美国著名经济学家西蒙·库兹涅茨在对美国 1869—1933 年间的收入和消费的实际资料研究时发现,无论是边际消费倾向还是平均消费倾向在长期中都是相当稳定的,并不存在边际消费倾向递减规律。他还研究发现,收入中消费支出的比例,还取决于消费者的类别:年轻人和老人,白人和黑人,城市人和乡村人的收入中消费支出所占的比例是存在差别的。这种与凯恩斯消费函数理论不一致的现象被称为"消费之谜"(pozzles of consumption)。

消费之谜推动了战后对消费函数理论的研究,产生了一系列新的消费函数理论。其中最有影响的有美国经济学家杜森贝利的相对收入假说,弗兰科·莫迪利安尼提出的生命周期假说和弗里德曼提出的持久收入假说。20 世纪 70 年代后,理性预期学派经济学家罗伯特·霍尔提出的理性预期的消费函数理论,对现代消费函数理论的发展也产生了重要影响。

1. 杜森贝利的相对收入假说

消费函数理论的相对收入假说是由美国经济学家杜森贝利提出来的。这种理论认为,人们的消费支出,不仅受自身收入的影响,也要受到其他人的收入和消费的影响。如果某消费者的收入增加了,但周围的人或与自己处于同一阶层的人的收入也同比例地增加了,则他并不会改变其消费支出在总收入中所占的比例。反之,如果他周围的人或与他处于同一层次的人的收入和消费增加了,则即使他自己的收入并没有增加,他也会提高其消费在收入中的比例。这就是消费中的"示范效应"。杜森贝利认为,消费"示范效应"的存在,使得消费者的消费支出不是取决于消费者的绝对收入水平,而是取决于他的相对收入水平(即与其他人相比的收入水平)。

相对收入假说消费函数理论还认为,人们的消费支出不仅取决于目前的收入,还要受过去收入和消费的影响。如果消费者的当前收入高于以前高峰期的收入,则消费者当前的消费与当前收入有关;但如果消费者当前的收入低于以前高峰期的收入,则消费者为了维持已有的生活水平,不会相应降低其消费支出,从而导致消费倾向提高。因此,消费者的消费支出易随收入的增加而增加,但不易随收入的下降而减少,即上去容易下来难,这就是所谓的消费的"棘轮效应"。

2. 莫迪利安尼的生命周期假说

莫迪利安尼的生命周期假说强调了消费与个人生命周期阶段之间的关系和收入与财产之间的关系,该理论与凯恩斯消费函数理论的区别在于,凯恩斯消费函数理论强调当前消费支出与当前收入的相互联系,而生命周期假说则强调当前消费支出与家庭整个一生的全部预期收入的相互联系。该理论认为,每个家庭都是根据一生的全部预期收入来安排自己的消费支出的,即每个家庭在每一时点上的消费和储蓄决策都反映了该家庭希望在其生命周期各个阶段达到消费的理想分布,以实现一生消费效应最大化的企图。因此,各个家庭的消费取决于他们在两个生命期内所获得的总收入和财产。这样,消费就取决于家庭所处的生命周期阶段。

生命周期假说将人的一生分为年轻时期、中年时期和老年时期三个阶段。年轻和中年时期是退休以前的阶段,老年时期是退休以后的阶段。一般来说,在年轻时期,家庭收入低,但因为未来收入会增加,因此,在这一阶段,往往会把家庭收入的绝大部分用于消费,有时甚至举债消费,导致消费大于收入。进入中年阶段后,家庭收入会增加,但消费在收入中所占的比例会降低,收入大于消费,因为一方面要偿还年轻阶段的负债,另一方面还要把一部分收入储蓄起来用于防老。退休以后,收入下降,消费又会超过收入。因此,在人的生命周期的不同阶段,收入和消费的关系表现为消费在收入中所占的比例不是不变的。

生命周期假说理论认为,由于组成社会的各个家庭处在不同的生命周期阶段,所以,在人口构成没有发生重大变化的情况下,从长期来看边际消费倾向是稳定的,消费支出与可支配收入和实际国民生产总值之间存在一种稳定的关系。但是,如果一个社会的人口构成比例发生变化,则边际消费倾向也会变化,如果社会上年轻人和老年人的比例增大,则消费倾向会提高,如果中年人的比例增大,则消费倾向会降低。

3. 弗里德曼的持久收入假说

持久收入的消费函数理论是由美国著名经济学家弗里德曼提出来的。该理论认为,消费者的消费支出不是由他的现期收入决定的,而是由他的持久收入决定的。也就是说,理性的消费者为了实现效应最大化,不是根据现期的暂时性收入,而是根据长期中能保持的收入水平即持久收入水平来作出消费决策的。这一理论将人们的收入分为暂时性收入和持久性收入,并认为消费是持久收入的稳定函数。

弗里德曼认为所谓持久收入,是指消费者可以预期到的长期收入,即预期在较长时期中(三年以上)可以维持的稳定的收入流量。持久收入大致可以根据所观察到的若干年收入的数值的加权平均数来计算。弗里德曼认为,持久收入不仅包括劳动收入,而且还包括财产收入,因此,持久收入假说理论认为,消费不仅取决于收入,而且还取决于财产,这一点与生命周期假说理论相同。把收入分为持久性收入和暂时性收入,从而把收入变动分为持久性收入变动和暂时性收入变动是持久收入函数理论假说的贡献。这一区别既解释了短期消费函数的波动,又解释了长期消费函数的稳定性。这一理论认为,在长期中,持久性收入是稳定的,所以消费函数是稳定的。暂时性收入变动通过对持久性收入变动的影响而影响消费,所以短期中暂时性收入的变动会引起消费波动。

第三节　两部门经济中国民收入的决定

两部门经济在现实生活中是不存在的,但从这种简单化的假设经济出发可以说明国民收入决定的基本原理。

一、使用消费函数决定的均衡国民收入

凯恩斯在分析宏观经济均衡和国民收入决定时,有一个非常重要的假定,即不论社会总

需求为多少,经济制度都能以不变的价格提供相应的供应量,也就是说,社会总需求的变动,只会影响产量或国民收入的变动,使总供给与总需求均衡,而不会引起相应的价格变动,这就是西方经济学所谓的凯恩斯定律。凯恩斯认为,在经济萧条时期,存在大量失业,资源大量闲置,因而社会总需求的增加只会使闲置资源得到利用和生产增加,而不会引起资源和要素价格的上升,从而不会引起产品成本和价格的上升。因此,凯恩斯的基本理论是,在短期内,价格水平从而社会总供给是不变的,均衡的国民收入决定于总需求,即均衡的国民收入等于总需求,由于总需求又可以用总支出来表示,所以,均衡的国民收入是指与总支出相等的收入。下面运用消费函数来说明均衡国民收入的决定。

由于均衡的国民收入等于总支出(计划的总支出),在两部门经济中,计划的总支出等于消费支出加投资支出,即 $Y = C + I$。为使分析简化,在国民收入决定的简单模型中,我们假定投资是一个固定的量,不随国民收入水平而变化,即投资为自发的计划投资,为一常数 $I = I_0$。根据这一假定,把国民收入恒等式与消费函数结合起来,建立联立方程组,就可求得均衡的国民收入。

$$Y = C + I$$
$$C = C_0 + cY$$
$$I = I_0$$

解联立方程,就得到均衡的国民收入:

$$Y = \frac{C_0 + I_0}{1 - c} = \frac{1}{1 - c}(C_0 + I_0)$$

上式中,$(C_0 + I_0)$ 为自发性总需求,或称自主性总需求,它是不由收入水平决定的总需求。$1/(1 - c)$ 为乘数(将在本章第六节详细分析介绍)。从公式可以看出,均衡的国民收入决定于自发性总需求和乘数两个变量,与自发性总需求和乘数成正比。

上面的分析还说明,如果知道了消费函数和投资量,就可得到均衡的国民收入。例如,假定消费函数 $C = 1200 + 0.8Y$,自发的投资始终为 800(单位:亿美元),则均衡国民收入:

$$Y = \frac{1200 + 800}{1 - 0.8} = 10000(亿美元)$$

均衡国民收入的决定也可用图形表示,图 13 - 6 表示如何用消费曲线加投资曲线和 45° 线相交决定收入。

图中横轴表示国民收入,纵轴表示消费加投资,在消费曲线 C 上加投资曲线 I 得到消费加投资曲线 $C + I$,这条曲线就是总支出曲线。由于投资被假定为始终等于 800 亿美元的自发投资,因此,消费曲线加投资曲线所形成的总支出曲线与消费曲线相平行,其间的垂直距离即 800 亿美元投资。总支出线和 45°线相交于 E 点,E 点决定的国民收入水平是均衡的国民收入 10000 亿美元,这时,居民想要有的消费支出与

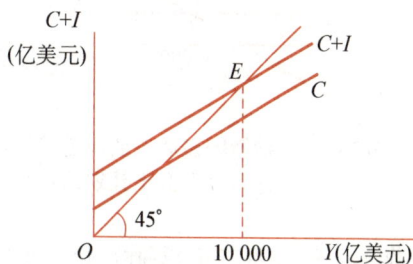

图 13 - 6 均衡国民收入的决定(消费曲线加投资曲线和 45°线相交)

厂商想要有的投资支出的总和正好等于国民收入即产量。如果经济离开了这个均衡点,厂商部门的销售量就会大于或小于它们的产量,从而被迫进行存货投资或存货负投资,出现意外的存货增加或减少,引起生产的扩大或收缩,国民收入出现非均衡,但厂商部门的存货调整最终会使国民收入回到均衡点。具体来说,在均衡点 E 之左,收入小于均衡的国民收入,总支出(或总需求)大于总供给,这意味着厂商销售出去的产量大于它生产出来的产量,厂商存货出现意外减少,合意存货不足,此时扩大生产是有利可图的。于是厂商为使存货达到合意存货水平,就会增雇工人,增加投资,增加产量,从而引起国民收入的扩张,并最终达到均衡的国民收入水平。如果在均衡点 E 之右,收入大于均衡的国民收入,总支出(或总需求)小于总供给,这意味着厂商生产出来的产量大于它销售出去的产量,厂商存货出现意外增加,非合意存货增加,此时厂商为使存货达到合意存货水平,就会减少产量,从而引起国民收入的收缩,并最终达到均衡的国民收入水平。只有在 E 点,收入达到均衡的国民收入水平时,则既没有非计划的存货投资(存货意外地增加),也没有非计划的存货负投资(存货意外地减少),厂商的产量正好等于其销售量,厂商存货保持在合意水平,此时厂商既不会增加产量,也不会减少产量,国民收入维持在相对稳定的均衡状态。

二、使用储蓄函数决定的均衡国民收入

均衡的国民收入的决定,也可以使用储蓄函数来说明。储蓄函数为 $S = -C_0 + (1-c)Y$,而国民收入的均衡条件为计划的投资等于计划的储蓄,即 $I = S$,同时,仍然假定投资为自发性投资,即 $I = I_0$,将上述三式建立联立方程组,即可求出均衡的国民收入:

$$I = S$$

$$S = -C_0 + (1-c)Y$$

$$I = I_0$$

解方程组同样可求得均衡的国民收入为:

$$Y = \frac{C_0 + I_0}{1-c}$$

运用计划的投资等于计划的储蓄决定国民收入也可以用图 13-7 来表示。

图中横轴表示国民收入,纵轴表示投资和储蓄,S 为储蓄曲线,I 为投资曲线,由于投资是自发投资,因此,投资曲线在图上表现为一条平行于横轴的直线。在图中,投资曲线与储蓄曲线相交于 E 点,表明在 E 点,计划的投资等于计划的储蓄,国民收入实现均衡,由 E 点决定的国民收入即为均衡的国民

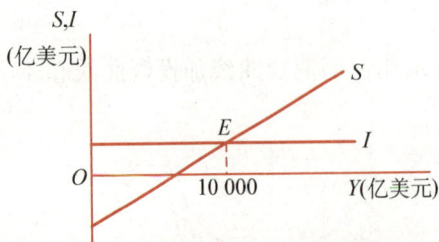

图 13-7　均衡国民收入的决定(运用计划投资等于计划储蓄)

收入。在 E 点之左,实际产量小于均衡产量,此时,计划的投资大于计划的储蓄,意味着社会总需求大于社会总供给,生产供不应求,厂商会将存货拿出供应市场,导致企业存货意外地减少,降低到非合意存货水平,为使存货调整到合意存货水平,厂商会扩大生产,导致国民收

入扩张,直至使实际收入等于均衡的国民收入为止。相反,在 E 点之右,实际收入大于均衡的国民收入,此时,计划的储蓄大于计划的投资,表明社会总供给大于社会总需求,企业存货意外地增加并超过厂商的合意存货水平,此时厂商就会减少生产,导致国民收入收缩,直至使实际收入等于均衡的国民收入为止。因此,只有当计划的投资等于计划的储蓄,从而实际收入与均衡的国民收入相等时,企业生产才会维持稳定。这也进一步证明了计划的投资等于计划的储蓄是国民收入均衡的条件。

第四节 三部门经济中国民收入的决定

在三部门经济中,国民收入的均衡条件仍然是:

$$总供给 = 总需求$$

这个条件也可以写成:

$$C+S+T=C+I+G$$

如果两边同时消去 C,则可得出:

$$S+T=I+G$$

此公式即为三部门经济中国民收入的均衡条件。因此,当 $S+T=I+G$,均衡的国民收入便决定了。

按照凯恩斯的理论,均衡国民收入等于总需求,因此,三部门经济中均衡国民收入也可按照 $Y=C+I+G$ 的方法来决定。

需要说明的是,由于税收有定量税和比例所得税之分,不同的税收形式对均衡国民收入的决定会产生不同的影响。所谓定量税是指税收为一固定数额,税收不随收入的变化而变化,即 $T=T_0$;比例所得税则是指税收随收入的变化而变化,税收决定于边际税率和收入,即 $T=T_0+tY$。边际税率是指收入每增加一个单位所引起的税收增加的比率,即 $t=\frac{\Delta T}{\Delta Y}$,边际税率大于零小于1,即 $0<t<1$。下面分别分析两种不同税收形式下均衡国民收入的决定。

一、定量税与均衡国民收入的决定

在实行定量税情况下,假定投资和政府购买支出均为自发性需求,即 $I=I_0$, $G=G_0$。按照 $S+T=I+G$ 的国民收入均衡原则,则三部门经济中均衡国民收入的决定模型为:

$$S=-C_0+(1-c)Y_d$$
$$Y_d=Y-T$$
$$T=T_0$$
$$I=I_0$$

$$G = G_0$$

$$S + T = I + G$$

根据上述模型,可求出三部门经济中均衡的国民收入为:

$$Y = \frac{C_0 + I_0 + G_0 - cT_0}{1 - c} = \frac{1}{1 - c}(C_0 + I_0 + G_0 - cT_0)$$

如果运用 $Y = C + I + G$ 的国民收入均衡原则,则三部门经济中均衡国民收入决定模型为:

$$C = C_0 + cY_d$$

$$Y_d = Y - T$$

$$T = T_0$$

$$I = I_0$$

$$G = G_0$$

$$Y = C + I + G$$

根据上述模型,求出的均衡国民收入同样为:

$$Y = \frac{C_0 + I_0 + G_0 - cT_0}{1 - c} = \frac{1}{1 - c}(C_0 + I_0 + G_0 - cT_0)$$

这就是三部门经济中均衡国民收入的代数表达式。公式表明,均衡的国民收入与政府购买支出成正比,与税收成反比。

上面的公式说明,如果知道消费函数(或储蓄函数)、税收、投资和政府支出,就可求得均衡收入。

例如,假定消费函数 $C = 1200 - 0.8Y$,定量税 $T = 700$, $I = 800$, $G = 1300$(单位:亿美元),则均衡收入:

$$Y = \frac{1200 + 800 + 1300 - 0.8 \times 700}{1 - 0.8} = \frac{2740}{0.2} = 13700(亿美元)$$

二、比例所得税与均衡国民收入的决定

如果其他条件与定量税条件下相同,但税收不同,税收为比例所得税,即 $T = T_0 + tY$,则均衡国民收入决定的模型为:

$$S = -C_0 + (1 - c)Y_d$$

$$Y_d = Y - T$$

$$T = T_0 + tY$$

$$I = I_0$$

$$G = G_0$$

$$S + T = I + G$$

或者：

$$C = C_0 + cY_d$$

$$Y_d = Y - T$$

$$T = T_0 + tY$$

$$I = I_0$$

$$G = G_0$$

$$Y = C + I + G$$

根据上述模型，可求出均衡国民收入为：

$$Y = \frac{C_0 + I_0 + G_0 - cT_0}{1 - c(1-t)} = \frac{1}{1 - c(1-t)}(C_0 + I_0 + G_0 - cT_0)$$

需要进一步说明的是，上面在分析三部门经济中均衡国民收入决定时，并没有考虑政府转移支付因素。由于政府转移支付会影响居民可支配收入，因此，在考虑政府转移支付因素，并假定政府转移支付为自发性变量的情况下，则三部门经济中均衡国民收入决定模型为：

$$C = C_0 + cY_d$$

$$Y_d = Y - T + TR$$

$$TR = TR_0$$

$$T = T_0 + tY$$

$$I = I_0$$

$$G = G_0$$

$$Y = C + I + G$$

此时三部门经济中均衡国民收入为：

$$Y = \frac{C_0 + I_0 + G_0 + cTR_0 - cT_0}{1 - c(1-t)} = \frac{1}{1 - c(1-t)}(C_0 + I_0 + G_0 + cTR_0 - cT_0)$$

第五节　四部门经济中国民收入的决定

在四部门经济中，国民收入的均衡条件仍然是：

$$总供给 = 总需求$$

这个条件也可以写成：

$$C + S + T + M = C + I + G + X$$

如果两边同时消去 C,则可得出：

$$S+T+M=I+G+X$$

或：

$$S+T=I+G+(X-M)$$

上式中 $X-M$ 为净出口。因此,在开放经济条件下, $S+T=I+G+(X-M)$ 时所决定的国民收入便是均衡的国民收入。

同时,上式中的左边代表国内总供给,右边代表开放经济条件下的国内总需求,根据均衡国民收入等于总需求的原因,开放经济条件下的均衡国民收入还可以由下面的公式来计算,即：

$$Y=C+I+G+(X-M)$$

在上式中,本国的出口即外国的进口,它是由外国的购买愿望和购买力所决定的,本国不能左右,因此,假定出口为外生变量,即 $X=X_0$。而进口则由两部分构成,一部分是自主性(自发性)进口需求,它与收入水平无关,不随收入的变动而变动,如有关国计民生的进口产品;另一部分为引致性进口需求,它由收入水平决定,收入水平越高,这部分进口需求越大。因此,进口需求函数为：

$$M=M_0+mY$$

公式中, M_0 为自主性进口, m 为边际进口倾向,即收入每增加一个单位所增加的进口量, $m=\dfrac{\Delta M}{\Delta Y}$。

在已知进口需求函数情况下,便可以求出均衡的国民收入。

如果税收为定量税,即 $T=T_0$,可以建立如下开放经济条件下国民收入决定模型：

$$S=-C_0+(1-c)Y_d$$
$$T=T_0$$
$$Y_d=Y-T_0$$
$$I=I_0$$
$$G=G_0$$
$$X=X_0$$
$$M=M_0+mY$$
$$S+T=I+G+(X-M)$$

解上述方程组,可得均衡的国民收入为：

$$Y=\frac{C_0+I_0+G_0+X_0-cT_0-M_0}{1-c+m}$$

如果税收为比例所得税,即 $T=T_0+tY$,则均衡的国民收入决定模型为：

$$S=-C_0+(1-c)Y_d$$
$$T=T_0+tY$$

$$Y_d = (1-t)Y - T_0$$

$$I = I_0$$

$$G = G_0$$

$$X = X_0$$

$$M = M_0 + mY$$

$$S + T = I + G + (X - M)$$

解上述方程组,可得均衡的国民收入为:

$$Y = \frac{C_0 + I_0 + G_0 + X_0 - cT_0 - M_0}{1 - c(1-t) + m}$$

上面的分析表明,在开放经济条件下,均衡国民收入的变动与出口成正比,与进口和边际进口倾向成反比,出口的增加会引起均衡国民收入的增加,而进口的增加和边际进口倾向的提高则会引起均衡国民收入的减少。

第六节　乘数理论

一、乘数的概念

通过前面对国民收入决定理论的介绍,我们知道注入的变动会引起总需求曲线的变动,从而引起均衡国民收入的变动。那么,一定量的注入的变动会引起国民收入多大的变动呢?本节的乘数理论正是要回答这一问题。

乘数这个概念最早是英国经济学家卡恩在 1931 年所发表的《国内投资与失业的关系》中提出来的。卡恩在该文中论述了就业乘数,即初级就业(公共工程支出增加引起的最初就业的增加)与就业总量之间的比例关系,提出了 $K'N_2 = N$ 的公式(N_2 为初级就业,N 为就业总量,K' 为乘数)。凯恩斯正是在这一基础上完善了乘数理论。凯恩斯的完善主要是把乘数与边际消费倾向联系起来,并把乘数作为国民收入决定理论的一个重要组成部分。

何谓乘数? 乘数是指国民收入的变动量与引起这种变动的注入的变动量的比率。由于投资、政府支出、出口等注入的变动是通过引起总需求的变动从而引起国民收入的变动的,且在其他条件不变的情况下,总需求的变动量等于引起其变动的注入的变动量,所以乘数又通常定义为国民收入的变动量与引起这种变动的总需求变动量的比率。

如果以 ΔAD 代表总需求变动量,以 ΔY 代表国民收入变动量,用 K 代表乘数,则可用下列公式表述乘数的概念:

$$K = \frac{\Delta Y}{\Delta AD}$$

如果假定总需求和国民收入以极其微小的比率变动,则上式也可以写为:

$$K = \frac{\mathrm{d}Y}{\mathrm{d}AD}$$

在现实经济生活中,乘数总是大于1的,这是因为国民收入增加中必然有一部分用于支出,从而使总需求又一次增加,这种总需求的增加又会使国民收入增加。

乘数意味着:总需求的增加,可以引起国民收入的成倍增加,同样,总需求的减少,也会引起国民收入的成倍减少。因而,西方经济学家把乘数喻为一把"双刃剑"。

二、乘数公式的数学推导

下面我们用一个例子来推导乘数的公式。假设第一轮总需求增量 ΔAD 为 100 亿元,这种总需求的增加所引起的国民收入增加中有 $c \cdot \Delta AD$(80 亿元)为支出(c 为边际消费倾向,$c = 0.8$),这个 $c \cdot \Delta AD$(80 亿元)就成为第二轮中总需求的增加,这种总需求的增加又引起国民收入的增加,如此一直继续下去,则会出现下面的情形。

表 13-3 乘数公式的推导

(边际消费倾向 $c = 0.8$)

第几轮	本轮总需求的增量	本轮国民收入的增量	国民收入总增量
1	100 亿元 (ΔAD)	100 亿元 (ΔAD)	100 亿元 (ΔAD)
2	80 亿元 ($c \cdot \Delta AD$)	80 亿元 ($c \cdot \Delta AD$)	180 亿元 $[(1+c)\Delta AD]$
3	64 亿元 ($c^2 \cdot \Delta AD$)	64 亿元 ($c^2 \cdot \Delta AD$)	244 亿元 $[(1+c+c^2)\Delta AD]$
4	51.2 亿元 ($c^3 \cdot \Delta AD$)	51.2 亿元 ($c^3 \cdot \Delta AD$)	295.2 亿元 $[(1+c+c^2+c^3)\Delta AD]$
…	…	…	…
			500 亿元

从表 13-3 中可以得知:第一轮总需求增加 ΔAD 为 100 亿元,国民收入增加量为 100 亿元,国民收入总增加量为 100 亿元;第二轮总需求增加 $c \cdot \Delta AD$ 为 80 亿元,国民收入增加量为 80 亿元,国民收入总增加量为两轮国民收入增加量之和,即 $100 + 80 = 180$ 亿元;第三轮总需求增加量为第二轮国民收入增加量的 c 倍,即 $c \cdot c\Delta AD = c^2 \cdot \Delta AD = 64$ 亿元,国民收入增加量 $c^2 \cdot \Delta AD = 64$ 亿元,国民收入总增加量为三轮的国民收入增加量之和,它等于:$100 + 80 + 64 = 244$ 亿元。由此类推,可以得知以后各轮的情况,最后结果表述如下:

$$\Delta Y = \Delta AD + c \cdot \Delta AD + c^2 \cdot \Delta AD + c^3 \cdot \Delta AD + \cdots$$
$$= (1 + c + c^2 + c^3 + \cdots) \cdot \Delta AD$$

$$= \frac{1}{1-c} \cdot \Delta AD$$

$$= \frac{1}{1-0.8} \cdot 100$$

$$= 500（亿元）$$

又因为 $0 < c < 1$，所以我们可以得出下面的公式：

$$\Delta Y = \frac{1}{1-c} \Delta AD$$

即：

$$K = \frac{\Delta Y}{\Delta AD} = \frac{1}{1-c}$$

由这个公式可以看出，乘数的大小取决于边际消费倾向 c，与 c 同方向变动。边际消费倾向越大，乘数越大；反之亦反。这是因为，边际消费倾向越大，所增加的国民收入中用于消费支出的部分越大，从而引起下一轮总需求增加也就越大，以后国民收入的增加也就越多。而且由于 $0 < c < 1$，所以乘数 $\frac{1}{1-c} > 1$。

三、乘数理论的运用条件

一般说来，乘数理论反映了现代经济的特点，即由于经济各部门之间的密切联系，某一部门支出（即需求）的增加必然在经济中引起其他部门的连锁反应，从而使国民收入有更大的增加。从这种意义上说，乘数理论是适用于各种经济的一般规律。

但是，乘数的发挥作用是需要一定的条件的。这些条件是：首先，经济中存在没有充分利用的资源。这样，总需求的增加才会使国民收入增加，否则，国民收入的增加将会受到资源条件的限制，总需求起不到刺激经济的作用。应该指出，有时经济中大部分资源没有得到充分利用，但由于某一种或几种重要资源处于"瓶颈状态"，也会限制乘数发挥作用。这种资源的"瓶颈状态"使利用其他闲置资源不可能。其次，要假定投资和储蓄相互独立，否则，乘数作用将减弱。因为增加投资所引起的对货币资金需求的增加会使利率上升，而利率上升会鼓励储蓄，削弱消费，从而部分地抵消由于投资增加引起收入增加进而使消费增加的趋势。第三是货币供给量增加要能适应支出增加的需要。如果货币供给受到限制，投资和消费增加时所增加的货币需求就得不到货币供给相应的支持，会导致利率上升，则会抑制消费和投资。

四、乘数的种类

根据乘数的定义，相对于影响国民收入变动的每种注入，都有一个乘数。以下分析几种主要的乘数。

1. 投资乘数

投资乘数指国民收入变动量与引起这种变动的投资量的比率。如果以 ΔI 代表投资增量，ΔY 代表国民收入增量，K_I 代表投资乘数，则有：

$$\Delta Y = K_I \cdot \Delta I \text{ 或 } K_I = \frac{\Delta Y}{\Delta I}$$

下面推导出投资乘数的公式。

以 ΔC 代表消费增加量,则:

$$\Delta Y = \Delta I + \Delta C$$

所以:

$$\Delta I = \Delta Y - \Delta C$$

故:

$$K_I = \frac{\Delta Y}{\Delta I} = \frac{\Delta Y}{\Delta Y - \Delta C}$$

等式右边上下同除以 ΔY,则得出:

$$K_I = \frac{\Delta Y}{\Delta I} = \frac{1}{1 - \frac{\Delta C}{\Delta Y}}$$

由于 $\frac{\Delta C}{\Delta Y}$ 就是边际消费倾向,所以:

$$K_I = \frac{1}{1 - c}$$

又因为 $1 - c$ 等于边际储蓄倾向,即 $1 - MPC = MPS$,

所以:

$$K_I = \frac{1}{MPS}$$

也就是说,投资乘数是 1 减边际消费倾向的倒数,或是边际储蓄倾向的倒数。投资乘数与边际消费倾向成正比,边际消费倾向越高,投资乘数越大,反之则相反。

2. 政府支出乘数、税收乘数和平衡预算乘数

前面关于三部门经济中国民收入的决定与变动的分析表明,政府支出和税收的变化,对国民收入有着收缩或扩张的作用。为了说明政府支出和税收对国民收入水平变动的影响程度,西方学者提出了政府购买支出乘数、政府转移支付乘数、税收乘数和平衡预算乘数等概念。

在三部门经济中总支出为:

$$Y = C + I + G = C_0 + c(Y - T) + I + G$$

这里 T 是定量税,因而均衡的国民收入为:

$$Y = \frac{C_0 + I + G - cT}{1 - c}$$

通过这一公式,就可求得上述几个乘数。

(1)政府购买支出乘数

政府购买支出乘数是指收入变动对引起这种变动的政府购买支出变动的比率。以 ΔG 表示政府支出变动,ΔY 表示收入变动,K_G 表示政府购买支出乘数,则:

$$K_G = \frac{\Delta Y}{\Delta G}$$

在 $Y = \dfrac{C_0 + I + G - cT}{1-c}$ 的公式中,若其他条件不变,只有政府购买支出 G 变动,则政府购买支出从 G_0 变为 G_1 时的收入分别为:

$$Y_0 = \frac{C_0 + I + G_0 - cT}{1-c}$$

$$Y_1 = \frac{C_0 + I + G_1 - cT}{1-c}$$

$$\Delta Y = Y_1 - Y_0 = \frac{G_1 - G_0}{1-c} = \frac{\Delta G}{1-c}$$

所以:
$$K_G = \frac{\Delta Y}{\Delta G} = \frac{1}{1-c}$$

可见,K_G 为正值,它等于 1 减去边际消费倾向的倒数,与投资乘数相等。由此,西方经济学家认为政府购买支出的变动对国民收入的作用与投资的作用相同。

(2) 政府转移支付乘数

政府转移支付乘数指收入变动对政府转移支付变动的比率。政府转移支付增加,增加了人们的可支配收入,因而消费会增加,总支出和国民收入增加。用 ΔTR 表示政府转移支付的变动,ΔY 表示收入变动,K_{TR} 表示政府转移支付乘数,则:

$$K_{TR} = \frac{\Delta Y}{\Delta TR}$$

有了政府转移支付后,$Y_d = Y - T + TR$,因此

$$Y = C + I + G = (C_0 + cY_d) + I + G = C_0 + c(Y - T + TR) + I + G$$

所以:
$$Y = \frac{C_0 + I + G + cTR - cT}{1-c}$$

在其他条件不变,只有 TR 变动时,则转移支付为 TR_0 和 TR_1 时的国民收入分别为:

$$Y_0 = \frac{C_0 + I + G + cTR_0 - cT}{1-c}$$

$$Y_1 = \frac{C_0 + I + G + cTR_1 - cT}{1-c}$$

$$\Delta Y = Y_1 - Y_0 = \frac{cTR_1 - cTR_0}{1-c} = \frac{c \cdot \Delta TR}{1-c}$$

所以:
$$K_{TR} = \frac{\Delta Y}{\Delta TR} = \frac{c}{1-c}$$

可见,政府转移支付乘数等于边际消费倾向与 1 减边际消费倾向之比,或边际消费倾向对边际储蓄倾向之比。由于 $0 < c < 1$,所以,$\dfrac{1}{1-c} > \dfrac{c}{1-c}$,因此,政府购买支出乘数大于政府转移支付乘数。

（3）税收乘数

税收乘数是指收入变动对税收变动的比率。假定税收为定量税，来分析税收绝对量变动对总收入的影响。用 ΔT 表示税收的变动量，ΔY 表示收入的变动量，K_T 表示税收乘数，则：

$$K_T = \frac{\Delta Y}{\Delta T}$$

在 $Y = \frac{C_0 + I + G - cT}{1 - c}$ 公式中，只有税收 T 变动，则税收为 T_0 和 T_1 时的收入分别是：

$$Y_0 = \frac{C_0 + I + G - cT_0}{1 - c}$$

$$Y_1 = \frac{C_0 + I + G - cT_1}{1 - c}$$

$$\Delta Y = Y_1 - Y_0 = \frac{-cT_1 + cT_0}{1 - c} = \frac{-c\Delta T}{1 - c}$$

所以：

$$K_T = \frac{\Delta Y}{\Delta T} = \frac{-c}{1 - c}$$

由此可知，税收乘数为负值，这表示均衡国民收入随税收增加而减少，随税收减少而增加，其原因是税收增加，人们的可支配收入减少，从而消费会相应减少，因而税收变动会引起总支出即均衡国民收入的反方向变动。

税收乘数和政府转移支付乘数的绝对值相同，符号相反。说明它们的作用大小相同，但作用方向相反。

（4）平衡预算乘数

平衡预算乘数是指政府购买支出和政府税收同时按同一幅度增加或减少时对国民收入变动的影响。如果假定政府支出等于政府购买，没有转移支付，则平衡预算乘数（用 K_B 表示）等于政府购买乘数和税收乘数之和，即：

$$K_B = K_G + K_T = \frac{1}{1 - c} + \frac{-c}{1 - c} = 1$$

因此，平衡预算乘数等于 1。这里需要注意的是，平衡预算乘数 $K_B = 1$ 并不是说如果政府税收和政府购买同时、同幅度增加（或减少）时，对国民收入的变动不起作用，而是说对国民收入的影响倍数为 1，即此时政府购买和税收同时变动多少，国民收入则相应变动多少。

3. 对外贸易乘数

对外贸易乘数是用来衡量出口的变动所引起的国民收入变动的程度。用 ΔX 表示出口的变动量，ΔY 表示收入的变动量，K_X 表示对外贸易乘数，则：

$$K_X = \frac{\Delta Y}{\Delta X}$$

在四部门经济中，在税收为定量税的情况下，均衡国民收入为：

$$Y = \frac{C_0 + I + G + X - cT - M_0}{1 - c + m}$$

假定其他条件不变,只有出口 X 改变,则出口为 X_0、X_1 时的国民收入分别为:

$$Y_0 = \frac{C_0 + I + G + X_0 - cT - M_0}{1 - c + m}$$

$$Y_1 = \frac{C_0 + I + G + X_1 - cT - M_0}{1 - c + m}$$

$$\Delta Y = Y_1 - Y_0 = \frac{X_1 - X_0}{1 - c + m} = \frac{\Delta X}{1 - c + m}$$

所以:

$$K_X = \frac{\Delta Y}{\Delta X} = \frac{1}{1 - c + m}$$

可见,对外贸易乘数取决于两个因素,一个是边际消费倾向的大小,二是边际进口倾向的大小,对外贸易乘数与边际消费倾向成正比,与边际进口倾向成反比。

4. 比例所得税与乘数

以上分析的各种乘数都是税收为定量税情况下的乘数,如果税收为比例所得税,则相应的乘数都会发生变化。

在税收为比例所得税时,$T = T_0 + tY$,建立三部门经济均衡国民收入决定的模型:

$$C = C_0 + cY_d$$

$$Y_d = Y - T + TR$$

$$T = T_0 + tY$$

$$I = I_0$$

$$G = G_0$$

$$TR = TR_0$$

$$X = X_0$$

$$Y = C + I + G$$

解上述方程组,可得均衡的国民收入为:

$$Y = \frac{C_0 + I_0 + G_0 - cT_0 + cTR_0}{1 - c(1 - t)}$$

即:

$$Y = \frac{1}{1 - c(1 - t)}(C_0 + I_0 + G_0 - cT_0 + cTR_0)$$

根据上式,可知在比例所得税情况下,

政府购买支出乘数为:

$$K_G = \frac{1}{1 - c(1 - t)}$$

税收乘数为：
$$K_T = \frac{-c}{1-c(1-t)}$$

政府转移支付乘数为：
$$K_{TR} = \frac{c}{1-c(1-t)}$$

由于 $0 < c < 1$，$0 < t < 1$，所以，$\frac{1}{1-c(1-t)} < \frac{1}{1-c}$，$\frac{c}{1-c(1-t)} < \frac{c}{1-c}$，因此，实行比例所得税情况下的政府购买乘数和政府转移支付乘数要小于实行定量税下的政府购买乘数和政府转移支付乘数。

比例所得税情况下的乘数之所以要比定量税情况下的乘数小，主要是因为：在实行比例所得税情况下，税收为收入的函数，即收入中要有一定比例作为税收上缴政府，这样就减少了消费者的可支配收入。在实行定量税情况下，消费函数为：

$$C = C_0 + cY_d = C_0 + c(Y - T_0) = C_0 - cT_0 + cY$$

而在实行比例所得税情况下，消费函数为：

$$C = C_0 + cY_d = C_0 + c[Y - (T_0 + tY)] = C_0 - cT_0 + c(1-t)Y$$

由于 $0 < c < 1$，$0 < t < 1$，所以 $c(1-t) < c$，即实行比例所得税的消费曲线的斜率要小于实行定量税的消费曲线的斜率。如果仍然假定投资、政府购买和政府转移支付为自主性变量，不随收入的变化而变化，则总需求曲线 $Y = C + I + G$ 的斜率由消费曲线的斜率决定，即等于消费曲线的斜率，实行比例所得税的消费曲线的斜率小于实行定量税的消费曲线的斜率，意味着实行比例所得税情况下总需求曲线的斜率小于定量税情况下需求曲线的斜率，由此所决定的国民收入也小于定量税情况下的国民收入，所以，实行比例所得税情况下的乘数小于实行定量税情况下的乘数。

还需要注意的是，在实行比例所得税情况下，平衡预算乘数不再等于 1，而是小于 1，这可以由下式得以证明：

$$K_B = K_G + K_T = \frac{1}{1-c(1-t)} + \frac{-c}{1-c(1-t)} = \frac{1-c}{1-c(1-t)} < 1$$

平衡预算乘数之所以小于 1，是因为比例所得税情况下的政府购买乘数和税收乘数都比定量税情况下的政府购买乘数和税收乘数变小了。

在比例所得税情况下，不仅上述四个乘数会变小，而且对外贸易乘数也会变小，这可以通过四部门经济的国民收入决定模型来证明。建立如下四部门经济国民收入决定模型：

$$C = C_0 + cY_d$$

$$Y_d = Y - T + TR$$

$$T = T_0 + tY$$

$$I = I_0$$

$$G = G_0$$

$$TR = TR_0$$

$$X = X_0$$

$$M = M_0 + mY$$

$$Y = C + I + G + (X - M)$$

解上述方程组,可得均衡的国民收入为：

$$Y = \frac{C_0 + I_0 + G_0 + X_0 - M_0 - cT_0 + cTR_0}{1 - c(1-t) + m}$$

即：

$$Y = \frac{1}{1 - c(1-t) + m}(C_0 + I_0 + G_0 + X_0 - M_0 - cT_0 + cTR_0)$$

由此可以推导出对外贸易乘数为：

$$K_X = \frac{1}{1 - c(1-t) + m}$$

显然，

$$\frac{1}{1 - c(1-t) + m} < \frac{1}{1 - c + m}$$

因此,比例所得税情况下的对外贸易乘数小于定量税情况下的对外贸易乘数。

★★★★★ 本章要点回顾 ★★★★★

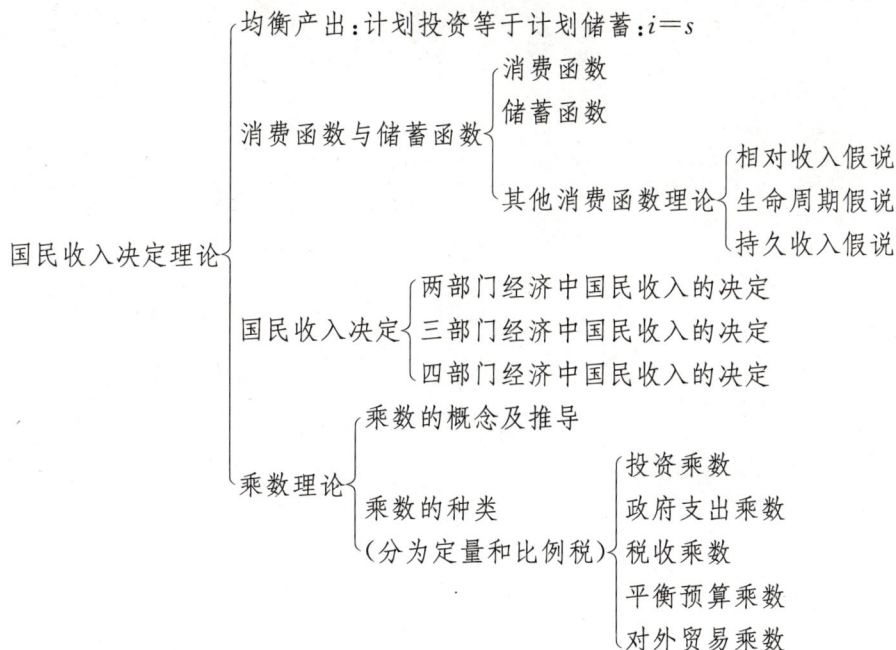

国民收入决定理论
- 均衡产出:计划投资等于计划储蓄:$i = s$
- 消费函数与储蓄函数
  - 消费函数
  - 储蓄函数
  - 其他消费函数理论
    - 相对收入假说
    - 生命周期假说
    - 持久收入假说
- 国民收入决定
  - 两部门经济中国民收入的决定
  - 三部门经济中国民收入的决定
  - 四部门经济中国民收入的决定
- 乘数理论
  - 乘数的概念及推导
  - 乘数的种类 (分为定量和比例税)
    - 投资乘数
    - 政府支出乘数
    - 税收乘数
    - 平衡预算乘数
    - 对外贸易乘数

第十四章
产品市场和货币市场的一般均衡

本章导学

1. 了解投资以及投资的种类,理解投资函数及资本边际效率递减概念及其公式。

2. 掌握 *IS* 曲线的涵义、推导、斜率和移动。

3. 了解货币的本质与职能、货币供给的构成、银行体系、法定准备金制度,掌握商业银行体系存款创造过程及货币创造乘数。

4. 掌握凯恩斯三大货币需求动机、货币的需求函数和需求曲线、流动性陷阱、*LM* 曲线的涵义、推导、斜率和移动。

5. 重点掌握利用 *IS - LM* 模型分析产品市场和货币市场的同时均衡、均衡收入和均衡利率、两个市场的失衡和调整、均衡收入和均衡利率的变动等。

6. 掌握凯恩斯宏观经济学基本理论要点。

第一节　产品市场的均衡

一、投资函数理论

1. 投资以及投资的种类

投资是指资本形成,是指在一定时期内社会实际资本的增加,这里所说的实际资本包括厂房、设备、存货和住宅,不包括有价证券。

根据投资包括范围的不同,可以划分为重置投资、净投资和总投资。重置投资又称折旧的补偿,是指用于维护原有资本存量完整的投资支出,也就是用来补偿资本存量中已耗费部分的投资。净投资则是指为增加资本存量而进行的投资支出,即实际资本的净增加,包括建筑、设备与存货的净增加。净投资的多少取决于国民收入水平及利率等变化情况。重置投资与净投资的总和即总投资。

根据投资内容的不同,可以划分为非住宅固定投资、住宅投资和存货投资。非住宅固定投资是指企业购买厂房和设备的投资支出。住宅投资是指建造住宅和公寓的投资支出。存货投资是指厂商持有存货价值的变动。

根据投资形成原因的不同,可以划分为自发投资和引致投资。自发投资是指由于人口、技术、资源等外生因素的变动所引起的投资。引致投资是指由于国民收入的变动所引起的投资。自发投资和引致投资之和就是总投资。

2. 决定投资的因素及投资函数

（1）决定投资的因素

国民收入是决定投资的主要因素,一方面,国民收入的总体水平决定着投资的总量规模;另一方面,国民收入的预期变动要求投资的相应变动。

利率是决定投资成本的主要因素。如果投资使用的是借贷资本,则支付的贷款利息是投资成本;如果投资使用的是自有资本,则损失的利息收入是投资成本。因而,利率越高,投资成本就越高,投资需求相应减少;利率越低,投资成本越低,投资需求相应增加,即投资是利率的减函数。

另外,投资是为了获得利润,利润率必须高于利率。预期利润与投资同方向变动,利率与利润率反方向变动,折旧与投资同方向变动。折旧是现有设备、厂房的损耗,资本存量越大,折旧也越大,越需要增加投资以更换设备和厂房,这样,需折旧的量越大,投资也越大。预期的通货膨胀率与投资同方向变动,在发生通货膨胀的情况下,短期内是对企业有利的,因为可以增加企业的实际利润总量,减少实际工资总量,因而在预期即将到来的通货膨胀,即预期价格即将上涨的情况下,企业会增加投资,反之则相反。此外,通货膨胀的情况下相当于实际利率下降,因而会刺激投资。实际利率越低,越能刺激投资。可以表示为:

$$实际利率 = 名义利率 - 通货膨胀率$$

除了上述经济因素外,还有各种非经济因素:政治因素、意识形态因素、法律因素、人文环境因素、劳动力素质因素、政府管理因素、公共设施因素、生活设施因素、教育环境因素等等。

(2) 投资函数

在影响投资的其他因素都不变,而只有利率发生变化时,投资与利率之间的函数关系为投资函数。投资用 I 表示,利率用 r 表示,则:

$$I = I(r)$$

投资是利率的减函数,即投资与利率反方向变动。

线性投资函数:$I = e - dr$

其中,e 为即使 $r = 0$ 时也会有的投资量,即自主投资;d 为大于零的常数,是利率对投资需求的影响系数,表示利率变化一个单位,投资会变化的数量。

3. 资本边际效率递减

(1) 现值的公式

假定本金为 100 美元,年利息率为 5%,则:

第 1 年本利之和为:$100 \times (1 + 5\%) = 105$

第 2 年本利之和为:$105 \times (1 + 5\%) = 100 \times (1 + 5\%)^2 = 110.25$

第 3 年本利之和为:$110.25 \times (1 + 5\%) = 100 \times (1 + 5\%)^3 = 115.76$

以此可类推以后各年的本利之和。如果以 r 表示利率,R_0 表示本金,R_1、R_2、R_3、$\cdots$、R_n 分别表示第 1 年、第 2 年、第 3 年、$\cdots\cdots$、第 n 年本利之和,则各年本利之和为:

$$R_1 = R_0(1 + r)$$
$$R_2 = R_1(1 + r) = R_0(1 + r)^2$$
$$R_3 = R_2(1 + r) = R_0(1 + r)^3$$
$$\cdots$$
$$R_n = R_0(1 + r)^n$$

现在将以上的问题逆向分析,即已知利率 r 和各年的本利之和,利用以上公式求本金。仍使用以上具体数字为例。已知 1 年后的本利之和 R_1 为 105 美元,利率 r 为 5%,则可以求得本金 R_0:

$$R_0 = \frac{R_1}{1 + r} = \frac{105}{1 + 5\%} = 100(美元)$$

上式求出的 100 美元就是在利率为 5% 时、1 年后所获得的本利之和的现值。以同样的方法,可以求出以后各年本利之和的现值,这些现值都是 100 美元。从以上例子中,可以得出现值的一般公式:

$$R = \frac{R_n}{(1 + r)^n}$$

(2) 资本边际效率的概念及公式

利用现值可以说明资本边际效率(marginal effective capital,MEC)。假定某企业花费

50000 美元购买一台设备,该设备使用期为 5 年,5 年后该设备损耗完毕;再假定除设备外,生产所需的人工、原材料等成本不作考虑;以后 5 年里各年的预期收益分别为 12000 美元、14400 美元、17280 美元、20736 美元、24883.2 美元,这些预期收益是预期毛收益。如果贴现率为 20%,则 5 年内各年预期收益的现值之和正好等于 50000 美元,即:

$$R_0 = \frac{12000}{(1+20\%)} + \frac{14400}{(1+20\%)^2} + \frac{17280}{(1+20\%)^3} + \frac{20736}{(1+20\%)^4} + \frac{24883.2}{(1+20\%)^5}$$
$$= 10000 + 10000 + 10000 + 10000 + 10000 = 50000(美元)$$

上例中,20% 的贴现率表明了一个投资项目每年的收益必须按照固定的 20% 的速度增长,才能实现预期的收益,故贴现率也代表投资的预期收益率。

可以将上例用一般公式表达出来:

$$R = \frac{R_1}{(1+r)} + \frac{R_2}{(1+r)^2} + \frac{R_3}{(1+r)^3} + \cdots + \frac{R_n}{(1+r)^n}$$

式中的 R 为投资品在各年预期收益的现值之和,也是资本品的价格,r 为资本边际效率。

因此,资本边际效率是一种贴现率,这种贴现率使一项资本品在使用期内各个预期收益的现值之和正好等于该资本品的供给价格或重置成本。

显然,作为预期收益率的资本边际效率如果大于市场利率,就值得投资;反之,如果资本边际效率小于市场利率,就不值得投资。在资本边际效率既定的条件下,市场利率越低,投资就越多,市场利率越高,投资就越少。因此,与资本边际效率相等的市场利率是企业投资的最低参考界限,所以,可将资本边际效率与投资的反方向变动关系表现为市场利率与投资的反方向变动关系。

资本边际效率递减的原因是:一方面随着投资的增加,对资本品的需求增加,在短期资本品供给不变的情况下,资本品的价格会上升;另一方面投资的增加必然带来产品供给的增加,在短期产品需求不变的情况下,产品价格呈下降趋势,预期收益也呈下降趋势。根据上面公式可知,在两方面因素共同作用下,资本边际效率递减。

二、IS 曲线

1. IS 曲线的涵义和推导

IS 曲线表示在产品市场达到均衡(即 $I = S$ 时)利率和国民收入之间的关系。或者说,IS 曲线是表明这样一条曲线,在它上面的每一点,利率与国民收入的组合是不同的,但是投资都等于储蓄。下面从两部门经济和三部门经济对 IS 曲线进行推导。

(1) 两部门经济的 IS 曲线

在分析 IS 曲线时,具有以下几方面的假设:

① 投资与利率呈反方向变动,投资量是利率的减函数。

② 在两部门国民收入决定中,国民经济的平衡要求投资等于储蓄。

③ 储蓄是国民收入的函数,一般来说,两者同方向变化。

根据以上几个假设,可以描述出在利率和国民收入的不同组合条件下,储蓄等于投资的轨迹。即 IS 曲线是指产品市场均衡时,利率和国民收入组合的轨迹。产品市场均衡是指产品市场上总供给与总需求相等。在两部门经济中,总需求 $AD=C+I$,总供给 $AS=S+C$,产品市场均衡的条件是 $I=S$,如果消费函数是 $C=a+cY$(a 为自发消费),则均衡的国民收入是:

$$Y=\frac{a+I}{1-c}$$

在上述均衡国民收入决定模型中,是假定经济中不存在货币市场的,因而投资支出 I 是一个既定的量,而在一个包括产品市场和货币市场的两部门经济中,投资不再是一个既定的量,而是利率的函数,$I=e-dr$,在这种情况下,均衡国民收入的决定模型就变成了下面的公式:

$$Y=\frac{a+e-dr}{1-c}$$

则:

$$r=\frac{a+e}{d}-\frac{1-c}{d}Y$$

由上式可以看出,要使产品市场保持均衡,即投资等于储蓄,则均衡的国民收入和利率之间存在着反向变化的关系。现在举例来说明这一点,假设投资函数 $I=1250-250r$,消费函数 $C=500+0.5Y$,将上述数据代入上式,可得:

$$r=\frac{a+e}{d}-\frac{1-c}{d}Y=7-\frac{1}{500}Y$$

则利率 r 与均衡国民收入 Y 之间的反向变动关系和一一对应关系可用表 14-1 来描述。

表 14-1　利率 r 与均衡国民收入 Y 之间的反向变动关系

r	1%	2%	3%	4%	…
Y	3000	2500	2000	1500	…

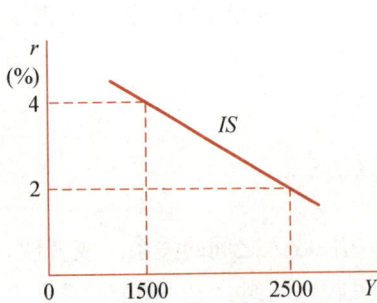

图 14-1　两部门经济的 IS 曲线

以纵轴代表利率,以横轴代表收入,则可以得到一条反映利率和收入间相互关系的曲线,如图 14-1 所示。这条曲线上任何一点都代表一定利率和收入的组合,在这样的组合下,投资和储蓄是相等的,也就是说产品市场是均衡的,因此这条曲线就是 IS 曲线。从图 14-1 中可以看出,IS 曲线是一条向下方倾斜的曲线,其经济含义是:在其他条件不变的情况下,利率下降,投资需求增加,总需求增加,均衡国民收入增加。反之,当利率上升后,投资需求下降,总需求减少,均衡国民收入减少。

(2) 三部门经济的 IS 曲线

设一个没有货币市场的三部门经济均衡国民收入的决定模型为:

$$Y=\frac{1}{1-c(1-t)}(a-cT_0+cTR_0+I_0+G_0)$$

式中的投资支出假定为一个既定的量,而现在讨论的是一个既有产品市场又有货币市场的三部门经济,投资支出不能再假定为一个既定的量了,投资函数 $I = e - dr$,代入上式中可得三部门经济中的 IS 曲线表达式为:

$$r = \frac{a - cT_0 + cTR_0 + G_0 + e}{d} - \frac{1 - c(1 - t)}{d}Y$$

与两部门经济中的 IS 曲线相比,三部门经济的 IS 曲线相对复杂一点,但是它的内涵并没有发生变化,它表明在一个存在产品市场和货币市场的三部门经济中,在其他条件不变的情况下,利率与国民收入之间呈反向变动。

同样,可以据此表达式作出图 14 - 2,根据 IS 曲线的定义可知,IS 曲线上的点所对应的国民收入和利率的组合都是产品市场均衡时的组合,也就是说,不在 IS 曲线上的点所对应的国民收入和利率组合都不能使产品市场实现均衡。图中 B、D 两点不在 IS 曲线上,先看 D 点,收入水平 Y_1 与 A 点相同,但利率较低,所以投资需求进而是产品总需求高于 A 点,这表明产品的需求超过了收入水平,从而存在着产品的过度需求;再看 B 点,利率水平高于 C 点,这表明产品的需求低于收入水平,从而存在着产品的过度供给。更一般地说,IS 曲线上方的点对应于产品的过度供给,而其下方的点对应于产品的过度需求。

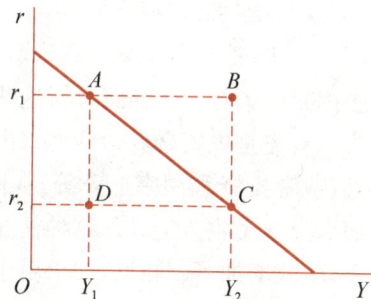

图 14 - 2　三部门经济的 IS 曲线

(3) IS 曲线的经济含义

① IS 曲线是一条描述商品市场达到宏观均衡即 $I = S$ 时,总产出与利率之间关系的曲线。

② 在商品市场上,总产出与利率之间存在着反向变化的关系,即利率提高时总产出水平趋于减少,利率降低时总产出水平趋于增加。

③ IS 曲线上的任何点位都表示 $I = S$,即商品市场实现了宏观均衡。反之,偏离 IS 曲线的任何点位都表示 $I \neq S$,即商品市场没有实现宏观均衡。如果某一点位处于 IS 曲线的右边,表示 $I < S$,即现行的利率水平过高,从而导致投资规模小于储蓄规模。如果某一点位处于 IS 曲线的左边,表示 $I > S$,即现行的利率水平过低,从而导致投资规模大于储蓄规模。

2. IS 曲线的斜率和移动

(1) IS 曲线的斜率(以两部门经济为例)

将 $Y = \frac{a + e - dr}{1 - c}$ 式改写成:$r = \frac{a + e}{d} - \frac{1 - c}{d}Y$。式中 Y 前面的系数 $-\frac{1 - c}{d}$ 就是 IS 曲线的斜率。由于收入是利率的减函数,故 IS 曲线的斜率为负。为了更方便地比较 IS 曲线斜率的大小,取斜率 $-\frac{1 - c}{d}$ 的绝对值 $\left| -\frac{1 - c}{d} \right|$。显然,$IS$ 曲线的斜率既取决于 c,也取决于 d。

c 是边际消费倾向。如果 c 较大,意味着投资乘数较大,即投资较小的变动会引起收入较大的增加,因而 IS 曲线就较平缓,表明 IS 曲线的斜率就小。反之,c 较小,IS 曲线的斜率就大。所以,IS 曲线的斜率与 c 成反比。

d 是投资对利率变动的反应程度,表示利率变动一定幅度时投资的变动程度。如果 d 较大,表示投资对利率反应比较敏感,即利率较小的变动引起投资较大的变动,进而引起收入的更多增加,IS 曲线就较平缓,IS 曲线的斜率就小。反之,d 较小,IS 曲线的斜率就大。所以,IS 曲线的斜率与 d 成反比。

另外,在三部门经济中,由于存在政府购买性支出与税收,则 IS 曲线的斜率就变为: $-\dfrac{1-c(1-t)}{d}$。在 c 和 d 既定时,t 越小,投资乘数就越大,收入增加就越多,IS 曲线就越平缓,于是 IS 曲线的斜率的绝对值就越小。反之,t 越大,IS 曲线的斜率的绝对值就大。因此,IS 曲线的斜率与 t 成正比。

（2）IS 曲线的移动

从 IS 曲线的推导过程来看,IS 受到了投资（储蓄）、政府购买、政府转移支付和税收等诸多因素的影响。下面将分析这些因素变动对 IS 曲线的影响:

首先是投资（储蓄）变动。由于某种原因,如国外资本进入,或者企业家对未来的预期转好,或者投资利润率上升等,在同样的利率水平下,投资需求增加,导致总需求随之增加,从而导致国民收入上升。这种情况在图中即是 IS 曲线向右上方移动,表明在同样的利率水平下,收入增加了。相反,如果由于某种原因导致储蓄增加（即投资下降）,则 IS 曲线将向左下方移动,说明在同样的利率水平下,收入下降了。

其次是政府购买支出和转移支付变动。政府购买支出的增加导致总需求增加,国民收入随之增加,即是 IS 曲线向右上方移动;相反,政府购买支出下降将会导致 IS 曲线向左下方移动。政府转移支付并不能直接增加总需求,但由于政府转移支付多为向弱势群体的单方面无偿支付,如支付给失业人员的失业金、支付给穷人的救济金等,弱势群体在接受到政府转移支付后多用于当期消费以改善生活,所以政府转移支付也会间接增加社会总需求。所以,当政府转移支付增加时,IS 曲线向右上方移动,政府转移支付减少时,IS 曲线向左下方移动。

最后是税收变动。政府税收的变动对社会总需求的影响极大,如果政府增加税收,则会使得企业和居民的生产积极性下降,同时也让企业和居民的实际消费和投资下降,因而总需求下降,IS 曲线向左下方移动;反之,如果政府减税,则总需求上升,IS 曲线向右上方移动。

第二节　货币的基本知识与货币供给

一、货币的本质与职能

关于货币的本质,不同的经济学家有不同的观点。货币金属论者把货币与贵金属混为一谈,他们认为只有足值的金属币或者金银才是真正的、现实的货币。萨缪尔森则认为,"货币的本质,它的内在性质,被纸币典型地表现出来。人们需要的不是作为商品的货币而是作为货币的货币;需要的原因不是在于货币的本身,而是在于它所能购买到的东西!"当代西方经济学则只关注货币的表象问题,对于货币的本质没有明确的态度。关于这一点,美国经济学家达维德森也不得不承认："在货币概念和货币性质问题上暧昧不明,仍然是经济理论的一大祸患。"

一般认为,货币的主要职能有五种:(1)交易媒介。即货币可以充当商品和劳务交易的媒介,如用来购买商品和服务、支付佣金等。瑞典经济学家威克塞尔认为,货币在整个经济社会中的作用就好比机油在整台机器中的作用一样重要。货币的交易媒介功能是货币最重要的职能。(2)价值尺度。货币是价值尺度或计价单位,就是说各种商品和服务价值量的大小都可以用货币来衡量。货币作为价值尺度既可以衡量现行的价格,又可以衡量将来的价格。货币执行价值尺度职能就是通过把商品价值表现为价格来实现的。(3)财富储存手段。财富储存手段是指货币退出流通领域,被人们以社会财富的直接化身储存起来的职能。财富储存手段的职能并不是货币所独有的,其他形式的资产(如债券、股票、金银、房地产等)也具有财富储存手段的职能。(4)延期支付标准。这就是说,各种延期支付的债权债务关系都可以由货币来衡量。例如,在贷款中到期必须偿还的数量是用货币单位来表示的,此时货币就是作为延期支付的标准。(5)世界货币。世界货币是指货币在世界市场上作为一般等价物发挥作用的职能。世界货币的作用主要是作为国际间的支付手段,以平衡国际贸易差额,或者是作为国际间财富的一般转移手段。

二、货币供给的构成

货币供给指的是一国经济中货币的投入、创造和扩张(收缩)过程。关于货币供给的定义有狭义和广义之分。狭义的货币供给被定义为交易货币,记为 M_1。它包括所有用于交易的货币,即在银行之外存在的硬币、纸币、再加上存入银行的活期存款。

(1)硬币。硬币是流通中供人们零星使用的小额铸币,主要用于小额购买、乘坐公共汽车等。

(2)纸币。典型意义上的纸币是国家发行并强制流通的货币价值符号。纸币就其本身而言并没有什么"内在价值",它背后也没有什么"黄金担保",而只是因为法律规定和公众普遍接受,纸币才具有了价值。纸币实际上是一种信用货币,纸币和硬币一起构成人们通常所说的现金。

(3)支票账户(又称活期存款或者银行货币)。支票账户是指能以支票提取现金的被储存于银行和其他金融机构的款项,也称为活期存款。这种可以签发支票的活期存款,无须通过银行提取现金而是可以通过开出支票来直接用于商品交换或是清偿到期债务,可以被用作一种无限制的交换媒介,所以具有和现金完全相同的作用。

简言之,M_1=公众和企业手中所持有的通货(纸币+硬币)+活期存款(支票账户)。用 C_u 表示通货(纸币+硬币),用 D_e 表示活期存款(支票账户),则狭义货币供给为 $M_1 = C_u + D_e$。这种货币可以直接或通过支票进入流通,起到了交换媒介的作用,因此这种货币与货币的定义(交换媒介或支付手段)完全一致。所以 M_1 是人们密切关注的货币衡量方式,是货币政策的重要指标,具有核心的意义。划分 M_1 与其他货币的标准就是看能否直接作为交换媒介或支付手段进行流通。

广义的货币供给是指货币资产的各种不同形式,被定义为 M_1 加上不能直接开出支票的所有储蓄存款(D_s)和小额定期存款(D_t)以及货币市场基金。这些储蓄存款和小额定期存款包括货币市场基金都不能直接开出支票，但是比较容易转变为活期存款，因此被称为准货币。若广义的货币供给用M_2表示，则$M_2 = M_1 + D_s + D_t$。

假如M_2再加上大额定期存款和政府债券、抵押债券等流动性较低的金融资产就是更为广义的货币供给M_3，又称为近似货币。在某种程度上这些货币资产的不同形式是可以相互替代的。除M_1外的其他货币都不能直接用于流通，但在特定的条件下都可以转化为M_1用于直接流通。作为M_1的替代物的M_2、M_3流动性越来越小，其中M_2的流动性还较大，因而受到金融当局的特别重视。

货币供给的定义呈现出多样化和不断延伸的趋势，其主要原因就在于金融创新。银行和其他金融机构之间的竞争促使它们不断地进行创新，以打破原有的限制，这些金融创新改变了银行及其他金融机构所发行的资产的性质，使得货币供给的定义不断改变，货币总量中所包含的形式也越来越多。当然，西方经济学教科书中一般使用狭义货币供给（M_1）的概念。

三、存款创造与货币供给

1. 中央银行与商业银行

现代银行体系由中央银行和商业银行组成。中央银行是一个国家的最高金融权力机构，其主要职能是借助各种工具执行国家的货币金融政策而不是在资金融通中经营获利。像英格兰银行、日本银行、美国联邦储备银行等，在我国则称为中国人民银行。

一般认为，中央银行的职能主要有三种：一是垄断发行一国的法定货币，是一国通货的唯一来源，并负责管理全国的货币制度，控制货币供给与信用状况，故称发行的银行；二是接受并集中保管各商业银行缴存的存款准备金，在必要时向各银行提供贷款或再贴现以支持商业银行，还为各商业银行集中办理全国的结算业务并向其提供有关的金融信息，故称银行的银行；三是代理政府发行公债，代理国库，管理国家的外汇，代表政府与外国发生金融业务关系，制订和推行国家的货币金融政策，监管全国金融市场活动，故又称政府的银行。

商业银行的称呼源于早先向银行借款的人都经营商业，但后来工业、农业、建筑业、消费者也都日益依赖商业银行融通资金，故其客户遍及经济各部门，业务也多种多样，只是商业银行的旧称仍沿用至今。商业银行以追逐最大利益为目标，其主要业务是负债业务、资产业务和中间业务。负债业务主要是吸收存款，包括活期存款、定期存款和储蓄存款。资产业务主要是指放款和投资，放款业务是为企业提供短期贷款，包括票据贴现、抵押贷款等；投资业务就是购买有价证券以取得利息收入。中间业务是指代理客户办理支付事项和其他委托事项，从中收取手续费的业务。

2. 法定准备金制度

法定准备金制度就是商业银行将全部存款的一定百分比保持为现金形态以应付公众提取现金的需要，其余部分则可用于放款或投资。准备金制度一方面是为了防止银行因挤兑风潮而倒闭，另一方面是为了控制银行贷款的速度和数量，从而控制货币供应量。中央银行对商业银行和金融机构所吸收的存款，规定一个必须备有的准备金，称为"法定准备金"。以r_d表示"法定准备率"，如果$r_d = 10\%$，这表示银行账户上的存款余额每100元必须备有准备金为 10 元。对存款准备金,银行或者作为自己的库存现金,以应付零星提款的需要;或者将准备金存入中央银行。在普遍使用支票的社会里,银行的存款准备金大部分是存放在中央银行,只有少部分留存在自己手中。中央银行按照法律规定可以在一定的范围内调整法定存款准备金率。商业银行必须按照中央银行规定的准备率提取准备金并将其存入中央银行,扣除准备金之后的存款才能贷放出去。如果中央银行提高法定准备金率,商业银行的信贷规模就缩小;相反,如果中央银行降低法定准备金率,商业银行的信贷规模就增大。正是由于这种可控的法定准备金制度,使得客户在商业银行的存款安全和易于变现。同时也使得中央银行能够控制商业银行所能创造的活期存款数量。因此,法定准备金率也就成为中央银行控制银行货币的重要手段。

3. 银行存款创造

在法定准备金制度下,当中央银行新发行一笔通货(C)并流入银行后,就意味着银行体系增加了一笔存款准备金,经过银行体系一连串的存款—贷款—再存款—再贷款……,即所谓的存款创造机制,由此引发的新增存款总额将是新增存款准备金的若干倍。这里所讨论的银行存款创造有两个前提条件,那就是存款法定准备金制度和实行非现金结算制度。非现金结算制度就是说客户将所有收入的现金都存入银行,银行对外放款不需要支付现金而只需进行转账即可。下面举例说明商业银行存款创造的过程,先作三条假定:(1)每家银行只保留法定准备金,其余部分全部贷出,超额准备金为零。这样银行每增加一笔存款时,只是法定存款准备金相应地增加。(2)客户收入的一切款项全部存入银行,而且不提取现金。(3)法定准备率为 10%。

在这些假设条件下,设想为了增加货币供应量,中央银行在公开市场业务中向甲购买国库券 1000 元,甲又把现金存入到 A 银行,存款创造就开始了。最初的银行(称为第一级银行)得到 1000 元存款,在法定准备金制度下第一级银行必须首先留出 100 元作为法定存款准备金,然后才能把余下的 1000－100＝900 元以支票或者现金的形式全部贷出。这 900 元又经其借贷人之手转存到他在另一家银行的账户。这家银行称为第二级银行,它得到了 900 元的存款(这笔存款称为"派生存款",也就是由贷款引起的存款),这时银行体系内增加了 900 元的新存款。第二家银行必须留出 90 元作为准备金,然后才能将余下的 900－90＝810 元全额贷出,这 810 元又被借款人存入他在第三级银行的账户,银行体系内又增加了 810 元新存款。第三级银行再留出 81 元准备金,贷出 729 元,这 729 元又成为了第四级银行的存款。至此银行体系的存款已经由最初的 1000 元,增加到了 3439 元。这一存款—贷款—再存款—再贷款的过程将继续反复进行下去,每一轮贷款金额及其派生存款总是比上一轮递减 10%,最后递减为零,存款创造过程终结,这时整个银行体系的存款将达到 10000 元,如表 14-2 所示。

表 14-2　银行存款创造

单位:元

银行	新存款	新贷款	新准备金
最初的银行	1000	900	100
第二级银行	900	810	90

续 表

银行	新存款	新贷款	新准备金
第三级银行	810	729	81
第四级银行	729	656.1	72.9
前四级银行小计	3439	3095.1	343.9
……	…	…	…
整个银行体系合计	10000	9000	1000

上述过程的代数表述如下:

$$
\begin{aligned}
银行存款总额 &= 1000 + 1000(1-10\%) + 1000(1-10\%)^2 \\
&\quad + 1000(1-10\%)^3 + \cdots + 1000(1-10\%)^n + \cdots \\
&= 1000[1 + (1-10\%) + (1-10\%)^2 + (1-10\%)^3 \\
&\quad + \cdots + (1-10\%)^n + \cdots] \\
&= \frac{1000}{1-(1-10\%)} = \frac{1000}{10\%} = 10000(元)
\end{aligned}
$$

如果以 R 代表原始存款,r_d 代表法定准备率,D 表示整个银行体系存款总额,则上述过程可表示为:

$$
\begin{aligned}
D &= R[1 + (1-r_d) + (1-r_d)^2 + (1-r_d)^3 + \cdots + (1-r_d)^n + \cdots] \\
&= \frac{R}{1-(1-r_d)} = \frac{R}{r_d}
\end{aligned}
$$

即银行活期存款总额是初期存款的 $1/r_d$ 倍。$1/r_d$ 称为存款创造乘数,用 k_D 表示,它是法定存款准备率的倒数,即 $k_D = \dfrac{1}{r_d}$。上例中 $r_d = 10\%$,则存款创造乘数为 10,初始存款为 1000 元,银行活期存款总额为 10000 元。若 $r_d = 5\%$,则存款创造乘数为 20,初始存款为 1000 元,银行活期存款总额为 20000 元。可见,法定准备率在银行存款创造中起着控制器的作用。较低的法定准备率对应着一个较大的存款创造乘数,活期存款总额就较多;较高的法定准备率则对应着一个较小的存款创造乘数,活期存款总额就较少。这是因为 r_d 的值越大,每一轮可用于贷款的金额越少,也就是每一轮"漏出"的金额越多,因而每一轮由存款创造的金额越小,从而各轮派生存款之和越小,所以乘数之值越小。这也就为中央银行控制货币供给提供了一个可能。中央银行提高或者降低法定准备金率,就能控制商业银行创造活期存款的倍数,从而控制货币的供给。因此人们把货币供给看成是由中央银行或政府的政策决定的。

前面我们在假设客户将一切款项都存入银行并不提取现金,银行没有超额准备金的条件下分析了商业银行活期存款创造的过程,下面我们放松这些限制来做进一步的分析。

(1)现金漏出的影响

前面我们假设了客户将一切款项均存入银行,并且不提取现金。实际上,多数客户都有提取现金的行为。如果发生客户提取现金的漏出,并假设现金漏出率为 r_c(r_c＝提取的现金/活期存款总额),那么存款总额为 $D = \dfrac{R}{r_d + r_c}$,存款创造乘数变为 $k_D = \dfrac{1}{r_d + r_c}$。

（2）超额准备金的影响

前面我们假定银行只保留法定准备金,其余部分全部贷出,没有超额准备。事实上,银行可能为了应付各种意料之外的情况而持有少量的超额准备金。由于银行持有超额准备金,银行用于放款的资金就会减少,银行存款创造的能力就会削弱从而引起存款创造乘数的变动。用 r_e 表示超额准备率(r_e＝超额准备金/活期存款总额),则存款总额为 $D = \dfrac{R}{r_d + r_e}$,存款创造乘数相应地变为 $k_D = \dfrac{1}{r_d + r_e}$。

如果以上两种漏出同时发生,则银行存款创造乘数为 $k_D = \dfrac{1}{r_d + r_c + r_e}$。显然,存在漏出时的存款创造乘数小于没有漏出时的存款创造乘数。

4. 货币创造乘数

在货币供给量的决定中,中央银行具有最为重要的作用。中央银行代表国家发行货币运用货币政策调节经济,其关键就在于中央银行能控制基础货币(又称为高能货币)。基础货币包括公众与商业银行持有的现金以及商业银行在中央银行的存款,即:

$$\text{基础货币} = \frac{\text{流通中}}{\text{的现金}} + \frac{\text{商业银行库存现}}{\text{金(超额准备)}} + \frac{\text{商业银行在中央银行}}{\text{的存款(法定准备金)}}$$

用公式表示为:

$$H = C_u + R_e + R_d$$

而狭义的货币供给 M_1 等于流通中的现金加上活期存款之和。即:

$$M_1 = C_u + D$$

由上整理得:

$$\frac{M_1}{H} = \frac{C_u + D}{C_u + R_e + R_d}$$

进一步变形,分子分母同时除以活期存款总额 D 得:

$$\frac{M_1}{H} = \frac{\dfrac{C_u}{D} + 1}{\dfrac{C_u}{D} + \dfrac{R_e}{D} + \dfrac{R_d}{D}}$$

上式中,C_u/D 就是现金漏出率 r_c,R_e/D 表示超额准备金率 r_e,R_d/D 表示法定准备率 r_d,所以上式又可以表示为:

$$\frac{M_1}{H} = \frac{r_c + 1}{r_c + r_e + r_d}$$

上式表明中央银行通过控制基础货币,从而能控制货币供给量(通过乘数作用)的机制。在这里,$\dfrac{M_1}{H}$ 即货币供给与基础货币之比称为货币创造乘数(k_M)。其计算公式为:

$$k_M = \frac{M_1}{H} = \frac{r_c + 1}{r_c + r_e + r_d}$$

当然这个货币创造乘数的作用机制中并不是每一个因素中央银行都能控制,如现金漏出、超额准备等,这些因素取决于大量金融机构和成千上万公众的行为决策。但总的来说,它们在某一特定时期还是比较稳定的,也就是说货币创造乘数还是相对稳定的,于是中央银行可通过控制基础货币来控制货币供应量。这样货币供应量被认为是由政府政策(中央银行)决定的,所以货币供应量的大小与利率无关。因此,在利率—货币量坐标中,货币供给曲线是一条垂直线。

第三节　货币市场的均衡

一、货币的需求函数

以上两节的内容说明了投资的决定因素是利率,但利率又是由什么因素决定的呢?对这个问题,凯恩斯以前的古典学派认为,投资与储蓄都与利率相关,投资是利率的减函数,即利率越高,投资越少,利率越低,投资越多;储蓄是利率的增函数,即利率越高,储蓄越多,利率越低,储蓄越少;投资与储蓄相等时,利率就确定下来了。但是,宏观经济学的奠基人凯恩斯则认为,利率不是由投资与储蓄决定的,利率是由货币的供给量与货币的需求量决定的。由于货币的实际供给量是由代表国家对金融运行进行管理的中央银行控制的,因而,实际供给量是一个外生变量,在分析利率决定时,只需分析货币的需求就可以了。

1. 货币的三个需求动机

货币需求是指人们在不同条件下出于各种考虑对货币的需要,或者说是个人、企业和政府对执行流通手段(或支付手段)和价值贮藏手段的货币的需求。人们接受货币不是因为货币本身,而是因为用货币能够购买到所需求的产品和劳务。货币与其他非货币形态的金融资产(如股票、债券、商业票据)的区别在于其具有使用上的灵活性,即可以直接购买到产品和劳务。非货币形态的金融资产与现金相比有利有弊,有利的一面是指其可以获取收益(如股票可以获得股息、债券可以获得利息等),不利的一面是指非货币形态的金融资产不能直接实现和产品、劳务的交换,先要变成现金(即通常所说的金融资产的流动性),变现时可能会面临时间的拖延和实际购买力上的损失。因此,凯恩斯认为人们对货币有"流动性偏好",即人们宁愿牺牲利息、股息等收入而持有一定量的不生息的货币来保持财富的心理倾向。凯恩斯认为个人与企业需要货币出于三种动机。

首先是交易动机。交易动机是指个人与企业为了正常的交易活动而需要货币的动机。比如,个人购买消费品需要货币,企业购买生产要素也需要货币。尽管收入、商业制度、交易惯例等都影响着交易所需的货币量,但出于交易动机的货币需求量主要决定于收入,收入越多,用于交易的货币量就越多,收入越少,用于交易的货币量就越少。

其次是谨慎动机或预防性动机。谨慎动机或预防性动机是指为预防诸如事故、疾病、失业等意外开支而需要事先持有一部分货币的动机。交易动机下的货币交易需求主要用于即时支出,预防性动机下的货币需求则用于以后的支出。货币的预防性需求产生于个人今后收入与支出的不确定性,其量的多少尽管取决于个人的预期与判断,但从全社会来看,出于预防性动机的货币需求仍然取决于收入,其量的多少与收入成正比。

最后是投机动机。投机动机是指人们为了抓住有利的购买有价证券的机会而持有货币的动机。假定财富的形式有两种,一种是货币,一种是有价证券。人们在货币与有价证券之间进行选择以确定保留财富的形式。对货币与有价证券进行选择,就是利用利率与有价证券价格的变化进行投机。有价证券的价格与有价证券的收益成正比,与利率成反比,即:

$$有价证券的价格 = 有价证券收益 / 利率$$

可见,有价证券的价格会随着利率的变化而变化,人们对有价证券和货币的选择也就随利率的变化而变化。市场利率越高,则意味着有价证券的价格越低,当预计有价证券的价格不会再降低而是将要上升时,人们就会抓住有利的机会,用货币低价买进有价证券,以便今后证券价格升高后高价卖出,于是,人们手中出于投机动机而持有的货币量就会减少。相反,市场利率越低,则意味着有价证券的价格越高,当预计有价证券的价格再也不会上升而将要下降时,人们就会抓住时机将手中的有价证券卖出,于是,人们手中出于投机动机而持有的货币量就会增加。由此可见,对货币的投机需求取决于利率,其需求量与利率成反比。

2. 货币的交易需求函数

由于出于交易动机与预防性动机的货币需求量都取决于收入,则可以把出于交易动机与预防性动机的货币需求量统称为货币的交易需求量,并用 L_1 来表示,用 Y 表示实际收入,那么货币的交易需求量与收入的关系可表示为:

$$L_1 = f(Y)$$

具体表达式为:

$$L_1 = kY$$

式中的 $k>0$,为货币的交易需求量对实际收入的反应程度,也可叫货币需求的收入弹性,可简单表达为:$k = \dfrac{\Delta L_1}{\Delta y}$。$L_1 = kY$ 式反映出货币的交易需求量与实际收入的同方向变动关系。

3. 货币的投机需求函数

货币的投机需求取决于利率,如果用 L_2 表示货币的投机需求,用 r 表示利率,则货币的投机需求与利率的关系可表示为:

$$L_2 = f(r)$$

具体表达式为:

$$L_2 = -hr$$

式中的 $h>0$,为货币的投机需求量对实际利率的反应程度,可简单表达为:$h = \dfrac{\Delta L_2}{\Delta r}$。$L_2 = -hr$ 式反映出货币的投机需求量与实际利率的反方向变动关系。

4. 货币的需求函数和需求曲线

对货币的总需求就是对货币的交易需求与对货币的投机需求之和,因此,货币的需求函

数 L 就表示为：

$$L = L_1 + L_2 = kY - hr$$

函数可用图 14-3 表示。图（a）中的横轴表示货币需求量或货币供给量,纵轴表示利率。L_1 为货币的交易需求曲线,由于 L_1 取决于收入,与利率无关,故其是一条垂线。L_2 为货币的投机需求曲线,它最初向右下方倾斜,表示货币的投机需求量随利率的下降而增加,即货币的投机需求与利率成反方向变动关系;货币投机需求曲线的右下端为水平状,在这一区段,即使货币供给增加,利率也不会降低。图（b）中的曲线 L 为包括货币的交易需求与投机需求在内的货币需求曲线,其上的任何一点表示的货币需求量都是相应的货币交易需求量与投机需求量之和。L 曲线向右下方倾斜,表示货币需求量与利率的反方向变动关系,即利率上升时,货币需求量减少,利率下降时,货币需求量增多。

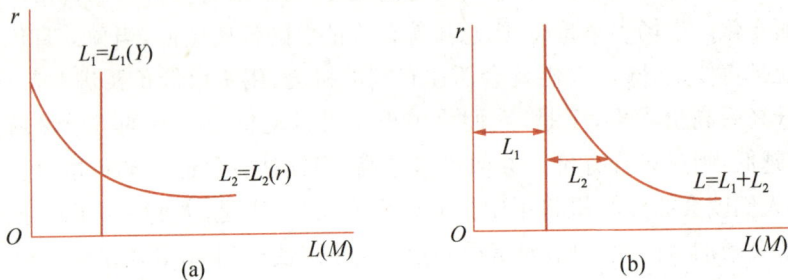

图 14-3　货币需求曲线

二、均衡利率的决定

货币供给是一个存量概念,是指一个经济社会在某一时点上所保持的不属于政府与银行的硬币、纸币与银行活期存款的总和。

分析中所使用的货币供给量是指实际的货币供给量。如果用 M_s、M、P 分别表示名义的货币供给量、实际的货币供给量、价格指数,三者的关系为：

$$M = \frac{M_s}{P}$$

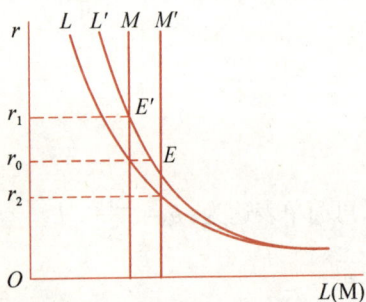

图 14-4　均衡利率的决定

以后所提到的货币供给就是指实际的货币供给量。

由于货币供给量是由一个国家或中央银行来调节的,因而是一个外生变量,其多少与利率无关,因此,货币供给曲线是一条垂直于横轴的直线。货币的供给与需求决定利率,在图 14-4 中,作为垂线的货币供给曲线 M 与向右下方倾斜的货币需求曲线 L 在 E 点相交,交点 E 决定了利率的均衡水平 r_0,它表示,只有当货币需求与货币供给相等时,货币市场才达到了均衡状态。因而,均衡利率就是货币供给数量与需求数量相等时的利率。

　　货币市场的调节,会使货币供求关系发生变化,从而形成均衡利率。图 14 - 4 说明了均衡利率的形成。如果市场利率为 r_2,低于均衡利率 r_0,说明货币需求大于货币供给,人们感到手持货币量少,此时,人们就会售出手中的有价证券。随着证券供给量的增加,证券价格就会下降,利率相应就会上升,货币需求也会逐步减少。货币需求的减少、证券价格的下降与利率的上升一直持续到货币供求相等、均衡利率 r_0 的形成为止。反之,如果市场利率为 r_1,高于均衡利率 r_0,说明货币需求小于货币供给,人们认为手持货币量太多,此时,人们就会利用手中多余的货币购买有价证券。随着证券需求量的增加,证券价格就会上升,利率也就会下降,货币需求会逐步增加。货币需求的增加、证券价格的上升与利率的下降会一直持续到货币供求相等、形成均衡利率 r_0 为止。只有当货币供求相等时,利率才会相对静止不变。

　　均衡利率仍然会随着货币供求的变化而变化。读者可用图进行说明。

三、流动偏好陷阱

　　在分析投机动机时,可看到利率会影响人们对有价证券和货币的选择。当利率非常低时,人们认为利率不会再降低而只能上升,或者说有价证券的价格不会再上升而只会跌落,因而会将所持有的有价证券售出换成货币,即使手中又另外新增了货币,也决不肯再去购买有价证券,以免证券价格下跌而遭受损失,即人们不管有多少货币都会持在手中,这种情况叫做"凯恩斯陷阱",也叫"流动偏好陷阱"。流动偏好是指人们持有货币的偏好,即人们愿意以货币形式保留财富,而不愿以有价证券形式保留财富的心理。对货币产生偏好,是因为货币流动性很强,货币随时可以用于交易、应付不测、投机等,故把人们对货币的偏好就称为流动偏好。利率极低时,人们不论有多少货币,都要留在手中而不会去购买有价证券,流动偏好趋于无限大,此时,即使银行增加货币供给,也不会使利率下降。图 14 - 4 中货币需求曲线接近水平状态,就是流动偏好陷阱。这时不管政府增加多少货币供给,都几乎不能使得利率进一步下降。

四、LM 曲线

1. LM 曲线的定义

　　LM 曲线表示在货币市场达到均衡时,利率和国民收入之间的关系。或者说,LM 曲线是表明这样一条曲线,在它上面的每一点,利率与国民收入的组合是不同的,但是货币供给都等于货币需求。在分析 LM 曲线时,具有以下几方面的假设:

　　(1) 利率与货币的投资需求呈反方向变动。

　　(2) 货币的交易需求和预防的需求是国民收入的函数。

　　(3) 货币的供给由中央银行外生决定,在一定时期内为既定的常数。

　　根据以上几个假设,可以描述出在利率和国民收入的不同组合条件下,货币供给等于货币需求的轨迹。所谓货币市场的均衡,是指货币市场上货币需求等于货币供给的状态。根据前述的分析,我们已经知道:第一,货币市场的均衡条件为货币需求量等于货币供给量,即 $L = M$。第二,货币需求函数可表示为:$L = L_1(Y) + L_2(r)$ 其中,$L_1(Y)$ 称货币的交易需求函数,表示为满足人们对货币的交易需求和预防需求而引起的对货币的需求量,它依存于国民收入水平,是国民收入的增函数;$L_2(r)$ 称货币的投机需求函数,表示为满足人们对货币的投机需求而引起的对货币的需求量,它依存于利率,是利率的减函数。第三,在一定的价格水平下,一定时期内的货币供应量是由政府的货币政策决定的,因此,M 与利率无关,为一既定的常数 M_0。在这样的情况下,货币市场的均衡模型可表示为:

货币市场均衡条件　　$L = M$

货币需求函数　　　$L = L_1(Y) + L_2(r) = kY - hr$

货币供给函数　　　$M = M_0$

由此可得:

$$Y = \frac{hr}{k} + \frac{M_0}{k}$$

该模型表示了在货币市场达到均衡时,利率与国民收入之间的关系。在通常情况下随着国民收入 Y 的增加,货币的交易需求 $L_1(Y)$ 将增加,在货币供给不变($M = M_0$)的条件下,为保持货币市场均衡($L = M$),货币的投机需求 $L_2(r)$ 必须减少,而 $L_2(r)$ 是利率的减函数,L_2 要减少,r 必须上升。因此,国民收入 Y 增加,利率必然要上升;反之,Y 减少,利率必然要下降,这样才能在货币供给量既定的情况下,通过使 Y 与 r 保持同方向变化关系来调整对货币的需求,使调整后的货币需求等于既定的货币供给,保持货币市场的均衡。所以,在货币市场均衡时,国民收入与利率之间存在着同方向变化的关系。

2. LM 曲线的斜率与其三个区域

从 LM 曲线的推导过程中可以知道,当货币市场达到均衡时,利率与国民收入是正方向变动,LM 曲线的斜率为正值。而利率变动对国民收入的影响程度,即 LM 曲线斜率的大小,或 LM 曲线的倾斜的程度,则取决于下列两个因素:

第一,当货币交易需求函数一定时,LM 曲线的斜率取决于货币的投机需求。如果货币的投机需求对利率的变化很敏感,即 h 值较大,则利率变动一定幅度,L_2 变动的幅度就较大,从而 LM 曲线较平缓,其斜率也比较小。反之,如果货币的投机需求对利率的变动不敏感,则 h 值小,投机需求曲线较陡峭,则 LM 曲线也较陡峭,其斜率比较大。

第二,当投机需求函数一定时,LM 曲线的斜率取决于货币的交易需求。如果货币的交易需求对收入的变动很敏感,即 k 值较大,则利率变动一定幅度,收入只需变动较小幅度,从而 LM 曲线较陡峭,其斜率也比较大。反之,如果货币的交易需求对收入的变动不敏感,则 k 值较小,交易需求曲线较平缓,则 LM 曲线也较平缓,其斜率比较小。

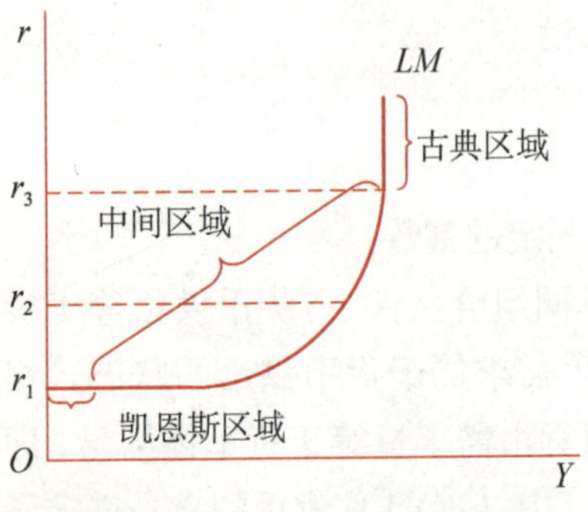

在实际生活中,由于货币交易需求比较稳定,所以一般认为 LM 曲线的斜率主要取决于投机需求。根据不同的利率水平下货币投机需求的大小,可将 LM 曲线划分为三个区域。如图 14 - 5 所示。

在图中 LM 曲线是一水平线,然后向右上方倾斜,当利率上升到一定高度后,则成一垂直线。凯恩斯认为,当

图 14 - 5　LM 曲线的三个区域

利率下降到很低水平时,人们手中不管有多少货币,人们都不肯去买债券,生怕买了债券价格下跌时要亏损,因而货币的投机需求成为无限大,即存在流动性陷阱,于是货币投机需求对利率无限大的敏感,LM 曲线成了一条水平线,故 LM 曲线的水平区域称为"凯恩斯区域"。相反,如果利率上升到足够高度以后,货币的投机需求变为零,不管利率如何再上升,货币需求不再变动,原因是这时债券价格极低,人们估计债券价格只会上涨,不会再跌,因此很愿意用货币去买债券,不愿再为投机而持货币。于是,投机需求不再受利率变动的影响,LM 曲线成了一垂直线。由于古典学派认为,人们只有货币的交易需求,而无货币的投机需求,因而LM 曲线的垂直区域也称为"古典区域"。介于凯恩斯区域和古典区域之间的是"中间区域"。在这一区域中,货币投机需求量随利率上升而减少。于是在货币供给既定情况下,为保持货币市场均衡,交易需求量必须随利率上升而增加,即收入必须相应增加。于是,在这一区域,利率和收入必须同方向变化,才会使货币市场均衡,这使 LM 曲线在这一区域向右上方倾斜。

3. LM 曲线的移动

由于 LM 曲线的形成是由货币的投机需求、交易需求和货币供给共同决定的,因此,LM 曲线的位置移动,主要取决于这三个因素的变化。

首先,货币供给的变动。如果其他条件不变,货币供给量的变动将导致 LM 曲线的同方向移动,即货币供给增加,使 LM 向右下方移动,货币供给减少使 LM 向左上方移动。

其次,货币投机需求的变动。如果其他条件不变,货币投机需求增加,LM 曲线将向左上方移动,如果投机需求减少,则 LM 曲线将向右下方移动。这是因为,货币供给不变时,货币投机需求增加,货币市场上将出现供不应求,这导致利率上升,同时导致收入下降,从而 LM 向左上方移动;反之,货币投机需求减少,则 LM 曲线将向右下方移动。

第三,货币交易需求的变动。如果其他条件不变,货币交易需求增加,货币市场上也会供不应求,同样会导致利率上升,收入下降,LM 向左上方移动,反之,则向右下方移动。

需要指出的是,在使 LM 曲线移动的三个因素中,应该特别重视货币供给量变动这个因素。因为,货币政策的内容正是通过货币当局根据货币需求情况调节货币供给量,从而调节利率和国民收入,来达到货币政策的目标。

第四节 IS-LM 模型分析

一、均衡收入与均衡利率

1. IS-LM 模型的提出与发展

1936 年凯恩斯发表了他的划时代著作《就业、利息和货币通论》,简称《通论》。在这本著作中,凯恩斯说明了均衡的国民收入决定于与总供给相等的总有效需求。由于凯恩斯的理论在逻辑推理中出现了循环推理的矛盾:即利率通过投资影响国民收入,而国民收入又通过货币需求影响利率;反过来说,国民收入依赖于利率,而利率又依赖于国民收入。为了解决循环推理的矛盾,凯恩斯的后继者把产品市场和货币市场结合起来,建立了一个产品市场和货币市场的一般均衡模型,即 IS-LM 模型,通过产品市场均衡与货币市场均衡这两者之间的相互作用,得出两个市场同时达到均衡状态时会有的国民收入和利率水平。

IS-LM 模型最初是由英国经济学家希克斯在 1937 年发表的《凯恩斯先生与古典学派》一文中提出的,1949 年美国经济学家汉森在《货币理论与财政政策》以及 1953 年在《凯恩斯学说指南》中对这一模型作了解释,因此,这一模型又被称为"希克斯—汉森模型",通称修正的凯恩斯模型。此外,对这一模型作出解释,补充与发展的还有莫迪利安尼在 1944 年发表的《利息和货币流动性偏好理论》,克莱因在 1947 年写的《凯恩斯革命》,以及萨缪尔森在 1948 年写的《收入决定的简单数学表述》等。

2. 均衡收入与均衡利率

IS-LM 模型是凯恩斯宏观经济学的核心,凯恩斯主义的全部理论与政策分析都是围绕这一模型而展开的。把 IS 曲线与 LM 曲线结合在一起,就可以得出说明产品市场和货币市场同时均衡时,利率与国民收入之间关系的 IS-LM 模型。产品市场和货币市场在同一收入水平和利率水平上同时达到均衡时,均衡利率和均衡收入的值,可以通过 IS、LM 曲线的联立方程求得。例如,已知产品市场和货币市场的均衡模型分别为:

$$\begin{cases} I = 1250 - 250r \\ S = -500 + 0.5Y \\ I = S \end{cases} \qquad \begin{cases} L = 0.5Y + 1000 - 250r \\ M = 1250 \\ L = M \end{cases}$$

据此可求得 IS 和 LM 曲线的方程分别为:

$$IS: Y = 3500 - 500r \quad LM: Y = 500 + 500r$$

当产品市场和货币市场同时均衡时,有 IS=LM。因此,联立这两个 r 与 Y 的方程,求得的利率与收入的对应值,必将满足产品和货币两个市场的同时均衡,即:

$$\begin{cases} Y = 3500 - 500r \\ Y = 500 + 500r \end{cases}$$

可得: $r = 3 \quad Y = 2000$

当 $r=3$ 及 $Y=2000$ 时,同时可满足 $I=S, L=M$ 及 $IS=LM$,因此,是产品市场及货币市场同时均衡时的均衡利率及均衡收入。均衡利率与均衡收入也可用图形来表示。如图 14-6 所示,在 IS 线上任何一点有 $I=S$;LM 线上任何一点有 $L=M$;IS 与 LM 相交于 E,则 E 能同时满足两个条件:$I=S, L=M$,即在 E 点两个市场同时达到均衡。

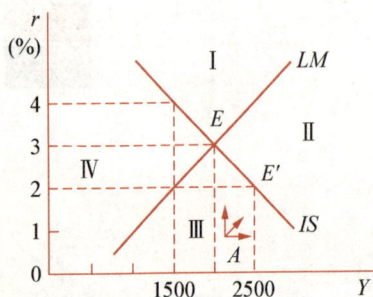

图 14-6　IS-LM 模型

二、两个市场的失衡及其调整

如前所述,利率与收入的组合凡在 IS 曲线左下方的,都具有投资大于储蓄的特性,凡在 IS 曲线右上方的,都具有投资小于储蓄的特性。凡在 LM 曲线左上方的,都具有货币需求小于货币供给的特性,在 LM 曲线右下方的,则具有货币需求大于货币供给的特性。因此,从图 14-6 中可看到,IS 曲线和 LM 曲线把坐标平面分成四个区域:Ⅰ、Ⅱ、Ⅲ、Ⅳ,在这四个区域中都存在产品市场和货币市场的非均衡状态。例如,区域Ⅰ中任何一点,一方面在 IS 曲线右上方,因此有投资小于储蓄的非均衡;另一方面又在 LM 曲线左上方,因此有货币需求小于货币供给的非均衡。其余三个区域中的非均衡关系也可这样推知。这四个区域中的非均衡关系如下:

Ⅰ:$I < S$ 而 $L < M$

Ⅱ:$I < S$ 而 $L > M$

Ⅲ:$I > S$ 而 $L > M$

Ⅳ:$I > S$ 而 $L < M$

各个区域中存在的各种不同的组合的 IS 和 LM 非均衡状态,会得到调整,IS 不均衡会导致收入变动:投资大于储蓄会导致收入上升,投资小于储蓄会导致收入下降;LM 不均衡会导致利率变动:货币需求大于货币供给会导致利率上升,货币需求小于货币供给会导致利率下降。这种调整最终都会趋向均衡利率和均衡收入。

例如,在图 14-6 中,假定实际收入与利率的组合发生于 A 点,既不在 IS 曲线上,也不在 LM 曲线上。A 点在Ⅲ区域中,一方面投资大于储蓄,从而收入会上升,收入从 A 点沿平行于横轴的箭头向右移动;另一方面货币需求大于货币供给,从而利率会上升,利率从 A 点沿平行于纵轴的箭头向上移动。这两方面的调整的共同结果是引起收入和利率的组合沿对角线箭头向右上方移到 E' 点,在 E' 点,产品市场均衡了,货币市场仍不均衡,于是,仍会再调整,这种调整直到 E 点才会停止。

三、均衡收入与均衡利率的变动

以上我们讨论了在 IS 曲线与 LM 曲线既定的条件下产品市场与货币市场的均衡状态以及失衡的调整过程。然而,如果 IS 曲线与 LM 曲线变动了,则均衡利率和均衡收入就会发生相应的变化。

首先,假定 LM 曲线不变,IS 曲线变动。

从前述关于影响 IS 曲线位置的因素分析中我们已经知道,投资、消费、政府支出等变动都会引起 IS 曲线的移动。现假定政府实行扩张性的财政政策,增加政府支出,则 IS 曲线将向右上方移动,如图 14-7 中所示,IS_0 移动到 IS_1。随着政府支出增加,即总需求的增加,将使生产和收入增加。但是随着收入的增加,对货币交易需求 $L_1(Y)$ 也将增加。由于假定 LM 曲线不变(即货币供给量不变),因此,人们只能通过出售有价证券来获取从事交易所需的货币,这就导致利率上升及货币的投机需求 $L_2(r)$ 下降,部

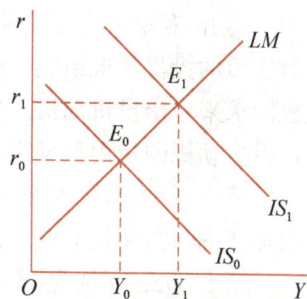

图 14-7　LM 曲线不变时
IS 曲线变动

分地抵消了因政府支出增加而面临的总需求增加的压力。最终使利率 r_0 上升到 r_1，国民收入由 Y_0 增加到 Y_1，宏观经济在 E_1 点达到均衡。同样地，如果因消费、投资、政府支出减少，使总需求减少，将使 IS 曲线向左下方移动，当 LM 曲线不变时，导致利率与国民收入同时减少。

其次，假定 IS 曲线不变，LM 曲线变动。

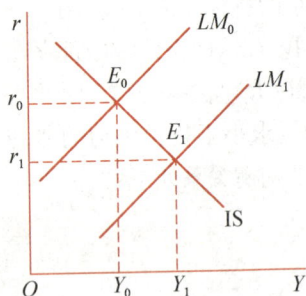

从前述关于影响 LM 曲线位置的因素分析中我们已经知道，货币供给量以及货币需求函数的变化等因素都将引起 LM 曲线的移动。现假定政府实行扩张性的货币政策，增加货币供给量，则 LM 曲线将向右下方移动，如图 14-8 中所示，LM_0 移动到 LM_1。随着货币供给量的增加，将使货币市场供给大于需求，利率下降；由于假定 IS 曲线不变，因此，利率下降将使投资增加，进而导致国民收入增加。最终使利率 r_0 下降到 r_1，国民收入由 Y_0 增加到 Y_1，宏观经济在 E_1 点达到新的均衡。同样地，如果因货币供给减少，或者因货币需求量增加，将使 LM 曲线向左上方移动，当 IS 曲线不变时，导致利率上升，国民收入减少。

图 14-8　IS 曲线不变时
LM 曲线变动

最后，若 IS 曲线与 LM 曲线因各种因素的共同作用而同时变动，则 IS 与 LM 曲线新的交点将随 IS、LM 曲线变动的方向与程度的不同而不同。在各种情况下，利率与收入的变动，可以从上面两种情况中推导出来。

四、凯恩斯宏观经济学基本理论要点

第一，国民收入决定于消费与投资。消费与投资是总需求或总支出的组成部分，凯恩斯认为总需求决定国民收入，也就是消费与投资决定国民收入。

第二，消费由消费倾向与收入决定。消费倾向包括平均消费倾向与边际消费倾向。边际消费倾向大于 0 且小于 1，因此，收入增加时，消费也增加，但在增加的收入中用来增加消费的部分会越来越少，而用于储蓄的部分会越来越多。

第三，国民收入的变动主要受投资的影响。消费倾向相对比较稳定，故投资成为影响国民收入变动的主要因素。投资或增加或减少的变动引起国民收入或增加或减少的成倍变动。投资乘数与边际消费倾向成正比，而边际消费倾向大于 0 且小于 1，故投资乘数大于 1。

第四，投资由利率与资本边际效率决定。投资与利率成反比，与资本边际效率成正比。如果利率小于资本边际效率，就值得投资；如果利率大于资本边际效率，就不值得投资。

第五，利率决定于流动偏好与货币数量。流动偏好是货币需求，由对货币的交易需求与对货币的投机需求组成，其中，对货币的交易需求来自于交易动机与谨慎动机，对货币的投机需求来自于投机动机。货币数量是货币供给，由满足交易动机、谨慎动机的货币数量和满足投机动机的货币数量组成。

第六，资本边际效率由投资的预期收益与资本资产的供给价格或重置成本决定。资本边际效率与预期收益成正比，与重置成本成反比。

第七，凯恩斯认为，资本主义经济萧条的根源在于由消费需求与投资需求组成的总需求不足，而总需求不足的原因是三大基本心理规律。边际消费倾向递减规律决定了消费需求不足。边际消费倾向小于 1，人们不会把增加的收入全部用来增加消费，并且增加的收入中用于增加的消费会越来越少,这就造成消费不足。资本边际效率递减规律决定了投资需求不足。增加一笔投资,既会增加对资本资产的需求,增加重置成本,又会在将来形成生产能力、增加产品供给、促使产品价格下降后,收益减少。因此,资本边际效率会随重置成本的增加、预期收益的减少而降低,从而使得投资需求不足。作为货币需求的流动偏好,会在利率极低时形成"流动偏好陷阱",从而使利率在货币供给增加的情况下也不会降低,即流动偏好限制了利率的降低,最终抑制投资需求。这样,三大基本心理规律造成了有效需求不足。为解决有效需求不足,必须发挥政府的作用。政府应当运用增加政府支出或减少税收的财政政策和增加货币供给、降低利率的货币政策,以刺激消费与投资,从而增加收入,实现充分就业。由于"流动偏好陷阱"的存在,货币政策效果有限,增加收入应主要靠财政政策。

★★★★★ 本章要点回顾 ★★★★★

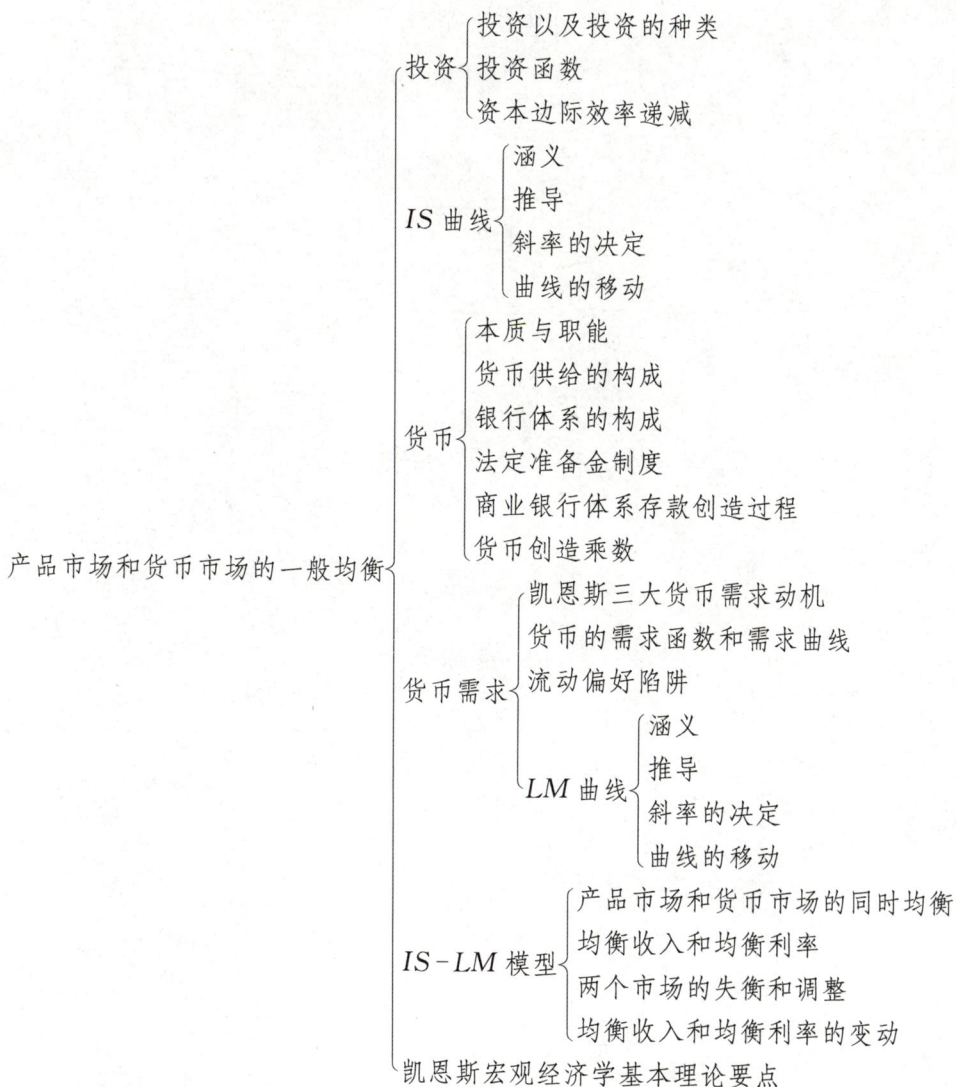

产品市场和货币市场的一般均衡

- 投资
  - 投资以及投资的种类
  - 投资函数
  - 资本边际效率递减
- IS 曲线
  - 涵义
  - 推导
  - 斜率的决定
  - 曲线的移动
- 货币
  - 本质与职能
  - 货币供给的构成
  - 银行体系的构成
  - 法定准备金制度
  - 商业银行体系存款创造过程
  - 货币创造乘数
- 货币需求
  - 凯恩斯三大货币需求动机
  - 货币的需求函数和需求曲线
  - 流动偏好陷阱
  - LM 曲线
    - 涵义
    - 推导
    - 斜率的决定
    - 曲线的移动
- IS-LM 模型
  - 产品市场和货币市场的同时均衡
  - 均衡收入和均衡利率
  - 两个市场的失衡和调整
  - 均衡收入和均衡利率的变动
- 凯恩斯宏观经济学基本理论要点

第十五章
宏观经济政策

本章导学

1. 掌握宏观经济政策的目标与相互关系,了解宏观经济政策工具。
2. 掌握财政政策内容及其应用,了解内在稳定器和相机抉择的财政政策,运用财政政策效果分析挤出效应。
3. 掌握货币政策及其内容、货币政策效果分析,凯恩斯主义和古典主义极端情况下的宏观政策效果。
4. 财政政策和货币政策的混合使用。
5. 了解供给管理的概念和内容。

第一节　宏观经济政策概述

一、宏观经济政策的目标及其之间的关系

宏观经济学的基本原理不仅考察均衡国民产出量的决定,而且为政府制定干预经济的政策提供理论依据。前面关于国民产出决定的基本理论,暗含着均衡的国民产出不一定是充分就业的国民产出;如果前者低于后者,则经济呈现萧条状态;如果前者高于后者,则经济呈现膨胀状态,这两种状态都被认为是经济运行的"病态"。这两种状态的存在,为政府采取旨在矫正经济运行中的病态的政策提供了理论依据。当然,宏观经济政策的目标并非只是医治上述两种经济病态。

1. 宏观经济政策的目标

政府干预宏观经济,首先必须明确所要达到的宏观经济目标。一般来说,宏观经济政策的目标包括四个:充分就业、物价稳定、经济增长和国际收支平衡。

较高的失业率不但造成社会经济资源的极大浪费,而且很容易导致社会和政治危机,因此,各国政府一般都将充分就业作为优先考虑的政策目标。充分就业是指包含劳动在内的一切生产要素都以愿意接受的价格参与生产活动的状态。

物价稳定是指物价总水平的稳定。一般用价格指数来衡量一般价格水平的变化。价格稳定不是指每种商品价格的固定不变,也不是指价格总水平的固定不变,而是指价格指数的相对稳定。价格指数又分为消费物价指数(CPI)、批发物价指数(WPI)和国内生产总值折算指数(GDP deflator)三种。物价稳定并不是通货膨胀率为零,而是允许保持一个低而稳定的通货膨胀率,所谓低,就是通货膨胀率在 $1\%—3\%$ 之间,所谓稳定,就是指在相当时期内能使通货膨胀率维持在大致相等的水平上。这种通货膨胀率能为社会所接受,对经济也不会产生不利的影响。鉴于通货膨胀对资源配置效率、财富分配及稳定的预期等方面的负面影响,各国一般都把反通货膨胀、稳定物价作为一项基本的宏观经济政策。

经济增长是指在一个特定时期内,经济运行要达到适度的增长率。这种增长率既能满足社会发展的需要,又能满足人口增长和技术进步的条件约束。衡量经济增长的指标有国内生产总值增长率、人均国内生产总值增长率等。一种观点认为,经济增长就是一国 GDP 的增加,或者是人均 GDP 的增加。另一种观点认为,经济增长是指一国生产产品和劳务能力的增长。同前一种观点相比,后一种观点更强调增长的动态效率。世界各国由于发展阶段及发展条件的不同,在增长率的选择上往往存在差异。大多数发展中国家较发达国家更偏好于高的增长率。

国际收支平衡具体分为静态平衡与动态平衡、自主平衡与被动平衡。静态平衡,是指一国在一年的年末,国际收支不存在顺差也不存在逆差;动态平衡,不强调一年的国际收支平衡,而是以经济实际运行可能实现的计划期为平衡周期,保持计划期内的国际收支均衡。自主平衡,是指由自主性交易即基于商业动机,为追求利润或其他利益而独立发生的交易实现

的收支平衡;被动平衡,是指通过补偿性交易即一国货币当局为弥补自主性交易的不平衡而采取调节性交易而达到的收支平衡。国际收支平衡的目标要求做到汇率稳定、外汇储备有所增加、进出口平衡。国际收支平衡不是消极地使一国在国际收支账户上经常收支和资本收支相抵,也不是消极地防止汇率变动、外汇储备变动,而是使一国外汇储备有所增加。适度增加外汇储备看作是改善国际收支的基本标志。同时由于一国国际收支状况不仅反映了这个国家的对外经济交往情况,还反映出该国经济的稳定程度。

2. 宏观经济政策目标之间的关系

宏观经济政策的四大目标之间常常存在矛盾,具体表现如下:

(1) 充分就业与物价稳定之间的矛盾

根据宏观经济学的基本理论,要实现充分就业,必须运用扩张性的经济政策,而这些政策会增加财政赤字和货币供给量,从而引起物价上涨和通货膨胀。反之,要实现物价稳定,就必须运用紧缩性经济政策,但这些政策会减少货币供给量和总需求,从而导致较高的失业率。著名经济学家萨缪尔森曾经说过:"在价格和工资由自由市场决定的经济社会中,减少通货膨胀的政策必然要在高失业和大的 GNP 缺口方面付出沉重的代价。"

(2) 充分就业与经济增长之间的矛盾

充分就业与经济增长具有一致性的一面。这是因为,充分就业有利于经济资源的充分利用,有利于促进经济增长;经济增长反过来又会提供更多的就业机会,从而有利于实现充分就业。但是,充分就业与经济增长之间也存在矛盾的一面。要提高潜在国民生产总值增长率,需要知识和资本投资,以提高生产技术水平。这会导致资本特别是机器对劳动的替代,从而相对减少对劳动的需求,使部分工人,尤其是技术水平低的工人失业。

(3) 充分就业与国际收支平衡之间的矛盾

西方经济学家认为,充分就业的实现会引起国民收入的增加。在边际进口倾向既定的条件下,国民收入增加会引起进口增加,从而导致国际收支状况恶化。此外,为了实现充分就业,往往需要扩大出口、限制进口,这也会妨碍国际收支平衡和对国外质优价廉商品的进口,降低本国居民的效用水平。为了享受国外的低价商品和维持国际收支平衡,需要增加进口,往往引起相关行业的工人失业。

(4) 物价稳定与经济增长之间的矛盾

根据宏观经济理论,一个国家要抑制通货膨胀、维护物价稳定,需要实行紧缩性经济政策,必要时,还要实行工资和价格管制。这势必会恶化投资环境,造成价格扭曲,滞缓经济增长,降低经济效率。反之,为了促进经济增长,需要实行扩张性经济政策,这样,出现通货膨胀也就在所难免。

以上四大目标的关系如表 15 - 1 所示。

表 15 - 1　宏观经济政策四大目标的关系

	稳定物价	充分就业	经济增长	国际收支平衡
稳定物价	0	—	*	+
充分就业	—	0	+	—

续　表

	稳定物价	充分就业	经济增长	国际收支平衡
经济增长	*	+	0	—
国际收支平衡	+	—	—	0

注：表中"＋"表示目标关系一致；"—"表示目标关系矛盾；"＊"表示目标关系既有一致的一面，又有矛盾的一面；"0"表示目标相同。

宏观经济政策不是只考虑这些目标中的某一目标，而是要同时实现这些目标。一旦确定了宏观经济目标，就需要明确可以采用的政策工具。在经济生活中，最常见的政策工具是财政政策和货币政策。具体来说，财政政策包括政府税收和支出政策，货币政策则包括公开市场业务、调整再贴现率和法定准备金率等。不同的经济政策工具有着不同的传导机制，而经济政策工具的效果则受多方面因素的制约。

二、宏观经济政策工具

宏观经济政策工具是指用来达到政策目标的手段。实现一项政策目标，可供选择的政策工具是多种多样的。根据调节对象的不同，宏观经济政策工具可以分为需求管理、供给管理。

1. 需求管理

需求管理是指通过调节总需求来达到一定的政策目标。这是凯恩斯主义所重视的政策工具。需求管理通过对总需求的调节，使总需求等于总供给，达到既无失业又无通货膨胀的目标。总需求小于总供给时，经济中会产生失业，就需要运用扩张性的政策工具来刺激总需求。总需求大于总供给时，经济中会出现通货膨胀，这时就需要运用紧缩性政策工具来抑制总需求。需求管理主要包括财政政策与货币政策。

2. 供给管理

供给管理是指通过对总供给的调节来达到一定的政策目标。短期影响供给的主要因素是生产成本，特别是生产成本中的工资成本；长期影响供给的主要因素是生产能力，即经济潜力的增长。供给管理政策具体包括控制工资与物价的收入政策、指数化政策、人力政策、经济增长政策等，详见第五节。

第二节　财政政策及其效果分析

一、财政政策的内容与运用

财政政策（fiscal policy）是政府为促进就业水平提高，防止通货膨胀，减轻经济波动，实现稳定增长而对政府收入和支出所进行的选择，或对政府收入和支出所作出的决策。国家财政由政府收入和支出两个方面构成。其中，政府收入包括税收和公债，政府支出包括政府购买和转移支付。

要实现财政政策目标,财政当局必须有可供操作的工具。财政政策工具主要包括:变动政府购买支出、改变政府转移支付、变动税率和公债。运用财政政策消除经济萧条或通货膨胀,实现充分就业的一般途径有增加政府支出、减少税收(赤字财政),减少政府支出、增加税收(盈余财政)和同时等量增减支出与税收(平衡预算)三种方法。其中政府支出对总支出以及总产出具有直接影响;税收则要通过边际消费倾向(或储蓄倾向)影响人们的收入和支出量,从而对总产出的调节作用要间接些、弱小些;平衡预算的财政政策效果最弱。

1. 政府支出

政府购买(政府投资)是实质性的支出,有商品和劳务的实际交易,直接形成社会需求和购买力,构成国民收入,是决定国民收入大小的主要因素之一。变动政府购买支出是财政政策的有利工具。分三种情况:一是与提供公共产品相关的购买性支出,如提供国防服务,保证公共安全,维护市场交易秩序等职能所发生的支出。二是为了维持政府系统运行和发挥职能而发生的购买性支出,如行政事业费。三是直接投资的购买性支出。

政府转移支付指政府单方面把一部分收入所有权无偿转移出去而发生的支出。与购买性支出不同,它只是一种货币性支出,转移性支出与商品和劳务交易行为没有发生直接联系,不以取得本年产出为补偿,而是为了实现社会公平目的而采取的资金转移措施。转移支出具有无偿性、单向性,它不必得到等价补偿,收益者也不必归还。例如社会保险、社会救济、扶助贫困人口等支出都属于转移性支出。转移性支出对收入再分配具有最直接影响。

2. 税收

税收是国家的强制性、无偿性、固定性的财政收入手段。以税负能否转嫁为标准,分为直接税和间接税。间接税可以转嫁,如消费税、关税。间接税影响商品的相对价格,体现效率,影响公平,如商品税,对商品劳务征税。直接税对收入、财产征税,不可转嫁,是收入的再分配,影响收入,即消费者对社会财富的占有份额。直接税体现公平,影响效率。

3. 平衡预算

凯恩斯之前,主要是年度平衡预算。经济衰退时,收入减少,为了平衡支出,必须增加收入,会加深衰退。反之,经济过热时通货膨胀,税收增加,为了减少盈余,必然增加支出和减少税收,会加剧通货膨胀。周期平衡预算是指政府在一个经济周期中保持平衡。经济衰退时,扩张性政策,有意安排预算赤字;在繁荣时,紧缩性政策,有意安排盈余。以繁荣时的盈余弥补衰退时的赤字,使得整个经济周期的盈余和赤字相抵消而实现预算平衡。问题是很难估计繁荣与衰退的程度和时间,两者也不一定完全相等。

二、内在稳定器与相机抉择的财政政策

1. 内在稳定器

内在稳定器(automatic stabilizers)是指经济系统本身具有的一种自动调节经济、减少经济波动的机制,它能够在经济繁荣时自动抑制通货膨胀,在经济萧条时自动减轻其程

度,而不需要政府专门制定政策以调节经济。财政政策中的内在稳定器机制是调节经济波动的第一道防线,对于轻微的经济波动是有一定效果的,但对于较大的经济波动则效果不大。

内在稳定器的功能主要通过三个方面来体现:首先,政府税收的自动变化。经济衰退时,国民产出水平下降,个人收入下降,在税率不变时,政府税收会自动减少,留给人们可支配收入会自动少减少一些,从而使得消费和需求也自动少下降。累进所得税下,经济衰退使得纳税人的收入自动进入较低纳税档次,政府税收下降的幅度会超过收入下降的幅度,可以起到抑制衰退的作用。反之,经济繁荣时,税收随着个人收入增加而增加;累进税率使得政府税收幅度超过收入增长幅度。其次,政府转移支付的自动变化,政府支出的自动变化。政府转移支付,主要包括政府失业救济和其他社会福利方面的支出。经济衰退时,失业增加,符合救济条件的人数增加,社会转移支付增加,可以抑制可支配收入的下降,进而抑制消费需求的下降。经济繁荣时,失业人数减少,失业救济等福利支出自然减少,从而抑制可支配收入和消费的增长。最后,农产品价格保护支出的自动变化,政府维持农产品价格的政策。经济萧条时,国民收入下降,农产品价格下降,政府按照支持价格收购农产品,可使农民的收入和消费维持在一定水平。经济繁荣时,国民收入上升,农产品价格上升,政府减少对农产品的支持,并抛售农产品,限制农产品价格的上升,抑制了农民收入的增长,减少了总需求。

2. 相机抉择的财政政策以及运用

由于政府支出中转移支付乘数和税收乘数所产生的效果都比一般自主性支出所产生的效果要小,因此,虽然各种自动稳定器一直在起作用,但作用毕竟有限,特别是对于剧烈的经济波动,自动稳定器更难以扭转。因此,要确保经济稳定,政府要审时度势,主动采取一些财政措施。相机抉择的财政政策就是政府根据对经济形势的判断和财政政策的特点,相机抉择、主动采取的增加或减少政府支出,减少或增加政府收入以稳定经济、实现充分就业的政策。宏观经济学认为,相机抉择的财政政策要"逆经济风向行事"。具体来说,第一,在经济萧条时期,总需求小于总供给,经济中存在失业,政府就要通过扩张性的财政政策包括增加政府支出与减税。减税可以增加企业和居民的可支配收入,从而增加消费和投资;政府支出的增加则直接刺激总需求,从而可能使经济走出萧条。第二,在经济繁荣时期,总需求大于总供给,经济中存在通货膨胀,政府则要通过紧缩性的财政政策来压抑总需求,以实现物价稳定。紧缩性的财政政策包括减少政府支出与增税。减少政府支出则直接使总需求下降;征税可以减少居民和企业的消费和投资。扩张性财政政策和紧缩性财政政策的政策目标和特点可通过表15-2来反映。

表15-2 扩张性财政政策和紧缩性财政政策的政策目标及特点

政策目标	政策特点	财政收入政策	财政支出政策
实现充分就业	扩张性财政政策	减少政府税收	增加政府支出
抑制通货膨胀	紧缩性财政政策	增加政府税收	减少政府支出

三、财政政策效果的 *IS*-*LM* 图形分析

在给定的条件下,扩张性的财政政策可以使产出水平提高,这是毋须质疑的,但需要进一步研究的问题是:扩张性的财政政策为什么在不同的情况下会产生不同的效果?下面的研究是在 *IS*-*LM* 模型的框架下展开的。从 *IS*-*LM* 模型来看,财政政策效果的大小是指政府税收和支出的变化导致 *IS* 曲线的变化对国民收入产生的影响。研究影响政策效应的因素实际上就是研究 *IS* 曲线、*LM* 曲线中的各参数的数值及其变化对曲线的空间位置的变化从而对均衡产出水平的影响。从 *IS* 曲线和 *LM* 曲线的图形上看,这种影响的大小会因 *IS* 曲线和 *LM* 曲线斜率的不同而不同。下面分别加以论述。

1. *IS* 曲线的斜率对财政政策效果的影响

当 *LM* 曲线不变时,*IS* 曲线斜率的绝对值越小,即 *IS* 曲线越平坦,则 *IS* 曲线发生移动时导致国民收入的变化就越小,财政政策效果也就越小;反之,*IS* 曲线斜率的绝对值越大,即 *IS* 曲线越陡峭,政府收支变化使 *IS* 曲线发生移动时,导致国民收入的变化就越大,财政政策的效果就越大。参见图 15-1。

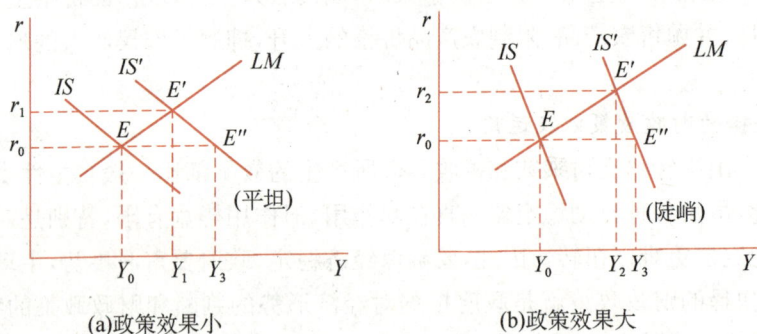

(a)政策效果小   (b)政策效果大

图 15-1   *IS* 曲线斜率与财政政策效果

IS 曲线之所以影响财政政策效果,是与投资的利率弹性以及乘数相关的。*IS* 曲线的斜率的大小主要由投资的利率弹性大小所决定的,*IS* 曲线斜率越小,即 *IS* 曲线越平缓,说明投资的利率弹性越大,即利率变动一定幅度将引起投资较大幅度的变动。如果投资对利率变动的反应较为敏感,政府采取扩张性的财政政策使国民收入增加的同时,利率上升,而利率的上升必将使私人投资减少许多,"挤出效应"较大,国民收入增加的幅度较小。因此,*IS* 曲线越平缓,实行扩张性财政政策时挤出效应就越大,被挤出的私人投资就越多,国民收入增加得越少,即财政政策效果越小。反之,*IS* 曲线越陡峭,投资需求对利率的弹性越小,政府支出增加产生的"挤出效应"较小,因而国民收入增加得较多,财政政策效果较大。就乘数而言,乘数越大,*IS* 曲线斜率就越小,*IS* 曲线越平坦,一定投资量和总需求的变动所引起的国民收入的变动就越大,"挤出效应"也越大,财政政策效果就越小。反之,乘数越小,*IS* 曲线斜率就越大,*IS* 曲线越陡峭,"挤出效应"越小,财政政策效果越大。

2. *LM* 曲线的斜率对财政政策效果的影响

当 *IS* 曲线的斜率给定不变时,财政政策的效果取决于 *LM* 曲线的斜率。*LM* 曲线的斜

率越大，即 *LM* 曲线越陡峭，财政政策使 *IS* 曲线移动时对利率的影响越大，导致国民收入的变动越小，也就是说财政政策效果越小；反之，*LM* 曲线的斜率越小，*LM* 曲线越平坦，*IS* 曲线移动时将导致国民收入发生较大的变动，即财政政策效果越大。这一结果可参见图15－2。

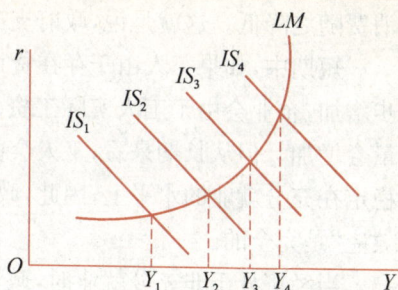

  LM 曲线的斜率之所以影响财政政策的效果是与货币需求的收入弹性和利率弹性相关的。政府增加相同的一笔政府支出，当 *LM* 曲线斜率较大即曲线较陡峭时，表示货币需求的利率弹性较小，或者说，货币

图 15－2 **LM 曲线的斜率**
与财政政策效果

需求对利率的反应较不敏感，意味着一定货币需求的增加需要利率较多地上升，利率上升得越多，对私人投资挤占得就越多，"挤出效应"越大，导致了财政政策效果越小。同时，*LM* 曲线越陡峭，货币需求的收入弹性越大，一定的国民收入水平提高所引起的货币需求增加得越多，在货币供给量不变的情况下，货币需求增加得越多，利率上升越高；利率上升得越高，私人投资减少得越多，国民收入增加的就少，财政政策的效果就小。相反，*LM* 曲线斜率越小即 *LM* 曲线越平坦，表示货币需求的利率弹性越大，说明货币需求对利率的反应越敏感，当政府增加支出，即使通过发行公债向私人部门借了大量的货币，也不会使利率上升许多，利率上升得越小，对私人投资产生的影响越小，"挤出效应"越小，当政府支出增加时，将会使国民收入增加许多，即财政政策效果较大。同时，*LM* 曲线越平坦，货币需求的收入弹性越小，在货币供给量不变的情况下，一定的国民收入水平提高所引起的货币需求增加得越少，利率就上升得越少，从而私人投资减少得也越少，"挤出效应"则越小，国民收入增加的就多，财政政策的效果就大。

四、挤出效应

1. 挤出效应的概念

  挤出效应(effectiveness of crowding out)是指政府支出增加使国民收入水平提高的同时也引起利率的提高，从而使得私人部门的消费与投资减少。

  挤出效应可能是部分的，也可能是完全的。当私人投资的减少小于政府支出的增加时，这时的挤出效应就是部分的；当私人投资的减少量与政府支出的增加量相等时，挤出效应就是完全的。何种情况下政府的挤出效应是完全的，何种情况下是部分的，依经济社会的经济运行状况的不同而不同。

  当经济达到充分就业时，政府支出增加会导致私人投资以如下方式减少：由于政府支出增加，产品市场上产出水平达到极大，导致在产品市场上对商品和劳务的购买竞争加剧，物价水平上涨，如果在这时货币的名义供给量不变，实际的货币供给量必然会由于价格的上涨而减少。由于产出水平不变，用于交易需求的货币量不变，只有使用于投机需求的货币量减少。结果，债券价格会下跌，利率上升，必然导致私人投资支出减少。私人投资的减少，必将产生一系列的影响，首先使总需求减少，导致国民收入降低，影响人们的消费水平，使人们的消费随之降低。这就是说,政府支出的增加"挤占"了私人的投资和消费。

短期中,如果工人由于存在货币幻觉或受工资契约的约束,货币工资不能随物价上涨同步增加,企业会由于工人实际工资水平的降低而增加对劳动的需求,因此,短期内就业和产量会增加。但从长期来看,工人会由于物价的上涨要求增加工资,企业也将把对劳动的需求稳定在充分就业的水平上,因此,政府支出的增加只能完全地挤占私人的投资和消费,"挤出效应"是完全的。

当经济处于非充分就业时,政府采取扩张性财政政策,增加政府支出,同样会对私人投资产生挤出效应,但一般说来,这时政府支出的增加对私人投资的挤出效应不会是完全的,原因在于此时的经济社会存在一定的失业,政府扩张性的财政政策多少能使就业和产出增加一些。但为什么在非充分就业的经济中,政府支出的增加还会对私人投资有一定的挤出效应呢?因为政府支出的增加提高了总需求水平,必然使产出水平相应提高,交易需求所需的货币量随之增加,在名义货币供给不变的情况下,货币需求就大于货币供给,利率因此而上升,从而导致私人投资水平不同程度的下降。

2. 影响挤出效应的因素

政府支出会在多大程度上"挤占"私人投资呢?具体来说取决于以下几个因素。

第一,货币需求的收入弹性。货币需求的收入弹性就是货币需求函数 $(L = kY - hr)$ 中的 k。货币需求的收入弹性越大,LM 曲线越陡峭,说明货币需求对产出水平越敏感,一定的国民收入增加所引起的货币需求的增加也大,在货币供给量不变的前提下,货币需求越大,利率上升得越高,私人投资和总需求减少得越多,国民收入增加得越少,即挤出效应越大。反之,货币需求的收入弹性越小,LM 曲线越平坦,挤出效应越小。

第二,货币需求的利率弹性。货币需求的利率弹性就是货币需求函数中的 h。货币需求的利率弹性越小,LM 曲线越陡峭,说明货币需求对利率越敏感,一定的货币需求增加需要利率上升很多,从而投资和总需求减少得就越多,国民收入也就减少得越多,即挤出效应越大。反之,货币需求的利率弹性越大,LM 曲线越平坦,挤出效应就越小。

第三,投资的利率弹性。投资函数 $I = e - dr$ 中的 d 就是投资的利率弹性,它表示投资需求对利率的敏感程度。投资的利率弹性越大,说明投资需求对一定的利率变动越敏感,IS 曲线的斜率就越小,IS 曲线越平坦,一定的利率变动所引起的投资变动也就越大,使总需求和国民收入的变动就大,因而挤出效应就越大。反之,投资的利率弹性小,挤出效应也越小。

第四,支出乘数。支出乘数越小,IS 曲线斜率会越大,IS 曲线越陡峭,政府支出所引起的国民收入的增加也越少,但利率提高使投资减少所引起的国民收入的减少也越少,即挤出效应也越小;反之,支出乘数越大,IS 曲线斜率就越小,IS 曲线越平坦,挤出效应也越大。

在这些影响挤出效应的因素中,支出乘数主要取决于边际消费倾向。一般而言,边际消费倾向是比较稳定的,同时税率也不会轻易变动。货币需求的收入弹性 k 主要取决于人们的支付习惯和制度,一般也认为其比较稳定。因此,挤出效应的大小主要取决于货币需求的利率弹性和投资的利率弹性。

第三节 货币政策及其效果分析

一、货币政策工具

货币政策(monetary policy)指中央银行通过控制货币供应量来调节利率进而影响投资和整个经济以达到一定经济目标的经济政策。这主要是凯恩斯主义者的观点。财政政策直接影响总需求的规模,这种直接作用是没有任何中间变量的,而货币政策则还要通过利率的变动来对总需求发生影响,因而是间接地发挥作用。货币政策一般也分为扩张性的和紧缩性的。

货币政策工具是指货币当局为了实现既定的政策目标所选择的操作手段。政府为了实现既定的经济政策目标,经常实施的货币政策工具包括一般性政策工具和选择性政策工具。

1. 一般性货币政策工具

一般性货币政策工具是指西方国家中央银行多年来一直采用的三大政策工具:法定存款准备金率、再贴现政策和公开市场业务,这三大政策主要用于调节货币总量。

首先是法定存款准备金率。法定存款准备金率是指中央银行以法律形式规定的商业银行将其吸收存款的一部分上缴中央银行作为准备金的比率。中央银行改变法定存款准备金率可以通过对准备金的影响来调节货币供给量。例如,中央银行降低法定存款准备金率,使商业银行产生超额准备金,这部分准备金可以作为贷款放出,通过银行系统存款的成倍扩大,增加货币供给量和降低利率。反之,中央银行提高法定存款准备金率,会使商业银行原有的准备金低于法定要求。这样,商业银行必须收回贷款,通过银行系统存款的成倍收缩,减少货币供给量和提高利率。改变法定存款准备金率会引起宏观经济活动的强烈波动,实践中很少使用这种强有力的武器。

其次是再贴现政策。贴现是指商业银行从收受的未到期商业票据面值中扣除利息,并把票面余额以现金形式支付给持票人的信用活动。再贴现是指商业银行将其收受的商业票据拿到中央银行申请再贴现,我们可以将其理解为中央银行对商业银行的贷款,调整再贴现率就是中央银行调高或降低对商业银行发放贷款的利率。萧条时期,中央银行降低贴现率,可以鼓励商业银行借款,从而增加商业银行的准备金,这样可以增加它对客户的放款,放款的增加又会通过银行创造货币的机制增加货币的供给量并降低利率。繁荣时期,中央银行提高贴现率,可以限制商业银行贷款,使商业银行准备金短缺,这样商业银行必须减少对客户的放款或收回贷款,贷款的减少又会通过银行创造货币的机制减少货币的供给量并且提高利率。

最后是公开市场业务。公开市场业务是指中央银行在公开市场即金融市场上买进或卖出有价证券。运用公开市场业务,可以通过对货币供给量的调节来调节利率,并通过利率的变动来调节总需求,达到宏观经济政策的目标。例如,经济萧条时,中央银行在金融市场上买进有价证券,可以增加银行系统的基础货币,通过银行系统的存款创造,导致货币供给量多倍扩大和利率下降,这会促进私人投资和消费的扩张,带动生产和就业的增长。与此同时,中央银行采购有价证券会使债券的需求增加,从而债券价格上升,利率下跌,这也会鼓励私人增加投资和消费,推动国民生产总值和就业的增加。经济繁荣时,中央银行在金融市场上卖出有价证券,会使银行系统基础货币减少,导致货币供给量多倍减少和利率上升。这样,私人的投资和消费支出就会下降,通货膨胀得到缓解。

同前两种货币政策工具相比,公开市场业务具有明显的优势,主要包括:主动性强、灵活性高、调控效果和缓、震动性小以及影响范围广等。因此,公开市场业务是最重要的货币政策工具。

2. 选择性货币政策工具

除了上述调节货币总量的三大工具外,货币政策工具还有另外几种。这些工具一般都是有选择地使用,故称之为选择性货币政策工具,主要有以下几种。首先是道义上的劝告:中央银行对商业银行发出口头或书面的谈话或声明劝说商业银行自动地遵循中央银行所要求的信贷政策。这种劝告没有法律约束力,但能发挥一定的作用。其次是利率上限:中央银行规定商业银行和其他储蓄机构定期存款和储蓄存款的利率上限。最后是控制消费信贷:中央银行控制分期付款的条件,包括消费者采购耐用消费品的最低现付额和最长偿还期。

二、货币政策效果的 IS-LM 图形分析

货币供给量变动的政策对总需求进而对国民收入和利率影响的大小,即货币政策的效果同样不仅取决于 IS 曲线的斜率,而且还取决于 LM 曲线的斜率。

1. IS 曲线的斜率对货币政策效果的影响

当 LM 曲线的斜率不变时,IS 曲线越平坦即斜率越小,实行一项货币政策变动货币供给量,LM 曲线发生移动对国民收入变动的影响越大,货币政策效果越大;反之,IS 曲线越陡峭即斜率越大,LM 曲线的移动对国民收入变动的影响就越小,货币政策效果越小。

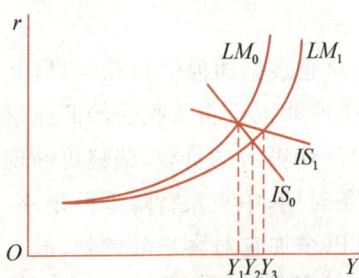

图 15-3 IS 曲线的斜率对货币政策效果的影响

IS 曲线斜率之所以能够影响货币政策效果,是因为 IS 曲线的斜率主要是由投资的利率弹性决定的。从图 15-3 可以看出,IS 曲线越陡峭,投资的利率弹性越小,当货币供给量增加使 LM 曲线向右移动而导致利率下降时,投资不会增加许多,国民收入增加就越小,即货币政策的效果越小。反之,IS 曲线越平坦,表示投资的利率弹性较大,当货币供给量的增加导致利率下降时,投资将增加许多,国民收入水平将有较大幅度的提高,货币政策的效果就大。

2. LM 曲线的斜率对货币政策效果的影响

IS 曲线的斜率不变时,货币政策效果就取决于 LM 曲线的斜率。LM 曲线斜率越大即 LM 曲线越陡峭,货币政策使 LM 曲线移动导致的国民收入变动就越大,也就是说货币政策效果越大;反之,LM 曲线斜率越小即 LM 曲线越平坦,LM 曲线的移动对国民收入产生的影响就越小,即货币政策效果就越小。

这种现象出现的原因是什么呢？因为 LM 越陡峭，表示货币需求受利率影响较小，货币供给量只要稍有增加就会使利率下降许多，因而货币供给量变动对利率变动的作用较大，使得增加货币供给量的货币政策将对投资和国民收入有较大的影响。反之，如果 LM 曲线较平坦，表示货币需求受利率的影响大，利率稍有变动会使货币需求变动很多，因而货币供给量变动对利率变动影响较小，货币政策对投资和国民收入的影响较小，即货币政策的效果较小。参见图 15－4，图中 IS₀ 和 IS₁ 斜率相同，货币供给增加使 LM 曲线从 LM₀ 右移到 LM₁，LM 曲线较平坦时，收入增加较少，而 LM 曲线较陡峭时，收入增加较多。

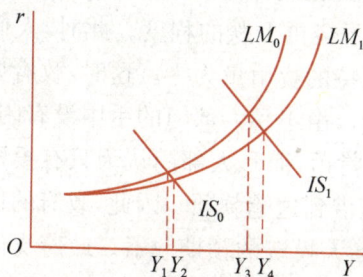

图 15－4　LM 曲线的斜率对货币政策效果的影响

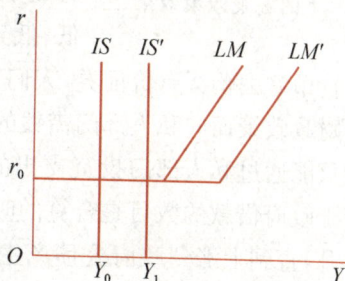

图 15－5　凯恩斯主义极端情况下的宏观政策效果

3. 凯恩斯主义极端情况的含义与原因

如上所述，LM 曲线越平坦，或者 IS 曲线越陡峭，则财政政策效果就越大，货币政策效果就越小。当 LM 曲线为水平线、IS 曲线为垂直线时，财政政策十分有效、货币政策完全无效，这就是凯恩斯主义的极端情况。如图 15－5 所示。

在此情况下，财政政策、货币政策为什么是这样的效果呢？

首先，财政政策完全有效的原因：在凯恩斯看来，一旦利率水平极低时，人们手持货币的机会成本将变得很小，极端地讲为零，人们愿意将货币保持在手中，而不会将货币资产转化为有价证券，这时货币投机需求曲线 L_2 为一条水平线，如果这时货币供给不变，$L = kY$，我们可以推导出 LM 曲线为一条水平线，表明国民收入对利率的反应是完全有弹性的。如果这时采取一项扩张性的财政政策，增加政府支出或减税，会导致总产出增加即收入增加，L_1 也会增加，由于货币供给不变，L_2 必须减少，但由于 L_2 为水平线，L_2 的下降不会使利率上升，由于利率不变，挤出效应为零，政府支出的增加不会挤占私人投资，财政政策就完全有效。

其次，货币政策完全无效的原因：存在流动性陷阱时，在任意一给定的较低的利率水平上，当公众持有货币的机会成本非常小以至于可以忽略不计时，公众愿意持有任何数量的货币供给量。这时无论货币当局增发多少货币量，都会沉淀在公众的手中，LM 曲线在这时成为一条水平线，货币供给量的任何变动都不会使水平的 LM 曲线发生上下移动。在这种情况下，无论增加还是减少货币供给量都不会对利率和国民收入产生任何影响，货币政策处在凯恩斯区域时，便无力影响利率和国民收入，货币政策完全没有效果。

4. 古典主义的极端情况的含义与原因

与凯恩斯主义的极端情况相反，还存在着古典主义的极端情况。当水平的 IS 曲线与垂直的 LM 曲线相交时，财政政策完全无效、货币政策十分有效，这就是古典主义的极端情况。

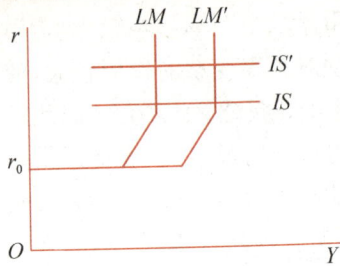

图 15 - 6 古典主义极端情况下的宏观政策效果

如图 15 - 6。为什么产生如此效果呢？

首先，财政政策完全无效的原因：当货币需求对利率的弹性为零时，货币需求曲线成为一条垂直线，由此推导出的 LM 曲线也成为一条垂直线，这时，为什么政府的财政政策完全无效呢？

一方面，垂直的 LM 曲线说明货币需求的利率系数等于零，换句话说，利率已高到如此地步，既使人们持有货币的机会成本或者说损失达到极大，又使人们看到债券价格如此之低，低到只能上涨而不会再下跌的程度。此时，人们会将手中的全部货币拿去购买有价证券，人们为投机需求所持的货币量为零。这时，政府如果推行扩张性的财政政策而向私人部门借钱的话（出售公债），由于私人部门的手中没有闲置货币，财政部门只能通过私人部门投资支出的减少来获得货币，而私人部门认为只有投资支出的减少量等于政府借款的数目是合算的时候，政府才能借到这笔款项。因此，政府的借款利率一定得上升，直到上涨到政府公债产生的收益大于私人投资的预期收益。政府支出增加多少，将使投资支出减少多少。在这种情况下，政府支出对私人投资的挤出效应就是完全的，因此，扩张性的财政政策完全无效。

另一方面，水平的 IS 曲线说明投资需求的利率弹性无限大，利率的稍微变动都会使投资大幅度变动。当政府因增加支出或减少税收而向私人部门借钱时，利率稍有上升，私人投资便会大大减少，使挤出效应达到完全的地步。

其次，货币政策的完全有效性的原因：垂直的 LM 曲线表明当货币需求的利率弹性为零，货币需求对利率完全缺乏弹性，人们不会对利率的变动作出任何反应，即人们没有对货币的投机需求。因此，增加的货币供给会被人们全部用来增加交易需求，为此，国民收入必须大大增加。另外，水平的 IS 曲线说明投资对利率极为敏感，货币供给的增加使利率有一点点下降，都会使投资极大地增加，从而使国民收入增加极大。

图 15 - 6 表明，货币当局增加货币供给量，均衡收入的增加量正好等于货币的增加量，没有产生任何挤出效应，货币量的变动对收入水平有最大的效应。

第四节 财政政策和货币政策的混合

从以上两节的分析可以看出，如果一定时期经济处于萧条状态，政府无论采取扩张性货币政策还是扩张性财政政策以及两种政策的搭配使用都可以用于扩大总需求，增加国民收入。又由于凯恩斯区域和古典区域都是极端的情况，在实际中很少存在，因此，决策者在制定政策时既可选择财政政策，也可选择货币政策，或将两种政策结合起来使用。这样就有一个政策如何选择，并使之配合的问题。

一、政策的选择

当均衡的国民收入低于充分就业的国民收入时,决策者可以进行多种政策选择,一是采取扩张性财政政策,使 IS 曲线向右移动,增加了总需求和国民收入但也使利率上升;二是采取扩张性货币政策,使 LM 曲线向右移动,可以增加国民收入水平但使利率下降;三是同时采取扩张性财政政策和扩张性货币政策,即对这两种政策搭配使用。

扩张性财政政策和扩张性货币政策对均衡的国民收入和利率有不同的影响。见表15-3。

表 15-3　扩张性财政政策和扩张性货币政策对均衡国民收入和利率的影响

政　　策	均衡国民收入	均衡利率
扩张性财政政策	增加	上升
扩张性货币政策	增加	下降

从表 15-3 可以得出这样的结论:尽管这两种政策都可以增加总需求,使国民收入增加,但两者还是有一定的差别。货币政策的实施是通过对利率的影响来影响总需求的,因此,主要是刺激对利率的变动非常敏感的那些投资支出与消费支出——尤其是住房建筑投资。原因是住房建筑投资是一种长期投资,利率的变动对其影响最大。

同样,扩张性财政政策所包括的不同内容对不同的经济变量也会产生不同的影响,对这些影响作一总结,见表 15-4。

表 15-4　扩张性财政政策对不同的经济变量产生的影响

	利率	消费	私人投资	国民收入
政府购买支出增加	上升	增加	减少	增加
减少所得税	上升	增加	减少	增加
增加转移支付	上升	增加	减少	增加
投资补贴	上升	增加	增加	增加

采用扩张性财政政策,使 IS 曲线右移,可以增加产量,但也使利率上升。财政政策如何影响总需求的各组成部分则取决于采取的是何种具体的政策措施。政府购买支出的增加将使总需求与国民收入增加,消费水平也由于国民收入的提高而提高,但由于利率水平的提高会部分地挤占私人投资,私人投资将受到影响;所得税的减少和转移支付的增加,都将使消费水平得以提高,导致总需求和国民收入增加,但由于利率的提高,仍然会影响投资,投资将会因利率上升而减少;只有对投资进行直接补贴,才会使投资增加,尽管利率也会上升,但它是先有投资增加而后才有利率上升。

由此可见,决策者在进行决策时,如果要刺激总需求就要考虑究竟要刺激总需求的哪一部分。如果要刺激私人投资,最好使用财政政策中的投资补贴政策;要是刺激投资中的住房建设,就应采取货币政策;若刺激消费,则可通过增加转移支付和减少所得税的财政政策。当然,要治理萧条,就要分析引起萧条的因素是投资不足还是消费不足。无论如何,只有找到了问题的根源,才能对症下药,政策才能取得明显效果。另外,不同政策的选择还会对不同的人群产生不同的影响,社会政治问题也是影响决策的因素。

二、财政政策和货币政策的混合搭配

从 IS-LM 模型的分析中可以看出,能使政策效果得以最好发挥的方法是将财政政策和货币政策配合起来使用,见表 15-5。

表 15-5　财政政策和货币政策搭配的效果

	政策搭配	产出	利率
1	扩张性财政政策和紧缩性货币政策	不确定	上升
2	紧缩性财政政策和紧缩性货币政策	减少	不确定
3	紧缩性财政政策和扩张性货币政策	不确定	下降
4	扩张性财政政策和扩张性货币政策	增加	不确定

如果政府可以有多种政策选择,就要作出权衡取舍,在实现充分就业均衡的同时,兼顾其他政策目标的实现。例如,当经济处于萧条状态但不十分严重时,可采用第一种政策组合,以扩张性财政政策刺激总需求,又以紧缩性货币政策抑制通货膨胀。因为扩张性财政政策尽管会产生挤出效应,但对刺激总需求还是有一定的作用的,而紧缩性货币政策通过减少货币的供给量可以抑制由于货币供给量过多而引起的通货膨胀。当经济发生严重的通货膨胀时,可采用第二种组合,通过紧缩货币提高利率,从货币供给方面控制通货膨胀;通过紧缩财政,降低总需求水平,从需求方面抑制通货膨胀,同时防止利率上升过高。当经济中出现通货膨胀但又不十分严重时,可采用第三种组合,通过紧缩财政压缩总需求,消除财政赤字,但又通过扩张性货币政策降低利率,刺激总需求,以防止由于财政过度紧缩引起的衰退。当经济严重萧条时,可采用第四种组合,这样能有力地刺激经济。扩张性财政政策使总需求增加,但提高了利率水平,用扩张性的货币政策可以抑制利率的上升,以克服扩张性财政政策的挤出效应,在保持利率水平不变的情况下,刺激了经济。

就配合手段而言,财政政策手段主要是以强制为基础,而货币政策既可以通过行政的、计划的直接强制手段发挥作用,也可以通过经济的、间接的利益调节手段发挥作用。在货币政策和财政政策配合时,应该尽量做到一方直接的、行政的手段与另一方间接的、经济的手段交错运用,这样才能收到既缩短单一政策时滞,又能减少同向同性手段调节可能对经济造成的震荡性影响。

所谓配合方式就是货币政策和财政政策松紧的相互搭配问题。这种松紧搭配共有四种组合方式：

　　（1）紧缩的财政政策和紧缩的货币政策的配合，即"双紧政策"；

　　（2）宽松的财政政策和宽松的货币政策的配合，即"双松政策"；

　　（3）紧缩的财政政策和宽松的货币政策的配合，即"紧财政、松货币"政策；

　　（4）宽松的财政政策和紧缩的货币政策的配合，即"松财政、紧货币"政策。

　　在具体考虑两种政策的搭配使用上，不仅要看到当时的经济形势，还要顾及政治上的需要。虽然扩张性财政政策和货币政策都能够增加总需求，但两者的后果对不同的人群会产生不同的影响，也使 GDP 的组成比例发生变化。例如，实行扩张性货币政策，导致利率下降，投资增加，因而对投资部门尤其是住宅建筑部门有利。但是，若实行扩张性财政政策——减税，则有利于个人可支配收入的提高，消费支出将增加；若仍然采取扩张性财政政策——增加政府支出，比如兴办教育、对在职工人进行培训、治理环境等，则受益的人群又将不同。正因为如此，政府在作出政策的抉择时，必须要考虑到各行各业、各个阶层的利益，尽量协调好各种利益关系。

第五节　供给管理政策

　　如前所述，供给管理是通过对总供给的调节来达到宏观经济目标，其中包括对劳动力、工资、价格、产量增长等的管理与调节，因此供给管理政策的主要内容包括收入政策、指数化政策、人力政策和经济增长政策等。

一、收入政策

　　收入政策是指政府通过某种行政措施强制性或非强制性地限制工资和价格的政策，它又称工资与物价控制政策，其目的是制止工资成本推进的通货膨胀。

　　国家之所以要采取收入政策，是由于二战后，西方国家出现的新情况：当通货膨胀高达不可忍受的程度时，假如采取压缩总需求的紧缩银根措施，虽然可以轻而易举地遏制通货膨胀，但必须承受失业增加、生产经由乘数效应累积性滑坡的严重损失。而收入政策是旨在既防止失业又遏制通货膨胀的有效措施。西方发达国家在二战后的和平时期曾普遍采用过这一政策，如荷兰、瑞典、英国、意大利、加拿大和美国等。

　　收入政策的理论基础和基本准则是：假如货币工资增长率等于劳动生产率，则物价水平稳定不变，同时国民收入在劳动收入（工资）与非劳动收入（利润）等两者之间的分配份额保持不变。反之，假如货币工资增长率超过劳动生产率增长率，由于价格将随着成本的提高而提高，所以，要保持价格稳定，利润在国民收入中的份额必须相应减少，而凯恩斯主义认为，工会的垄断导致"工资刚性"，即工资上涨是导致成本推动通货膨胀的根本原因。但要采取削弱工会垄断力量的措施控制工资水平的上涨在政策上不可取，因此，实行工资管制是最适宜的反通货膨胀的手段。

收入政策的主要类型有：

（1）工资—物价冻结。即政府用法律手段禁止工资与物价上升，或者规定工资与物价的增加必须得到负责工资和价格管理部门的批准。这种方法一般是在战争或自然灾害发生等特殊时期采用，当然，在通货膨胀相当严重时也可以采用。如1971年8月，尼克松总统上台后，针对当时两位数的通货膨胀，曾宣布工资与物价冻结90天，由政府设立的生活费用委员会强制实行。这种方法可以有效而迅速地制止通货膨胀，但不能经常或长期使用。这是因为，价格起不到调节经济的作用，会导致资源配置失误，生产效率低下，使产量减少，从长期看，不仅不能制止通货膨胀，反而会引起需求拉上的通货膨胀。

（2）工资—物价指导线。即政府根据经济发展的情况，制定一个与经济增长相适应的工资增长和价格增长率，然后政府运用经济方法或劝说与宣传的策略去指导工会与企业领导人执行。规定货币工资增长率不得快于劳动生产率增长率。如1962年美国肯尼迪政府就提出了"非膨胀性工资与物价行为指标"，而规定全国的平均货币工资增长率必须与劳动生产率的增长率保持相同水平。当时美国的劳动生产率年平均增长率为3.4%，因此，货币工资的年增长率也不得超过3.4%。英国政府在1964年规定的工资—物价指导线把货币工资增长率确定为3%—3.5%。现在这种做法已被西方国家广泛运用，并起了一定的作用。但它也有缺点，这就是经济中各部门的劳动生产率增长并不一致。有的部门发展迅速，劳动生产率高，需要用较高的工资来吸引更多的工人，而工资增长率的限制不利于这些部门的发展。那些生产率较低的部门，工资的增加会引起成本增加与物价上升，不利于制止通货膨胀。此外，这种指导线缺乏法律上的保证，对企业和工会的约束力并不大，因此，其作用也是有限的。

二、指数化政策

通货膨胀会引起收入分配的变动，例如，通货膨胀会使实际工资下降，从而利润增加和实际纳税额增加。指数化政策就是为了消除通货膨胀的这种影响，以有利于总供给和整个经济的稳定。指数化政策是指按通货膨胀指数来调整有关变量的名义价格，以便使其实际值保持不变。指数化的范围很广，主要有以下几种：

1. 利率指数化

利率指数化即根据通货膨胀率来调整名义利率，以保持实际利率不变。即在债务契约中规定名义利率自动按通货膨胀率进行调整。这样，就可以使通货膨胀不会对正常的债务活动与住房投资这类长期投资产生不利的影响。

此外，银行存款利率也要按通货膨胀率进行调整，以保护储户的利益，既便于银行吸引存款，也有利于储户进行储蓄的积极性。

利率作为资本的价格可以使资本这种资源得到最优配置，通货膨胀会使利率受到扭曲，从而会导致资源配置失误。对利率实行指数化则可以消除这种失误，因此，这种指数化政策得到了广泛采用。

2. 工资指数化

工资指数化是根据通货膨胀率来调整货币工资，把货币工资增长率与物价上涨率联系在一起,使它们同比例变动。这种做法一般称为"生活费用调整"。具体做法是在工资合同中增加"自动调整条款",规定按通货膨胀率自动地调整货币工资标准。在美国最早是 1948 年通用汽车公司与工会之间达成这一协议,以后逐渐广泛采用。在现实中,这种调整有完全性调整——即完全按通货膨胀率调整货币工资,也有部分调整。部分调整有两种形式:一种称为"阀"(threshold),即规定一个临界点,超过这一点再调整。这就是说,通货膨胀率低时货币工资仍不变,只有通货膨胀达到一定程度,才会调整。另一种形式称为"顶"(cap),即对工资调整的幅度有一个限制,这就是说,无论通货膨胀为多少,每年货币工资的增加幅度不得超过某一数值。此外,对退休金、养老金、失业补助、贫困补助等社会保险与福利支出也实行类似的指数化。

这种工资指数化的作用在于抵消通货膨胀对人们生活水平和实际收入的影响,使人们的生活水平不至于因通货膨胀而下降。同时,也可以减少人们对通货膨胀的恐惧心理,抵消通货膨胀预期对经济的不利作用。此外,还可以促进工资合同的长期化,有利于劳动关系的稳定。这些对经济和社会安定都有积极作用。

但是,工资指数化的作用是有限的,因为在许多情况下是用局部补偿的做法,由于通货膨胀带来的损失无法完全得到补偿,而且,货币工资的调整一般总落后于通货膨胀,再加上有一些非工会会员工人和中小企业工人往往得不到保护,因此,并不是所有的工人都能享受工资指数化的好处。此外,工资指数化还有可能导致"工资——物价螺旋式上升",从而加剧通货膨胀。当通货膨胀在较长时期内得不到治理,生产又不能迅速增长的情况下,根据通货膨胀来调整工资就会加剧通货膨胀。这就说明了,对工资指数化要持谨慎的态度。

3. 税收指数化

税收指数化指按通货膨胀率来调整纳税的起征点和税率等级。例如,假定原来起征点为 500 元,当通货膨胀率为 10% 时,就可以把起征点改为 550 元。税率等级也可以按通货膨胀率相应地进行调整。

这样做的好处是制止政府放纵通货膨胀的行为,使政府采用积极的反通货膨胀政策。但这种措施的实施是相当困难的。因为税收指数化相当复杂,涉及税收制度等问题,而且要政府自己限制自己的行为也是不易的。

以上各种指数化做法虽然在一定程度上可以消除通货膨胀对经济的消极影响,有利于社会稳定,但由于实施起来较为困难,特别是加剧通货膨胀的危险,因此,如何根据不同情况来采用指数化政策仍然是值得研究的,也有些经济学家对这种政策持否定意见。

三、人力政策

在影响总供给的因素中,劳动力是最重要的一个。失业不仅会由于总需求不足而产生,也会由于劳动力市场的结构特点而产生。人力政策就是要通过对劳动力市场结构的改善来减少失业。从西方各国的情况来看,自然失业率有上升的趋势。因此,降低自然失业率也是宏观经济管理的一项重要任务。人力政策正是要降低自然失业率,其主要做法有以下几项:

1．建立、完善就业机构

在自然失业中，有相当一部分是第一次找工作的学生、渴望找到更好的工作的年轻人。这些人未能及时就业的重要原因之一是劳动市场的不完善。例如，信息不畅通，企业雇不到自己需要的工人，而失业者又找不到工作。因此，这就需要建立和完善就业机构，指导并帮助年轻人找工作，为他们提供各种完备的就业信息等。

2．降低最低工资标准

最低工资法使企业尽量少雇用工人，尤其是技术文化水平差的工人，因此，当最低工资标准较高时会使部分文化技术水平差的工人难以就业。要使企业愿意增雇工人就要降低最低工资标准，使企业把由此省下来的钱花在对工人的在职培训上，或可以对雇用文化技术低的工人的企业进行补贴。从实际情况来看，要降低现已存在的最低工资标准几乎是不可能的，但可以使最低工资标准不随一般工资水平的上升而上升，从而降低最低工资的相对水平。

3．培训计划

通过对失业工人，尤其是年轻人的培训，提高他们的文化技术水平，从而增加他们的就业机会。许多西方国家都由政府出资培训无特殊技能的人、技术不适用的人以及地区性移民。例如，美国政府在1973年颁布了《全面就业和培训法案》，以后又通过了该法案的修正案。该法案规定要为经济困难、失业和半失业工人提供培训、就业以及相关的服务。此外，还用减税的办法鼓励企业雇用并培训失业者。这些做法不仅可以减少自然失业率，而且还可以改变收入分配不平等的状况。这种培训也是整个社会人力资本投资的一部分。

4．促进劳动力的流动

各部门、各地区、各企业间工人流动障碍的存在也是自然失业率高的原因之一。因此，促进劳动力的流动也是十分重要的。具体做法有：第一，政府对失业率高的地区提供就业补贴，使该地区企业可以用高工资吸引工人；第二，向工人提供就业信息、进行免费培训，给跨地区流动的工人以经费资助；第三，取消对工人流动所设置的人为障碍，如政府的一些不必要管制，行业工会对工人进入的限制等。

上述这些做法是从劳动市场本身的改善来减少失业，与通过刺激总需求来增加就业的做法不同，因此也被归入供给管理政策之列。

四、经济增长政策

值得注意的是，在长期中，影响总供给的还有经济潜力或生产能力的增长，也就是经济增长。经济增长政策主要有：一是增加劳动力的数量和质量。增加劳动力数量的方法包括提高人口出生率、鼓励移民入境等；提高劳动力质量的方法有增加人力资本投资。二是资本积累。资本的积累主要来源于储蓄，可以通过减少税收、提高利率等途径来鼓励人们储蓄。三是技术进步。技术进步在现代经济增长中起着越来越重要的作用。因此，促进技术进步成为各国经济政策的重点。四是计划化和平衡增长。现代经济中各部门之间协调的增长是经济本身所要求的，国家的计划与协调要通过间接的方式来实现。

★★★★★ **本章要点回顾** ★★★★★

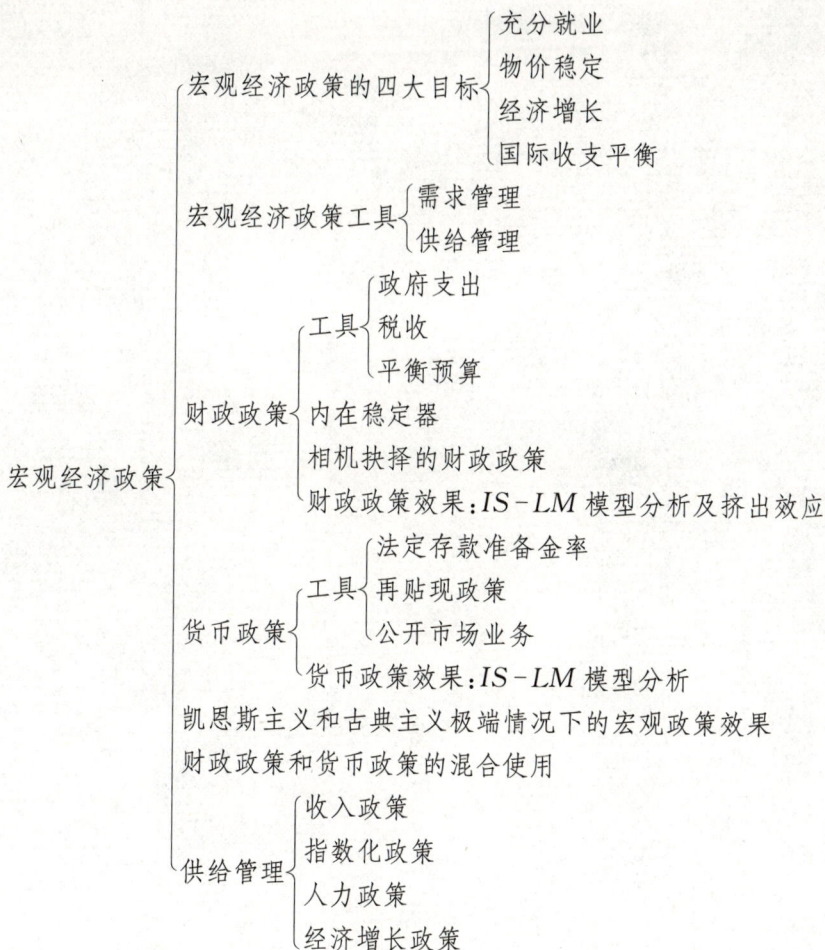

宏观经济政策
- 宏观经济政策的四大目标
  - 充分就业
  - 物价稳定
  - 经济增长
  - 国际收支平衡
- 宏观经济政策工具
  - 需求管理
  - 供给管理
- 财政政策
  - 工具
    - 政府支出
    - 税收
    - 平衡预算
  - 内在稳定器
  - 相机抉择的财政政策
  - 财政政策效果:IS-LM 模型分析及挤出效应
- 货币政策
  - 工具
    - 法定存款准备金率
    - 再贴现政策
    - 公开市场业务
  - 货币政策效果:IS-LM 模型分析
- 凯恩斯主义和古典主义极端情况下的宏观政策效果
- 财政政策和货币政策的混合使用
- 供给管理
  - 收入政策
  - 指数化政策
  - 人力政策
  - 经济增长政策

第十六章
国民收入决定：
总需求—总供给模型

本章导学

1. 了解总需求函数和总供给函数。
2. 了解总需求—总供给模型。

第一节 总需求曲线

一、总需求函数

总需求是经济社会对产品和劳务的需求总量,通常用收入水平来表示。总需求是在价格、收入和其他经济变量既定条件下,个人、厂商、政府部门及国外经济部门的计划(意愿)支出之和,它由消费需求、投资需求、政府需求和国外净需求构成。总需求函数表示产品市场与货币市场同时均衡时,产量(国民收入)与价格水平之间的关系。它表示在某个特定的价格水平下,经济社会需要多高的收入。由于产品市场与货币市场同时均衡时的国民收入由总需求决定,所以均衡产量(国民收入)与价格水平之间的关系就是总需求量与价格水平之间的关系。这样,总需求函数可以从产品市场与货币市场同时均衡中得到。以两部门经济为例,IS 曲线方程为:

$$Y = \frac{C_0 + I_0}{1-c} - \frac{d}{1-c}r$$

LM 曲线的方程为:

$$\frac{M_S}{P} = kY - hr$$

当产品市场和货币市场同时均衡时,上述两式构成联立方程组,可以求解得出均衡国民收入 Y 为:

$$Y = \left(\frac{C_0 + I_0}{d} + \frac{M_S}{hP}\right) \div \left(\frac{k}{h} + \frac{1-c}{d}\right)$$

$$= \left[\frac{C_0 + I_0}{d} \div \left(\frac{k}{h} + \frac{1-c}{d}\right)\right] + \left[\frac{M_S}{h} \div \left(\frac{k}{h} + \frac{1-c}{d}\right)\right] \cdot \frac{1}{P}$$

上式中价格水平 P 为自变量,Y 为 P 的函数,此时 $Y = F(P)$ 即为总需求函数。

从上式的总需求函数可知均衡的国民收入,即总需求与价格呈反方向变化,价格水平提高时,均衡国民收入将减少;价格水平下降时,均衡国民收入将增加。

下面用具体例子对总需求函数进一步加以说明,假设 $C_0 = 300$,$c = 0.75$,$I_0 = 400$,$d = 12500$,根据上述公式,可知,当产品市场均衡时,IS 曲线的方程为:

$$Y = 2800 - 50000r$$

当名义货币供给 $M_S = 1250$,货币需求的国民收入敏感系数 $k = 0.5$,货币需求的利率敏感系数 $h = 25000$,货币市场均衡时,LM 曲线的方程为:

$$\frac{1250}{P} = 0.5Y - 25000r$$

解上述方程,得到总需求函数:

$$Y = 1400 + \frac{1250}{P}$$

二、总需求曲线及其推导

总需求曲线(aggregate demand curve,简称 AD 曲线)是产品市场和货币市场同时均衡时,产量(国民收入)与价格水平的组合,它是表明价格水平和总需求量之间关系的一条曲线。曲线上任意一点表示某一确定的价格水平及其对应的产品市场和货币市场同时均衡时的产量水平。

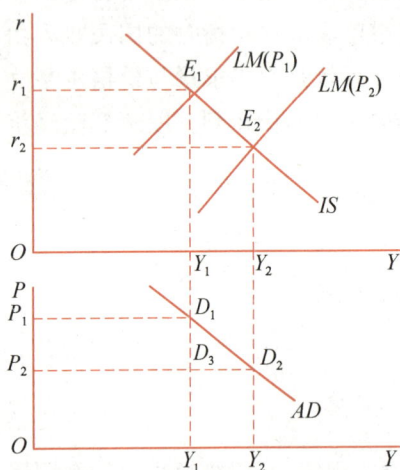

图 16-1 总需求曲线的推导

图 16-1 利用 IS-LM 模型推导总需求曲线。在货币供给 M_S 不变时,如果价格水平为 P_1,则实际货币余额为 M_S/P_1,LM 曲线为图中的 $LM(P_1)$,$LM(P_1)$ 与 IS 曲线相交于 E_1 点,产品市场和货币市场同时均衡时的国民收入为 Y_1,均衡的利率为 r_1。把价格水平 P_1 及其对应的均衡国民收入 Y_1 的组合点描到一个横轴表示国民收入、纵轴表示价格水平的坐标系里,获得图中的点 D_1。

当价格水平从 P_1 下降到 P_2 时,实际货币余额为 M_S/P_2,实际货币余额 M_S/P_2 增加,LM 曲线从 $LM(P_1)$ 右移到 $LM(P_2)$,$LM(P_2)$ 与 IS 曲线相交于 E_2 点,均衡的国民收入为 Y_2,均衡的利率为 r_2。把价格水平 P_2 及其对应的均衡国民收入 Y_2 的组合点描到一个横轴表示国民收入、纵轴表示价格水平的坐标系里,获得图中的点 D_2。把表示价格与均衡国民收入组合的点 D_1、D_2 连接起来,就获得如图所示的总需求曲线 AD。当价格水平从 P_1 下降到 P_2 时,均衡国民收入从 Y_1 增加到 Y_2,由此可知,当价格水平下降时,总需求增加;当价格水平提高时,总需求减少,总需求与价格水平成反方向变动。

总需求曲线上任意一点表示某一确定的价格水平及其对应的产品市场和货币市场同时均衡时的产量水平。总需求曲线外任意一点所表示的价格水平与产量水平组合都将导致在给定的价格水平下产品市场和货币市场不能实现均衡。总需求曲线左边任意一点表示价格水平与产量水平的组合,它将导致给定价格水平时产品市场上储蓄小于投资和货币市场上货币需求小于货币供给。例如图 16-1 中的 D_3 点所表示的 P_2 与 Y_1 的组合将使产品市场上储蓄小于投资和货币市场上货币需求小于货币供给,因为在价格水平为 P_2 时,Y_1 小于产品市场均衡时的国民收入 Y_2,由 Y_1 决定的储蓄小于由 Y_2 决定的储蓄,即储蓄小于投资。而在货币市场上,Y_1 也小于市场均衡时的国民收入 Y_2,在利率一定时,由 Y_1 决定的货币需求小于货币供给。同理,总需求曲线右边任意一点表示价格水平与产量水平的组合,它将导致给定价格水平时,产品市场上储蓄大于投资和货币市场上货币需求大于货币供给。

三、总需求曲线的斜率及总需求曲线的移动

1. 总需求曲线的斜率

从总需求函数和总需求曲线可知,总需求曲线表示国民收入与价格水平之间反向变动的关系,其斜率为负,曲线向右下方倾斜。这表明在产品市场和货币市场同时均衡时,价格水平越高,国民收入越小;价格水平越低,国民收入越大。这是因为价格水平提高导致实际货币余额的减少,货币市场出现超额需求,人们愿意持有的货币数量大于人们实际持有的货币数量,人们将卖出有价证券,有价证券价格将下跌,市场利率将提高,投资需求减少,总需求减少,国民收入减少。价格水平提高与紧缩性货币政策一样,引起总需求减少,国民收入减少。相反,价格水平降低与扩张性货币政策一样,引起总需求增加,国民收入增加。价格水平降低导致实际货币余额的增加,货币市场出现超额供给,人们愿意持有的货币数量小于人们实际持有的货币数量,人们将买进有价证券,有价证券价格将上涨,市场利率将下降,投资需求增加,总需求增加,国民收入增加。

总需求曲线向右下方倾斜也可以用下面的原理说明。当价格水平提高时,人们的名义收入增加,货币的交易需求增加。在名义货币供给不变时,人们愿意持有的货币数量将大于实际持有的货币数量,人们将卖出有价证券,市场利率将提高,投资需求减少,总需求减少,国民收入减少。相反,当价格水平降低时,人们的名义收入减少,货币的交易需求减少。在名义货币供给不变时,人们愿意持有的货币数量将小于实际持有的货币数量,人们将买进有价证券,市场利率将下降,投资需求增加,总需求增加,国民收入增加。

总需求曲线的斜率受 IS 曲线斜率和 LM 曲线斜率的影响,影响 IS 曲线斜率和 LM 曲线斜率的因素同样影响总需求曲线斜率的大小。第十四章第一节曾分析了投资需求的利率敏感系数 d 和投资乘数 $1/(1-c+ct)$ 影响 IS 曲线斜率。投资需求的利率敏感系数越小,IS 曲线斜率越大,IS 曲线越陡峭;投资需求的利率敏感系数越大,IS 曲线斜率越小,IS 曲线越平缓。同时,投资乘数 $1/(1-c+ct)$ 越小,IS 曲线斜率越大,IS 曲线越陡峭;投资乘数 $1/(1-c+ct)$ 越大,IS 曲线斜率越小,IS 曲线越平缓。

当投资需求的利率敏感系数和投资乘数越小,IS 曲线斜率越大,IS 曲线越陡峭时,总需求曲线斜率越大,总需求曲线越陡峭。图 16-2 中 IS' 与 LM(P_1)、LM(P_2)分别相交于 E_1'、E_2,产品市场和货币市场同时均衡时的国民收入分别为 Y_1'、Y_2,这样,当价格水平从 P_1 下降到 P_2 时,均衡国民收入只从 Y_1' 增加到 Y_2。当 IS' 比 IS 陡峭时,价格水平从 P_1 下降到 P_2 所引起的均衡国民收入增量较小,总需求曲线斜率较大,总需求曲线较陡峭,从图中可看到由陡峭的 IS' 所推导出的 AD' 比 AD 陡峭。

当其他条件不变,投资需求的利率敏感系数 d 小

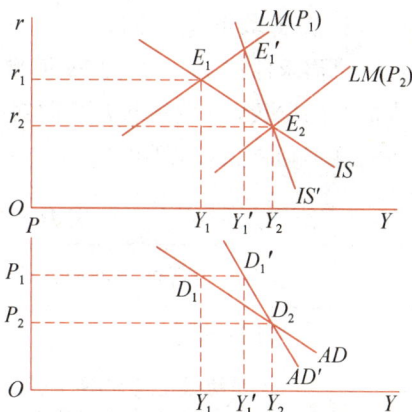
图 16-2 IS 曲线斜率越大导致总需求曲线斜率越大

时,利率下降所引起的投资需求增量小,总需求增量小,均衡国民收入增量小,总需求曲线斜率大,总需求曲线陡峭。当其他条件不变,投资乘数 $1/(1-c+ct)$ 小时,由投资需求增加所引起的均衡国民收入增量小,总需求曲线斜率大,总需求曲线陡峭。

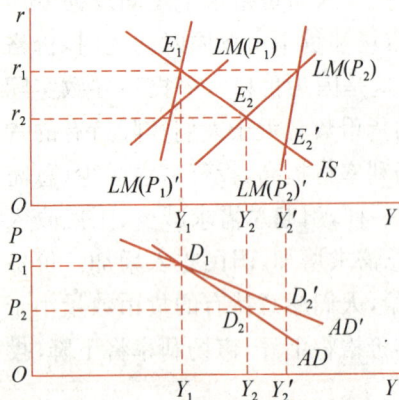

图 16 - 3 *LM* 曲线斜率越大导致
总需求曲线斜率越小

第十四章中分析货币交易需求的国民收入敏感系数 k 和货币投机需求的利率敏感系数 h 影响 *LM* 曲线斜率。当货币投机需求的利率敏感系数 h 越小,*LM* 曲线斜率越大,*LM* 曲线越陡峭时,总需求曲线斜率越小,总需求曲线越平缓。图 16 - 3 中 *IS* 与 $LM(P_1)'$、$LM(P_2)'$ 分别相交于 E_1、E_2',产品市场和货币市场同时均衡时的国民收入分别为 Y_1、Y_2',这样,当价格水平从 P_1 下降到 P_2 时,均衡国民收入从 Y_1 增加到 Y_2'。当 $LM(P_1)'$、$LM(P_2)'$ 分别比 $LM(P_1)$、$LM(P_2)$ 陡峭时,价格水平从 P_1 下降到 P_2 所引起的均衡国民收入增量较大,总需求曲线斜率较小,总需求曲线较平缓,从图中可看到由陡峭的 *LM* 曲线推导出的 AD' 比 AD 平缓。

当其他条件不变,货币投机需求的利率敏感系数 h 小时,因为 $M_S/P = kY - hr$,价格水平下降所引起的利率下降幅度大,利率下降所引起的投资需求增量大,总需求增量大,均衡国民收入增量大,总需求曲线斜率小,总需求曲线平缓。当其他条件不变,货币日常交易需求的国民收入敏感系数 k 小时,价格水平下降所引起的国民收入增量大,总需求曲线斜率小,总需求曲线平缓。

运用总需求函数也可以分析总需求曲线的斜率。总需求函数为:

$$Y = \left[\frac{C_0 + I_0}{d} \div \left(\frac{k}{h} + \frac{1-c}{d}\right)\right] + \left[\frac{M}{h} \div \left(\frac{k}{h} + \frac{1-c}{d}\right)\right] \cdot \frac{1}{P}$$

这样,k、$(1-c)$、h 越小,d 越大,价格水平下降所引起的国民收入增量越大,总需求曲线斜率越小,总需求曲线越平缓。

2. 总需求曲线的移动

总需求曲线是由 *IS-LM* 模型决定的,所以,*IS* 曲线和 *LM* 曲线的位置也就决定了总需求曲线的位置,*IS* 曲线和 *LM* 曲线的移动也会改变总需求曲线的位置。当物价水平不变时,仍有许多影响总需求曲线的因素,可以把这些因素总结如表 16 - 1。

表 16 - 1 引起总需求曲线移动的因素

引起总需求增加的因素	引起总需求减少的因素
利率下降	利率上升
预期的通货膨胀率上升	预期的通货膨胀率下降
汇率下降	汇率上升

续　表

引起总需求增加的因素	引起总需求减少的因素
预期的未来利润增加	预期的未来利润减少
货币量增加	货币量减少
总财产增加	总财产减少
政府对物品与劳务的支出增加	政府对物品与劳务的支出减少
税收减少或转移支付增加	税收增加或转移支付减少
国外收入增加	国外收入减少
人口增加	人口减少

以上只是就一般而言的总需求曲线位置的移动。我们知道，财政政策的变动会改变 IS 曲线的位置，货币政策的变动会改变 LM 曲线的位置，因此，总需求曲线位置的决定与变动就要受财政政策与货币政策的影响。下面再分别说明财政政策与货币政策是如何决定总需求曲线的位置移动的。

财政政策并不直接影响货币市场的均衡，从而也就不影响 LM 曲线的位置。但财政政策影响产品市场的均衡，从而也就要影响 IS 曲线的位置。这样，财政政策就通过对 IS 曲线位置的影响而影响总需求曲线的位置。我们以扩张性财政政策为例，用图 16-4 说明财政政策如何影响总需求曲线。图中 IS 与 LM(P_1)、LM(P_2) 分别相交于 E_1、E_2，

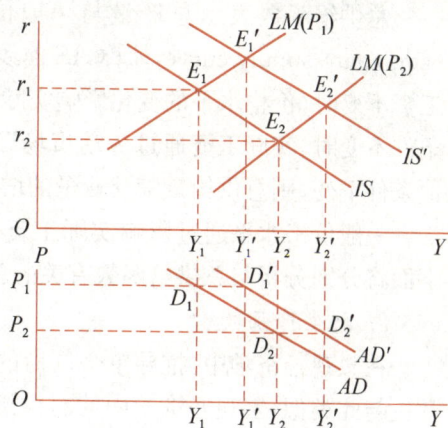

图 16-4　扩张性财政政策使总需求曲线右移

产品市场和货币市场同时均衡时的国民收入分别为 Y_1 和 Y_2，当扩张性财政政策使 IS 曲线右移到 IS′ 且价格水平为 P_1、P_2 时，均衡国民收入分别为 Y_1'、Y_2'。这样，扩张性财政政策使总需求曲线右移。

货币政策并不直接影响产品市场的均衡，从而也就不影响 IS 曲线的位置。但货币政策影响货币市场的均衡，从而也就要影响 LM 曲线的位置。这样，货币政策就通过对 LM 曲线位置的影响而影响总需求曲线的位置。我们以扩张性货币政策为例，用图 16-5 来说明货币政策如何影响总需求曲线的位置。图中 IS 与 LM(P_1)、LM(P_2) 分别相交于 E_1、E_2，产品市场和货币市场同时均衡时的国民

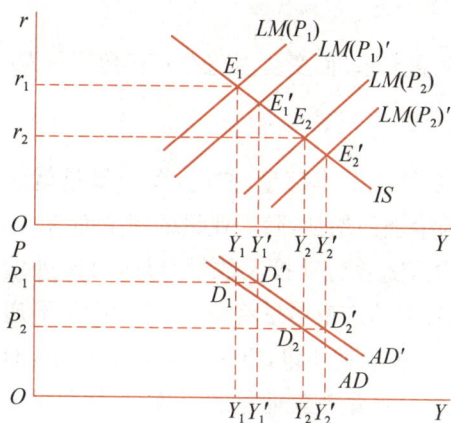

图 16-5　扩张性货币政策使总需求曲线右移

收入分别为 Y_1、Y_2，当扩张性货币政策使 LM 曲线右移且价格水平为 P_1、P_2 时，均衡国民收入分别为 Y_1'、Y_2'。这样，扩张性货币政策使总需求曲线右移。

第二节　总供给曲线

一、总供给曲线与总生产函数

1. 总供给曲线

总供给是经济社会的总产量（或总产出），它描述了经济社会的基本资源用于生产时可能有的产量，它由一个国家的生产要素和技术水平所决定。

总供给函数表示总产量与一般价格水平之间的关系，其几何表示即为总供给曲线（aggregate supply curve，简称 AS 曲线）。价格水平影响总产量的基本过程为：首先，在名义工资不变时，价格水平的变化影响实际工资，实际工资与一般价格水平成反比；其次，在其他条件不变时，实际工资通过劳动市场影响就业量；最后，就业量的变化影响总产量。假定其他条件不变，则总供给量随就业量的增加而增加。

一般价格水平通过影响实际工资、劳动市场供求关系以及就业量而最终影响总产量。下面将分别分析与总供给函数有关的总生产函数和劳动市场均衡理论。

2. 总生产函数

在微观经济学中，推导单个厂商的商品供给曲线和行业供给曲线需要利用厂商生产函数。与此类似，宏观经济学中的总供给曲线也与生产函数有关。此时的生产函数称为总生产函数，或宏观生产函数，它表明了在一定技术条件下生产要素投入总量和总产出量之间的关系。通常，用 Y 表示总供给，即国民收入，用 K 表示总资本存量，用 N 表示生产中投入的劳动力数量，即就业量，既定技术水平下的总生产函数表示为：

$$Y = f(N, K)$$

在短期内，总资本存量 K 是相对稳定的，就业量 N 随经济变动而变动，则总生产函数表示为：

$$Y = f(N, K_0)$$

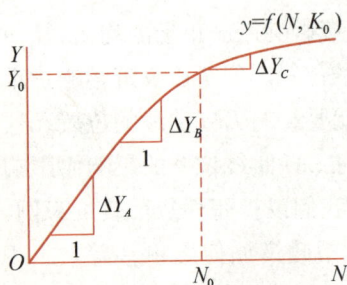

图 16-6　劳动投入的边际产量递减

其中，K_0 表示不变的总资本存量，此时，总产量是就业量的函数，随就业量的增加而增加，随就业量的减少而减少。当资本投入数量不变时，随着劳动投入数量增加，每额外增加一单位劳动投入所带来的产量增量将减少，即边际报酬递减。图 16-6 中横轴 N 表示就业量，纵轴 Y 表示总产量，曲线 $Y = f(N, K_0)$ 表示总产量是就业量的函数，当就业量为 N_0 时，总产量为 Y_0。图中，总产量随就业量的增加而增加，且随着劳动投入数量的增加，每额外增加一单位劳动投入所带来的产量增量将减少，$\Delta Y_A > \Delta Y_B > \Delta Y_C$。随着就业量增加，总产量的斜率变得越来越小，边际产量递减。

3. 劳动市场均衡

劳动市场均衡由劳动供给和劳动需求共同决定，下面用图 16-7 对劳动市场的均衡进行说明，图中，纵轴 W/P 表示实际工资，横轴 N 表示就业人数。N_d 表示劳动需求曲线，它向右下方倾斜，表明劳动需求量与实际工资反方向变动，实际工资越高，劳动需求量越小；实际工资越低，劳动需求量越大。图中，当实际工资为 $(W/P)_1$ 时，劳动需求量为 N_1；当实际工资从 $(W/P)_1$ 下降到 $(W/P)_f$ 时，劳动需求量从 N_1 增加到 N_f。由于存在边际报酬递减规律，随着劳动投入数量增加，每额外增加一单位劳动投入所带来的产量增量将减少，这使得边际收益产品随着劳动投入数量增加而减少。根据边际收益产品等于劳动实际工资这一厂商生产要素使用原则，随着劳动投入数量增加，即厂商雇用的劳动数量增加，边际收益产品的递减导致厂商愿意支付的实际工资递减。这导致劳动需求量与实际工资反方向变动。

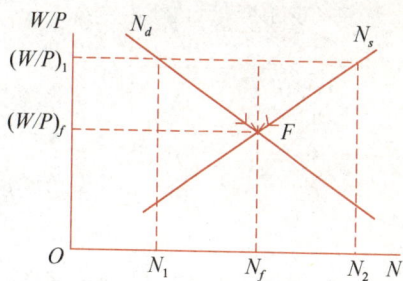

图 16-7 劳动市场均衡

图中 N_s 表示劳动供给曲线，它向右上方倾斜，表明劳动供给量与实际工资同方向变动，实际工资越高，劳动供给量越大；实际工资越低，劳动供给量越小。当实际工资为 $(W/P)_1$ 时，劳动供给量为 N_2；当实际工资从 $(W/P)_1$ 下降到 $(W/P)_f$ 时，劳动供给量从 N_2 减少到 N_f。

当劳动供给曲线 N_s 与劳动需求曲线 N_d 相交于 F 点时，劳动市场实现均衡，此时，劳动供给量等于劳动需求量，等于均衡就业量 N_f，均衡实际工资为 $(W/P)_f$。当实际工资为 $(W/P)_1$，大于 $(W/P)_f$ 时，劳动供给量为 N_2，劳动需求量为 N_1，劳动供给量 N_2 大于劳动需求量 N_1。在长期内，当价格和货币工资（名义工资）具有完全伸缩性时，实际工资就会迅速下降，劳动供给量减少、劳动需求量增加，实际工资的快速调整能实现劳动力市场的均衡和充分就业。在短期内，当价格和货币工资（名义工资）具有粘性（sticky）时，实际工资不会迅速下降，市场机制不能自动实现充分就业，经济生活中存在失业。

二、长期总供给曲线——古典的总供给曲线

长期总供给曲线也称古典总供给曲线，它是一条垂直于横轴的供给线，无论价格水平如何变化，供给的产品数量都是不变的。古典主义经济理论强调市场机制的作用，价格能灵敏地反映市场供求状况的变化，在长期内，价格和货币工资（名义工资）具有完全伸缩性，实际工资的快速调整能实现劳动市场的均衡。当劳动市场出现过度供给，即出现失业时，实际工资就会迅速下降，劳动供给量减少、劳动需求量增加，市场自动调整实现均衡和充分就业。当劳动市场总是处于充分就业的均衡状态时，不存在为生产额外产量而可资利用的额外劳动力，由总生产函数 $Y = f(N, K_0)$ 决定的总产量不变，为潜在的国民收入，也是充分就业时的国民收入，此时，即使产品价格上涨也不可能生产出比现有产量更多的产品。

下面用图 16-8 说明长期总供给曲线的导出。

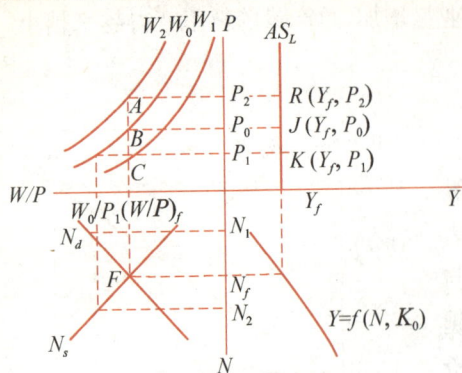

图 16 - 8 长期总供给曲线的导出

图中第三象限是劳动市场均衡图,横轴 W/P 表示实际工资,纵轴 N 表示就业人数,N_d 表示劳动需求曲线,N_s 表示劳动供给曲线。由于长期内价格和货币工资(名义工资)具有完全伸缩性,实际工资的快速调整能实现劳动力市场的均衡和充分就业。图中,劳动供给曲线 N_s 与劳动需求曲线 N_d 相交于 F 点,此时,劳动市场实现均衡,劳动供给量等于劳动需求量,等于均衡就业量 N_f,均衡实际工资为 $(W/P)_f$。

图中第四象限是由总生产函数图顺时针方向旋转 90 度而得,其中,横轴表示国民收入,纵轴表示就业量,曲线是由总生产函数 $Y = f(N, K_0)$ 决定的总产量曲线。

图中第二象限表示货币工资曲线,横轴 W/P 表示实际工资,纵轴 P 表示价格水平。图中从左到右三条曲线 W_2、W_0、W_1 是货币工资分别为 W_2、W_0、W_1 时的货币工资曲线,其方程分别为 $(W_2/P) \times P = W_2$、$(W_0/P) \times P = W_0$、$(W_1/P) \times P = W_1$,任意一条货币工资曲线表示在给定的货币工资条件下实际工资与价格水平的组合。在给定的货币工资条件下,价格水平提高将导致实际工资下降,价格水平下降将导致实际工资提高。从左到右三条货币工资曲线 W_2、W_0、W_1 表示在给定价格水平条件下,货币工资的提高将导致实际工资的提高,同时,三条货币工资曲线 W_2、W_0、W_1 还表示在给定实际工资条件下,价格水平的提高将导致货币工资的提高,使得货币工资曲线左移;价格水平的下降将导致货币工资的下降,使得货币工资曲线右移。图中的 A、B、C 三点分别在三条货币工资曲线 W_2、W_0、W_1 上,这表明实际工资为 $(W/P)_f$ 时,货币工资分别为 W_2、W_0、W_1 时的价格水平分别为 P_2、P_0、P_1,即 $(W/P)_f \times P_2 = W_2$、$(W/P)_f \times P_0 = W_0$、$(W/P)_f \times P_1 = W_1$。

在长期内,劳动市场自动调整实现均衡和充分就业。在第三象限,当劳动供给曲线 N_s 与劳动需求曲线 N_d 相交于 F 点,市场实现均衡时,劳动供给量等于劳动需求量,等于均衡就业量 N_f,均衡实际工资为 $(W/P)_f$。在第四象限,当劳动市场均衡就业量为 N_f,由总生产函数 $Y = f(N, K_0)$ 决定的总产量为 Y_f,Y_f 为潜在的国民收入,也是充分就业时的国民收入。在第二象限,当均衡实际工资为 $(W/P)_f$,货币工资为 W_0 时,价格水平为 P_0。这样,当价格水平为 P_0 时,总供给量为 Y_f。把总供给量 Y_f、价格水平 P_0 的组合描在横轴 Y 表示国民收入、纵轴 P 表示价格水平的图中第一象限,便获得总供给曲线上的一点 J。

当价格水平从 P_0 下降到 P_1 时,由于长期内货币工资具有完全伸缩性,货币工资可以完全迅速地随着价格变化而变化,货币工资从 W_0 下降到 W_1,实际工资为 $(W/P)_f$。货币工资的迅速调整是通过劳动市场来实现的,当货币工资为 W_0,价格水平从 P_0 下降到 P_1 时,实际工资为 W_0/P_1,在第三象限,劳动需求量为 N_1,劳动供给量为 N_2,劳动市场出现过度供给,实际工资迅速下降到 $(W/P)_f$,劳动供给量从 N_2 减少到 N_f、劳动需求量从 N_1 增加到 N_f,市场自动调整实现均衡和充分就业。当劳动市场决定均衡的实际工资为 $(W/P)_f$,价格水平又从 P_0 下降到 P_1 时,货币工资等于 $(W/P)_f \times P_1 = W_1$。这样,当价格水平从 P_0 下降到 P_1 时,货币工资从 W_0 下降到 W_1,实际工资为 $(W/P)_f$,劳动市场均衡就业量为 N_f,由总生产函数 $Y = f(N, K_0)$

决定的总产量为 Y_f。这样,当价格水平为 P_1 时,总供给量也为 Y_f。把总供给量 Y_f、价格水平 P_1 的组合描在图中第一象限,便获得总供给曲线上的另外一点 K。类似地可以推导价格水平为 P_2 时,总供给量也为 Y_f,以及对应的总供给曲线上的点 R。把第一象限里的点 J、K、R 连接起来即获得长期总供给曲线 AS_L。长期总供给曲线 AS_L 是一条垂直于横轴的直线,无论价格水平如何变化,总供给量为 Y_f,Y_f 为潜在的国民收入,也是充分就业时的国民收入。

三、短期总供给曲线——凯恩斯区域

短期总供给曲线在达到潜在产量水平前的区域内是相对平缓地向右上方延伸的,而当产出超出潜在水平时,曲线就变得很陡,如图 16-9 所示。短期总供给曲线之所以是反 L 型,其原因在于:在较高的总需求水平,厂商愿意生产和出售更多的产量,但是一般说来,随着产出增加,厂商会多少提高一些价格。当产出超出潜在水平,原料和劳动供给变得越来越紧张时,价格会急剧上升。

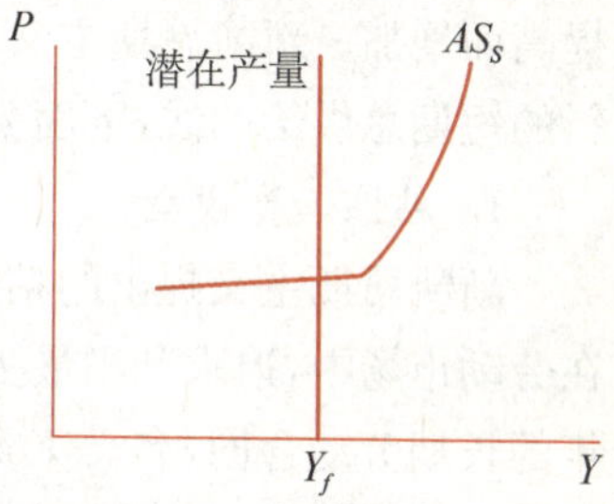

图 16-9　短期总供给曲线

短期总供给曲线分为两类,分别是凯恩斯区域的总供给曲线和中间区域的总供给曲线。

凯恩斯区域的总供给曲线是一条水平线,又称为凯恩斯情形总供给曲线。中间区域的总供给曲线向右上倾斜。

下面先考察凯恩斯区域的总供给曲线。简单的凯恩斯模型假定在短期内价格是刚性的,在经济萧条时期,厂商的产量调整先于价格调整,价格水平不随总需求的减少而下降。此时,经济处于非充分就业状态,存在闲置的生产能力。由于存在失业,厂商可以在现行工资条件下雇用他们需要的任意数量的劳动力,这使厂商生产成本不随产量的变化而变化。这样,在现行价格条件下,厂商愿意供应任意被需求的数量,凯恩斯区域的总供给曲线是一条水平线。

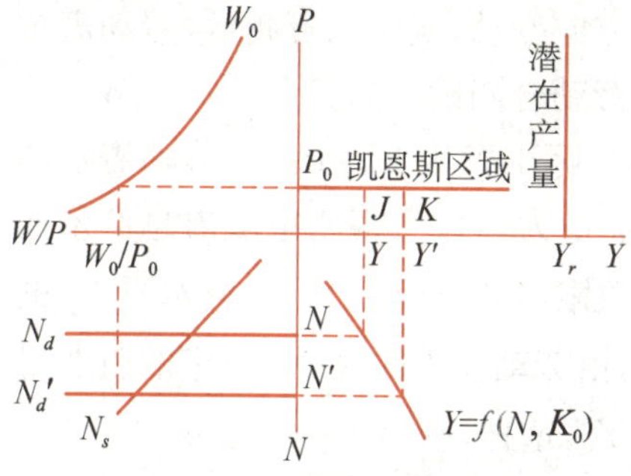

图 16-10　凯恩斯区域总供给曲线的导出

图 16-10 说明凯恩斯区域总供给曲线的导出。由于短期内价格是刚性的,当价格水平为 P_0、货币工资为 W_0 时,价格水平和货币工资固定不变。这也使实际工资 W_0/P_0 固定不变。在经济萧条时期,均衡国民收入不再由劳动市场上均衡的就业量所决定,而是由有效需求决定,并且由有效需求决定的均衡国民收入反过来决定就业量。如图 16-10 所示,当有效需求决定的均衡国民收入为 Y 时,第四象限的总产量曲线 $Y = f(N, K_0)$ 决定就业量为 N。就业量 N 也是此时的厂商在任意的实际工资下所愿意雇用的劳动力数量,这意味着劳动需求曲线为水平线 N_d。在劳动市场上,当实际工资为固定不变的 W_0/P_0,且劳动需求曲线为 N_d(或 N_d')时,劳动供给量大于劳动需求量,经济生活中存在失业。

当价格水平为 P_0,实际工资为 W_0/P_0,且劳动需求曲线为 N_d 时,就业量为 N,由总产量

曲线 $Y = f(N, K_0)$ 决定的均衡国民收入为 Y,获得第一象限内总供给量 Y、价格水平 P_0 的组合点 J。同样,当劳动需求曲线为 N'_d 时,就业量为 N',由总产量曲线 $Y = f(N, K_0)$ 决定的均衡国民收入为 Y',获得第一象限内总供给量 Y'、价格水平 P_0 的组合点 K。把 J、K 连接起来就获得凯恩斯区域总供给曲线。

四、短期总供给曲线——中间区域

中间区域的短期总供给曲线向右上倾斜,其斜率为正,它表明总供给量随着价格水平的提高而增加。新凯恩斯主义和新古典宏观经济学分别在不同的模型设定下推导出向右上倾斜的短期总供给曲线,下面分别进行考察。

1. 粘性工资模型

新凯恩斯主义提出的粘性工资模型认为在短期内名义工资(货币工资)是粘性的。因为在劳动市场中,追求利润最大化的厂商和追求效用最大化的个人通常通过谈判签订为期几年的长期劳动合同,名义工资由长期合约确定,当经济状况变动时,工资不能迅速调整。粘性工资模型还假定就业由厂商需求的劳动量所决定,因为企业与个人之间的谈判只决定了固定的名义工资,并没有事先决定就业人数,通常,工人同意按事先决定的名义工资提供企业希望雇用的劳动数量。

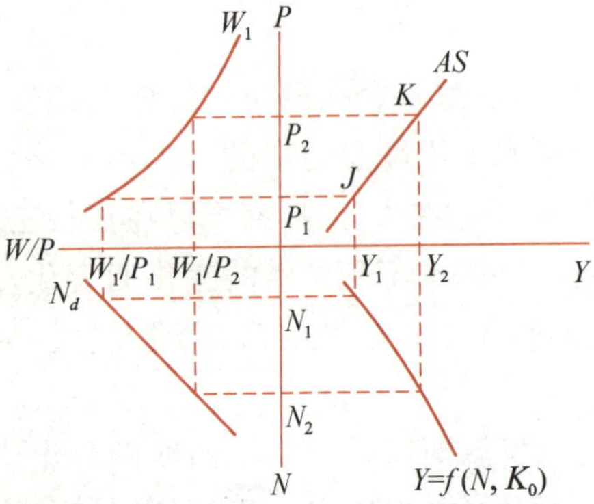

下面用图 16-11 说明在粘性工资模型假定下短期总供给曲线的导出。

图中第二象限的曲线 W_1 表示名义工资为 W_1 时价格水平 P 和实际工资 W_1/P 的组合。由于名义工资是固定的,所以图中只有一条名义工资曲线。在劳动市场上,由于粘性工资模型假定就业由厂商需求的劳动量所决定,所以图中第三象限只有一条劳动需求曲线 N_d。劳动需求曲线 N_d 表明劳动需求量与实际工资反方向变动,实际工资越低,劳动需求量越大。当长期劳动合同确定的名义工资为 W_1、价格水平为 P_1 时,实际工资为 W_1/P_1,由劳动需求曲线 N_d 决定的就业量为 N_1,由第四象限内总产量曲

图 16-11 粘性工资模型假定下短期总供给曲线的导出

线 $Y = f(N, K_0)$ 决定的国民收入为 Y_1,这样,获得第一象限内总供给量 Y_1、价格水平 P_1 的组合点 J。当价格水平提高到 P_2 时,实际工资为 W_1/P_2,由劳动需求曲线 N_d 决定的就业量为 N_2,由总产量曲线 $Y = f(N, K_0)$ 决定的国民收入为 Y_2,这样,获得另一个总供给量 Y_2、价格水平 P_2 的组合点 K。把 J、K 连接起来就获得中间区域的总供给曲线 AS。

总供给曲线的导出表明在工资粘性时,价格水平提高将使实际工资下降,这又使劳动需求量增加,就业量增加,国民收入增加。在图中,总供给量随着价格水平的提高而增加就表现为总供给曲线向右上倾斜。

2. 工人错觉模型

新古典宏观经济学提出的工人错觉模型也是一般短期模型、不完全预期模型,它假定工

资可以自由而迅速调整使劳动市场供求平衡,但由于工人暂时混淆了实际工资和名义工资,未预期到的价格水平变动影响了劳动的供给。在劳动市场上,劳动需求量取决于实际工资;而劳动供给量取决于工人的预期实际工资,这是因为工人所获得的工资,也即厂商所支付的工资是货币工资(名义工资)W,实际工资是名义工资 W 除以价格水平 P,而工人并不知道价格水平 P,他只能用预期的价格水平 P_e 来确定实际工资的高低,这样,工人用预期的实际工资 W/P_e 来决定劳动供给量。预期的实际工资 W/P_e 可以写为:

$$W/P_e = (W/P) \times (P/P_e)$$

预期的实际工资是实际工资与变量 P/P_e 的乘积,P/P_e 衡量工人对价格水平的错觉,如果 P/P_e 大于1,价格水平就大于工人所预期的;如果 P/P_e 等于1,价格水平就等于工人所预期的;如果 P/P_e 小于1,价格水平就小于工人所预期的。上式表明劳动供给既取决于工人的实际工资 W/P,又取决于工人对价格水平的错觉 P/P_e。

在劳动市场上,工人对价格水平的错觉 P/P_e 将影响劳动供给曲线的位置,并进一步影响劳动市场的均衡。如果工人能完全预期价格水平的变化,即不存在错觉,那当价格水平提高时,P_e 与 P 同比例提高,名义工资与价格同比例提高,劳动供给和劳动需求都不会变动,实际工资和就业量不变,总产量不变。相反,如果工人不能完全预期价格水平的变化,即存在错觉,那当价格水平提高时,P_e 保持不变。P/P_e 的提高使劳动供给增加,这将使实际工资下降和就业量增加,下面用图16－12对此进行说明。

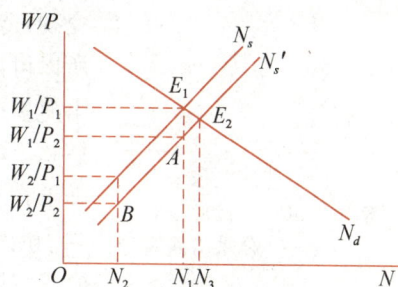

图16－12　错觉导致实际工资下降和就业量增加

图中,N_d 为劳动需求曲线。N_s 是预期的价格水平 P_e 等于实际的价格水平 P_1 时的劳动供给曲线,N_d 与 N_s 相交于 E_1 点,劳动市场实现均衡,均衡实际工资为 W_1/P_1,均衡就业量为 N_1。

当货币工资为 W_1 不变、价格水平从 P_1 提高到 P_2 且工人未预期到价格水平的提高时,工人由于错觉(或货币幻觉)仅仅看到货币工资不变,而未觉察到实际工资的下降,工人愿意提供的劳动量仍为 N_1。这样,实际工资为 W_1/P_2 时,劳动供给量为 N_1,获得图中的点 A。同样,当货币工资为 W_2 不变、价格水平从 P_1 提高到 P_2、实际工资下降到 W_2/P_2 时,工人由于错觉仍愿意提供 N_2 的劳动量,获得图中的点 B。连接 A、B 就获得价格水平提高到 P_2 且工人存在错觉时的劳动供给曲线 N_s'。价格水平提高使劳动供给曲线从 N_s 移动到 N_s'。N_s' 与 N_d 相交于 E_2 点,决定均衡的就业量为 N_3,因此,在存在货币幻觉情况下,价格水平的提高导致了劳动就业量的增加。

在完成工人错觉模型假定下的劳动市场均衡分析后,下面用图16－13说明短期总供给曲线的导出。当价格水平为 P_1、名义工资为 W_1 时,劳动供给曲线为 N_s,N_s 与劳动需求曲线 N_d 相交于 E_1 点,均衡实际工

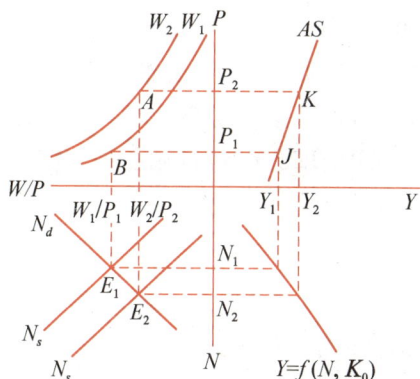

图16－13　短期总供给曲线的导出

资为 W_1/P_1，均衡就业量为 N_1，由总产量曲线 $Y = f(N, K_0)$ 决定的国民收入为 Y_1，获得第一象限内总供给量 Y_1、价格水平 P_1 的组合点 J。当名义工资从 W_1 提高到 W_2 时，由于工人未预期到价格水平更大幅度地从 P_1 提高到 P_2，而仅仅看到名义工资提高，工人存在错觉使得工人的劳动供给增加，劳动供给曲线从 N_s 移动到 N_s'。N_s' 与劳动需求曲线 N_d 相交于 E_2 点，均衡实际工资为 W_2/P_2，均衡就业量为 N_2，由总产量曲线 $Y = f(N, K_0)$ 决定的国民收入为 Y_2，获得第一象限内总供给量 Y_2、价格水平 P_2 的组合点 J。把 J、K 连接起来就获得中间区域的总供给曲线 AS。此条总供给曲线从左下方向右上方倾斜，表明总供给与价格水平成正比。

五、对三种形态总供给曲线的概括

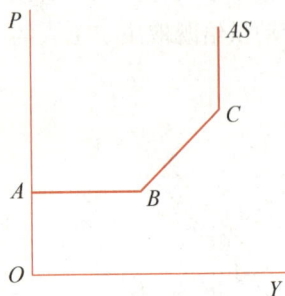

图 16 - 14　三种形态的
总供给曲线

从图 16 - 14 中可以看出，总供给曲线有三种情况：

首先，资源未充分利用阶段，即 A—B 段，这时总供给曲线是一条与横轴平行的线，这表明总供给的增加不会引起价格水平的变动，造成这种情况的原因只有一个，即社会上有大量资源闲置，所以可以在不提高价格水平的情况下，增加总供给。这种情况是由凯恩斯提出来的，所以这种水平的总供给曲线也被称为"凯恩斯总供给曲线"。之所以存在这种情况是因为，凯恩斯认为，当社会上存在较为严重的失业时，厂商可以在现行工资水平之下得到它们所需要的任何数量的劳动力。当仅仅把工资作为生产成本时，这就意味着生产成本不会随产量的变动而变动，从而价格水平也就不会随产量的变动而变动。厂商愿意在现行价格之下供给任何数量的产品。

其次，资源接近充分利用阶段，即 B—C 段，这时总供给曲线是一条向右上方倾斜的线，这表示总供给的增加会引起价格的变动，这时因为资源接近充分利用的情况，产量增加会引起生产要素价格的上升，从而成本增加，进而导致总价格水平上升。这种情况是在短期中存在的，所以这种向右上方倾斜的总供给曲线被称为"短期总供给曲线"。短期总供给之所以与物价水平同方向变动，可以用粘性工资理论、粘性价格理论和错觉理论来解释这一点。这些错觉是因为人们并不是完全理性的，并不能总拥有充分的信息，判断发生失误，在长期中，他们当然会纠正这些失误，但在短期中这些失误是难免的。

最后，资源充分利用阶段，即 C 以上部分，这时总供给曲线是一条垂线，这表明无论价格水平如何上升，总供给也不会增加。因为从长期来讲，人类所拥有的资源总是有限的，当资源已得到充分利用时，即经济中实现了充分就业（宏观经济学中的充分就业是指包括资本、劳动和自然资源在内的所有生产要素都得到充分利用的状态，而不仅仅是指劳动人口的充分就业状态），无论如何提高价格，总供给也不会增加。从长期的角度来看，资源总会实现充分就业的，因此，这种垂直的总供给曲线被称为"长期总供给曲线"。

六、总供给曲线的移动

对于总供给曲线的移动，仍然要分别考虑短期和长期两种情况。

在长期中，由于一个社会的潜在产出水平是由这个社会的生产技术水平和生产要素的存量所决定的。而一个社会的总体生产技术水平和生产要素的存量一般在短期很难发生根本的变化,所以一般在对宏观经济短期分析中把长期总供给曲线看成是既定不变的。在长期中,如果一个社会没有受到环境变动的影响,如自然灾害、战争、社会动乱等等,则在一般情况下,资本存量是不断增加的,生产技术水平也是不断提高的,因而可以认为长期总供给曲线是不断地向右移动的。美国的经济学家们分析,美国的潜在产出水平每年的增长率大约在3%左右。相对于总需求曲线和短期总供给曲线,长期总供给曲线是最为稳定的一种曲线。

对于短期总供给曲线,影响的因素很多,其中主要有成本的变化、劳动生产率的变化、企业对未来的预期和对风险的承受能力的变化以及环境的变化。其中,如果有某一种因素发生了变化,就会引起短期总供给曲线的移动。

1. 成本的变化

企业对生产成本的变化极其敏感。当一个社会的工资水平普遍上升或原材料上升,就会引起企业生产成本的提高,如果这时产品和劳务的价格不变,企业的利润率就会下降,企业就会减产。如果市场状况允许企业在不降低产量的情况下提高价格,那么在既定的产出水平上,价格水平将上升。

因此,无论是产品价格不变而减少产量还是产出水平不变而提高产品价格,都会导致短期总供给曲线向左移动。反之,如果生产成本降低,则短期总供给曲线就会向右移动。

2. 生产技术的进步

生产技术的进步会导致劳动生产率的提高,这就意味着单位投入将生产出更多的产品和劳务,也意味生产单位产出的成本下降了。如果这时市场需求较为旺盛,企业就可以大量增产,导致社会总的产出水平的提高。即使市场需求不变,企业也可以通过削价的方法来竞争,这时市场上总体的价格水平就会下降。因此,生产技术的进步会引起短期总供给曲线向右移动。与单纯的成本的变动不同的是,一个社会的生产技术水平总是不断提高的,因而在正常情况下,生产技术的变化总是引起短期总供给曲线向右移动,只是程度不同而已。

3. 风险承受能力的变化

生产总是伴随着风险,当经济进入衰退期时,风险增加,而企业承担风险的意愿和能力将下降。例如,企业如果继续生产而销售量难以保持,则企业将会出现超额的存货,并且还必须为所借的债务支付利息。由于这些风险的存在,经济的不确定性的上升会使企业更加谨慎。这样,企业将在未来的经营中削减产量和存货,这就使得短期总供给曲线向左移动。

4. 环境的变化

影响总供给曲线移动的各种非经济因素中,影响最大的是自然的或人为的灾祸。自然灾害和战争能极大地减少经济中生产要素的存量,这就使得短期总供给曲线向左移动。并且,对于这种移动,各种经济措施都难以为力。

第三节 AD-AS 模型分析

前两节分别考察了总需求曲线和总供给曲线,本节将把总需求曲线和总供给曲线结合起来,形成总需求—总供给模型,即 AD - AS 模型,考察不同宏观经济政策和政策组合对均衡国民收入和均衡价格水平的影响,也即把总需求和总供给结合在一起分析需求管理政策的效应。本节将分为三部分分别对三类不同总供给曲线时的总需求—总供给模型进行分析。

一、凯恩斯区域的 AD - AS 模型

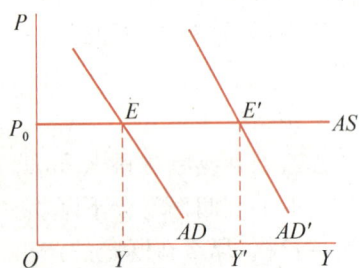

在总供给曲线处于凯恩斯区域时,需求管理政策的效应可以用图 16 - 15 进行说明。图中,AD 为初始的总需求曲线,AD 与 AS 相交于 E 点,均衡的价格水平为 P_0,均衡的国民收入为 Y。如果此时采取扩张性财政政策,或者采取扩张性货币政策,或者同时实施扩张性财政政策和扩张性货币政策,根据第一节已得出的扩张性财政政策和扩张性货币政策将使总需求曲线右移的结论,总需求曲线 AD 向右移到 AD',AD' 与 AS 相交于 E' 点,均衡的价格水平仍为 P_0,均衡的国民收入为 Y'。这表明扩张性的宏观经济政策将使产量增加,失业率下降。这一结论与第十四章 IS - LM 模型分析所得出的结论一致。

图 16 - 15 凯恩斯区域的需求管理政策效应

二、古典的 AD - AS 模型

下面分别考察古典总供给曲线时财政政策和货币政策的效应。

1. 古典总供给曲线时的财政政策和挤出效应

在古典总供给曲线下,由于已经实现充分就业,总供给不能再增加,财政政策只会影响价格水平,而不能影响国民收入。图 16 - 16 对此进行了说明。图中,AD 为初始的总需求曲线,AD 与古典总供给曲线 AS_L 相交于 E 点,均衡的价格水平为 P,均衡的国民收入为充分就业的国民收入 Y_f。政府采取扩张性财政政策将使总需求曲线从 AD 右移到 AD',AD' 与 AS_L 相交于 E' 点,均衡的价格水平上涨到 P',均衡的国民收入仍为 Y_f。这表明扩张性财政政策只会使价格上涨,而不会增加产量。

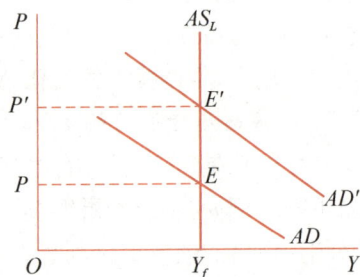

图 16 - 16 古典总供给曲线时的财政政策

当政府采取扩张性财政政策使政府购买支出增加,而均衡的国民收入维持在充分就业水平并未增加时,私人部门的支出将因政府购买支出增加而减少,且私人部门的支出减少量等于政府支出增加量,产生完全的挤出效应。这是因为政府支出增加所引起的超额需求使价格水平上升,价格水平上升使实际货币余额减少,这就引起利率水平上升,厂商投资减少,使总需求回到原来的水平。此时,总需求中的政府支出部分增加,而厂商投资部分减少,政府支出取代了等量的厂商投资。

图 16 - 17 用 IS - LM 模型对此挤出效应进行了说明。在图 16 - 17 中,初始的 IS 曲线与初始的 LM 曲线相交于 E 点,同时 E 点落在古典总供给曲线 AS_L 上,E 点时的利率与国民

收入组合为 r_1、Y_f，此时产品市场、货币市场同时实现均衡，且实现充分就业。当政府采取扩张性财政政策使政府购买支出增加时，IS 曲线向右移动到 IS'，IS' 与 LM 相交于 E' 点，产品市场、货币市场同时均衡时的总需求为 Y_1，此时的总需求大于充分就业的总供给 Y_f。在古典情形下，这将使价格水平上涨，进而使实际货币供给减少，LM 曲线向左移动到 LM'。LM' 与 IS' 相交于 E'' 点，E'' 点也落在古典总供给曲线 AS_L 上，均衡的国民收入等于充分就业的国民收入 Y_f，均衡利率等于 r_2。由于政府支出增加，使利率水平提高、厂商投资减少，总需求的构成发生变化，产生挤出效应。

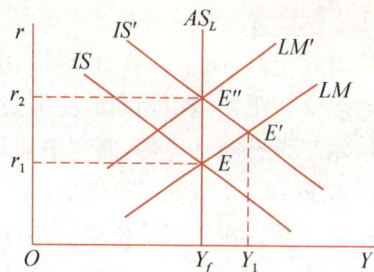

图 16-17 **IS-LM 模型解释挤出效应**

第十五章也曾考察了完全的挤出效应，当货币需求的利率敏感系数 h 为零时，LM 曲线是一条垂直线，政府购买支出的增加仅仅导致等量的厂商投资的减少，而不能增加总需求和均衡国民收入。需要注意的是古典总供给曲线时的完全挤出效应是因为总供给不能增加而引起的，而第十五章分析的完全挤出效应是因为总需求不能增加而引起的。

表 16-2 概括了凯恩斯和古典供给条件下财政政策的效应。在极端的凯恩斯区域，扩张的财政政策在不影响价格水平的条件下使国民收入增加。在极端的古典区域，扩张的财政政策只能使价格水平提高，而不能增加国民收入。

表 16-2　凯恩斯和古典供给条件下财政政策的效应

总供给曲线	国民收入	利率	价格
凯恩斯区域	增加	提高	不变
古典区域	不变	提高	提高

2. 古典总供给曲线时的货币政策和货币中性

在总供给曲线处于凯恩斯区域时，价格是既定的，扩张性货币政策使名义货币供给和实际货币余额都增加，利率下降，总需求和国民收入增加。但在古典总供给曲线时，总供给已达到充分就业水平，扩张性货币政策只能使价格提高，而不能增加国民收入。

下面运用图 16-18 对此进行说明。图中，AD 为初始的总需求曲线，AD 与古典总供给曲线 AS_L 相交于 E 点，均衡的价格水平为 P，均衡的国民收入为充分就业的国民收入 Y_f。中央银行采取扩张性货币政策将使名义货币供给增加，利率下降，总需求增加，总需求曲线从 AD 右移到 AD'。当价格水平为 P 时，总需求为 E'' 点时的 Y_1，$Y_1 > Y_f$。超额需求使厂商试图通过雇用更多劳动力来实施扩张，这推动了工资和成本的上涨，并使价格水平也随之上涨。这进而使实际货币余额减少，利率提高，投资需求减少，总需求减少。这一调整过程将会持续到价格上涨到 P'、利率和实际货币余额恢复到原来的水平、超额需求不再存在为止。这时，AD' 与 AS_L 相交

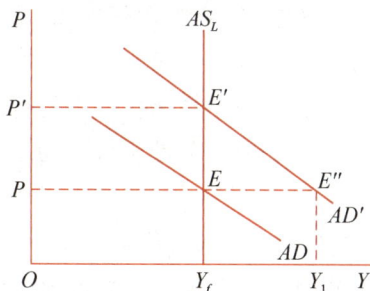

图 16-18 **古典总供给曲线时的货币中性**

于 E' 点,均衡的价格水平上涨到 P',均衡的国民收入仍为 Y_f。这表明扩张性货币政策只会使价格上涨,而不会增加产量。由于实际货币余额 M_S/P 恢复到原来的水平,所以价格水平与名义货币供给以相同的比例变动。这样,在古典供给条件下,名义货币供给增加将促使价格水平上升同一比例,而利率和实际产出维持不变。

表 16-3 概括了凯恩斯和古典供给条件下货币政策的效应。在极端的凯恩斯区域,扩张性货币政策在不影响价格的条件下使实际货币余额增加,利率下降,产量增加。在极端的古典情形,扩张性货币政策不能影响产量、利率和实际货币余额,仅仅只使价格提高。

表 16-3　凯恩斯和古典供给条件下货币政策的效应

总供给曲线	产量	利率	价格	实际货币余额
凯恩斯区域	增加	下降	不变	增加
古典区域	不变	不变	提高	不变

在古典总供给曲线时,扩张性的财政政策和扩张性的货币政策都不能增加国民收入、不能降低失业率。其中,货币供给的增减只会引起价格的同比例增减,而不能导致国民收入的任何变化。这种名义货币供给的变化只会影响价格水平等名义变量,而不会影响国民收入等实际变量的政策效应被称为货币中性。根据货币中性,如果要抑制通货膨胀,只需减少名义货币供给就能实现。这也是货币数量论的基本观点。

三、短期的 $AD-AS$ 模型

凯恩斯区域的 $AD-AS$ 模型是短期 $AD-AS$ 模型的一种极端情形,下面分析常见的短期 $AD-AS$ 模型,也即总供给曲线处于中间区域、向右上倾斜时的短期 $AD-AS$ 模型。首先分析总供给曲线处于中间区域时,财政政策和货币政策的效应;然后用短期 $AD-AS$ 模型解释宏观经济波动。

1. 需求管理政策的效应

上几章在考察需求管理政策的效应时,仅仅考察了需求管理政策对国民收入的影响,而未能考察它对价格水平的影响。下面运用 $AD-AS$ 模型考察需求管理政策对国民收入和价格水平的影响。

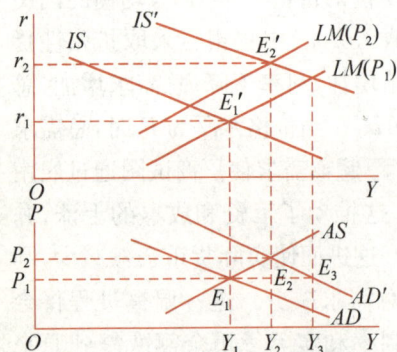

当政府采取扩张性财政政策时,总需求将增加,均衡国民收入将增加,价格水平将提高。下面用图 16-19 把 $AD-AS$ 模型和 $IS-LM$ 模型结合在一起,对此进行说明。图中,初始的总需求曲线 AD 与向右上倾斜的总供给曲线 AS 相交于 E_1,决定了国民收入为 Y_1,价格水平为 P_1;同时,初始的 IS 曲线与 LM 曲线相交于 E_1',产品市场和货币市场同时均衡时的利率为 r_1。当政府采取扩张性财政政策时,IS 曲线向右移动到 IS',AD 曲线向右移动到 AD'。当价格水平为 P_1 时,总供给仍为

图 16-19　扩张性财政政策的作用

Y_1,而总需求为Y_3,$Y_3 > Y_1$,存在超额需求,这将使价格水平提高。总供给曲线向右上倾斜也意味着价格水平提高将使总供给增加;同时,价格水平提高使实际货币余额减少,这将使LM曲线向左移动,均衡的利率水平提高和总需求减少。这样一个调整过程将会持续直到价格上涨到P_2,这时,LM曲线从$LM(P_1)$向左移动$LM(P_2)$,$LM(P_2)$与IS'相交于E_2',产品市场和货币市场同时均衡时的利率上升到r_2,国民收入为Y_2。同时,AD'与AS相交于E_2点,均衡的价格水平从初始的P_1上涨到P_2,均衡的国民收入从初始的Y_1增加到Y_2。这表明总供给曲线处于中间区域时,扩张性财政政策将使利率提高,价格上涨,国民收入增加。同样,可以说明紧缩性财政政策将使利率下降,价格下跌,国民收入减少。

同样,在总供给曲线处于中间区域时,中央银行的扩张性货币政策将使总需求增加,价格上涨,国民收入增加;紧缩性货币政策将使总需求减少,价格下跌,国民收入减少。图 16-20 对此进行了说明。图中,初始的总需求曲线 AD 与向右上倾斜的总供给曲线 AS 相交于 E_1,决定了国民收入为 Y_1,价格水平为 P_1;同时,初始的 IS 曲线与$LM(P_1)$曲线相交于 E_1',产品市场和货币市场同时均衡时的利率为 r_1。当中央银行采取扩张性货币政策时,LM 曲线从图中的 $LM(P_1)$ 曲线向右移动到 $LM(P_1)'$,利率下降,总需求增加。LM 曲线向右移动使总需求曲线从图中的 AD 向右移动到 AD'。当价格水平为 P_1

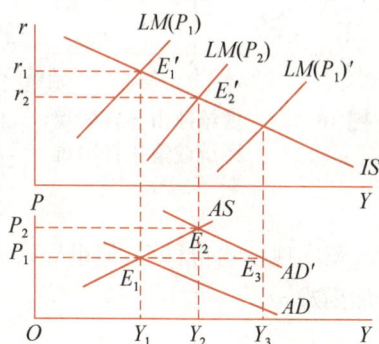

图 16-20 扩张性货币政策的作用

时,总供给仍为Y_1,而总需求为Y_3,$Y_3 > Y_1$,存在超额需求,这将使价格水平提高。总供给曲线向右上倾斜也意味着价格水平提高将使总供给增加;同时,价格水平提高使实际货币余额减少,这将使 LM 曲线向左移动,均衡的利率水平提高和总需求减少。这样一个调整过程将会持续直到价格上涨到P_2,这时,LM 曲线从$LM(P_1)'$向左移动$LM(P_2)$,$LM(P_2)$与 IS 相交于E_2',最终,产品市场和货币市场同时均衡时的利率从 r_1 下降到 r_2,国民收入为 Y_2。同时,AD'与 AS 相交于 E_2 点,均衡的价格水平从初始的 P_1 上涨到 P_2,均衡的国民收入从初始的 Y_1 增加到 Y_2。这表明总供给曲线处于中间区域时,扩张性货币政策将使利率下降,价格上涨,国民收入增加。同样,可以说明紧缩性货币政策将使利率提高,价格下跌,国民收入减少。

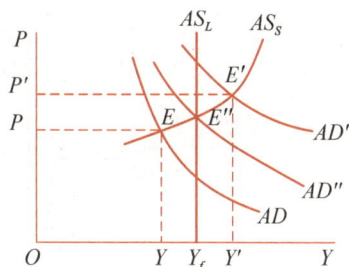

图 16-21 AD-AS 模型
解释经济波动

2. 用 AD-AS 模型解释宏观经济波动

AD-AS 模型还可以用于解释经济波动,图 16-21 说明了经济萧条和经济高涨的情况。图中 Y_f 为充分就业的国民收入,即潜在产量,AS_L 为长期总供给曲线。当短期总供给曲线 AS_S 与总需求曲线 AD 相交于 E 点时,均衡国民收入为 Y,$Y < Y_f$,经济萧条,经济生活中存在失业。此时,政府可以采取扩张性财政政策和扩张性货币政策,这将使总需求曲线向右移到 AD'',AD'' 与 AS_S、AS_L 相交于 E'',决定均衡产量为 Y_f,实现经济稳定。

当短期总供给曲线 AS_S 与总需求曲线 AD' 相交于 E' 点时,均衡国民收入为 Y',$Y' >$ Y_f,经济高涨,出现通货膨胀。此时,政府可以采取紧缩性财政政策和紧缩性货币政策,使总需求曲线向左移到 AD'',AD'' 与 AS_S、AS_L 相交于 E,决定均衡产量为 Y_f,实现经济稳定。

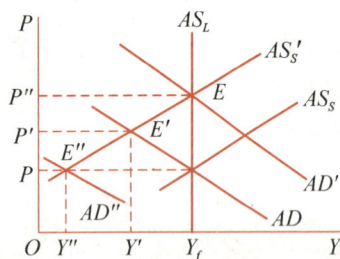

图 16-22　供给冲击导致宏观经济政策抉择困难

在图 16-22 中,当发生由石油价格和工资等提高而产生的供给冲击时,短期总供给曲线 AS_S 向左上移动到 AS_S',价格水平从 P 上涨到 P',产量从 Y_f 减少到 Y',经济停滞和通货膨胀同时出现。此时,如果政府采取扩张性财政政策和扩张性货币政策,这将使总需求曲线向右移到 AD',AD' 与 AS_S'、AS_L 相交于 E,决定均衡价格为 P''、均衡产量为 Y_f,虽然扩张性的经济政策实现了充分就业,但也导致了更严重的通货膨胀。此时,如果政府可以采取紧缩性财政政策和紧缩性货币政策,使总需求曲线向左移到 AD'',AD'' 与 AS_S' 相交于 E'',决定均衡价格为 P、均衡产量为 Y'',虽然紧缩性的经济政策实现了物价稳定,但也导致了更严重的失业。经济滞胀时,宏观经济政策的选择变得更加困难。

★★★★★ **本章要点回顾** ★★★★★

国民收入决定:
总需求—总供给模型

总需求曲线
- 总需求函数
- 总需求曲线的推导
- 总需求曲线的斜率及移动

总供给曲线
- 长期总供给曲线:古典总供给曲线
- 短期总供给曲线:凯恩斯区域
- 短期总供给曲线:中间区域

$AD-AS$ 模型
- 凯恩斯区域的 $AD-AS$ 模型
- 古典的 $AD-AS$ 模型
- 短期的 $AD-AS$ 模型

第十七章
失业与通货膨胀理论

本章导学

1. 了解失业的概念、衡量方法和失业的类型、充分就业和自然失业率的概念,失业的相关理论及失业的损失。

2. 了解通货膨胀的概念、物价指数、通货膨胀的分类和成因,通货膨胀的效应和影响,以及反通胀政策。

3. 理解原始的菲利普斯曲线及其理论演进。

第一节　失业理论

一、失业与充分就业的含义

1. 失业的定义及衡量

失业是指符合法定工作条件、有工作愿望的劳动者找不到工作的经济现象。符合法定工作条件、有工作愿望且尚未找到工作的劳动者就是失业者。根据这一定义，失业者必须具备三个条件：(1)符合法定工作条件。这里不仅有劳动年龄上的要求，还有具有劳动能力和劳动技能以及国家法定许可等的要求。我国目前的法定劳动年龄为男16—60岁，女16—55岁。即使在这个年龄范围内还要分为劳动者和非劳动者(在校学生、病残人员、犯罪服役人员和不愿意就业者等都包括在内)。(2)愿意就业。(3)没有工作。中国劳动和社会保障部还进一步规定，虽然从事一定社会劳动，但劳动报酬低于当地城市居民最低生活保障标准的，视同失业。与此相对照的是美国的失业标准，在美国属于失业范围的人包括：新加入劳动力队伍第一次寻找工作，或重新加入劳动力队伍正在寻找工作已达四周以上的人；为了寻找其他工作而离职，在找工作期间作为失业者登记注册的人；被暂时辞退并等待重返工作岗位而连续七天未得到工资的人；被企业解雇而且无法回到原工作岗位的人，即非自愿离职者。

最常用的失业状况衡量标准是失业率。失业率是失业人数(失业量)与劳动力总数(劳动者的总数量)的比例。其公式为：

$$失业率 = 失业人数 / 适龄劳动力总数 \times 100\%$$

在美国是由劳工统计局采用抽样调查的方法，通过与55000户进行详谈而估计出失业数字，并在每个月的第一个星期五发表前一个月的失业率估计数字。

年失业率取决于该年中有失业经历的人数，以及他们失业时间的平均长度。年失业率的公式为：

$$年失业率 = 该年度有失业经历的人占劳动力总数的比例 \times (失业平均周数/52)$$

除了失业率之外还可以用其他指标来反映失业与就业状况。

就业增长率(accession rate)，或称雇用率(hiring rate)，指某一时期内增雇的职工人数在就业总人数中所占的百分比。它表明了就业增长或失业减少的情况。

离职率(separation rate)，或称解雇率(layoff rate)，指某一时期内退职、解雇以及退休的总人数在就业总人数中所占的百分比，它表明了就业减少或失业增加的情况。

由于劳动流动性大，这两个比率都较高，从美国来看，这两个比率每月都在3%以上。这两个指标还可以反映经济周期的状况，就业增长率提高表明经济正走向繁荣，离职率提高表明经济已走向衰退。因此，国民经济研究所(NERB)在研究经济周期状况时很重视这两个指标。

失业持续时间(duration of spells of unemployment)，指失业者连续失业的时间。这一指标可以反映劳动力流动情况，即失业变动情况。在失业率既定的情况下，失业持续时间越短,说明劳动力流动越大,即流入与流出失业池的速度越快。

2. 失业的种类

一般地说,失业按其形成的原因大体可以分为以下几种类型:

(1)自愿失业

自愿失业是指劳动者不愿意接受现行货币工资和现行工作条件而引起的失业。

(2)摩擦失业

摩擦失业是指因劳动市场运行机制不完善或因经济变动过程中工作转换而产生的失业。

自愿失业与摩擦失业在任何时期都存在,并将随着经济结构变化而有增大的趋势,但西方经济学家认为,自愿失业与摩擦失业的存在与充分就业不矛盾。

(3)季节性失业

季节性失业是指某些行业的生产具有受季节变化影响而引起的失业,比如农业工人在收获期充分就业,但一年中却有几个月无事可做,其他如建筑业、捕鱼业、农产品加工业等等也都如此。季节性失业的存在与充分就业也不矛盾。

(4)非自愿失业或需求不足型失业

非自愿失业的概念是凯恩斯提出来的。它是指劳动者愿意接受现行货币工资率与现行的工作条件但仍然找不到工作。这主要是因为一个社会的有效需求太低,不能为每一个想工作的人提供就业机会,即想就业的人数超过了以现行工资率为基础的职位空缺,由此而产生的失业即为非自愿失业或需求不足型失业。它包括两种类型:一是经济循环型失业,即因为经济周期运行在衰退与萧条阶段因社会总需求不足而引起的失业;二是增长不足型失业,是指因为需求的增长速度慢于劳动的增长速度和劳动生产率的提高速度而产生的失业。

(5)结构性失业与就业低下

结构性失业是指劳动者不适应经济的技术结构和经济结构的变化、产业兴衰转移而产生的失业,就是说在社会上有效需求并非不足,因而存在职位空缺,但由于劳动者的工种、技术熟练程度不适合对劳动者的需要以及某些地区限制等而造成的失业。

就业低下是指大批熟练工人必须从事低于本身能力的工作。大批非熟练工人必须从事报酬低于贫困线的工作,大批受过教育的劳动者必须从事几乎无需受教育的工作。

3. 充分就业和自然失业率

充分就业本意是指所有的人力物力财力都已得到充分利用的一种经济状态。但西方经济学中特别强调人力资源的作用,他们认为任何经济活动都是人和其他各种生产要素相互结合、共同发生作用的结果,因此他们推论只要人有了工作,也就意味着其他各种生产要素得到了充分利用,从这个意义上说充分就业是指想要工作的劳动者,都没有多大困难地找到按现行货币工资率付酬的一种经济状况。西方经济学家认为,充分就业概念必须排除摩擦失业、自愿失业和季节性失业,因为这些因素在某种程度上总是存在的。因此,充分就业并不是指百分之百的就业。在美国4%的失业率一般是作为临时性失业的正常比率,也是对充分就业来说可以容忍的最高失业水平。

充分就业水平上的失业率,通常称为自然失业率,这一概念最早是由货币主义的主要代表人物弗里德曼提出来的。他认为自然失业率是指在没有货币因素干扰的情况下,让劳工(劳动力)市场和商品市场的自发供求力量发挥作用时所应有的处于均衡状态的失业率。在弗里德曼看来只要对劳工市场的工作加以改进,比如使劳动力有较大的流动性,减少寻找工作的时间,提供职位空缺的信息,以及排除劳工和产品市场的垄断,那么一切有工作技能而且愿意工作的人,迟早都会得到就业机会,而一切缺乏就业技能而不被雇主所需要的人,不管生产量如何变动,他们也不会得到就业机会。由此可见,弗里德曼的"自然失业率"概念是指摩擦失业和自愿失业。

二、失业的相关理论

1. 传统经济学的失业理论

传统经济学认为,资本主义制度可以通过市场机制的自动调节解决各种矛盾,因此经济社会中不存在失业,充分就业是一个始终存在的倾向。

18 世纪末 19 世纪初法国经济学家萨伊认为商品的买卖,实际上只是商品与商品的交换,货币只是在瞬间起到媒介作用。因此商品总是用商品来购买的,买者同时也就是卖者,买就是卖,卖就是买,买卖是完全统一的,商品的供给会为自己制造需求,社会上的总供给与总需求必然是相等的。这样,资本主义社会就不会出现生产过剩的经济危机,这就是著名的"萨伊定律"。

萨伊定律是假定人们出售商品后,立即购买商品,如果人们出售商品后并不立即把全部收入消费掉,而是将其中的一部分储蓄起来,在这种情况下供给与需求的均衡可以通过利息率的调整来实现。他们认为储蓄代表货币资本的供给,投资代表对资本的需求,利息率的调节作用使储蓄全部转化为投资,所以储蓄永远等于投资。具体来说,当货币资本的供给(储蓄)大于对货币资本的需求(投资)时,利息率会下降;反之,当货币资本的供给小于对货币资本的需求时,利息率就会上升。利息率的这种自动调节作用最终使储蓄等于投资,从而失业不会发生。

传统经济学家认为,与充分就业有关的另一个问题是工资的决定,他们认为工资取决于两个原则。第一,工资等于劳动的边际产量;第二,单位时间工资的边际效用等于闲暇的边际效用。按照前者,工人劳动的边际产量是递减的,因此,随着就业人数的增加,工资减少而利润增加。这样企业家为了获得更多的利润而愿意增雇工人直至充分就业为止。按照后者,当劳动的供给增加从而工资下降,工资的边际效用小于闲暇的边际效用,劳动的供给与需求才达于均衡,因此工资的变动也必然使劳动的供求达到均衡,充分就业是一种始终存在的倾向。

但是,自从英国 1825 年发生第一次经济危机之后西方社会经常存在大量失业的现象,传统经济学又如何解释呢?庇古认为这些失业属于摩擦失业和自愿失业的范畴,而不是真正的失业,只是生产过程中局部的、暂时的失调,而不是真正的对劳动力需求的不足,因而这些失业的存在并不能否认社会常态是充分就业。

2. 凯恩斯的失业理论

凯恩斯的失业理论称为有效需求不足失业论,它在现代西方经济学中占统治地位。凯恩斯经济学的基础是有效需求理论。他用有效需求不足理论来说明失业,并在此基础上提出解决失业问题的方法,以达到社会的"充分就业"。

　　凯恩斯完全接受了传统经济学关于"摩擦失业"和"自愿失业"的理论,但是他认为除了这种"自愿失业"和"摩擦失业"之外,还存在着大量的"非自愿失业"。凯恩斯认为这种非自愿失业的产生主要是由于社会有效需求不足。所谓有效需求,是指商品的总供给价格与总需求价格达到均衡状态时的总需求。总供给价格是指全体厂商雇用一定量工人进行生产时所要求得到的产品总量的最低限度卖价。总需求价格是全体厂商雇用一定量工人进行生产时预期社会对产品愿意支付的总价格。当总需求价格大于总供给价格时,厂商就会扩大生产,增雇工人;相反,当总需求价格小于总供给价格时,厂商就会缩减生产,解雇工人;只有在总需求价格等于总供给价格时,厂商才会既不扩大生产又不缩小生产,既不增雇工人又不解雇工人。这时总需求就是有效需求,它决定了就业工人的人数,即决定了整个社会的总就业量。

　　凯恩斯认为,有效需求是由消费需求与投资需求构成的。由于资本主义社会存在三大基本心理规律,即心理上的消费倾向、心理上对资本未来收益之预期、心理上的灵活偏好,导致经济存在消费需求不足和投资需求不足,从而形成失业。

　　心理上的消费倾向即所谓"边际消费倾向递减规律"。凯恩斯认为,随着收入的增加,消费也增加,但在增加的收入量中,用于消费的部分所占的比例越来越少,结果导致消费需求不足。

　　心理上对资产未来收益之预期即所谓"资本边际效率递减规律"。资本边际效率是指增加一笔投资时预期的利润率。资本边际效率是由成本(供给价格)和预期收益这两个因素决定的。凯恩斯认为,一方面由于增添的资本设备的成本(供给价格)将随着投资的增加而上升,另一方面,随着投资的增加,资本设备预期的收益将下降,从而随着投资增加,预期利润率下降,对投资的吸引力减少,投资者对未来也将失去信心,这就引起对投资品需求的不足,即投资不足。

　　资本边际效率递减是使投资需求不足的一个重要因素。但投资不仅仅取决于资本边际效率,还取决于利息率,即投资取决于利润率与利息率的差额。如果利润率大于利息率,厂商就越愿意投资,投资就会增加;如果利润率越接近于利息率,厂商不愿意投资,就会形成投资需求不足。因此,尽管资本边际效率是递减的,利润率下降,但只要利息率比利润率下降得更大,则投资仍可增加。但凯恩斯认为,由于人们心理上的灵活偏好,使利息率不能无限地下降,从而导致了投资需求不足。

　　心理上的灵活偏好又称为流动偏好,是指人们想以货币形式保持其一部分财富的愿望。人们之所以希望以货币形式经常保持一部分财富在手中,主要是为了应付日常的交易支出,或是为了应付意外突发事件的支出,或是为了抓住有利的投机机会。利息就是人们在某一特定时期内放弃这种流动偏好的报酬。利息率的高低是由货币的供求决定的。货币的供给数量是由中央银行的政策决定的,货币的需求决定于人们的灵活偏好。凯恩斯主义认为,中央银行通过调整货币政策,增加货币的供给量,可以在一定程度上降低利息率。但中央银行通过增加货币数量来降低利息率有一定限度,因为它受到灵活偏好的制约,当利息率降低到较低水平时,人们宁可把货币保存在手中而不愿意储蓄,这时,无论中央银行如何增加货币供给量都不能使利息率再降低。正是由于灵活偏好的作用阻碍了利息率的下降,从而在资本边际效率递减的共同作用下,导致了投资需求的不足。

综上所述,凯恩斯认为,由于资本主义社会所存在的上述三大基本心理规律,导致了投资需求与消费需求的不足,因此,在资本主义社会,有效需求是不足的,失业的存在便是必然的。

既然有效需求不足是失业产生的根源,因此,凯恩斯认为,只要国家积极干预经济,设法刺激"有效需求",就可能消除失业,实现充分就业。他提出的主要措施有:第一,刺激私人投资,为个人消费的扩大创造条件。第二,促进国家投资。主张国家调节利息率和实行"可控制的通货膨胀",以刺激私人投资,增加流通中的货币量以促进生产的扩大和商品供给的增加,还强调扩大军事开支对增加国家投资,减少失业所起的积极作用。

3. 20 世纪 80 年代以后的失业理论

按照古典经济学的劳动供求理论,失业率的变化将对实际工资率发生影响。然而,从美国 20 世纪 80 年代以来的失业率与实际工资率的统计看,失业率的波动较大,而实际工资率的变化较小。在劳动市场上,劳动供给曲线比较稳定,虽然劳动需求曲线发生了移动,但实际工资率并不发生相应的变化。如图 17-1 所示,劳动需求曲线从 D_0 移动到 D_1,就业量从 L_0 下降到 L_1,工资率 W_0 却保持不变。就业量两者间差距 $L_0 - L_1$ 为失业,而且是非自愿失业。这一结论即使在劳动供给曲线或工资率略有变化情形下仍然成立。

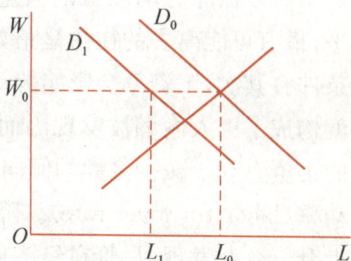

图 17-1　失业率并未引发实际工资率的有效调整

那么,为什么在劳动需求曲线发生移动情况下,实际工资率并不随之降低? 经济学者提出了各种理论加以解释,其中工资刚性理论和效率工资理论影响较大。

（1）工资刚性

工资刚性理论认为,工资率具有向下刚性或粘性的特征,失业率并不会随劳动需求的变动作出充分调整。对工资刚性存在的原因,有三种主要解释。

① 劳动工资合同阻止了工资率降低。在一些行业中,由于工会的力量,往往可能签订较有利的工资合同。这些合同通常附加工资随生活费上涨而增加的条款,在经济衰退时期工资率并不随之削减。尽管宏观上看合同签订是彼此错开的,每个月都会有新的合同产生,但相对固定的合同期的确减缓了工资率调整的进程。虽然工会合同说法不能完全解释工资刚性,不过在一些行业中仍可看作是影响工资率相对稳定的重要因素。

② 隐含合同论(implicit contract)。这种理论认为,除正式合同外,雇主与雇员之间可能达成工资率相对固定,不随经济波动调整的默契。这种默契被称为隐含合同,有别于正式合同。据说,工人一般是回避风险的,愿意为一个可支付稳定工资的厂商工作。隐含合同意味着工资率将不随劳动市场供求波动而变化。在经济不景气时,公司可能支付给工人高于市场一般水平的工资。作为回报,在经济高涨时,工人也只能留在该企业,接受低于其他公司的工资率。

③ "局内人—局外人"理论(insider-outsider theory)。所谓"局内人"是指那些在特定企业工作的人,而"局外人"是那些想到该企业工作的人。这种理论认为,每个企业都需要一支受过特殊培训的劳动力队伍,而对新雇员(局外人)的培训通常是由在职工人(局内人)来完

成的。在职工人担心培训了新工人,他们与企业讨价还价时地位就降低了,因而并不愿意与企业持合作态度。另一方面,如果企业对新雇员实行低工资,经培训后的雇员就可能被出高工资的企业"挖走"。因此,企业只能通过向新老雇员支付相同的报酬来解决这一矛盾。由此,"局内人—局外人"理论就解释了为什么存在较高失业率情形下,企业仍给新雇员支付较高工资的现象。

此外,政府普遍制定的最低工资法,也被认为是造成工资向下刚性的原因。

(2) 效率工资理论

效率工资理论(efficiency wage theory)认为,在一定限度内,企业通过支付给工人比劳动市场出清时更高的工资率,可以促使劳动生产率的提高,获得更多的利润。首先,较高的工资率可以保障劳动队伍的质量。在经济衰退时期,企业对劳动的需求降低,若削减工资水平,最有可能离去的往往是最好的雇员。较高的工资率是维持高质量劳动队伍稳定的重要条件。其次,工资率会影响劳动者的努力程度。雇主通常并不可能完全监督工人行为,工资就构成了工人偷懒被发现因而被解雇的机会成本。工资率越高,机会成本越高,因此,较高的工资有利于减少偷懒的倾向。再次,工资影响劳动流动率。雇员离职的比率,称为劳动流动率(labor turnover rate)。降低工资率会使工人辞职的比率增加,特别是熟练工辞职率的上升。企业发现,尽管在经济衰退期削减工资会减少直接劳动成本,但这些节省并不足以抵消培训费用或雇用新熟练工成本的增加。

企业间的效率工资可能是不一样的。一般地说,效率工资取决于两个因素:其他企业支付的工资与失业率水平。如果其他企业支付的工资较低,该企业也不需要支付过高的工资。因为对工人来说,被开除的成本增加了,这将使工人在不太高的工资下努力工作。同样,如果社会失业率增加,企业也不会以过高的工资诱使人们工作。换个角度说,效率工资理论表明,社会上没有哪个企业愿意率先降低工资,这样做只会降低士气,最好的雇员被其他企业吸引走。因此,社会工资的调整过程是缓慢的。

三、失业的损失

失业给社会和个人都会带来损失。这里我们要讨论失业所引起的经济损失,即由于失业存在而引起的产量减少。表明失业与产量之间关系的是"奥肯定理"。

美国经济学家奥肯 20 世纪 60 年代在美国总统经济顾问委员会工作期间提出了一条经验规律,用以说明失业率与实际国民收入增长率之间的关系。奥肯发现,随着经济从萧条中逐渐恢复,产出增加的比例大于就业增加的比例。这种失业与国民收入之间的关系,后来被称为"奥肯定理"(Okun's law)。奥肯定理可用公式表达为

$$u = \bar{\mu} - \alpha \left(\frac{y - \bar{y}}{\bar{y}} \right) \tag{17.1}$$

其中,u 为实际失业率,$\bar{\mu}$ 为自然失业率,y 为实际 GDP,$\bar{y}$ 为潜在 GDP;α 为参数,表示失业率与实际 GDP 变动之间的程度。该式稍作修改可用来说明失业率与实际 GDP 增长率之间的关系:

$$u_t - u_{t-1} = -\alpha(y_t - y_{t-1}) \tag{17.2}$$

式中,下标分别代表第 t 年与第 $t-1$ 年的失业率和实际 GDP 增长率。式(17.2)说明失业率与实际 GDP 增长率之间反方向变动,即失业率下降,实际 GDP 增长率增加。奥肯当时对美国经济的估算 α 值为 2.5—3 左右,即实际失业率增加 1%,实际 GDP 增长率将下降 2.5%—3%。当经济趋于充分就业时,这一关系要弱得多,α 值只有 0.76。经济学者认为,α 值仅是一个经验性的估计值,考察的年份不同,失业的类型不同 α 值将有所不同。除失业率分析外,奥肯定理还可用来估算潜在 GDP,并为计算实际 GDP 与潜在 GDP 之间的"缺口"提供了一种方法。

第二节　通货膨胀理论

一、通货膨胀的含义、衡量与分类

1. 通货膨胀的含义

对于什么是通货膨胀,西方经济学界有各种各样的定义。一种最常见的定义是把通货膨胀作为物价水平的普遍上升。托宾认为:"通货膨胀是指物品与劳务货币价格的普遍上升。"莱德勒和帕金认为:"通货膨胀是一个价格持续上升的过程,也等于说,是一个货币价值持续贬值的过程。"萨缪尔森和诺德豪斯的《经济学》教科书也持类似的观点。他们说:"当物价水平普遍上升时,通货膨胀就产生了。……我们称之为通货膨胀的正是这种物价的普遍上升趋势。"另一种定义是把通货膨胀视为货币量膨胀,是"过多的货币追逐相对不足的商品和劳务"。哈耶克认为:"通货膨胀一词的原意和真意是指货币数量的过度增长,这种增长会合乎规律地导致物价的上涨。"赫兹里特认为:"通货膨胀这个词原来只用于货币量。意思是货币量膨胀、扩大、过度增长。"弗里德曼认为:"无论何时何地大规模的通货膨胀总是货币现象。"

除上述"价格派"和"货币派"外,布朗芬布伦纳和霍尔兹曼从四个方面对通货膨胀下了定义:其一,通货膨胀是一种普遍的过度需求形式,在这种形式下,过多量的货币追求过少量的商品。其二,通货膨胀是不论以总量计算还是以人均计算的货币存量和货币收入的大量增长。其三,通货膨胀是一个具有附加特征或条件的价格总水平上升。这些附加条件是:非完全理性预期;通过成本导致价格的再上涨;它不增加就业和真实产量;它快于"安全"率;它产生于货币方面;它由减去间接税和补贴之后的净价格来测度;是不可逆的。其四,通货膨胀是货币对外价值的下跌,是以汇率、黄金价格来衡量,或者在官方价格下,对黄金和外汇的过度需求。

在西方经济学中,对通货膨胀的含义无论怎样规定,一般来说,通货膨胀总是同物价上涨和货币贬值联系在一起的,通货膨胀的必然结果是物价上涨,货币购买力下降,所以,一个最一般的争议最小的定义是:通货膨胀是"一般物价水平持续的、相当大的上涨"。

仅就人们普遍接受的通货膨胀的含义而言有以下几点值得注意:

（1）物价上涨是指一般物价水平的普遍上涨。所谓一般物价水平是指包括所有商品和劳务价格在内的总物价水平，某些商品如牛肉或房租等价格上涨，并不就是通货膨胀。因为一些商品价格上涨，而另一些商品的价格可能下降，二者相互抵消。只有各种商品和劳务的价格普遍上涨，才能使货币的购买力降低。

（2）物价上涨的形式可以是公开的，也可以是隐蔽的。如通过降低产品质量、凭证供应等价格管制措施，表面上看来物价并未上涨，但如果放松价格管制，物价就会普遍上涨，因此这是一种隐蔽性通货膨胀。

（3）理解通货膨胀的含义还有时间维度问题。一个季节的物价上涨2%可以不算通货膨胀，但如继续上升到一年为8%，显然是通货膨胀，假如某一季度的物价上升2%，而下一个季度却退回去了，则前一季度能算通货膨胀吗？当然不能，通货膨胀必然是指总物价水平"不断地"或"持续地"上涨，季节性、偶然性或暂时性的价格上涨都不能称之为通货膨胀。

2. 通货膨胀的衡量

怎样才能知道商品与劳务价格的普遍上涨？那就只好借助于物价指数这个工具，用物价指数来衡量通货膨胀，有以下几个问题需要考虑：

（1）能够反映通货膨胀的物价指数在西方经济学中一般有三种：即批发物价指数、零售物价指数（或消费物价指数）和国内生产总值价格指数。但不少统计资料显示，在一定时期的消费物价指数有轻微的上升，而批发物价指数基本稳定，相反的情况有时也存在，这就是说以一种物价指数为标准已出现轻微的通货膨胀，以另一种物价指数为标准却不存在通货膨胀，究竟应以何种指数为标准较为适宜尚未有统一的定论。

（2）三种不同的物价指数在衡量通货膨胀时各有其优缺点。批发物价指数与产品出厂价格紧密相关，而且代表的规格、品种范围较广，所以持有成本推进通货膨胀理论的经济学家认为批发物价指数最适合于测量通货膨胀。消费物价指数反映了消费者所付出价格的变动情况，是市场稳定与否的标志，所以较多的经济学家倾向于以消费物价指数的变动为依据来表示是否存在通货膨胀，如它显著上升则为通货膨胀，如它显著下降则为通货紧缩。即使如此，有时仍会夸大了价格指数上涨对货币购买力的影响。这至少有以下三种理由：第一，消费物价指数通常不考虑商品质量的重要改进，例如一部能节约大量汽油的新型汽车，价格虽较旧式汽车较高一点，而节约汽油的结果不仅不降低汽车消费者的货币购买力甚至还对他有利。第二，消费物价指数无法计量新产量推销对消费者福利的增进。第三，消费物价指数是按一个典型的城市家庭预算所预定的若干市场商品计算出来的。它不能计量消费者如何在某种商品价格上涨时改用价格较低的替代品，如真正奶油价格快速上涨时改用人造奶油，所以消费物价指数的变动不一定就能正确反映消费者货币购买力的变动，也就不一定能适当反映通货膨胀的程度，正因为消费物价指数有上述缺点，近年来有不少经济学家特别是美国经济学家宁愿采用国内生产总值价格指数为依据。这种指数是以一定年度的物价为100算出来的。其优点是包括GDP中所有最终产品劳务项目，比较全面，因而也就能正确地表明一国的通货膨胀程度。

（3）无论采用什么指数都会存在一个问题：究竟指数上升百分之几才算通货膨胀？很多人同意按GDP指数上升3.5%即为通货膨胀。还有一些经济家认为3.5%的上升固然不好，但如果这种渐增的价格水平能有助于维护充分就业和保证一种令人满意的经济增长率，就是好的。此外也有人不同意给通货膨胀规定一个固定的百分率,只笼统地说"不健康的"、"可感觉到的"、"相当大的"或"过度的"价格水平的上涨就是通货膨胀。

为了比较准确的衡量通货膨胀,经济学和统计学通过编制各种价格指数来计量物价水平的变动,如采用基期商品作为权数的拉氏物价指数和采用报告期商品作为权数的帕氏物价指数。

3. 通货膨胀的分类

按照不同的划分标准,西方经济学家把通货膨胀划分为不同的类别:

(1) 按物价上涨的速度和趋势划分

① 爬行通货膨胀。又称最佳通货膨胀,一般是物价上涨不超过2%—3%,同时不存在通货膨胀预期的状态。西方经济学认为爬行通货膨胀对经济发展和国民收入增加都有着积极的刺激作用,并且将它看作是实现充分就业的必要条件。

② 温和通货膨胀。这是指一般价格水平的上涨幅度在3%—10%之间。目前许多国家都存在着这种温和型的通货膨胀,它是一个危险信号,如不高度重视就有可能加速。

③ 奔腾式或飞奔式通货膨胀。这是两位数的通货膨胀,即一般价格水平上涨幅度为10%以上,100%以下。对于这种通货膨胀,政府必须采取强有力政策措施加以控制,以免对一国经济和人民生活造成不利影响。

④ 恶性通货膨胀。又称超级通货膨胀,是指一般物价的年上涨率为100%以上的通货膨胀,发生这种通货膨胀时,物价持续飞涨,货币体系崩溃,正常经济秩序遭到破坏,经济濒于瓦解。这种类型的通货膨胀通常很少发生。

(2) 按通货膨胀形成的原因划分

① 需求拉上的通货膨胀。

② 成本推进的通货膨胀。

③ 结构性通货膨胀。

这三种类型的通货膨胀,我们将在后面详细论述。

(3) 按对价格影响的性质差别划分

① 平衡的通货膨胀。这是指各种商品(包括生产要素)的价格以相同比例上升。

② 非平衡的通货膨胀。这是指各种商品(包括生产要素)的价格上涨幅度不相同。

(4) 按人们对通货膨胀的预期程度划分

① 可预期的通常膨胀。又称为惯性通货膨胀,它是指一国政府、厂商和居民对未来某时期的通货膨胀可以在一定程度上加以预期到的通货膨胀。

② 不可预期的通货膨胀。是指物价上涨的速度超出人们的预料,或人们对未来时期的物价变化趋势无法预测。这种类型的通货膨胀在短期内对就业与产量有扩张效应。

(5) 按经济运行的市场化程度或通货膨胀的表现形式划分

① 公开性通货膨胀。又称开放性通货膨胀或物价型通货膨胀。它是指在市场机制充分运行条件下通货膨胀以物价上涨的形式公开表现出来。

② 隐蔽性通货膨胀。又称抑制性通货膨胀或短缺性通货膨胀。这是指政府对价格进行某种形式的控制使得物价同市场供求脱离关系。过度需求不会引起物价水平的上涨、或物价上涨有限而不足以反映过度需求的真实水平,在这种类型的通货膨胀中,通货膨胀不是以

物价上涨而是以商品短缺和供应紧张等形式表现出来。

（6）按与经济发展和经济增长的联系划分

① 恢复性通货膨胀。它是指在通货紧缩后经济萧条、物价过低的情况下，为了促进经济的恢复和发展，人为地增加货币供应量，使物价回升到正常水平所呈现的一种情况。

② 适应性通货膨胀。又称过渡性通货膨胀，是指与经济增长几乎同步的那种通货膨胀。

③ 停滞膨胀。又称滞胀（stagflation），是指在经济增长停滞甚至衰退的同时所发生的一般物价水平上涨的情况。

二、通货膨胀的成因

西方经济学家始终从供给与需求这两方面出发来看待通货膨胀和物价上涨的原因，因此在西方经济学中主要的通货膨胀理论分为两大派：需求论与供给论。即通常所说的需求拉上论和成本推动论。后来又出现了用需求与供给同时解释通货膨胀产生原因的混合通货膨胀理论，以及结构性通货膨胀理论。

1. 需求拉上通货膨胀论

需求拉上通货膨胀论是西方经济学中出现得较早的，也是比较重要的一种理论，这一理论认为通货膨胀是由总需求的过度增长所引起的。即因为物品和劳务的需求超过按现行价格可以得到的供给，引起一般物价水平的上涨。换句话说，当消费者、企业、政府的总开支超过可得到的总供给时，需求拉上的通货膨胀就会发生。

在西方经济学中，所谓需求，是指人们持有的货币对商品和劳务所形成的有支付能力的需求，因此，在谈到总需求的增加而形成通货膨胀时，自然涉及货币供应量增加的问题，货币供应量的增加如何引起总需求的增加呢？

凯恩斯主义学派根据凯恩斯的有效需求原理和流动偏好理论认为，货币数量的增加不会直接影响物价，而是首先使利息率降低，从而投资增加；投资增加通过乘数作用，又使消费增加，随着投资与消费增加，社会总需求便增加。

凯恩斯学派认为，社会总需求的增加，是否会引起物价上升和通货膨胀，还需视供给的情况而定。这里会出现三种情况：第一，如果社会上存在着丰富的还没有被利用的资源和大量失业，总供给弹性很大，这时即使货币量增加使总需求提高，但生产可以扩大，因而物价不会上涨。第二，在经济扩张到了一定阶段，以致有些资源和技术变得稀少的情况下，这时生产扩大会使工资和边际成本增加，物价水平将会上涨。但由于这时生产仍然有所扩大，致使物价上涨幅度将小于货币数量增加的幅度。这时货币量的增加，将部分引起生产和就业的增加，部分引起物价上涨，这被称为半通货膨胀。第三，在达到充分就业的条件下，由货币供应量的增加而引起需求的增长，遇到了没有弹性供给，物价将随着货币数量的增加而成比例上涨，这时便出现了真正的通货膨胀。其变动过程可用图17-2来表示。

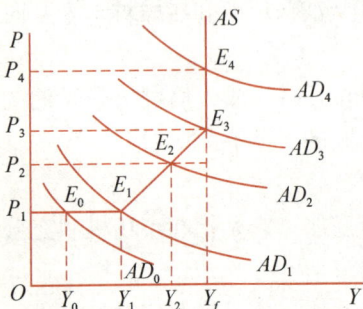

图 17-2 需求拉上通货膨胀

图中，横轴代表国民收入，纵轴代表价格水平，AD 为总需求曲线，AS 为总供给曲线。当国民经济在 E_0 点达到均衡时，此时总供给曲线的弹性极大，处于上述第一种情况，在此情况下，如果货币供应量增加使总需求由 AD_0 增至 AD_1，国民收入由 Y_0 增至 Y_1，但价格水平并不上涨。此后，货币供应量继续增加，总需求进一步增至 AD_2、AD_3，国民收入相应增加至 Y_2 和 Y_f，而价格水平也相应提高至 P_2 和 P_3，国民经济处于上述第二种情况，即"半通货膨胀"状况。当国民收入增至 Y_f 时，经济已处于充分就业状况，此时，如果继续增加货币量使总需求增至 AD_4，导致价格水平上升至 P_4，而国民收入不再增加，形成真正的通货膨胀。

2. 成本推进通货膨胀论

自 20 世纪 50 年代后期以来，西方经济学界流行"成本推进"的通货膨胀论。即认为物价上涨和通货膨胀根源于供给或成本方面，即使总需求不变，但因生产成本增加，物价也被推动而上涨。西方经济学家将这种理论称为"新的通货膨胀"理论，它又可分为两类：

一是工资推进的通货膨胀论。这一理论认为，物价上涨的原因在于工资率的提高超过了劳动生产率的增长。西方经济学家认为，在不完全竞争的劳动市场上，由于存在着力量强大的工会，工会可以通过各种形式提高劳动市场的工资水平，并使工资的增长率超过生产的增长率。由于工资提高，引起产品成本增加，导致物价上涨，如此循环往复就造成了工资——物价"螺旋"上升，引起成本推进通货膨胀。

二是利润推进式通货膨胀。这一理论认为通货膨胀产生的原因在于不完全竞争。在不完全竞争市场上，垄断企业利用它能操纵市场价格的权力，通过削减产量从而导致价格的上涨而形成的。

在总需求曲线不变的情况下，包括工资推动通货膨胀和利润推动通货膨胀在内的成本推动通货膨胀，可以用图17-3来说明。

图中，总需求是既定的，不发生变动，变动只出现在供给方面。当总供给曲线为 AS_1 时，这一总供给曲线和总需求曲线 AD 的交点 E_1 决定的总产量为 Y_1，价格水平为 P_1。当总供给曲线由于成本提高而移到 AS_2 时，总供给曲线与总需求曲线的交点 E_2 决定的总产量为 Y_2，价格水平为 P_2。这时，总产量比以前下降，而价格水平比以前上涨。当总供给曲线由于成本进一步提高而移动到 AS_3 时，总供给曲线和总需求曲线的交点 E_3 决定的总产量为 Y_3，价格水平为 P_3。这时的总产量进一步下降，而价格水平进一步上涨。

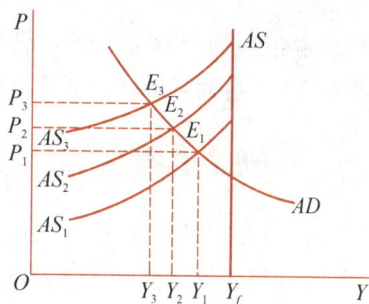

图 17-3　成本推动通货膨胀

3. 供求混合推进的通货膨胀论

西方经济学家认为，在现实的经济生活中，纯粹由需求拉上或成本推进所引起的通货膨胀是不常见的。长期以来，现实的通货膨胀，大都是由需求与供给这两方面的因素共同起作用的结果，即所谓"拉中有推，推中有拉"。通货膨胀过程可能从一般的过度需求开始，过度需求引起物价上涨，从而促使工会要求提高工资率，这样成本推动力量就会发生作用，引起更大的通货膨胀。另一方面通货膨胀也可以从成本推进开始，如在工会压力下提高工资或为了追逐利润而减少供给，但如果不存在需求和货币收入水平的增加，这种类型的通货膨胀将不会长久持续下去。因为在这种条件下,工资上升意味着产量减少和失业增加、终止成本推进的通货膨胀。因此,纯粹需求拉上的通货膨胀是不存在的,纯粹的成本推进也不可能产生持续的通货膨胀过程。在现实经济中大量存在的是需求与供给同时发生作用的混合型通货膨胀。

4. 结构性通货膨胀

结构性通货膨胀是指由于社会经济中各部门结构性因素变动导致各经济部门之间发展不平衡而引起的通货膨胀。这种理论认为通货膨胀起因不在于需求增加或成本上升,而在于经济结构本身所具有的特点。社会可能从不同角度划分成许多部门,各个部门提高劳动生产率的速度各不相同。那些能够大量应用最新技术成果的部门劳动生产率提高得比较快。在其中工作的劳动者工资也增加得较快。但其他部门的工人要求按"公平原则"也提高工资,并形成巨大的社会压力,于是那些劳动生产率提高较慢,甚至没有提高的部门的劳动者工资也跟着提高了。这就使社会的货币增长率高于劳动生产率的增长率,从而形成通货膨胀。具体地说这种类型的通货膨胀可以分为三种:一是需求转移型通货膨胀。即在总需求不变的情况下,由于消费者偏好的改变,一部分需求转移到其他生产部门,而劳动等其他各种生产要素却不能及时转移,这样需求增加部门的工资和产品价格上升,而需求减少部门的工资和产品价格具有一定的刚性,未必相应下降,因此物价总水平上涨。二是部门差异型通货膨胀。即产业部门和服务部门的劳动生产率、价格弹性、收入弹性等是不相同的,但两部门的货币工资增长率却趋向同一,加上价格和工资的刚性,就引起了物价全面上涨。三是所谓的输入型通货膨胀,也称斯堪的纳维亚小国型通货膨胀。对于北欧一些开放经济的小国来说,经济结构可以分为"开放部门"(生产出口产品)和"隐蔽部门"(不生产出口产品)两大部分。因为在国际贸易中,小国一般是国际市场价格的接受者,世界通货膨胀会通过一系列机制传递到小国的开放经济部门,首先引起开放部门的物价上涨,然后又引起隐蔽部门的物价上涨,进而导致全面通货膨胀。

三、通货膨胀的效应与影响

世界各国经济发展实证分析表明,通货膨胀所带来的效应总是弊大于利,但也不能一概而论,这需要具体情况具体分析。事实上,由于国内原因形成的温和的通货膨胀——像20世纪50—60年代的美国那样,并未多大地减少经济体系的真实收入,它只能是把某一集团的收入重新分配到另一个集团。理由很简单,一个人的成本正是另一个人的收入,但奔腾式通货膨胀所带来的后果就严重得多。1923年德国的通货膨胀,人们在排队购买商品的过程中,有时会发现队刚排到半途而价格已上涨了一倍,临到他们可能买到时价格已涨了四倍,在这样的气氛下货币不再执行它作为财富贮藏的重要职能。一个有理性的人也将少费精力去从事财货的生产而把更多的精力用在如何尽快花钱上。毫无疑问,奔腾式的通货膨胀或超级通货膨胀会伤害经济的士气和生命力。而温和的通货膨胀也许在收入和财产分配上只有较少的影响。不仅如此,未预期的通货膨胀和可以预期的通货膨胀所带来的影响完全不同。如果通货膨胀是可以预期的,则政府、企业和居民可以(根据对通货膨胀的预期)在价格、收入等方面进行相应的调整,从而大大减弱它的影响。如果通货膨胀是不可预期的,则它对一国经济会产生多种影响。

我们可以把这个讨论概括在表 17-1 中。

表 17-1　两维度影响下通货膨胀引发的代价

	平衡的通货膨胀	不平衡的通货膨胀
预期到的通货膨胀	通货膨胀没有代价	效率损失
未预期到的通货膨胀	收入和财产再分配	效率损失和再分配

从表中可以看出,通货膨胀的代价取决于两个方面。第一,它是一个平衡的通货膨胀吗?第二,它是预期到的吗?如果对两个问题都回答"是"那么我们就处于表的左上部分,而代价就可以忽略不计,另一方面,如果通货膨胀造成相对价格严重失调,而且它是未预期到的,那么就可能是效率损失严重和大量的再分配。如表的右下角所示。

下面我们具体分析通货膨胀对社会经济的影响。

1. 对收入分配的影响

当发生未预期通货膨胀时,有固定货币收入的人以及债权人遭受损失。相反,对于非固定收人者及债务人都是受益者。在现代社会中主要包括股票持有者、企业和国家。

2. 对财产分配的影响

由于通货膨胀侵蚀着货币购买力,使任何以固定货币数量计算的资产的真实价值也受到影响。对于持有不变价格财产的人来说其拥有的债券、银行存款的票面价值是相对固定的,实际价值将随物价上涨而下降。对于持有可变价值财产的人来说,则正好相反,他们会因通货膨胀而受益。

3. 对于经济效益的影响

通货膨胀造成人们对货币贬值的预期,导致流通中的囤积居奇,出现"投资不如投机,生产不如囤积,存钱不如存货"的现象。导致生产下降,通货膨胀恶化,企业不再致力于提高产品质量、提高生产效率、降低成本,而是乘通货膨胀之机,抬高物价、粗制滥造,结果形成资源浪费,生产能力降低,严重影响经济效益。

4. 对经济增长的影响

从短期看,当有效需求不足而且社会存在闲置生产能力时,通货膨胀可以刺激政府的投资性支出,扩大总需求,从而能够刺激经济增长。从长期看,通货膨胀会增加生产性投资风险,提高经营成本,使生产投资下降,从而不利于经济增长。

5. 对国际收支的影响

发生通货膨胀的国家,国内市场商品价格上涨,出口商品价格也上涨,从而影响出口商品在国际市场上的竞争能力,出口减少。而本国货币贬值,必然导致进口商品价格降低,进口增加,致使国际收支恶化。

四、反通货膨胀的政策

1. 用衰退来降低通货膨胀

用衰退来降低通货膨胀的方法是指通过紧缩的财政政策和货币政策把实际国民收入

降下来,从而来降低通货膨胀的方法。这样降低国民收入的过程,实际上就是一次经济衰退过程。衰退的程度取决于实际国民收入下降的程度。随着经济衰退,通货膨胀率就会下降。

根据降低国民收入速度的快慢,用衰退降低通货膨胀的方法分为渐进式降低通货膨胀的方法和激进式降低通货膨胀的方法。渐进式降低通货膨胀的方法是指用较长的时间和每个时期降低较少的通货膨胀率来消除通货膨胀的方法。激进式降低通货膨胀的方法是指用较短的时间和每个时期降低较多的通货膨胀率来消除通货膨胀的方法。

西方经济学家认为,渐进式降低通货膨胀的方法与激进式降低通货膨胀的方法各有优劣。激进式降低通货膨胀的方法能够在较短时期内比较快地实现降低通货膨胀率的目标,增强对政府控制物价能力的信心,减缓通货膨胀的心理预期,但短期内带来的失业量也很大;渐进式降低通货膨胀方法的一个特点是逐步降低失业率,从而使社会成员承受较小的失业压力,但社会成员在较长时间内承受着较高的通货膨胀率。

2. 收入政策

收入政策是政府为了降低一般物价水平上升的速度,而采取的限制货币工资和价格的政策。因此,收入政策也叫做工资和物价管制政策。收入政策的理论基础是成本推动通货膨胀的理论。西方经济学家认为工会是垄断组织,工会与垄断厂商分别具有提高工资与商品价格的垄断力量。工会与垄断厂商的垄断,使生产成本不断上升,导致了成本推动的通货膨胀。因此,要降低通货膨胀率,就要对工资和物价进行管制,实行收入政策。收入政策有三种具体方法:(1)实行工资和价格指导指标。工资和价格指导就是把工资和物价上涨的幅度限定在一定的范围内。(2)冻结工资和物价。(3)实行以税收为基础的收入政策。这种政策以减税、增税作为奖惩手段,以减税政策来奖励遵守工资增长界限的企业,对不遵守工资增长界限的企业实行增税政策以示惩罚。

3. 改变预期

改变预期是指在相信政府有控制通货膨胀能力的基础上改变对通货膨胀率的预期。改变预期就可以制止工资与物价螺旋上升。斯蒂格利茨认为,对通货膨胀的心理预期对通货膨胀起着巨大的作用。要想实现引导企业和工人不涨物价和不涨工资的目标,在很大程度上应当打破企业和工人对通货膨胀的心理预期。要打破人们对通货膨胀的心理预期,政府必须对经济实行剧烈的、持久的干预。政府要敢于务求实效,否则,就不能实现改变预期以控制通货膨胀的目的。如果政府控制通货膨胀率的措施足以使人们相信政府控制通货膨胀的能力,人们就会降低甚至消除对通货膨胀的预期,使政府为增加就业而采取的政策产生有效性。

4. 实行异端稳定措施

异端稳定措施是针对恶性通货膨胀而采取的控制通货膨胀的方法。所谓异端稳定措施,是指除货币和财政措施之外的制止通货膨胀的措施,包括对工资和物价的直接干预、暂停偿还外债、进行货币改革等。对工资和物价的直接干预。就是通过设置工资和价格的上限制止通货膨胀的方法。这样的方法可以制止成本上涨,提高人们对于物价稳定计划的信心,改变人们的通货膨胀预期,克服通货膨胀惯性。

第三节　菲利普斯曲线

菲利普斯曲线是一个十分重要的概念,它的发展大致经历了三个阶段。第一阶段是菲利普斯和加拿大经济学家利普西发现通货膨胀率和失业率之间存在一种稳定的负相关关系后提出了该曲线的原始模型。第二阶段是货币主义者弗里德曼和费尔普斯根据自然失业率假说,提出了附加预期的菲利普斯曲线模型,解释短期菲利普斯曲线与长期菲利普斯曲线之间的根本区别。第三阶段主要是理性预期学派经济学家对菲利普斯曲线的否认,提出失业率和通货膨胀率之间根本不存在有规律的替代关系。

一、原始菲利普斯曲线

1. 原始菲利普斯曲线的含义

菲利普斯 1958 年在研究英国 1861—1913 年工资变化率与失业率的实际资料时发现这两个变量之间存在着非线性的负相关关系。在此基础之上他断定,1913—1957 年货币工资变化率和失业率的关系也可以用同样的负相关关系函数进行解释。此函数式为:

$$\frac{P}{P_{-1}} = 1 + \alpha \cdot \frac{Y_t - \overline{Y}}{\overline{Y}}$$

或

$$\pi = \alpha \times \frac{Y_t - \overline{Y}}{\overline{Y}} \tag{17.3}$$

其中,π 为通货膨胀率,Y_t 为实际产量,$\overline{Y}$ 为潜在产量,α 表示失业率与实际 GDP 变动之间的程度。根据这个函数,失业率上升时,货币工资变化率下降;反之亦反之。如图 17-4 所示。其中,横轴 u 表示失业率,纵轴 π 表示通货膨胀率。

菲利普斯所提出的这种关系尽管从经验统计中得到了证实,并受到重视,但却缺乏一种理论来解释这种关系。加拿大经济学家利普西在 1960 年发表的《1862—1957 年英国失业和货币工资率变化率之间的关系:一种进一步分析》

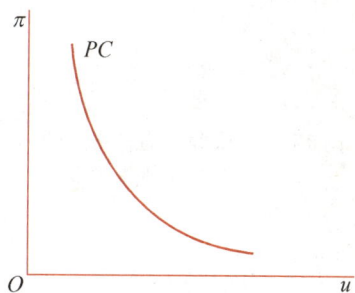

图 17-4　菲利普斯曲线

中提出了过度需求模型(excess-demand model),从单个劳动市场的供求关系中推导出菲利普斯曲线,给这一曲线以理论上的解释。这一模型的基本思想是:工资的增长可以用劳动市场上存在的过度需求来解释,而失业率则是衡量过度需求的一个指标。从而就把货币工资的变动率与失业率之间的变动联系起来。

萨缪尔森和索洛在 1960 年发表的《达到并维持稳定的价格水平问题:反通货膨胀政策的分析》一文中对菲利普斯曲线作出了重要发展。首先,原来的菲利普斯曲线是表示失业率与货币工资率之间交替关系的。萨缪尔森和索洛的发展则用这条曲线来表示失业率与通货膨胀率之间的交替关系。这是因为,决定价格的原则是成本加值法,即在成本的基础之上加一个固定比率的利润。当短期中,工资是唯一的成本时,工资增加也就会相应地提高价格水平,这样,工资和价格水平之间就有一种固定比率的关系,从而就可以用通货膨胀率来代替工资率。这种由于工资率增加而引起的通货膨胀就是以前所分析的成本推进的通货膨胀。

其次,他们使菲利普斯曲线成为决策的工具。这就是说,由于失业率与通货膨胀率之间存在交替关系,所以在进行决策时,就可以以高失业率换取低通货膨胀率,或者以高通货膨胀率换取低失业率。决策者可以运用菲利普斯曲线进行相机抉择。正如他们所说的,决策人所面临的是"一个在不同失业水平和价格决定之间的选择菜单"。这样,就使菲利普斯曲线得到了广泛的运用。

由于萨缪尔森和索洛的这两点重要发展,菲利普斯曲线成为分析失业与通货膨胀之间的关系,并进行政策选择的重要工具,从而也就成为宏观经济学中一个十分重要的概念。

2. 菲利普斯曲线的作用

西方经济学家认为,当前各国经济发展面临的最主要的经济问题是失业与通货膨胀,这两个问题威胁着经济稳定甚至社会稳定。所以,各国经济政策的重点就放在如何对付这两个问题上。按照主流经济学家的观点,要彻底消除失业与通货膨胀是不可能的,关键在于把这两者控制在不妨碍社会稳定的范围内,也就是所谓的"社会可接受程度"之内。这个"社会可接受程度"又被称为"临界点"。它在不同国家或不同时期可以有不同的规定。只要失业率与通货膨胀率没有超过这个范围,政府就不必采取什么政策措施。超出这个范围,政府才应该进行干预,以便把它们控制在社会可接受的范畴内。在这个过程中,菲利普斯曲线被认为是一个非常有用的工具,它可以帮助人们确定宏观调节的方向和程度。如图17-5所示,假设政府认为失业率或通货膨胀率超过4%社会就无法接受,那么4%的失业率或通货膨胀率就成为一定时期内社会可接受的最大极限,被称为"临界点"。图中阴影部分区域就是临界点以内的区域,如果社会的失业率或通货膨胀率处于这个区域内,则政府就不必采取干预措施。

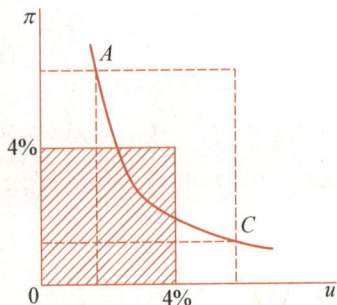

图 17-5 失业与通货膨胀的社会可接受程度

图中的 A 点,尽管这时失业率较低,但通货膨胀率超过了社会可接受的程度。那么政府就可以通过紧缩性的政策,以提高失业率为代价,降价通货膨胀率,从而使失业率与通货膨胀率保持在社会可接受的临界区域内。同样道理,在图中的 C 点,政府则应采取扩张性财政政策与货币政策,用较高的通货膨胀率来换取较低的失业率。这就是西方经济学中经常运用的"相机抉择"的宏观经济政策。

二、货币主义的菲利普斯曲线

从 20 世纪 60 年代后期开始,货币主义经济学家弗里德曼和费尔普斯对菲利普斯曲线所表示的失业率与通货膨胀率之间的交替关系提出了疑问。这就是:第一,菲利普斯曲线是一条稳定的关系曲线吗？第二，在长期中失业与通货膨胀之间存在着菲利普斯曲线所表示的交替关系吗？他们批评菲利普斯曲线忽视了通货膨胀预期作用。这样，他们提出了附加预期的菲利普斯曲线，说明了短期菲利普斯曲线与长期菲利普斯曲线的不同。

1. 附加预期的菲利普斯曲线

货币主义者认为，20世纪70年代以来，菲利普斯曲线所描述的失业与通货膨胀的交替关系发生了新的变化，即菲利普斯曲线向右上方移动了，这种情况被称为"菲利普斯曲线恶化"。这就是说，现在必须用更高的通货膨胀率才能使失业率维持在某一水平，或者说，必须用更高的失业率才能使通货膨胀率与失业率降到原先的"社会可接受程度"即"临界点"之内。于是他们不得不提高"临界点"，以便在新的菲利普斯曲线下调节通货膨胀与失业的水平，如图17-6所示。

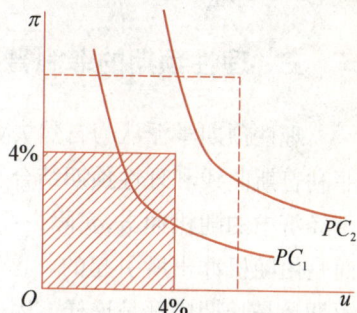

图17-6　向右上方移动的菲利普斯曲线

在图17-6中，原来的菲利普斯曲线 PC_1 位于社会可接受程度之内，即位于图中阴影部分为"临界点"以下的安全范围。但当菲利普斯曲线从 PC_1 移到 PC_2 以后，PC_2 不通过原来的安全范围，此时无论政府采取什么样的政策措施，都不能将失业率与通货膨胀率下降到图上阴影部分所表示的安全范围，于是只得提高"临界点"。图上的虚线框表示提高"临界点"以后的安全范围。因此，向右上方移动的菲利普斯曲线是对西方国家高通货膨胀率与高失业率同时并存局面的反映。

为什么菲利普斯曲线会向右上方移动呢？货币主义认为，原来的菲利普斯曲线 PC_1 反映的是通货膨胀预期为零的失业率与通货膨胀率之间的交替关系，如果通货膨胀连年上升，特别是政府利用菲利普斯曲线进行相机抉择，用高通货膨胀换取低失业率的话，就会形成一种通货膨胀预期。如果通货膨胀被预期到了，工人就会要求提高货币工资避免生活水平受通货膨胀侵蚀，如果人们预期到通货膨胀会以4%的速度增加，那么，当货币工资率上升7%时，人们会认为实际工资率只上升3%。因此，如果以往货币工资率上涨6%便能使失业率降到3%的话，那么现在达到3%的失业率必须使货币工资率上涨10%，即以往的货币工资上涨率6%加上4%的通货膨胀预期。

按预期扩大的菲利普斯曲线依然表示失业率与通货膨胀率之间的交替关系。只不过现在的交替关系表现为用更高的通货膨胀率来换取一定的失业率。

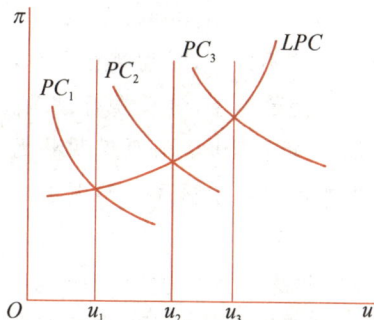

图17-7　长期菲利普斯曲线

2. 长期菲利普斯曲线

长期菲利普斯曲线表示在通货膨胀完全可以预期、失业率为自然失业率情况之下失业率与通货膨胀率的关系。弗里德曼认为菲利普斯曲线所描述的通货膨胀率与失业率之间的交替关系只是一种短期现象，长期中并不存在。长期内，菲利普斯曲线变为一条垂直线或正相关曲线。不论通货膨胀率上升多少都不能使失业率降下来，甚至失业率与通货膨胀率成同方向变化，即通货膨胀率越高，失业率越高，如图17-7所示。

在图中，u_1 为自然失业率，PC_1、PC_2、PC_3 为三条短

期菲利普斯曲线,当自然失业率为一固定水平 u_1 时,长期菲利普斯曲线是一条经过 u_1 的垂直线。由于人为因素的干扰,使市场机制失灵,那么就会使自然失业率从 u_1 增长到 u_2、u_3 等等。它们与各条长期菲利普斯曲线的交点连接起来,就形成了一条向右上方倾斜的、具有正斜率的长期菲利普斯曲线,它反映了政府调节措施失灵的"滞胀"现象。

三、理性预期的菲利普斯曲线

理性预期学派认为自然失业率假设与适应性预期是不一致的。他们要把自然失业率的菲利普斯曲线和理性预期结合起来进行分析,它们认为,失业并不取决于通货膨胀而是取决于经济中的随机冲击,实际失业率围绕自然失业率的波动并不是由通货膨胀系统地引起的,而是由随机冲击所引起的。这样,失业与通货膨胀就不存在那种稳定的交替关系了。无论短期还是长期中都是这样。因此,无论在短期或长期中,政府都不可能利用通货膨胀率与预期通货膨胀率的差异来系统地影响失业率。如果货币供给增长率的变动是规则的,公众可以完全预期到,那么,货币供给的增加将提高通货膨胀预期,同时推移菲利普斯曲线,使实际通货膨胀率上升而不会降低失业率。如果货币供给增长率的变动是不规则的,公众无法完全预期到,那么,这就属于影响失业率变动的随机冲击之一。但这种情况下,并不是失业与通货膨胀有稳定的交替关系,而是随机冲击的作用,其他随机冲击也会发生类似的作用。即使在短期中,失业和通货膨胀也不存在稳定的交替关系,从而也就无法作为一种政策工具。

附:中国1979—2008年的六次抑制通货膨胀

第一次宏观调控(1979—1981)——两次会议、三年时间大调整

第一次宏观调控针对的是1978年的经济过热而出现的通货膨胀。在当年12月召开的具有伟大历史意义的党的十一届三中全会上,提出了全党工作重心转移到社会主义现代化建设上来。这次会议上还提出,国民经济中一些重大的比例失调状况还没有完全改变过来,基本建设必须积极地而又量力地循序进行,不可一拥而上。1979年3月,李先念、陈云同志就财经工作写信给党中央,明确提出,现在国民经济比例失调的情况相当严重,要有两三年的调整时期。同月,中央政治局会议决定,用三年时间进行国民经济调整。1979年4月,召开了专门讨论经济问题的中央工作会议,正式提出用三年时间对整个国民经济进行调整,实行新八字方针,即"调整、改革、整顿、提高"。

然而,在1979年、1980年两年中,从中央到地方对调整的认识并不统一,贯彻执行不力,基建总规模没有降下来,地方和企业财权扩大后盲目上项目,财政大量赤字,货币发行过多。为此,1980年12月,党中央再次召开工作会议,决定在经过1979年和1980年两年调整之后,1981年对国民经济进行进一步的大调整。至此,改革开放以来的第一次国民经济调整才得以有效地进行。

第二次宏观调控(1985—1986)——三年调整、一年进行,留有隐患

第二次宏观调控针对的是1984年的经济过热而出现的通货膨胀。当年11月,国务院发出通知,要求各地各部门严格控制财政支出,控制信贷投放。1985年的《政府工作报告》提

出,加强和完善宏观经济的有效控制和管理,坚决防止盲目追求和攀比增长速度的现象。但这一年过热局面没有控制住,许多地方和单位仍在盲目上项目、铺摊子。为此,1986 年 3 月通过的"七五"计划,分为前两年和后三年两个阶段。前两年进行调整,着重解决固定资产投资规模过大、消费基金增长过猛的问题。

然而,在 1986 年第一季度工业生产增长速度回落之后,许多人认为经济增长出现滑坡,强烈要求放松银根,刺激经济增长;加之 1986 年是"七五"计划的第一年,各地加快发展的积极性很高。在各种压力下,原计划用三年时间进行调整的却仅用了一年时间,所以 1986 年进行的宏观调控过程中,仍潜伏着进一步引发新的过热的可能性。

第三次宏观调控(1989—1990)——"急刹车"、"硬着陆"

第三次宏观调控针对的是 1987—1988 年的经济过热而出现的通货膨胀。这是我国改革开放以后所进行的比较重要的一次宏观经济调控。起因是从 1979 年到 1988 年,由于实行改革开放,长期被压抑的潜在生产力获得了解放,我国经济实现了差不多连续十年的快速增长,但经济中积累的不协调、不平衡因素也越来越多。加上 1988 年初,在大量商品仍然供不应求、通货膨胀率客观还比较高的条件下,就过早地作出决定,要进行全面的价格改革"攻关";极少数重要商品的价格继续由国家宏观控制,并进行适时适度的调整;绝大多数商品价格完全开放,由市场调节。接着又放开了高价烟、酒的价格,市场销售价一举提高了好几倍甚至上十倍,社会商品零售物价指数也上升到了两位数,而银行一年期的储蓄存款利率还只有 7.2%,商品价格指数与银行利率明显倒挂,很快就出现了全国性的商品抢购现象。与此同时,虽然当时国家预算内的基本建设投资得到一定控制,但预算外投资规模的膨胀远远没有控制住,而且愈演愈烈。

在此情况下,中央紧急作出"治理经济环境、整顿经济秩序"的决定,坚决进行宏观调控,全面压缩需求,控制物价。1989 年 11 月党的十三届五中全会通过《中共中央关于进一步治理整顿和深化改革的决定》,进一步提出用三年或者更长一些时间基本完成治理整顿任务。至此,改革开放以来的第三次国民经济调整才得以有效地进行。

由于这次经济失控的范围宽、来势猛、影响大,因而调控的步伐也就比较急,采取的措施与力度也比较大。可以说基本上是用行政命令的方法进行"急刹车"的。这样仅仅经过不到一年时间,经济就重新达到了基本平衡。但这次宏观调控,在取得很大成绩的同时,也有着某些不足。现在一般将这次宏观调控形容为"硬着陆",虽然没有"机毁人亡",但"机体"已受到了某些不可避免的损伤。

第四次宏观调控(1993—1996)——"软着陆"、偏于从紧

第四次宏观调控针对的是 1992 年到 1993 年上半年的经济过热而出现的通货膨胀。这次起因是 1992 年以后,各方面加快经济建设的积极性空前高涨,到 1993 年上半年又出现了明显的过热,固定资产投资同比上升近一倍,通货膨胀率又超过了两位数。1993 年 6 月,国家发布了《中共中央、国务院关于当前经济情况和加强宏观调控的意见》,采取 16 条措施,正式开始了以整顿金融秩序为重点、治理通货膨胀为首要任务的宏观调控。

这次调整主要是运用信贷、税收等经济办法,将经济过热的局面缓缓扭转过来。重点虽然还是控制基建投资,但主要不是直接压缩投资和具体项目,而是严格控制银行信贷规模和开征高额的投资方向调节税。在此前提下,具体压什么、压多少,主要由各部门、地方自行决

策,以达到既压缩建设规模、又提高建设效果的双重目的。仅仅经过了两年时间,经济基本上又恢复了平衡,而且经济增长速度没有大幅度下滑。因此,将其形容为"软着陆",评价明显比第一次要高。

但回头分析,这次也有所不足。最主要的是,调控的时间拖长了一些。因为从当时经济的总体形势看,到 1995 年下半年,调控已经基本到位了。从 1996 年开始,理应适当调整宏观经济政策,适度放松,增加一些基本建设投资,以扩大就业和适当增加居民消费需求。但我们没有作这样的调整,而是继续从紧。到 1997 年下半年,市场销售不畅进一步加剧,开始从过去的通货膨胀变成了通货紧缩,物价指数绝对下降。一直到 2003 年,物价指数才从绝对下降转为基本持平。

第五次宏观调控(2003 下半年—2005)——适时、适度与适可而止

第五次宏观调控的起因是随着新世纪的到来与第十个五年计划的实施,各方面都希望加快工业化、城市化、现代化的发展步伐;加上成功地加入了 WTO,经济对外开放的广度和深度进一步扩大,各地方、各部门发展经济的热情迅速高涨,经济形势很快又出现了过热现象。这样从 2003 年下半年起又进行宏观调控。这次动手比较早,仅仅在出现了局部过热、还没有形成全面过热的情况下就开始了;力度比较适中,即使对重点调控领域,也没有采取"一刀切"、"急刹车"的办法一律加以控制,而是有保有压,区别不同情况加以不同对待;措施范围也比较适当,不是不加区别地全面收紧,而主要是把住把好土地和资金供应两个重要"门闸"。特别是对调控延续时间的掌握比较准确,即在形势基本稳定下来以后,就在内部明确,看来这次宏观调控已经基本到位,一般可以不再采取激烈的措施了。因此,其效果可以说比任何一次都好。

根据上述分析,我们可以看出,我国经济宏观调控的主要经验综合起来可以概括为一句话:必须做到"三适",即适时、适度与适可而止。1984 年抵制通货膨胀之所以不彻底,主要原因在于不够适时,即 1984 年动手调控的时间偏短;而 1988 年抵制通货膨胀之所以欠成功,主要原因在于不够适度,即 1988 年动手调控的力度偏大;1993 年之所以也不够理想,主要是虽然较好地做到了适时、适度,但没有做好适可而止。只有 2003 年这次调整,因为"三适"即适时、适度与适可而止基本上都做到了,从而才取得了比较全面的成功。这是非常宝贵的经验。

第六次宏观调控(2007 年下半年开始至 2008 年中)

从 2007 年以来,我国居民消费价格指数(CPI)一直居高不下,7 月份以来,CPI 连续保持在 5% 以上的高位。作为判断是否存在通货膨胀的一个重要依据,专家认为,5% 的 CPI 是一个比较关键的数字。CPI 在 5% 以内比较正常,是绿灯区;CPI 在 5% 到 9% 之间,属于温和通胀,是黄灯区;9% 以上属于严重的通胀,是红灯区。

因此,面对当前的经济形势及通货膨胀的类型,政府采取了多种经济政策进行治理,在 2007 年央行已经十次调整存款准备金率,上调后的存款准备金率达到 14.5%,创 20 余年历史新高。

2007 年 11 月中央经济工作会议确定了从紧的货币政策要求,加强银行体系流动性管理,抑制货币信贷过快增长。并明确提出,2008 年要实施稳健的财政政策和从紧的货币政策,将进一步发挥货币政策在宏观调控中的重要作用,严格控制货币信贷总量和投放节奏。因此,国家将进一步采取宏观货币与财政政策,包括:扩大加息力度,尽快缓解严重负利率状

况;加大力度抑制流动性过剩,控制通货膨胀的源头,包括提高存款准备金率等措施等,各种组合治理措施也即将出台。(资料来源:陈炎兵、何五星编著:《中国为何如此成功》,中信出版社,2008 年。)

★★★★★ 本章要点回顾 ★★★★★

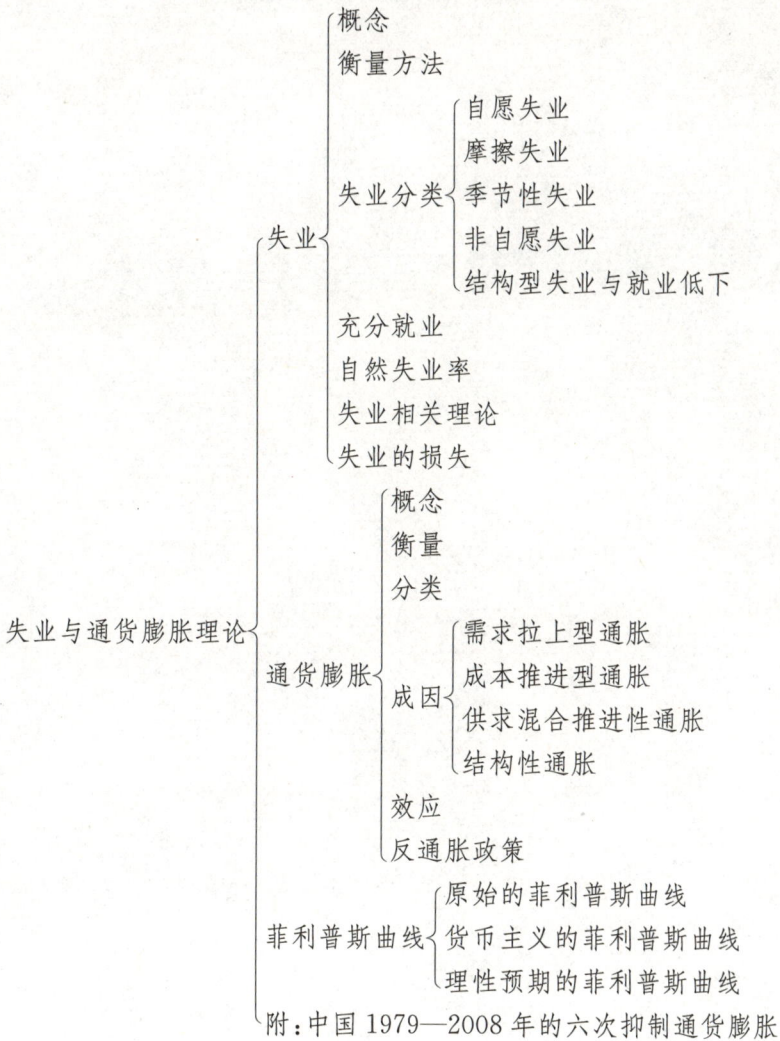

失业与通货膨胀理论
- 失业
  - 概念
  - 衡量方法
  - 失业分类
    - 自愿失业
    - 摩擦失业
    - 季节性失业
    - 非自愿失业
    - 结构型失业与就业低下
  - 充分就业
  - 自然失业率
  - 失业相关理论
  - 失业的损失
- 通货膨胀
  - 概念
  - 衡量
  - 分类
  - 成因
    - 需求拉上型通胀
    - 成本推进型通胀
    - 供求混合推进性通胀
    - 结构性通胀
  - 效应
  - 反通胀政策
- 菲利普斯曲线
  - 原始的菲利普斯曲线
  - 货币主义的菲利普斯曲线
  - 理性预期的菲利普斯曲线
- 附:中国 1979—2008 年的六次抑制通货膨胀

第十八章
经济周期与经济增长

本章导学

1. 了解经济周期的阶段、特征及划分。
2. 了解经济增长的涵义、特征和衡量指标，经济增长的源泉和重要事实。
3. 经济发展的含义。

第一节　经济周期理论概述

一、经济周期的定义

经济周期(business cycles 或者 trade cycles)也称经济循环或商业循环,是指资本主义市场经济生产和再生产过程中周期性出现的经济扩张与经济紧缩交替更迭、循环往复的一种现象。关于经济周期的定义,西方经济学家有各种不同的解释,最为典型的是美国经济学家米契尔对经济周期所下的定义。米契尔在《衡量经济周期》一书中给经济周期下了一个经典性的定义:"经济周期是在主要按商业企业来组织活动的国家的总体经济活动中所发生的扩张,随之而来的同样普遍的衰退和与下一个周期的扩张阶段相连的复苏所组成;这种变化的顺序反复出现,但并不是定时的;经济周期的持续时间在一年以上到十年或十二年;它们不再分为具有接近自己的振幅的类似特征的更短的周期。"这个定义受到经济学界的公认,并被美国研究经济周期的权威机构——国民经济研究所作为确定经济周期顶峰与谷底的标准。从以上的定义我们可以看出,在经济分析中,每一个经济周期划分为四个阶段,即经济扩张阶段、紧缩阶段、危机阶段和复苏阶段。

萨缪尔森的解释:在繁荣之后,可以有恐慌与暴跌。经济扩张让位于衰退。国民收入、就业与生产下降。价格与利润跌落,工人失业。当最终到达最低点以后,复苏开始出现。复苏可以是缓慢的,也可以是快速的。新的高涨可以表现为长期持续的旺盛需求、充足的就业机会以及增长的生活标准。它也可以表现为短暂的价格膨胀和投机活动,紧接而至的是又一次的、灾难性的萧条。简单地说:经济周期就是国民收入及经济活动的周期性波动。

由此可见,在经济周期这一概念的解释上,都集中强调了以下三个要点:第一,经济周期的中心是国民收入的波动,由于这种波动而引起了失业率、物价水平、利率、对外贸易等变动。所以,研究经济周期的关键是研究国民收入波动的规律与根源。第二,经济周期是经济中不可避免的波动。第三,虽然每次经济建设周期并不完全相同,但它们却有共同点,即每个周期是繁荣与萧条的交替。

二、经济周期的阶段及其特征

经济活动由高涨到低谷的循环波动,并非围绕着某一固定的经济水平进行的,实际上,从长期看,经济活动有增长的趋势,因而经济周期是围绕着一种向上的趋势而上下波动的。

图18-1自左向右递升的一条顺滑曲线表示一个国家在其经济发展的历史长河中假如实现充分就业时会有的国民收入(GDP)变动的长

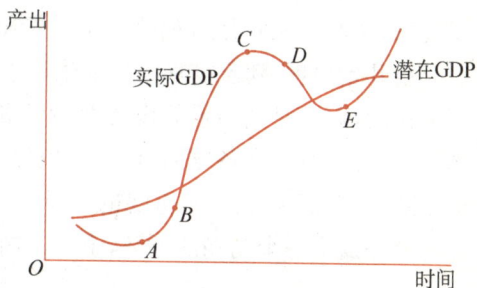

图18-1　经济周期的变动

期趋势,或者换一种说法,实际的经济活动水平达到其潜在的生产能力会有的国民收入变动的长期趋势。由于一个国家的人口(劳动力)和资本存量一般是逐年增加的,劳动生产率也是逐步提高的,所以经济发展的长期趋势是逐年递增的。但是历史资料表明,资本主义市场经济并不是稳定增长而是环绕其长期趋势周期地上下波动的。按照西方经济学家的分析,可将经济周期划分为四个阶段,或者两个阶段、两个转折点:分别为繁荣阶段,是经济活动的扩张或上升阶段;萧条阶段是经济活动的收缩或者下降阶段;危机是从繁荣走向萧条的转折点,即高涨达到高峰后转向衰退;复苏是从萧条走向繁荣的转折点。判断经济处于哪一个阶段,主要是看社会的工业产量、销售量、资本借贷、物价水平、利息率、失业率、利润率等经济指标及其变动情况。

1. 繁荣阶段

这是指经济活动经过上一个循环的复苏,而继续增长的时期,在这一时期,社会有效需求继续不断增加,产品畅销,一般批发商和零售商的存货减少,纷纷向生产厂商订货,生产者利润大大提高,厂家投资增加,就业率提高,失业不断减少,劳动和其他社会资源得到了充分的利用。

2. 衰退阶段

这是指经济活动从扩张的高峰向下跌落的阶段。由于消费增长的停止以及社会现有生产设备及能力的限制,使经济扩张到达顶点以后开始下跌,投资减少,生产下降,失业率上升,社会收入水平和有效需求也都下降。因而导致需求更进一步大幅度下降,一般商品价格下跌,整个社会形成普遍的生产过剩,企业利润急剧下降,一些厂家开始倒闭。存货增加,生产急剧收缩,整个社会充满着悲观情绪,社会经济在经历了一段衰退时期以后,便进入萧条阶段。

3. 萧条阶段

这是衰退阶段的继续发展,是经济周期的最低部分,这一时期,劳动失业率高,大众消费水平下降,企业生产能力大量闲置,存货积压,利润低落甚至亏损,企业对前景缺乏信心不愿冒新投资的风险。萧条和衰退虽然都是指经济活动的下降,但在概念上有所区别,衰退阶段经济活动呈下降趋势,但从经济活动的水平看,仍在经济的长期平均增长水平以上,而萧条时期的经济活动水平却远低于长期经济活动的平均水平。

4. 复苏阶段

这是指经济从低点开始向上回升的时期,复苏阶段的特征是被磨损的机器设备开始更新,就业率、收入以及消费开始上升,由于投资增加促进生产和销售的增加。使企业利润有所提高,从而使人们开始对前景寄予希望,由悲观转为乐观,原先不肯进行的风险投资现象这时也开始出现,随着需求的增加生产不断扩张,乘数与加速数开始对经济繁荣产生积极的刺激作用,萧条时期闲置的设备及劳动和其他生产资源开始陆续使用,但是,由于萧条阶段的影响,社会经济在各方面都处于调整阶段,因而经济恢复的速度不会太快,随着经济恢复的不断完善,经济上升的速度也不断加快,到一定程度,便进入下一个高涨时期,到此,整个经济就完成了一个周期的循环,下一个周期开始。

三、经济周期的划分

自 19 世纪中叶以来,人们在探索经济周期理论的过程中,各自根据自己所掌握的资料提出了不同长度和类型的经济周期理论。根据经济周期时间的长短我们可以把经济周期划分为短周期、中周期和长周期。

1. 短周期或"短波"

短周期的长度平均为 40 个月,是由英国统计学家基钦提出来的。基钦于 1923 年根据美国和英国的详细资料研究指出,经济周期有大小两种。小周期的长度约为 40 个月,大周期则是小周期的总和,一个大周期一般包括两三个小周期。所以我们把平均长度为 40 个月的短周期叫做基钦周期。

2. 中周期或"中波"

中周期的长度平均为 8—10 年,是由法国经济学家朱格拉提出的,所以也称为朱格拉周期。朱格拉以国民收入、失业率和大多数经济部门的生产、利润和价格波动为标志将经济发展划分为三个阶段。这三个阶段分别是繁荣、危机和清算,这三个阶段反复出现所形成的周期现象就是经济周期。

3. 长周期或称"长波"

长周期理论主要包括康德拉耶夫长周期、熊彼特的长波技术论和库兹涅茨的"建筑周期"。康德拉耶夫根据英、美、法等国一百多年来的批发物价指数、利率、对外贸易、能源的产量与消耗量的变动指出有一种更长的周期其平均长度为 50 年左右。这种 50 年左右的周期通常被叫做"康德拉耶夫周期"。

康德拉耶夫的划分后来被熊彼特借鉴,并以其创新理论为基础,以各个时期的主要技术发明、新能源的利用等为标志,进一步把 100 多年以来的资本主义经济发展过程分为三个长波。

表 18－1 经济史上的三个长波周期

	波谷	波峰	波谷	
第一周期	1785—1795	1810—1817	1844—1851	以纺织业和蒸汽机的发明应用为中心的产业革命时期
第二周期	1844—1851	1870—1875	1890—1896	靠蒸汽机和钢铁业兴盛的蒸汽与钢铁时代
第三周期	1890—1896	1914—1920		靠电力、汽车、化学工业发展生产的时期

此外,库兹涅茨于 1930 年根据英、美、法、比利时等国 19 世纪初到 20 世纪初 60 种工农业主要产品价格的变动情况,提出了在主要资本主义国家存在着长度从 15 年到 25 年不等的长期波动过程形成平均长度为 20 年左右的"长期波动"。这一周期被称为"库兹涅茨"周期,由于该周期主要以建筑业的兴旺和衰落这一周期性波动现象为标志加以划分,因而又称为"建筑周期"。

第二节 经济增长

一、经济增长的含义

在考察国民经济的长期发展问题时常常涉及既密切相关又不完全相同的两个概念,即经济增长(economic growth)和经济发展(economic development)。在宏观经济学中,经济增长通常被规定为产量的增加。这里,产量既可以表示为经济的总产量,也可以表示为人均产量。经济增长的程度可以用增长率来描述。

如果用Y_t表示t时期的总产量,Y_{t-1}表示$(t-1)$期的总产量,则总产量意义下的增长率可以表示为:

$$G_t = \frac{Y_t - Y_{t-1}}{Y_{t-1}} \tag{18.1}$$

式中,G_t为总产量意义下的增长率。

如果用y_t表示t时期的人均产量,y_{t-1}表示$(t-1)$期的人均产量,则人均产量意义下的增长率可以表示为:

$$g_t = \frac{y_t - y_{t-1}}{y_{t-1}} \tag{18.2}$$

式中,g_t为人均意义下的增长率。

如果说经济增长是一个"量"的概念,那么经济发展就是一个比较复杂的"质"的概念。也就是说,经济增长是从"量"的角度来考察一国国民经济的长期发展问题,而经济发展则是从"质"的角度来考察一国国民经济的长期发展。从广义上说,经济发展不仅包括经济增长,而且还包括国民的生活质量,以及整个社会经济结构和制度的总体进步。总之,经济发展是反映一个经济社会总体发展水平的综合性概念。鉴于经济发展问题涉及的问题多且比较复杂,因而经济学中有一门专门研究经济发展问题的学科,被称为"发展经济学",而在宏观经济学中,则重点分析经济增长问题,尤其是发达国家的经济增长问题。

对于经济增长的含义,有许多经济学家对此下过定义。而最具有权威性的是美国经济学家库兹涅茨对经济增长所下的定义:"一国经济增长,可以定义为给居民提供种类日益繁多的经济产品的能力长期上升,这种不断增长的能力是建立在先进技术以及所需要的制度和思想意识之相应的调整的基础上的。"

库兹涅茨所下的经济增长这个定义包括了三层基本含义:第一,经济增长的集中体现与结果是商品供给总量的不断增加,即国民生产总值的增加,这是经济增长的核心;第二,技术进步是实现经济增长的必要条件,技术是影响经济增长诸多因素中的最为关键的因素,没有技术进步就不能实现现代经济增长;第三,制度和意识形态的相应调整是实现经济增长的充分条件。技术进步仅仅是为经济增长提供了一种潜在的可能性,而要使这种可能性变为现实,就必须要有社会制度和意识形态与之相适应,才能使技术得到运用,才能有效地正确使用人类先进知识宝库中的创造与革新,从而促进经济增长,否则就会阻碍技术进步,阻碍经济增长。

库兹涅茨根据英、美、法等 14 个国家近百年的经济增长统计分析,总结出现代经济增长的六大特征。第一,人均 GNP 和人口加速增长的趋势。这里实际包括了三个指标:产量增长率(即实际国民生产总值增长率)、人口增长率、人均产量增长率(即人均国民生产总值增长率)。经济增长中最显著的特点就是这三个增长率都是相当高的。第二,由于技术进步,生产率不断提高。无论从劳动生产率还是包括其他生产要素的全要素生产率来看,生产率都是高的。生产率迅速提高归功于技术进步。第三,经济增长过程中经济结构的转变率很高。经济增长使产业结构、产品结构、消费结构、收入分配结构以及就业结构等都得到不断的改善。经济增长使农业过剩人口转向城市和工业,小业主转向大企业,结果促进了农业向非农产业、工业向第三产业的转变。同时,经济结构反过来又推动经济增长的步伐加快。第四,社会结构和意识形态的迅速转变。经济增长使僵化的社会结构变得较为灵活,使传统的思想观念转变为增长、工业化、城市化、国际化等意识。第五,经济增长不是某一个国家或地区的独特现象,而是在世界范围内迅速扩大,成为各国追求的目标。第六,经济增长在世界范围内是不平衡的,发达国家与发展中国家的经济差距相当大,因而世界经济增长受到限制。

二、经济增长的衡量

衡量经济增长一般都采用经济增长率,这和经济增长的定义是相一致的。经济增长率是指国民生产总值的增长率,这一增长率排除了价格波动的影响,实际上也就是产量的增长率。

计算经济增长方法主要有两种:一种是复利计算法,其计算公式是:

$$r = \sqrt[n]{\frac{Y_n}{Y_1}}$$ (18.3)

式中,Y_1 代表第一年的实际国民生产总值,Y_n 代表第 n 年的实际国民生产总值,n 代表该期内的年数,r 代表年平均增长率。另一种方法是最小二乘法,其计算公式是:

$$r_P = \sqrt[n]{\frac{Y_n}{Y_1}} - \sqrt[n]{\frac{P_n}{P_1}}$$ (18.4)

式中,r_P 代表人均国民生产总值增长率,Y_n 代表第 n 年的国民生产总值,Y_1 代表第一年的国民生产总值,P_n 代表第 n 年的人口增长率,P_1 代表第一年的人口增长率,这种计算方法是采用人均实际国民生产总值来作为衡量经济的指标。

这两种方法比较起来,第二种计算方法比较准确,误差小。这是因为第一种计算方法得出的结果取决于第一年和第 n 年的实际国民生产总值,而与其他各年的实际国民生产总值无关。如果第一年实际国民生产总值低(处于经济衰退时期),而第 n 年的实际国民生产总值高(处于经济繁荣时期),那么,计算出来的该期年平均经济增长率就要偏高。相反,如果第一年的实际国民生产总值高(处于经济繁荣时期),而第 n 年的实际国民生产总值低(处于经济衰退时期),计算出来的该期年平均增长率就要偏低。因此,第一种计算方法容易产生误差。而第二种方法所得出的结果可以排除第一年与第 n 年实际国民生产总值的影响,使计算出来的数值与实际数值的误差达到最小。

三、经济增长的源泉

宏观经济学考察经济增长的源泉借助于生产函数的概念。设经济社会的总产量生产函数由下式表述:

$$Y_t = A_t F(N_t, K_t) \tag{18.5}$$

式中,Y_t、N_t 和 K_t 依次表示 t 时期的总产量、投入的劳动量和投入的资本量;A_t 为 t 时期的技术状况。

对(18.5)式关于时间求全导数,得

$$\frac{\mathrm{d}Y_t}{\mathrm{d}t} = F(N_t, K_t)\frac{\mathrm{d}A_t}{\mathrm{d}t} + A_t\frac{\partial F}{\partial N_t} \cdot \frac{\mathrm{d}N_t}{\mathrm{d}t} + A_t\frac{\partial F}{\partial K_t} \cdot \frac{\mathrm{d}K_t}{\mathrm{d}t} \tag{18.6}$$

在上式两端除以 Y_t,并定义参数 $\varepsilon_N = \frac{\partial Y_t}{\partial N_t} \cdot \frac{N_t}{Y_t}$ 为劳动的产出弹性,参数 $\varepsilon_K = \frac{\partial Y_t}{\partial K_t} \cdot \frac{K_t}{Y_t}$ 为资本的产出弹性,则有:

$$\frac{\mathrm{d}Y_t/\mathrm{d}t}{Y_t} = \frac{\mathrm{d}A_t/\mathrm{d}t}{A_t} + \varepsilon_N\frac{\mathrm{d}N_t/\mathrm{d}t}{N_t} + \varepsilon_K\frac{\mathrm{d}K_t/\mathrm{d}t}{K_t} \tag{18.7}$$

(18.7)式就是增长率分解式,用文字表述就是:

$$产出增长率 = \left(\begin{array}{c}劳动力\\份额\end{array} \times \begin{array}{c}劳动力\\增长率\end{array}\right) + \left(\begin{array}{c}资本\\份额\end{array} \times \begin{array}{c}资本\\增长率\end{array}\right) + \begin{array}{c}技术进步\\增长率\end{array} \tag{18.8}$$

从增长率分解式(18.8)可知,产出的增加可以由三种力量(或因素)来解释,即劳动、资本和技术进步。换言之,经济增长的源泉可被归结为劳动力和资本的增长以及技术进步。

有时,为了强调教育和培训对经济增长的潜在贡献,还把人力资本作为一种单独的投入写进生产函数。所谓人力资本是指体现在人身上的获得收入的潜在能力的价值,它包括天生的能力和才能以及通过后天的教育、训练所获得的技能。当把人力资本作为单独投入时,生产函数就可写为:

$$Y_t = A_t F(N_t, K_t, H_t) \tag{18.9}$$

式中,H_t 为人力资本。

四、经济增长中的重要事实

从经济增长的演进历程来看,对经济增长的研究体现在经济增长的源泉和动力、储蓄率和经济增长、技术进步的作用及演进机制中,毋庸置疑,经济增长本身是重要的,也是人类社会所追求的目标之一,因此,经济增长中,何种因素最为重要,如何实现长期稳定增长就是最重要的问题。

1. 技术进步是经济增长的源泉

无论从斯密、熊彼特、卢卡斯、索洛,还是从马歇尔、哈耶克、罗默,所有人都认同技术进步对经济增长的重要作用和地位,从新古典增长理论开始,技术进步就被认为是经济增长的唯一源泉和最终动力,问题是,技术进步如何发生,怎样实现技术进步。

2. 技术进步的源泉

对技术进步的考察日益深入,多个角度对技术进步的研究也开始展开,斯密认为,分工促进了经济的演进和发展,本质上,分工首先促进了技术进步,进而实现了经济增长,这样的观点在杨小凯那里得到了充分的发展;而制度学派则认为,制度的变迁适应了社会的发展,进而促进了技术进步,从而实现了经济增长,这样的观点在科斯、诺斯等人那里得到了深入的论述;内生增长理论则认为,技术进步源于工作中学习、教育、人力资本、研究和开发,这样的观点分别由阿罗、罗默、卢卡斯提出并加以引申。

3. 人力资本对经济增长的含义和作用

毋庸置疑,分工、制度等对经济增长都具有举足轻重的作用,然而我们必须看到,技术进步和分工二者可以相互促进,本质上很难分清楚到底是分工促使了技术的发展,还是技术的进步进一步促进了分工的深化,当然,杨小凯的著名结论"分工决定分工"也是一个重要的观点,然而我们必须承认,分工和技术进步二者可以互为解释。

我们必须注意到,制度的演进和变革的发生是相对漫长的过程,在制度既定的前提下,决定经济增长的就是内生增长理论的观点,即学习导致效率提高、研究和开发凝结了更多的技术、教育形成了更加有经验的工人等,这些本质上都是人力资本提高和增加的过程,因此,我们可以说,短期内,研究人力资本的变化对经济增长更具有意义。

4. 教育和人力资本

人力资本的形成主要依赖教育,当然,工作中学习也可以提高人力资本的存量,研发工作也可以导致人力资本的增加,然而,前者具有一定的限度,即工作中学习的过程,容易使效率提高到一定程度后停滞不前,而后者尽管可以用投入和资本量来大致度量,然而我们仍然不能认为研发投入高,就意味着研发成果能有效地形成人力资本,这样一来,研发仍然更倾向于外生,排除了这两个部分,教育对人力资本的重要性可见一斑。

五、经济发展

一个国家摆脱贫困落后状态,走向经济和社会生活现代化的过程即称为经济发展。经济发展不仅意味着国民经济规模的扩大,更意味着经济和社会生活质量的提高。所以,经济发展涉及的内容超过了单纯的经济增长,比经济增长更为广泛。

就当代经济而言,发展的含义相当丰富复杂。发展总是与发达、与工业化、与现代化、与增长之间交替使用。一般来说,经济发展包括三层含义:

一是经济量的增长,即一个国家或地区产品和劳务的增加,它构成了经济发展的物质基础;

二是经济结构的改进和优化,即一个国家或地区的技术结构、产业结构、收入分配结构、消费结构以及人口结构等经济结构的变化;

　　三是经济质量的改善和提高,即一个国家和地区经济效益的提高、经济稳定程度、卫生健康状况的改善、自然环境和生态平衡以及政治、文化和人的现代化进程。

★★★★★ **本章要点回顾** ★★★★★

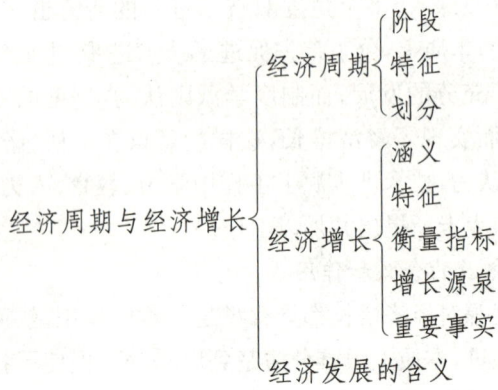

经济周期与经济增长
- 经济周期
  - 阶段
  - 特征
  - 划分
- 经济增长
  - 涵义
  - 特征
  - 衡量指标
  - 增长源泉
  - 重要事实
- 经济发展的含义

第十九章
开放经济条件下的宏观经济学

本章导学

1. 了解重商主义关于国际贸易的观点,理解绝对优势模型、相对优势模型和H-O模型。

2. 了解汇率的概念和两种标价方法,了解国际收支平衡表的项目分类。

3. 了解开放经济条件下的 IS 曲线和BP 曲线以及宏观经济政策效应。

4. 了解开放经济条件下的宏观经济政策目标以及不同汇率制度下的内外平衡与政策调节。

第一节　国际贸易理论概述

一、重商主义关于国际贸易的观点

国际贸易理论要回答的基本问题之一是为什么要进行国际贸易。15 至 18 世纪随着西方世界的逐步兴起，国际贸易出现及规模不断扩大，讨论这个问题的文章和小册子逐渐增多，其主要内容及思想被后来人称为重商主义（mercantilism）。重商主义认为通过国际贸易中的多出口少进口，使当时作为支付手段的金银流入国内，从而使国家富强。这样他们认为政府或国王应该鼓励国际贸易，并且制定正确的国际贸易政策，也即奖励出口、限制进口来实现金银的流入和国家富强。根据重商主义的观点，当某一时点金银数量一定时，一国从国际贸易中获得利益，也即有金银流入；其他国就会在国际贸易中受损，也即有金银流出。国家富强在根本上是相互冲突的，没有能使参与国家同时受益的国际贸易。这些观点被后来解释国际贸易现象的新学说取代。

二、亚当·斯密的绝对优势模型

英国古典经济学家亚当·斯密提出，分工能提高生产率，这一原则不仅适用于国内，而且适用于各国之间。各国由于自然资源及其他条件的不同，生产同一种商品的成本并不一样。各国自己生产成本最低的产品，然后与其他国家进行交换，结果对各国都是有利的。我们以英国和葡萄牙的呢绒及葡萄酒生产为例进行说明。各国的成本情况如表 19-1 所示（成本用每单位产品所用工时数计算）。

表 19-1　绝对优势模型

单位：小时

	呢绒	葡萄酒
英国	30	40
葡萄牙	40	30

在表中，英国生产呢绒的成本低于葡萄牙，而葡萄牙生产葡萄酒的成本低于英国。这样，英国只生产呢绒，葡萄牙只生产葡萄酒，英国进口葡萄酒出口呢绒，葡萄牙进口呢绒出口葡萄酒，双方进行国际贸易，结果对大家都是有利的。根据这一理论，亚当·斯密提出了自由贸易的主张。

三、李嘉图的相对优势模型

亚当·斯密的理论建立在两国绝对成本比较的基础之上。实际上，一国生产任何产品的绝对成本都有可能低于另一国。在这种情况下，国际贸易还有利于双方吗？李嘉图的相对优势理论回答了这一问题。该理论认为，一国生产自己相对成本较低的产品与别的国家进行交换,对双方都是有利的。

我们仍以英国和葡萄牙的呢绒及葡萄酒生产为例进行说明。

在表 19－2 中,葡萄牙生产两种产品都比英国有利。在这种情况下,双方贸易的基础就不是绝对成本而是相对成本。从葡萄牙来看,生产呢绒的成本是英国的 90％,生产葡萄酒的成本是英国的 67％。这说明,葡萄牙生产两种产品都绝对有利,但生产葡萄酒的相对优势更大。从英国来看,生产呢绒的成本是葡萄牙的 1.1 倍,生产葡萄酒的成本是葡萄牙的 1.5 倍。这说明,英国生产这两种产品都绝对不利,但生产呢绒相对有利一些。此时,双方生产自己相对有利的产品,并进行交换,即英国生产呢绒,换取葡萄牙的葡萄酒;葡萄牙生产葡萄酒,换取英国的呢绒,结果对双方都有利。这是因为,英国 220 单位的劳动可以生产出 2.2 单位的呢绒,葡萄牙 170 单位的劳动可以生产出 2.125 单位的葡萄酒。两国按 1：1 的比例交换,在同样的劳动成本下,可供消费的产品增加了。

表 19－2　相对优势模型

单位:小时

	呢绒	葡萄酒
英国	100	120
葡萄牙	90	80

相对成本理论在国际贸易理论中具有重要的地位,成为自由贸易政策的理论依据,以后的各种国际贸易理论都是由此发展而来的。

四、赫克歇尔–俄林模型

李嘉图相对优势模型表明当劳动力是唯一的生产要素时,生产技术水平(生产效率)的差异使各国在不同的商品生产上具有相对优势。当生产中投入劳动力和资本等多种生产要素时,国家间要素禀赋差异将使各国在不同的商品生产上具有相对优势。赫克歇尔—俄林模型将考察这一命题。瑞典经济学家赫克歇尔和其学生俄林所提出的资源禀赋理论(factor endowments theory),又叫 H－O 理论、H－O 模型,它建立在对现实经济简单化、抽象化的严格模型设定基础上。

H－O 模型假定只有两种生产要素劳动力和资本。假定只有两种商品 X、Y,且 X 商品是劳动密集型商品,Y 商品是资本密集型商品。要素密集是通过对两种商品生产中投入的资本—劳动比率进行比较而确定的,资本—劳动比率高的为资本密集型商品,资本—劳动比率低的为劳动密集型商品。还假定只有两个国家 A、B,且 B 国资本充裕,A 国劳动力充裕。要素充裕是通过对两国生产要素相对价格或生产要素总量相对比例进行比较而确定的,B 国的资本价格与劳动力价格之比小于 A 国,则 B 国资本充裕,A 国劳动力充裕;或者 B 国的资本总量与劳动力总量之比大于 A 国,则 B 国资本充裕,A 国劳动力充裕。两国具有相同的偏好,有同一组社会无差异曲线。H－O 定理表明资本充裕的国家在资本密集型商品上具有相对优势,劳动力充裕的国家在劳动力密集型商品上具有相对优势,一个国家在进行国际贸易时出口密集使用其相对充裕和便宜的生产要素的商品,而进口密集使用其相对缺乏和昂贵的生产要素的商品。

五、规模经济与国际贸易

国家之间的资源禀赋差异或技术差异(生产效率差异)使各国具有生产商品的相对优势,各国专业化生产具有相对优势的商品,并进行国际贸易和获得贸易利益。除此之外,规模经济也促使各国进行专业化生产和国际贸易,并使各国获益。

规模经济是指产量增加的比例大于生产要素投入增加的比例,这将使商品的平均成本下降。表 19－3 是某种产品的投入产出表,表中假定生产该产品只需要投入劳动力这一种生产要素。表中显示当劳动力投入量从 10 单位增加到 25 单位时,产量从 5 单位增加到 20 单位,生产要素投入增加 2.5 倍,产量却增加 4 倍。

表 19－3　劳动力投入量造成的规模经济

产量	5	10	15	20	25	30
劳动力投入量	10	15	20	25	30	35
平均劳动力投入量	2	1.5	1.33	1.25	1.2	1.67

下面用表 19－3 来说明规模经济能使各国在国际贸易中获益。假定世界上只有 A、B 两个国家,两国具有生产这种产品的同样技术,最初都生产 10 单位。根据表 19－3,该产量在每个国家均要 1.5 个单位的劳动力投入,即全世界用 30 个单位劳动力来生产 20 单位产品。但是,如果可以把该产品的生产集中到一个国家,譬如说 A 国,且 A 国在这一行业也投入 30 个单位的劳动力。然而,在一个国家内投入 30 个单位的劳动力,却能生产出 25 件产品。这样,当生产集中到 A 国时,世界以同样的劳动力投入多生产出 25％的产品。

为了得到增加这种产品生产所需的劳动,A 国必须缩减或放弃其他产品的生产;这些放弃的产品将在 B 国生产,B 国则雇用那些原先在 B 国生产而现在在 A 国扩张的行业的工人来从事这些产品的生产。当许多产品都具有生产的规模经济时,各国可以集中生产有限类别的产品。由于各国都只生产几类产品,所以各国每种产品的生产规模都比以往什么都生产时要大得多,世界也因而生产出更多和更加丰富多样的产品。同时各国都只集中生产有限类别的产品,所以必须通过国际贸易来满足消费者对本国已放弃生产的产品需求,使各国消费所有产品成为可能。国际贸易创造出一个比任何一个国内市场都要大的一体化市场,向消费者提供价格低廉、品种繁多的商品。

第二节　汇率与国际收支

一、汇率

由于国际经济交往所产生的债权债务关系,最终需要结算或清偿,而这种清偿又与国内企业间的清偿不同,它必须通过银行把本国货币换成外国货币,或者把外国货币换成本国货币来进行,这就产生了国家之间的货币汇兑、汇率决定、汇率变动、汇率制度和汇率政策等有关汇率理论的问题。汇率理论是分析开放经济条件下宏观经济运行与调节的重要基础。限于篇幅,本小节仅介绍汇率理论的基本知识。

外汇(foreign exchange)是指国外汇兑,它有动态和静态两种含义,动态的含义是指人们通过特定的金融机构将一种货币兑换成另外一种货币,借助于各种金融工具对国家间债权债务关系进行非现金结算的行为。静态又有广义和狭义之分,广义外汇是指以外国货币表示的资产,如外国货币,以外币表示的有价证券,以外币表示的支付凭证等。狭义外汇是指以外币表示的、可用于进行国际结算的支付手段,主要包括以外币表示的银行汇票、支票、银行存款,其中,银行存款是外汇的主要构成部分。

汇率(exchange rate)是用一种货币计价的另外一种货币的价格。汇率有直接标价法和间接标价法等两种标价法。

直接标价也称支付汇率,它是以一定单位的外币为基准,来计算应付多少本币。例如,100 美元折算人民币 609 元,或以人民币计价的一美元价格为 6.09 元。这与本国商品的标价完全类似。直接标价法时的汇率越高,表示单位外币能换取的本国货币越多,本国货币价值越低;汇率越低,则本国货币价值越高。汇率上升意味着本国货币贬值。本章在分析汇率时将采用直接标价法。

间接标价也称收入汇率,它是以一定单位的本币为基准,来计算应收多少外币。例如,100 元人民币折算 16.4 美元,或以美元计价的 100 元人民币价格为 16.4 美元。

外汇买卖有买入价和卖出价之分,银行对顾客卖出外汇时的汇率叫卖价,银行从顾客买进外汇时的汇率叫买价。买价与卖价之差为银行买卖外汇的利润。一般以当地外汇市场当天收市的买入价和卖出价的平均数(中间汇率)表示当地货币的汇率。

汇率制度主要有固定汇率制度和浮动汇率制度两种。在固定汇率制度下,中央银行为本国货币确定一个固定的价格,并通过外汇市场的干预维持既定的汇率水平。当国际收支盈余,本国货币有升值压力时,中央银行在外汇市场上用本币买进外币,维持汇率稳定。当国际收支赤字,本国货币有贬值压力时,中央银行在外汇市场上买入本币、抛出外币,维持汇率稳定。在浮动汇率制度下,汇率由外汇市场上的供给和需求共同决定。如果国际收支盈余,也即外汇市场上外汇供给大于需求,这将使汇率下跌,本币升值,汇率下跌将使外汇供给量减少、需求量增加,最终实现国际收支平衡。相反,如果国际收支赤字,也即外汇市场上外汇供给小于需求,这将使汇率上升,本币贬值,汇率上升将使外汇供给量增加、需求量减少,最终实现国际收支平衡。

在开放经济中,汇率变动将直接影响国际贸易。通常,汇率上升、本币贬值将使本国的产品和劳务在国外的价格降低,并使外国的产品和劳务在国内的价格上升,增加出口、减少进口,这又将改善经常项目收支状况,即减少经常项目的赤字,或增加盈余;相反,汇率下降、本币升值则将减少出口、增加进口,这又将使经常项目收支状况恶化,即增加经常项目的赤字,或减少盈余。其次,汇率变动所引起的净出口变化将影响总需求,影响宏观经济运行。汇率变动还会影响国际收支中的资本项目。通常,汇率上升、本币贬值会使金融资产的相对价值下跌,从而引起资本外流。

在外汇市场上,汇率是经常变动的,影响汇率的因素是十分复杂的,既有经济因素,又有非经济因素。就短期而言,影响汇率的因素主要有:

第一,货币供给量。当一国货币供给量增长较快时,该国公众持有的货币存量超过其愿意持有的货币数量,公众将购买有价证券,在开放经济中,这将使资本外流而使该国汇率上升、本币贬值。

第二,利率。一国利率的上升会使资本流入,导致汇率下降、本币升值,而利率的下降会使资本流出,导致汇率上升、本币贬值。

第三,政府干预。一般来说,政府可以通过买卖外汇或外汇管制等直接或间接性手段来影响外汇市场短期汇率。

此外,心理预期以及季节性等因素也可能会影响汇率。

二、国际收支

国际收支(balance of payments)是一定时期内一国居民与非居民之间的全部经济交易的系统记录。按照国际货币基金组织在《国际收支手册》中的具体表述:"国际收支是某一时期的统计表,它表明:(a)某一经济体同世界其余国家或地区之间的商品、劳务以及收益方面的交易;(b)该经济体所持有的货币黄金、特别提款以及对世界其余国家或地区的债权、债务的所有权的变化和其他的变化;(c)为平衡不能相互抵消的上述交易和变化的任何账目所需的无偿转让和对应项目。"

国际收支状况反映在国际收支平衡表上。国际收支平衡表按照复式簿记原理编制。根据"有借必有贷,借贷必相等"的记账规则,每笔经济交易都以相同金额同时记入借方和贷方。对于不能自动配对的单向交易,需使用"无偿转移"和"对应项目"等特别项目。由于每笔经济交易都会产生金额相等的一个借方记录和一个贷方记录,因此,原则上国际收支平衡表全部项目的借方总额与贷方总额相等,其净差额为零。但国际收支平衡表的每一个具体项目的借方与贷方却经常是不平衡的。

同时,按照会计原理,一切收入项目或负债增加、资产减少的项目都列为贷方,一切支出项目或资产增加、负债减少的项目都列为借方。例如本国出口一批价值 800 万美元的货物到外国去。由于这笔交易使本国有货币收入,因此,800 万美元的商品出口记入贷方。同时,这 800 万美元收入要么使本国对外负债减少,要么使本国对外资产增加,所以,借方记入短期资本 800 万美元。又如本国向外国提供一笔为期三年的 80 万美元贷款,该笔贷款存入外国在本国银行所开立的账户上,这笔贷款代表长期资本流出,故记入借方;外国将贷款以银行存款形式存入本国银行,这使本国对外负债,同时将 80 万美元记入贷方。

表 19-4 是一张简化了的国际收支平衡表。根据国际货币基金组织的规定,国际收支平衡表中的项目分四类:经常项目、资本项目、差错和遗漏,以及官方储备项目或账户。下面分别予以说明。

表 19 - 4　简化的国际收支平衡表

	借方	贷方
一、经常账户 　A. 商品 　　1. 进口 　　2. 出口 　B. 劳务 　　1. 旅游、运输、保险等费用 　　2. 投资收入 　C. 转移支付 　　1. 政府援助 　　2. 个人汇款 　经常账户余额＝A＋B＋C 二、资本账户 　D. 直接投资 　E. 证券投资 　官方储备交易余额＝A＋B＋C＋D＋E 三、差错和遗漏 四、官方清算余额 　F. 黄金输出（或输入） 　G. 外汇减少（或增加） 　H. 对外国中央银行负债的增加（或减少）		

经常项目（current account），即经常账户，指一定时期内经常发生的支付事项，其中最大的项目是商品的进口和出口（包括居民和非居民的有形商品进出口，因此也被称为有形输入与输出）；其次是劳务项目，亦称无形输入与输出，包括商品运费、保险费和其他服务（如银行服务）费用、承包工程（包括劳务出口在内）、旅游，有时也把投资与利息收入包括在劳务项目之内（有时也可单一项）。此外还包括外交和公务的官方交易。最后一项是单方汇款，指私人或官方的资金转移。

资本项目（capital account），即资本账户，它记录国家间的资本流动。外国对本国居民的贷款，外国购买本国的真实资产和金融资产都是资本流入；而本国居民对外国的贷款，本国居民购买外国的真实资产和金融资产都是资本流出。资本账户记录一国资本的输入与输出，如政府、国际金融机构、商业银行和跨国公司的投资等。资本流动又分为短期（1 年以内）和长期（1 年以上）。

差错和遗漏（errors and omissions），指国际收支统计上的错误和遗漏。该项为估计数字，用以填补统计报表的差额，以求国际收支形式上的平衡。

官方储备项目（official reserve），或官方储备账户。包括黄金、特别提款权和外汇，备作对外汇支付周转之用，如经常项目与资本项目有顺差，则增加官方储备；如有逆差，则减少官方储备。

本章将要考察的国际收支是指经常项目余额与资本项目余额之和，如果两项目余额之和的贷方大于借方,则国际收支盈余;相反,如果两项目余额之和的借方大于贷方,则国际收支赤字;如果两项目余额之和的贷方等于借方,则国际收支平衡。

第三节　开放经济条件下的国民收入均衡

一、开放经济中资本和商品的国际流动

在封闭经济中,一国一年内商品和劳务的总产出恒等于总支出,所生产的产品价值恒等于所获得的收入。而在开放经济中,一国既能向外国出口商品与劳务,又能从外国进口商品与劳务,同时还可以在国际金融市场上借款和贷款。这导致了开放经济和封闭经济之间的宏观经济差别,开放经济国家一年内商品和劳务的总产出可以不等于国内支出(即封闭经济的总支出)。一国可以通过向国外借贷使国内支出大于总产出;也可以使国内支出小于总产出,并把差额贷给外国人。当国内支出大于总产出,从外国的进口大于向外国的出口,国际贸易赤字时,本国在国际金融市场上借款,国际资本流入;当国内支出小于总产出,向外国的出口大于从外国的进口,国际贸易盈余时,本国在国际金融市场上提供贷款,国际资本流出。且国际资本净流入(也称为国际净投资)等于贸易余额。下面对此进行说明。

第十三章从支出角度分析了国民收入由消费、投资、政府购买、净出口构成,及其国民收入核算恒等式:

$$Y = C + I + G + (X - M)$$

其中,Y 表示国民收入,它是总产出的价值。$X-M$ 表示净出口,它等于出口减进口。与封闭经济不同的是,C 表示为本国的总消费,它由本国居民对国内商品与劳务的消费和本国居民对国外商品与劳务的消费构成。I 表示为本国的总投资,它由本国厂商用国内商品与劳务所进行的投资和本国厂商用国外商品与劳务所进行的投资构成。G 表示为本国政府总购买,它由本国政府对国内商品与劳务的购买和本国政府对国外商品与劳务的购买构成。$C+I+G$ 表示国内经济部门的支出之和,即国内支出。上式也可改写成:

$$(X - M) = Y - (C + I + G)$$

即,净出口＝总产出－国内支出。这表明在开放经济中,一国国内支出可以不等于本国商品和劳务的总产出。如果总产出大于国内支出,差额部分用于出口,净出口为正;如果国内支出大于总产出,通过进口获得差额部分,净出口为负。

运用开放经济的国民收入核算恒等式还可以说明国家之间商品与劳务的流动总是通过国家间为资本积累筹资的等量资金流动而实现。在国民收入核算恒等式 $Y = C + I + G + (X-M)$ 两边分别减去 C 和 G,得出:

$$Y - C - G = I + (X - M)$$

等式左边可以变形整理为：

$$Y - C - G = (Y - T - C) + (T - G) = S_P + S_G = S$$

其中，S_P 表示私人储蓄，它是个人收入扣除税收 T，并用于消费后余下的部分。S_G 表示公共储蓄，它是税收收入用于政府购买后余下的部分。私人储蓄与公共储蓄之和等于国民储蓄 S。这样，

$$S = I + (X - M)$$

上式两边减去 I，国民收入核算恒等式可以写成：

$$S - I = X - M$$

这表明一国的净出口应该总是等于其储蓄和投资之间的差额。等式左边储蓄和投资之间的差额 $S-I$ 又称为国外净投资，国外净投资等于本国提供给国外的贷款量与本国从国外获得的贷款量之间的差额。如果本国的储蓄大于本国的投资，即国外净投资大于零，则本国向国外提供贷款；如果本国的投资大于本国的储蓄，即国外净投资小于零，则本国通过国外借贷来为这种额外投资筹集资金。国外净投资反映了国家间为资本积累筹资的资金流动。等式右边是净出口，又称为贸易余额。净出口大于零时，本国贸易盈余；净出口小于零时，本国贸易赤字；净出口等于零时，本国贸易平衡。恒等式还表明如果本国的储蓄大于本国的投资，则本国向国外提供贷款，同时本国贸易盈余；相反，如果本国的储蓄小于本国的投资，则本国从国外获得贷款，同时本国贸易赤字。

二、开放经济中的 IS 曲线

本书第十五章曾考察了封闭经济条件下产品市场的均衡和 IS 曲线，本节将运用类似的分析方法考察开放经济条件下产品市场的均衡和 IS 曲线。开放经济中的 IS 曲线表示开放经济条件下能实现产品市场均衡的利率与总产出的组合。在开放经济条件下，净出口($X-M$)将会影响产品市场的均衡和 IS 曲线，这也可以从本书第十三章所说明的开放经济中国民收入均衡公式中看到。该公式为：

$$I + G + (X - M) = S + T$$

该公式也可以写成：

$$I + G + X = S + T + M$$

其中，出口 X 主要受国内外商品价格水平和汇率影响。在国内外商品价格水平一定的条件下，汇率上升，即本币贬值会使以外币计价的出口商品价格下跌，出口增加；汇率下跌，即本币升值会使以外币计价的出口商品价格上涨，出口减少。

进口 M 主要受国内外商品价格水平、汇率、本国国民收入水平影响。在国内外商品价格水平和本国国民收入水平一定的条件下，汇率上升，即本币贬值会使本币计价的进口商品价格上涨，进口减少；汇率下跌，即本币升值会使本币计价的进口商品价格下跌，进口增加。而在国内外商品价格水平和汇率一定的条件下，本国国民收入水平越高，进口越多；相反，本国

国民收入水平越低,进口越少。通常,进口函数表示为 $M = M_0 + mY$, 其中 M_0 为自发进口, m 为边际进口倾向,即每额外增加一单位收入所带来的进口增量。

投资 I 是利率的函数,利率越高,投资需求越小;利率越低,投资需求越大。图 19 - 1 运用上述公式推导开放经济中的 IS 曲线。图中,第一、四象限横轴表示国民收入,第一、二象限纵轴表示利率,第二、三象限横轴表示投资+政府购买支出+出口,第三、四象限纵轴表示储蓄+税收+进口。由于出口与利率无关,第二象限的 $I+G+X$ 曲线是 $I+G$ 曲线向左平移 X 单位而得。第三象限的直线为 45 度线,直线上任意一点到横、纵轴的距离相等。第四象限的 $S+T+M$ 曲线比 $S+T$ 曲线的截距大 M_0,斜率为 m。运用第十五章第二节封闭经济中 IS 曲线导出的类似方法,在图中推导出使 $S+T+M$ 与 $S+T$ 相等的利率与国民收入的组合点,将这些点连接起来,就得到开放经济中的 IS 曲线。

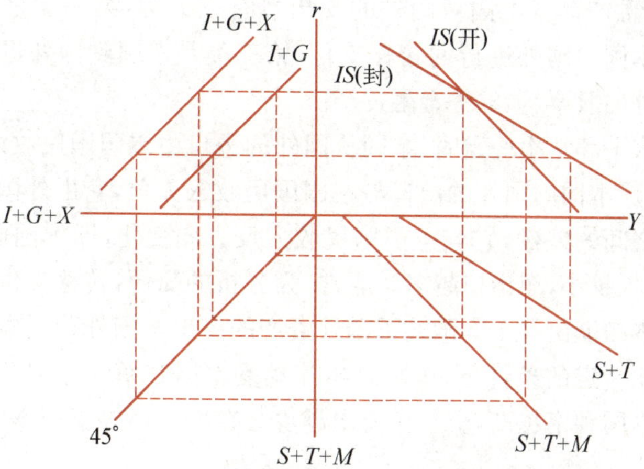

图 19 - 1　开放经济中的 IS 曲线推导

以上开放经济中 IS 曲线的导出表明,IS 曲线的斜率除了受投资需求利率弹性、边际消费倾向影响外,还受边际进口倾向的影响。边际进口倾向越大,$S+T+M$ 曲线的斜率越大, $S+T+M$ 曲线越陡峭,开放经济中 IS 曲线越陡峭,其斜率越大。同样,开放经济中 IS 曲线的位置除了受自发投资需求、自发消费需求、政府购买支出、税收等因素影响外,还受自发进口和出口的影响。由于汇率上升,即本币贬值使进口减少,出口增加,所以汇率上升将使开放经济中 IS 曲线右移;相反,汇率下跌,即本币升值使进口增加,出口减少,这将使开放经济中 IS 曲线左移。

运用开放经济中国民收入均衡公式 $I+G+(X-M) = S+T$ 还可以导出开放经济中 IS 曲线的方程。当 $I = I_0 - dr$, $S = -C_0 + (1-c)Y$, $M = M_0 + mY$, G、X、T 为常数时,开放经济中 IS 曲线的方程为:

$$Y = \frac{C_0 + I_0 + G + X - T - M_0}{1 - c + m} - \frac{d}{1 - c + m} r$$

其中 C_0 表示自发消费需求、I_0 为自发投资需求、G 为政府购买支出,d 为投资需求的利率弹性、c 为边际消费倾向。开放经济中 IS 曲线的方程也可以写成下面的形式:

$$r = \frac{C_0 + I_0 + G + X - T - M_0}{d} - \frac{1 - c + m}{d}Y$$

从该方程可知 C_0、I_0、G、X 任一项增加,或者是 M_0 减少都将使截距变大,曲线右移。c、d 任一项变大,或者是 m 变小都将使斜率变小,曲线变平坦。

三、开放经济中的 BP 曲线

1. 国际收支平衡与 BP 曲线的导出

国际收支平衡(balance of payments)是指本国从国外获得的收入等于本国对国外的支出。本国从国外获得收入的渠道有三大类:第一类是本国向国外出口商品、服务;第二类是国外向本国进行的转移支付;第三类是国外到本国进行国际直接投资和国外投资者购买本国的股票、债券等金融产品。本国对国外的支出也有三大类:第一类是本国从国外进口商品、服务;第二类是本国向国外进行的转移支付;第三类是本国到国外进行国际直接投资和本国投资者购买国外的股票、债券等金融资产。

在国内外价格水平和汇率一定时,本国从国外的进口由本国国民收入决定,且本国国民收入越大,进口越多。本国向国外的出口与本国国民收入无关,它由外国国民收入决定。净出口是出口与进口之间的差额,它与本国国民收入反方向变化,即本国国民收入越大,净出口越少;本国国民收入越小,净出口越多。通常,为分析的简便,转移支付被看作是进出口的一部分。本国的资本净流出等于本国购买国外资产的支出与国外购买本国资产的支出之间的差额。在国外利率一定的条件下,国际资本流动受本国利率的影响,本国利率越低,资本净流出越多;相反,本国利率越高,资本净流出越少。在净出口等于资本的净流出时,国际收支差额为零,国际收支平衡。

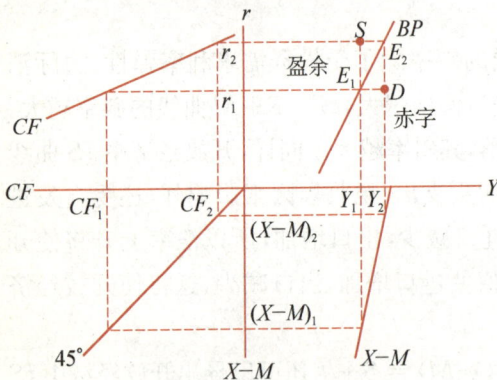

图 19-2　BP 曲线的导出

BP 曲线是能实现国际收支平衡的利率与国民收入的组合。运用图 19-2 可以导出一条 BP 曲线。图中,第一、四象限的横轴 Y 表示国民收入,第一、二象限的纵轴 r 表示利率,第二、三象限的横轴 CF 表示资本净流出,第三、四象限的纵轴 X-M 表示净出口。第二象限的 CF 曲线是资本净流出曲线,它向左下方倾斜,表示资本净流出与利率反方向变动。第三象限的直线为 45 度线,直线上任意一点到横、纵轴的距离相等。第四象限的 X-M 曲线是净出口曲线,它向右上方倾斜,表示在国内外价格水平和汇率一定的条件下净出口与国民收入反方向变动。在图中,当市场利率为 r_1 时,根据资本净流出曲线 CF,资本净流出量为 CF_1。当资本净流出量为 CF_1 时,根据 45 度线,国际收支平衡时的净出口等于 $(X-M)_1$,根据净出口曲线 X-M,国民收入为 Y_1,这样,在第一象限,获得能实现国际收支平衡的利率与国民收入的组合点 E_1。同样,当市场利率为 r_2 时,资本净流出量为

CF_2，根据 45 度线，国际收支平衡时的净出口等于$(X-M)_2$，国民收入为 Y_2，在第一象限，获得能实现国际收支平衡的利率与国民收入的组合点 E_2。连接点 E_1 和点 E_2 就可以获得 BP 曲线。

BP 曲线上任意一点所表示的利率与国民收入的组合都能实现国际收支平衡，它向右上方倾斜，斜率为正。BP 曲线的正斜率意味着国际收支平衡时，国民收入与利率同方向变动。当国民收入水平提高时，进口增加，净出口减少，为使国际收支实现平衡，资本的净流出就必须减少，这要求利率水平提高。相反，当国民收入水平减少时，进口减少，净出口增加，为使国际收支实现平衡，资本的净流出就必须增加，这要求利率水平下降。

BP 曲线外任意一点所表示的利率与国民收入的组合都不能实现国际收支平衡。BP 曲线右下方任意一点所表示的利率与国民收入的组合将导致国际收支赤字。例如，图中点 D 是利率 r_1 与国民收入 Y_2 的组合，利率 r_1 时的资本净流出为 CF_1，国民收入 Y_2 时的净出口为 $(X-M)_2$，$CF_1 > (X-M)_2$，国际收支赤字。BP 曲线左上方任意一点所表示的利率与国民收入的组合将导致国际收支盈余。例如，图中点 S 是利率 r_2 与国民收入 Y_1 的组合，利率 r_2 时的资本净流出为 CF_2，国民收入 Y_1 时的净出口为 $(X-M)_1$，$CF_2 < (X-M)_1$，国际收支盈余。

2. BP 曲线的斜率与 BP 曲线的移动

从 BP 曲线的导出可知资本净流出曲线 CF 的斜率和净出口曲线 $X-M$ 的斜率将会影响 BP 曲线的斜率。国际资本流动对利率变动的反应越不敏感，大幅度的利率变动所引起的国际资本流动量越小，资本的净流出越少，资本净流出曲线 CF 越陡峭，其斜率越大；相反，国际资本流动对利率变动的反应越敏感，小幅度的利率变动所引起的国际资本流动量越大，资本的净流出越多，资本净流出曲线 CF 越平坦，其斜率越小。资本净流出曲线 CF 越陡峭，BP 曲线越陡峭，其斜率越大；相反，资本净流出曲线 CF 越平坦，BP 曲线越平缓，其斜率越小，当资本净流出曲线 CF 为水平线时，BP 曲线也是水平线。图 19 - 3 是在 BP 曲线的导出图基础上添加 CF_1' 曲线和 BP' 曲线而成。图中，当利率从 r_2 大幅度下降到 r_1' 时，根据资本净流出曲线 CF_1'，资本净流出只从 CF_2 增加到 CF_1，其对应的国际收支平衡时的国民收入只从 Y_2 减少到 Y_1。当利率为 r_1' 时，能实现国际收支平衡的国民收入为 Y_1，获得另一个组合点 E_1'，连接 E_1'、E_2 就获得 BP'。图中，当资本净流出曲线 CF 比较平坦时，BP 曲线比较平缓，其斜率较小。需要指出的是，当国际资本可以完全自由流动时，资本净流出曲线 CF 是一条水平线，这使得 BP 曲线也是一条水平线。

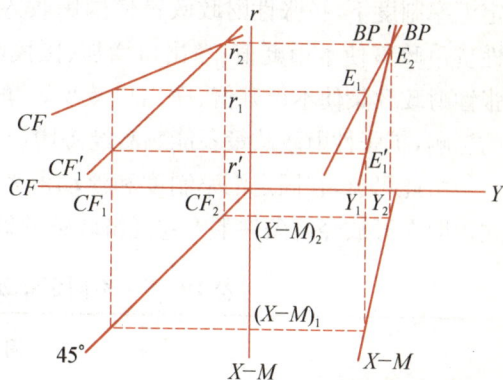

图 19 - 3　BP 曲线斜率的决定

净出口曲线 $X-M$ 的斜率由边际进口倾向的大小所决定，边际进口倾向越大，净出口曲线越陡峭，斜率越大；边际进口倾向越小，净出口曲线越平坦，斜率越小。净出口曲

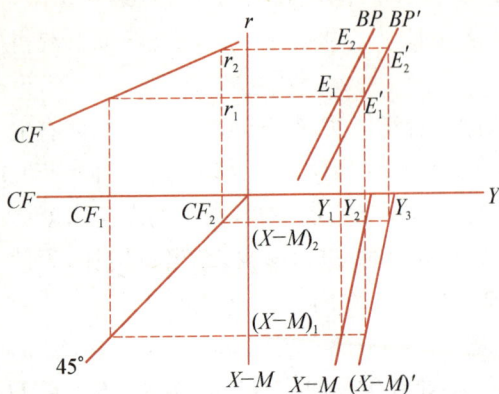

图 19-4 BP 曲线的移动

线的斜率影响 BP 曲线的斜率,净出口曲线越平缓,BP 曲线越平缓,其斜率越小;相反,净出口曲线越陡峭,BP 曲线越陡峭,其斜率越大。

从 BP 曲线的导出可知资本净流出曲线 CF 的移动和净出口曲线 $X-M$ 的移动将会影响 BP 曲线的移动。国内价格水平变动、国外价格水平变动和汇率变动都将引起净出口曲线 $X-M$ 的移动,进而影响 BP 曲线的移动。当国内外价格水平不变,汇率上升时,本币贬值,出口增加,进口减少,净出口增加,净出口曲线 $X-M$ 向右移动,BP 曲线向右下移动。

图 19-4 是在 BP 曲线的导出图基础上添加 $(X-M)'$ 曲线和 BP' 曲线而成。当国内外价格水平不变,汇率上升时,净出口增加,净出口曲线 $X-M$ 向右移动到 $(X-M)'$。图中,当国民收入为 Y_2 时,汇率上升使得净出口从 $(X-M)_2$ 增加到 $(X-M)_1$,要实现国际收支平衡,就必须使资本净流出从 CF_2 增加到 CF_1,这又要求利率从 r_2 下降到 r_1,获得能实现国际收支平衡的组合点 $E_1'(Y_2, r_1)$。同理可获得汇率上升后国际收支平衡的组合点 $E_2'(Y_3, r_2)$。连接点 E_1'、点 E_2' 获得汇率上升后的国际收支平衡曲线 BP'。图中,BP' 在 BP 的右下方,表明在国内外价格水平不变时,汇率上升使 BP 曲线向右下移动。

四、开放经济条件下财政政策与货币政策的效应分析

在固定汇率制度下,扩张性货币政策不能刺激经济增加国民收入,货币政策无效;在固定汇率制度下,扩张性财政政策使国民收入增加,财政政策有效。在浮动汇率制度下,扩张性货币政策使本币贬值、净出口增加、国民收入增加,货币政策有效;在浮动汇率制度下,扩张性财政政策使本币升值、净出口减少。净出口的减少抵消了扩张性财政政策对国民收入的影响,扩张性财政政策不能刺激经济增加国民收入,财政政策无效。

由此可见,在固定汇率制度和浮动汇率制度下,财政政策和货币政策的效应完全不同,这表明在开放经济条件下宏观经济政策的效应取决于一国所采用的汇率制度。

表 19-5 不同汇率制度下宏观经济政策的效应

宏观经济政策	固定汇率			浮动汇率		
	国民收入	汇率	净出口	国民收入	汇率	净出口
扩张性财政政策效应	增加	不变	不变	不变	上升	减少
扩张性货币政策效应	不变	不变	不变	增加	下降	增加

第四节 开放经济条件下的内外平衡与政策调节

一、开放经济条件下的宏观经济政策目标

在开放经济条件下,政府通常把充分就业、物价稳定、国际收支平衡和经济增长作为宏观经济政策的四大目标。由于经济增长是一个长期的动态的过程,短期内政府宏观经济政策目标主要是充分就业、物价稳定、国际收支平衡。充分就业和物价稳定的同时实现又被称为内部平衡(internal balance),国际收支平衡被称为外部平衡(external balance)。通常,政府总是优先考虑内部平衡,只有面临巨额而持久的国际收支失衡时,政府才会优先考虑外部平衡。

供政府选择能实现内外平衡的政策工具主要有:(1)改变支出政策(expenditure-changing policies),也即需求管理政策。(2)转换支出政策(expenditure-switching policies)。(3)直接管制(direct control)。

改变支出政策包括财政政策和货币政策。在开放经济条件下,改变支出政策既影响总支出,又影响国际收支。政府的扩张性财政政策将使总支出增加,国民收入增加,并引致进口增加;而政府的紧缩性财政政策将使总支出减少,国民收入下降,并引致进口减少。扩张性货币政策将使利率下降,投资需求增加,国民收入增加,并引致进口增加;同时,利率下降将导致短期资本流出(或流入减少)。相反,紧缩性货币政策将使利率提高,投资需求下降,国民收入下降,并引致进口减少;同时,利率提高将导致短期资本流入(或流出减少)。

转换支出政策主要是指汇率政策,通过改变汇率,使支出由国内商品转移到国外商品上,或由国外商品转移到国内商品上,实现国际收支平衡。在国内商品价格不变时,汇率上升会使以本币计价的进口商品价格上涨,进口减少;以外币计价的出口商品价格下跌,出口增加,使得对国外商品的开支转移到国内商品上,减少贸易逆差,改善国际收支。净出口增加还将引起总需求增加,国民收入增加,并引致进口增加,这将部分抵消国际收支的改善。汇率下降会使对国内商品的开支转移到国外商品上,减少国际收支盈余。净出口减少将引起总需求减少,国民收入减少,并引致进口减少,这将部分抵消汇率下降的效果。

直接管制包括关税、配额以及其他限制国际贸易和国际资本流动的政策,它们都是针对特定国际收支项目的转换支出政策。当其他政策无效时,价格和工资管制形式的直接管制被用来抑制国内通货膨胀。通常,政府主要运用改变支出政策和转换支出政策来实现内外平衡。

二、斯旺图与内外平衡的政策调节

斯旺图是由澳大利亚经济学家特雷弗·斯旺首先引入到国际经济分析中。运用斯旺图可以考察内外平衡的政策调节,在经济处于内外失衡时,采取转换支出政策和改变支出政策能实现内外平衡。图 19-5 对此进行了说明。为简便起见,本节在运用斯旺图分析时假定短

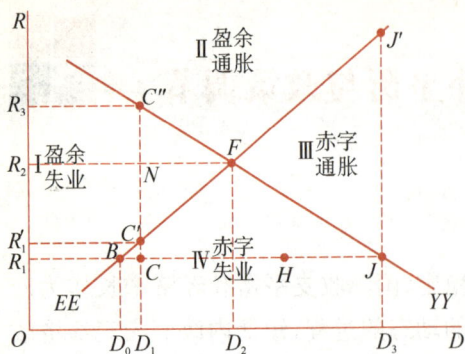

图 19 - 5　斯旺图

期国际资本的流动量为零,从而国际收支平衡等同于贸易收支平衡。

斯旺图中,横轴 D 表示国内支出,由消费支出、投资支出和政府购买支出组成。纵轴 R 表示汇率(用本币表示的外币价格),汇率上升意味着本币贬值;汇率下跌意味着本币升值。

图中,EE 线是外部平衡线,表示能实现国际收支平衡的汇率和国内支出的各种组合。它向右上方倾斜,斜率为正,表明汇率与国内支出成同方向变动才能实现国际收支平衡。因为国内支出 D 增加,将使国民收入增加,进口增加,这只有在汇率上升,进口减少,出口增加时才能实现外部平衡。例如,从 EE 线上的 C' 出发,使国内支出 D 从 D_1 增加到 D_2 时,必须使汇率从 R_1' 上升到 R_2,移到 EE 线上的 F 点,实现外部平衡。EE 线外任意一点所表示的国内支出与汇率的组合都不能实现国际收支平衡,其左上方任意一点表示国际收支盈余,其右下方任意一点表示国际收支赤字。例如,C 点在 EE 线的右下方,在给定国内支出为 D_1 时,汇率 R_1 低于国际收支平衡 $C'(D_1,R_1')$ 时的汇率 R_1',净出口小于 R_1' 时的净出口,国际收支赤字;在给定汇率为 R_1 时,国内支出 D_1 大于国际收支平衡 $B(D_0,R_1)$ 时的国内支出 D_0,D_1 时的进口大于 D_0 时的进口,国际收支赤字。同样,对于 EE 线左上方任意一点,如 C'',在给定国内支出为 D_1 时,汇率 R_3 高于国际收支平衡 $C'(D_1,R_1')$ 时的汇率 R_1',R_3 时的净出口大于 R_1' 时的净出口,国际收支盈余。

图中,YY 线是内部平衡线,表示能实现内部平衡的汇率和国内支出的各种组合。它向右下方倾斜,斜率为负,表明汇率与国内支出成反方向变动才能实现内部平衡。因为在汇率下降,出口减少时,只有国内支出 D 增加才能使国内支出与净出口之和维持在充分就业水平,实现内部平衡。例如,从 YY 线上的 C'' 出发,使汇率从 R_3 下降到 R_2 时,必须使国内支出 D 从 D_1 增加到 D_2,移到 YY 线上的 F 点,实现内部平衡。YY 线外任意一点所表示的国内支出与汇率的组合都不能实现内部平衡,其左下方任意一点表示失业,其右上方任意一点表示通货膨胀。例如,C 点在 YY 线的左下方,在给定国内支出为 D_1 时,汇率 R_1 低于内部平衡 $C''(D_1,R_3)$ 时的汇率 R_3,R_1 时净出口小于 R_3 时的净出口,国内支出与净出口之和小于充分就业水平,存在失业;在给定汇率为 R_1 时,国内支出 D_1 小于内部平衡 $J(D_3,R_1)$ 时的国内支出 D_3,存在失业。同样,对于 YY 线右上方任意一点,如 J',在给定国内支出为 D_3 时,汇率高于内部平衡 $J(D_3,R_1)$ 时的汇率 R_1,净出口大于 R_1 时的净出口,引发通货膨胀。

图中,EE 线与 YY 线相交于 F 点时实现内外平衡。除 F 点外平面内任意一点都不能同时实现内外平衡,EE 线与 YY 线相交将平面划为四个区域,区域Ⅰ内任意一点所表示的汇率和国内支出的组合都将导致失业和盈余并存;区域Ⅱ内任意一点意味着通货膨胀和盈余并存;区域Ⅲ内任意一点意味着通货膨胀和赤字并存;区域Ⅳ内任意一点意味着失业和赤字并存。

当经济处于失衡状态时,可以搭配使用转换支出政策和改变支出政策,使经济达到 F 点,实现内外平衡。当经济处于失业和赤字并存的 C 点时,可采取转换支出政策使汇率从 R_1

上升到 R_2，同时，采取使支出增加的改变支出政策使支出从 D_1 增加到 D_2，达到 F 点，实现内外平衡。如果仅仅采取转换支出政策，汇率从 R_1 上升到 R_1'，移到 EE 线上的 C'，则只能实现外部平衡；如果汇率进一步上升到 R_3，移到 YY 线上的 C''，则只能实现内部平衡。如果仅仅采取改变支出政策，使国内支出从 D_1 增加到 D_3，移到 YY 线上的 J，则只能实现内部平衡。需要注意的是对于同位于区域 IV 内的 H 点，必须采取使汇率上升和国内支出减少的政策。虽然国内支出减少会加剧失业，但汇率上升不仅能实现国际收支平衡，而且汇率上升所引起的净出口增加将使国内支出与净出口之和达到在充分就业水平实现内部平衡。

当政府要实现内部平衡和外部平衡这两个目标时，通常需要运用转换支出和改变支出这两种政策。例如，当经济处于盈余和内部平衡的 C'' 点时，要实现内外平衡，必须转换支出政策和使支出增加的改变支出政策。如果仅仅使用转换支出政策，汇率从 R_3 下降到 R_1'，只能实现外部平衡。

三、不同汇率制度下的内外平衡与政策调节

1. 固定汇率制度下的内外平衡与政策搭配

在固定汇率制度下，运用宏观财政政策和宏观货币政策等改变支出政策进行调节，能实现内部平衡和外部平衡。在运用宏观经济政策时，针对不同的宏观经济运行状况有不同的宏观经济政策的搭配。诺贝尔经济学奖获得者蒙代尔提出蒙代尔搭配法则：运用财政政策实现内部平衡，运用货币政策实现外部平衡。针对不同的宏观经济运行状况，表 19 - 6 给出了不同的宏观经济政策搭配。

表 19 - 6　固定汇率制度下宏观经济政策的搭配

宏观经济运行状况	宏观经济政策搭配
失业和盈余并存	扩张性财政政策和扩张性货币政策
通货膨胀和盈余并存	紧缩性财政政策和扩张性货币政策
通货膨胀和赤字并存	紧缩性财政政策和紧缩性货币政策
失业和赤字并存	扩张性财政政策和紧缩性货币政策
失业同时外部平衡	扩张性财政政策和紧缩性货币政策
通货膨胀同时外部平衡	紧缩性财政政策和扩张性货币政策
赤字同时内部平衡	扩张性财政政策和紧缩性货币政策
盈余同时内部平衡	紧缩性财政政策和扩张性货币政策

蒙代尔搭配法则表明在固定汇率制度下，运用宏观经济政策的搭配能实现内外平衡。

2. 浮动汇率制度下的内外平衡与政策调节

斯旺图说明了浮动汇率制度下可以运用改变支出政策和转换支出政策实现内外平衡。与上面考察的固定汇率制度下宏观经济政策搭配运用才能实现内外平衡不同，政府在浮动汇率制度下仅仅运用财政政策或货币政策就能实现内外平衡。政府可运用扩张性货币

政策,直到在充分就业的国民收入上实现产品市场和货币市场同时均衡以及国际收支平衡。

外部平衡和失业时,如果政府采取扩张性财政政策,其效应也类似。需要注意的是扩张性财政政策会导致利率提高,扩张性货币政策会导致利率下降,而低利率有利于长期的经济增长。

★★★★★ **本章要点回顾** ★★★★★

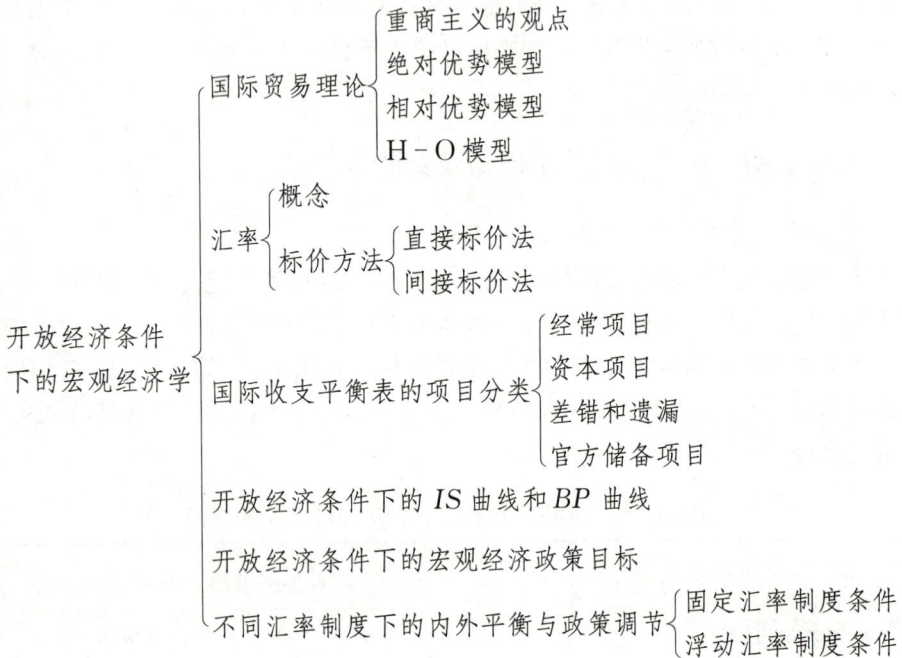

开放经济条件下的宏观经济学

- 国际贸易理论
  - 重商主义的观点
  - 绝对优势模型
  - 相对优势模型
  - H-O模型
- 汇率
  - 概念
  - 标价方法
    - 直接标价法
    - 间接标价法
- 国际收支平衡表的项目分类
  - 经常项目
  - 资本项目
  - 差错和遗漏
  - 官方储备项目
- 开放经济条件下的 *IS* 曲线和 *BP* 曲线
- 开放经济条件下的宏观经济政策目标
- 不同汇率制度下的内外平衡与政策调节
  - 固定汇率制度条件
  - 浮动汇率制度条件

图书在版编目(CIP)数据

西方经济学简明教程/汪运栋,王文平主编.—上海:华东师范大学出版社,2013.11
ISBN 978 - 7 - 5675 - 1408 - 9

Ⅰ.①西… Ⅱ.①汪…②王… Ⅲ.①西方经济学-教材 Ⅳ.①F091.3

中国版本图书馆 CIP 数据核字(2013)第 270538 号

西方经济学简明教程

主 编 汪运栋 王文平
副 主 编 尹双明 周德发 郭 强 陈宗义
责任编辑 孙小帆
装帧设计 卢晓红

出版发行 华东师范大学出版社
社 址 上海市中山北路 3663 号 邮编 200062
网 址 www.ecnupress.com.cn
电 话 021 - 60821666 行政传真 021 - 62572105
客服电话 021 - 62865537 门市(邮购)电话 021 - 62869887
地 址 上海市中山北路 3663 号华东师范大学校内先锋路口
网 店 http://hdsdcbs.tmall.com

印 刷 者 南通印刷总厂有限公司
开 本 787×1092 16 开
印 张 24.25
字 数 521 千字
版 次 2014 年 3 月第一版
印 次 2019 年 1 月第四次
印 数 8301—10400
书 号 ISBN 978 - 7 - 5675 - 1408 - 9/ F·234
定 价 45.00 元

出 版 人 王 焰